Das Einsteigerseminar

PC-Basiswissen mit Windows XP

Christoph Eiden

Das Einsteigerseminar PC-Basiswissen mit Windows XP

Dieses Buch wurde der Umwelt zuliebe auf chlorfrei gebleichtem Papier gedruckt.

verlag moderne industrie Buch AG & Co. KG, Landsberg
Königswinterer Straße 418
D–53227 Bonn
www.vmi-Buch.de

06 05 04 03 02

10 9 8 7 6 5 4 3 2 1

1. Auflage

ISBN 3-8266-7245-3

Printed in Italy

Inhalt

Einleitung

Kaum ein Einsteiger geht rational und systematisch an die Arbeit mit seinem PC heran; kein Anfänger erarbeitet sich ein Anwendungsprogramm so logisch und strukturiert, wie sich dies viele Programmierer (und Computerbuchautoren!) wünschen. Wir wollen diesem Umstand Rechnung tragen, indem wir ein bestimmtes Programm nicht von »links oben bis rechts unten« erklären, sondern die Arbeit am PC unter *funktionalen* Gesichtspunkten betrachten.

Für die folgenden Seiten gehen wir von der Annahme aus, dass Ihnen ein PC zur Verfügung steht oder Sie Zugang zu einem Gerät haben. Die zweite Voraussetzung gründet sich darauf, dass ein Computer ohne die grundlegende Software, das Betriebssystem, dazu verdammt ist, ein lebloses Häufchen aus Plastik, Blech und Silikon zu bleiben. Das Betriebssystem Windows, am besten in der Version *Windows XP* (*XP* steht für *eXPerience*), sollte auf diesem PC bereits installiert sein. Zwar unterscheidet sich XP von seinen Vorgängerversionen allein schon durch die Oberflächengestaltung, die Vorgehensweisen und Arbeitsabläufe hinter dieser Oberfläche lassen sich jedoch auch auf andere Windows-Versionen übertragen. Sie können aus diesem Buch also auch dann Nutzen ziehen, wenn Sie z. B. mit der 98-er oder Me-Version arbeiten.

Nun gibt es für Personal Computer nicht nur ausschließlich *ein* Betriebssystem. Wir haben uns aus folgenden Gründen für *Windows XP* und die entsprechenden Applikationen entschieden:

- Ohne die Erfolgsstory von Bill Gates und seiner Firma Microsoft nachbeten zu wollen: MS-Betriebssysteme und MS-Anwendungsprogramme sind der **de-facto-Standard** für PCs. Bei der Arbeit mit diesem Medium kommen Sie um Microsoft-Produkte nicht herum.
- Nur in einigen wenigen Nischen gibt es vergleichbare **Software-Angebote**, dazu gehören in erster Linie Internet- und Online-Anwendungen sowie der komplette Grafikbereich.

- Windows XP ist das neueste Betriebssystem auf dem Markt und als Nachfolger der erfolgreichen Versionen 95/98, Me und 2000 geradezu prädestiniert, eine ähnliche **Monopolstellung** einzunehmen.
- Windows XP hat – wie jede Software – viele kleine Macken und Fallstricke, mit denen Sie aber als Anfänger nicht (unbedingt) konfrontiert werden. Innerhalb des Funktionsumfangs, den wir in diesem Buch behandeln, gilt Windows XP ein **stabiles** Programm.
- Windows XP ist ein modernes Betriebssystem: Es bietet Ihnen eine leicht zu bedienende und **intuitiv erlernbare Oberfläche**, die Sie mit wenigen Handgriffen und Hilfsmitteln erlernen können.
- Im Gegensatz zu anderen Betriebssystemen bietet Windows XP recht passable **Hilfefunktionen**, auf die Sie, da wir hier lediglich die Grundzüge aufzeigen können, jederzeit – auch während der Arbeit am Bildschirm – zurückgreifen können.

Dennoch beschränkt sich der Inhalt dieses Buches nicht nur auf die Funktionalität von Windows XP. Schließlich wollen wir Ihnen die Grundlagen der Datenverarbeitung – unabhängig von einem bestimmten Programm oder Computertyp – nahe bringen. Alle diese Dinge lassen sich am Beispiel von Windows XP gut verdeutlichen.

Zum Abschluss noch eine Bitte: Scheuen Sie sich nicht zu experimentieren. Denken Sie daran, dass eine gute Software auch Fehler verkraften muss – Sie müssen ja nicht gleich damit anfangen auszutesten, wie viele Hürden das Betriebssystem Ihnen in den Weg legt, um den gesamten Datenbestand Ihrer Festplatte zu löschen.

In der Hoffnung, dass Sie nach der Lektüre dieses Buches Ihren armen PC ein wenig seltener verfluchen mögen, wünschen wir Ihnen viel Spaß und Erfolg.

Christoph Eiden

1 Was zwischen Ihnen und der Software steht – Hardware

Abb. 1.1: Einer der Vorläufer des PCs: der ENIAC, Jahrgang 1946 (Quelle IBM)

Allenthalben ist zu lesen und zu hören, dass es kaum einen anderen Industriezweig gebe, der so schnelllebig sei wie die Computerbranche. Der Rechner, der vor einem halben Jahr noch das aktuellste Modell war, ist übermorgen wahrscheinlich nur noch Mittelklasse und dazu nur noch halb so viel wert. Kaum haben Sie sich für eine Software-Version entschieden, gibt es zwei Monate später wenn nicht eine neue Versionsnummer, so doch zumindest eine neue *Revision* (Überarbeitung) oder eine *Second Edition*. Ansonsten ganz vernünftige Menschen verbringen ganze Abende damit zu diskutieren, ob denn nun Windows oder Linux raffinierter sei oder wie man durch ausgefuchste Tüfteleien dem PC zwei Megahertz mehr entlocken kann.

Kaum ein Geschäftszweig hat in so kurzer Zeit so leistungsfähige und effiziente Maschinen hervorgebracht wie die Computerhersteller, die eigentlich nur noch von der aktuellen Entwicklung im Mobiltelefonbereich übertroffen werden. Würde man die Entwicklung auf den Automobilsektor übertragen, wäre das 1-Liter-Auto schon längst keine Utopie mehr. Dennoch ist es interessant, dass sich an dem grundlegenden Modell, wie ein Computer funktioniert, seit den ersten Typen kaum etwas geändert hat. Zwar gewährleisten neue Materialien und Techniken, dass ein normaler Desktop-PC die Rechenleistung bringt, die noch vor zehn Jahren nur Rechnern der mittleren Datentechnik vorbehalten waren, aber immer noch ist der PC ein offenes, aus einzelnen Modulen aufgebautes System, das nach den gleichen Prinzipien der ersten elektronischen Rechenmaschinen arbeitet. Insofern ist der Computer oder das, was man gemeinhin *Hardware* nennt, auch heute nur das Mittel zum Zweck – das Handwerkzeug. Dem Handwerker aber nutzt das beste Handwerkszeug nichts, wenn seine Maschine nicht gesteuert und kontrolliert werden kann. Diese Kontrollfunktion übernimmt eine spezielle *Software:* das *Betriebssystem*.

Bevor wir uns im nächsten Kapitel mit diesem ominösen Betriebssystem beschäftigen, wollen wir uns zu allererst ansehen, mit welchem Werkzeug wir überhaupt arbeiten. Wir beschränken uns in diesem Kapitel auf das Wesentliche und werden Ihnen in den übrigen Kapiteln jeweils zu Beginn mitteilen, welche Hardwarekomponenten sonst noch zu einem PC gehören und welchen Zweck sie im Zusammenhang mit Windows XP jeweils erfüllen.

1.1 Datenverarbeitung im PC

Alles wäre viel einfacher, wenn Ihr Computer nicht in einem unschönen grauen Blechkasten stecken würde, sondern in einem durchsichtigen Gehäuse. So aber müssen Sie die graue Kiste erst einmal als das nehmen, was sie im Moment noch ist: eine *Black Box*.

In diesem Kapitel wollen wir Licht in das Dunkel dieser Black Box bringen, und um ein wenig Theorie werden wir dabei nicht herumkommen. Die Kenntnis dieser Theorie versetzt Sie aber viel eher in die Lage zu verstehen, warum das Gefüge zwischen Hardware und Software nicht beim ersten Tastendruck in sich zusammenbricht – oder manchmal eben doch.

Das EVA-Prinzip

Wenn man die Funktion einer Maschine, die auf den ersten Blick unverständlich ist, durchschauen will, behilft man sich am besten mit einem Modell. Diese Methode führt zu einem Prinzip, das allen Datenverarbeitungsanlagen zugrunde liegt: dem so genannten *EVA-Prinzip*. Die Buchstaben *E*, *V* und *A* stehen dabei für die Begriffe *Eingabe – Verarbeitung – Ausgabe*.

Wenn Sie sich die üblichen Komponenten eines PCs anschauen, erkennen Sie auch sofort, mit welchen Hilfsmitteln dieses Prinzip realisiert wird. Über die Tastatur beispielsweise können Sie Daten eingeben und in der »Blechkiste« werden diese Informationen verarbeitet, bis das Ergebnis der Verarbeitung als Ausgabe auf dem Bildschirm oder dem Drucker erscheint. Abbildung 1.2 macht dieses Prinzip am Beispiel einer Rechenaufgabe deutlich.

Abb. 1.2: Das EVA-Prinzip (mit leichten Fehlern)

Schauen Sie sich dieses Prinzip etwas genauer an, werden Sie allerdings feststellen, dass es sehr schnell auch auf allgemeine Sachverhalte anwendbar ist. Auch ein Spielautomat arbeitet nach diesem Verfahren, eventuell vielleicht mit Ausnahme der fehlenden Ausgabe. Aber auch der menschliche Verstand arbeitet nach diesem Prinzip: Sinneseindrücke und Reize der Umwelt werden über Eingabemechanismen aufgenommen, im Gehirn oder über das vegetative Nervensystem verarbeitet und oft mit einer Reaktion des Körpers beantwortet. Einige Leute haben darum bereits Computer entwickelt, die die Arbeit des Gehirns »nachbilden«; man nennt solche Systeme *neuronale Netze*.

Wie Sie sehen, ist dieses Prinzip also anscheinend nicht auf spezifische computertechnische Belange abgestimmt. Es erscheint zum einen zu allgemein und zu undifferenziert, vor allem was die Seite der *Verarbeitung* anbetrifft. Zum andern werden in diesem Schema einige Sachverhalte glatt unterschlagen: Denken Sie daran, dass Sie mit Hilfe eines Computers Daten nicht nur verarbeiten, sondern auch dauerhaft *speichern* können – ein Sachverhalt, der in unserem Schema gar nicht vorkommt. Wir werden im Weiteren also das EVA-Prinzip lediglich als ersten Ansatz benutzen, aber versuchen, dieses Schema weiter zu differenzieren und zu vertiefen.

Eingabe

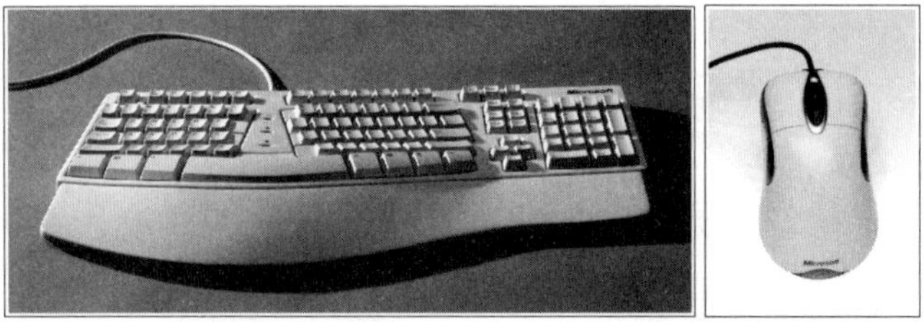

Abb. 1.3: Die klassischen Eingabegeräte: Tastatur und Maus (Quelle Microsoft)

Mit der Eingabe liegt das Prinzip gar nicht so falsch. Jeder, der schon einmal mit einem PC gearbeitet hat, weiß, dass die Tastatur die Aufgabe übernimmt, Informationen zu erfassen; in Kapitel 4, in dem wir uns mit Textverarbeitung beschäftigen, werden wir über die Tastatur einen kurzen Text eingeben. Die Maus dagegen dient weniger der direkten Eingabe, sondern eher der *Steuerung* von Funktionen, die sofort ein Resultat hervorbringen. Dennoch kann man auch die Maus als Eingabegerät bezeichnen, denn für das Starten eines Programms z. B. müssen Sie, wenn Sie mit Windows XP arbeiten, kein einziges Mal auf die Tastatur drücken. Wir sollten also den Begriff der Eingabe dahingehend erweitern, dass darunter nicht nur die Erfassung von Buchstaben und Zahlen zu verstehen ist, sondern auch Aktionen, die offensichtlich *Ereignisse* auslösen. Als Eingabegeräte zu berücksichtigen sind auch relativ neue Peripheriegeräte wie Scanner oder Digitalkameras.

Ausgabe

Auch was die Ausgabe anbetrifft, können wir uns mit EVA anfreunden. Die Ergebnisse der oben genannten Ereignisse lassen sich ja mehr oder weniger schnell feststellen: Auf dem Bildschirm werden die Ereignisse dargestellt: Zum Beispiel sehen Sie auf dem Monitor, wenn Sie mit der Maus ein Menü anklicken, dass sich dieses Menü öffnet. Ebenso bewirkt innerhalb eines Anwendungsprogramms die Befehlsfolge *Datei / Drucken*, dass das Ergebnis Ihrer Bemühungen auf einem angeschlossenen Drucker schwarz auf weiß oder in Farbe ausgegeben wird.

Verarbeitung

Am undifferenziertesten scheint uns bei EVA der Verarbeitungsmechanismus zu sein. Im nächsten Abschnitt werden wir uns darum einige Bauelemente anschauen und deren Funktion beschreiben.

Hauptprozessor und Speicher

Gehen Sie an dieser Stelle der Einfachheit halber davon aus, dass das wichtigste Element Ihres Computers der *Zentralprozessor* (*CPU, Cen-*

tral Processing Unit) ist. Und genau an diesem Punkt sehen Sie, dass ein Computer Informationen gänzlich anders verarbeitet als z. B. Waschmaschinen oder auch unser Gehirn.

Abb. 1.4: Der Mittelpunkt unserer Black Box: der Hauptprozessor (Quelle Intel)

Grundlage für den Arbeitsrhythmus der CPU ist ein streng geregelter und gleich bleibender Takt. Ausschlaggebend dafür ist ein Taktgeber, wie Sie ihn auch in jeder besseren Armbanduhr finden: ein Quarz, der mit einer sehr hohen und genauen Geschwindigkeit pro Sekunde schlägt. Die Frequenz dieses »Pulsschlags« wird in Hertz gemessen, und genau diese Frequenz ist es auch, die den Prozessor dazu veranlasst, in Takten zu arbeiten. Solange Ihr Computer eingeschaltet ist, ist jeder Takt ausgefüllt mit der Aufnahme, Verarbeitung und Weiterleitung von Daten. Zum Vergleich: Beim ersten PC lag die Taktgeschwindigkeit bei 4,77 MHz, heute liegen die Spitzenreiter bei mehr als 1 GHz (= 1000 MHz) – und ein Ende ist nicht abzusehen!

Ein weiteres Merkmal betrifft die oben erwähnten Daten: Für Computer sind Daten oder Informationen nur verständlich, wenn sie in *digitaler* Form vorliegen. Darunter ist zu verstehen, dass ein Prozessor nur zwei sich einander ausschließende Zustände zu einem festgelegten Zeitpunkt erkennen und bearbeiten kann. Sie können diese Zustände darstellen, wenn Sie beispielsweise an einen Lichtschalter denken: An/

Aus, 0/1 oder, und das trifft die Sache am ehesten, entweder fließt ein Strom oder es fließt eben keiner. Genau diese Zustandserkennung und -verwandlung in Zusammenhang mit einer extrem hohen Taktrate ist es, was das Wesen einer leistungsfähigen digitalen Datenverarbeitungsanlage ausmacht.

Im Gegensatz dazu arbeiten *analoge* Datenverarbeitungsanlagen nach einem anderen Prinzip, nämlich mit Größen und Zuständen, die sich kontinuierlich verändern können. Als Beispiel für eine analoge Rechenmaschine können Sie sich einen Rechenschieber vorstellen. Wir werden später noch einmal auf diesen Unterschied zurückkommen.

Für den Zustand, in dem ein Signal den Wert 0 oder 1 annehmen kann, hat man den Begriff *Bit* (*Binary Digit*, d. h. zweiwertige Zähleinheit) eingeführt; wir können also zusammenfassen, dass die CPU nichts anderes tut, als ständig ein Bit oder mehrere Bits auszuwerten.

Um dieses Prinzip zu verdeutlichen, sollten Sie sich darüber klar werden, dass beispielsweise jede Eingabe sofort in ein digitales Signal aus Nullen und Einsen umgewandelt wird; jede Buchstaben- und jede Zifferntaste, die Sie auf der Tastatur drücken können, wird in solch ein digitales Signal umgewandelt oder *codiert*. Später werden Sie sehen, dass man Bits meistens in Achtergruppen zusammenfasst. Eine solche Achtergruppe nennt man ein *Byte*.

Bevor wir uns mit der Frage beschäftigen, woher die Bits kommen und wohin sie gehen, stellen wir fest, dass die Leistungsfähigkeit unserer CPU nicht nur davon abhängt, in welcher Taktfrequenz die Bits durch sie hindurchrauschen, sondern auch, wie viele Bits eine CPU gleichzeitig oder auch parallel »durchschleusen« kann. Generell lässt sich diese Frage nicht beantworten, denn das hängt stark von dem Typ der CPU ab. Bei den momentanen Flaggschiffen der CPU-Prominenz, den Pentium-4-Prozessoren, sind es 64 Bit gleichzeitig; man spricht dann von einem 64-Bit-*breiten* System. Abbildung 1.5 zeigt das Prinzip des »Durchflusses« – allerdings an einem *analogen* Beispiel.

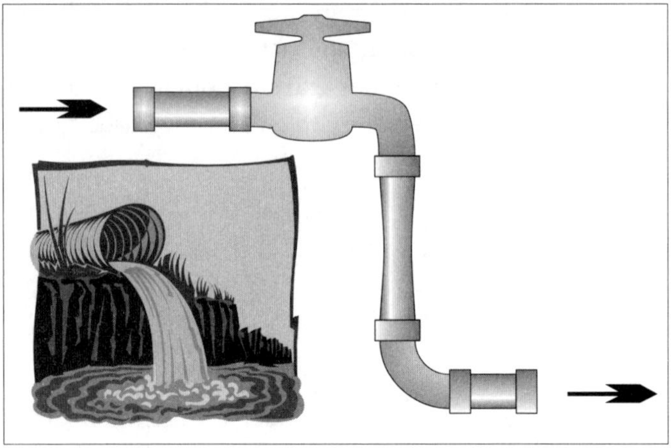

Abb. 1.5: Um eine Flüssigkeitsmenge durch ein Rohr zu drücken, sind zwei Kriterien wichtig: der Druck (Taktfrequenz) und der Durchmesser des Rohres (Bit-Breite)

Wenn wir nun definieren wollen, was Daten für den PC bedeuten, kann man zusammenfassen, dass Daten nichts anderes sind, als unendlich lange Folgen von Bits. Bei der Frage, woher die Bits kommen und wohin sie gehen, sollten Sie aber nicht gleich an das EVA-Prinzip denken, denn Sie haben gesehen, dass es stark vereinfacht ist. Natürlich liegt der Ursprung der Daten darin, dass sie jemand eingibt; bevor sie aber in der CPU ankommen, passieren sie noch diverse andere Stationen.

Hier muss neben dem Prozessor ein zweites wichtiges Element erwähnt werden, das beim EVA-Prinzip unterschlagen wurde: der Speicher. Die CPU ist nicht in der Lage, jede Bitfolge sofort an die Stelle zu schicken, an die sie gehört; in vielen Fällen muss sie erst einmal zwischengelagert werden, um für eine spätere Bearbeitung wieder abgeholt zu werden.

Damit stellt sich für einen Speicher schon eine ganz klare Bedingung: Jede Speicherzelle muss ein eindeutiges Merkmal tragen, damit eine Information nicht verloren geht oder an einer x-beliebigen Stelle abgelegt wird, an der sie später nicht wieder auffindbar ist. Speicherzellen werden darum mit so genannten *Adressen* belegt, denn nur so ist es möglich, eine Information zuzuordnen – sei es, um sie dort zwecks weiterer Verwendung abzulegen oder bei einer späteren Aktion wieder der CPU zuzuführen. Das gleiche Prinzip kennen Sie im täglichen Leben vom Postdienst. Sie sehen schon, dass in diesem Speicher ein ständiges Kommen und Gehen von Informationen herrscht. Weil dieser Speicher die Daten aber nicht dauerhaft, sondern nur temporär lagert, wird er *Arbeitsspeicher* genannt oder – mit der englischen Bezeichnung – *RAM*, was als Kürzel für *Random Access Memory* steht, denn in der Tat kann dieser Speicher wahlfrei belegt werden; der Inhalt ist austauschbar und (erst einmal) ist keine Adresse für bestimmte Daten reserviert.

Leider hat der RAM einen großen Haken: Wenn im Computer die Lichter ausgehen, d. h. der Strom abgeschaltet wird, wird der Inhalt der Speicherzellen unwiederbringlich gelöscht. Ohne geordnete Daten aber kann die CPU nicht arbeiten; die Folge eines solchen Falles äußert sich in einem Systemabsturz. Schon aus diesem Grund muss es also noch andere Speichermedien geben, in denen Daten dauerhaft und sortiert für einen späteren Gebrauch wieder abrufbereit zur Verfügung stehen. Die bekanntesten Medien sind Disketten, Festplatten und CD-ROMs. In den Kapiteln 1.2 und 10 werden wir uns diesen Speichern zuwenden.

Interne Kommunikation

Bis jetzt haben wir nur davon geredet, dass die CPU und der Arbeitsspeicher Daten austauschen. Dazu bedienen sie sich eines Kommunikationsweges, den man im Allgemeinen als *Bussystem* bezeichnet. Ein solches Bussystem funktioniert wie eine viel befahrene mehrspurige Straße. Bei unseren bisherigen Feststellungen haben wir bei dem Busverkehr nur einige Besonderheiten untersucht; mit Fug und Recht werden Sie beispielsweise fragen, was denn aus dem E und dem A unserer EVA geworden ist, denn schließlich werden Daten durch eine Eingabe erst erzeugt, und auch die Ausgabegeräte brauchen irgendwoher Informationen, was sie denn nun wo und in welcher Form ausgeben sollen.

Interrupts

Bevor die erzeugten Daten bei der CPU ankommen, besteht die berechtigte Frage, woher diese weiß, woher die Daten kommen und was mit ihnen geschehen soll. Die Frage ist mit einer Gegenfrage zu beantworten: Woher wissen Sie, dass Sie Besuch bekommen? Weil es an Ihrer Tür klingelt. Problematisch wird es erst, wenn dann auch noch zur gleichen Zeit das Telefon läutet und der Backofen sein Klingelzeichen gibt.

Damit die CPU weiß, von welchem Gerät eingehende Daten angeliefert werden, gibt es im PC so genannte *Interrupts* oder *Interrupt Requests* (*IRQ*), was sich mit *Unterbrechungsanforderung* übersetzen lässt. Fast jede Hardwarekomponente Ihres PCs kann über einen solchen IRQ bei der CPU anklingeln und melden, dass jetzt Daten angeliefert werden. Beispielsweise signalisiert die Maus über die serielle Schnittstelle, dass sie von Ihrer Hand gerade um 3,24 cm nach oben und um 5,28 cm nach rechts bewegt wurde; der Drucker signalisiert, dass ihm das Papier ausgegangen ist, während die Festplatte der CPU bekannt gibt, dass in den nächsten Takten eine Datenflut auf sie zukommt. Damit die CPU nicht vollkommen durcheinander gerät, helfen ihr so genannte *Interrupt-Controller*, die Anforderungen zu lokalisieren und zeitlich zu sortieren. In der Tat hält die CPU bei jedem IRQ ihre Arbeit an, arbeitet die Signale, die der Interrupt-Controller liefert, ab und setzt dann ihre Arbeit fort. Weil aber auch die beste und schnellste CPU nicht immer alles sofort erledigen kann, muss das System des Öfteren Wartetakte oder *Waitstates* einlegen – ein Faktor, der die Gesamtperformance des Systems erheblich beeinflussen kann.

Die Angelegenheit der Interrupts ist deswegen so wichtig, weil Sie als Anwender recht häufig mit ihnen zu tun haben. Bei jeder neuen Hardwarekomponente muss das System schließlich wissen, welcher IRQ diesem Element zugewiesen wird. So genannte Plug & Play-Komponenten erledigen diese Arbeit automatisch – auch wenn dieser Automatismus manchmal nicht 100%ig funktioniert. Tatsache ist, dass es schnell zu Chaos führen kann, wenn zwei Komponenten denselben Interrupt belegen. Dummerweise ging man bei der Entwicklung des PCs davon aus, nicht mehr als eine Handvoll IRQs nötig zu haben. Mit der Entwicklung von Soundkarten, Netzwerk-Adaptern, MIDI-Schnittstellen etc. hat sich diese Einschätzung als falsch erwiesen. Abhilfe schafft dann nur das *Interrupt-Sharing*, d. h., mehrere Komponenten »teilen« sich einen IRQ – allerdings müssen sowohl die Hardware als auch das Betriebssystem dieses Modell unterstützen. Komponenten, die Sie in den PC einsetzen, haben ab Werk eine Voreinstellung für den IRQ; ob sich dieser aber nicht mit einem bereits belegten IRQ in Ihrem Gerät überschneidet, können Sie erst feststellen, wenn die Komponente nicht funktioniert bzw. Sie mit Hilfe von Testprogrammen freie IRQs aufspüren. Die nachfolgende Tabelle zeigt die gebräuchlichsten IRQs.

IRQ	**belegt/reserviert**	**mögliche Komponente**
0	System Zeitgeber	System
1	Tastatur Zeitgeber	Tastatur
2	Weiterleitung zum 2. Interrupt-Controller (IRQ8 bis IRQ15)	Grafikkarte
3	COM2, COM4	Modem, ISDN-Karte
4	COM1, COM3	Maus
5	LPT2	2. Drucker, Soundkarte
6	FDD	Diskettenlaufwerk
7	LPT1	1. Drucker
8	Echtzeituhr	keine
9	frei	Netzwerkkarte
10	frei	CD-ROM-Laufwerk
11	frei	Grafikkarte
12	frei	PS/2-Maus
13	Coprozessor	Copro (falls vorhanden)
14	HDD	Festplatte
15	frei	2. Festplatte (IDE, EIDE)

DMA-Kanäle

Wie Sie sich vorstellen können, wird die CPU durch das Abarbeiten von IRQs mit Aufgaben belastet, für die sie eigentlich gar nicht prädestiniert ist. In vielen Fällen geht es ja gar nicht um die Bearbeitung von Daten, sondern lediglich darum, angelieferte Daten in den Arbeitsspeicher zu verschieben und umgekehrt. Für diese Arbeit lassen sich andere Mechanismen wie DMA-Kanäle nutzen. Die Abkürzung *DMA* steht für *Direct Memory Access* und besagt schon, welches Prinzip dahinter steckt. Der Datenaustausch findet unter Umgehung der CPU direkt zwischen dem Daten-Anlieferer und dem RAM statt. Geregelt wird dieser Datenaustausch wiederum von DMA-Controllern, die dafür sorgen, dass keine Speicherbereiche doppelt belegt werden, und die den Austausch steuern.

Die Methode des DMA-Transfers wird besonders dann sinnvoll, wenn es um große Datenmengen geht – Soundkarten, CD-ROM-Laufwerke oder Netzwerk-Adapter beispielsweise nutzen den DMA-Transfer. Auch hier gilt das gleiche Prinzip wie bei den Interrupts. Doppelt genutzte DMA-Kanäle können zu Kollisionen auf dem Datenbus führen.

Ähnlich wie bei den Interrupts soll Ihnen auch hier eine Tabelle helfen, eine mögliche Belegung der DMA-Kanäle in Ihrem PC zu überblicken.

Kanal	mögliche Verwendung	Breite
0	Speicher-Refresh, systemintern	8 Bit
1	Soundkarte	8 Bit
2	Disketten-Controller, systemintern	8 Bit
3	Netzwerkkarte	8 Bit
4	Weiterleitung vom 1. DMA-Controller, intern	8 Bit
5	Soundkarte	16 Bit
6	frei	16 Bit
7	frei	16 Bit

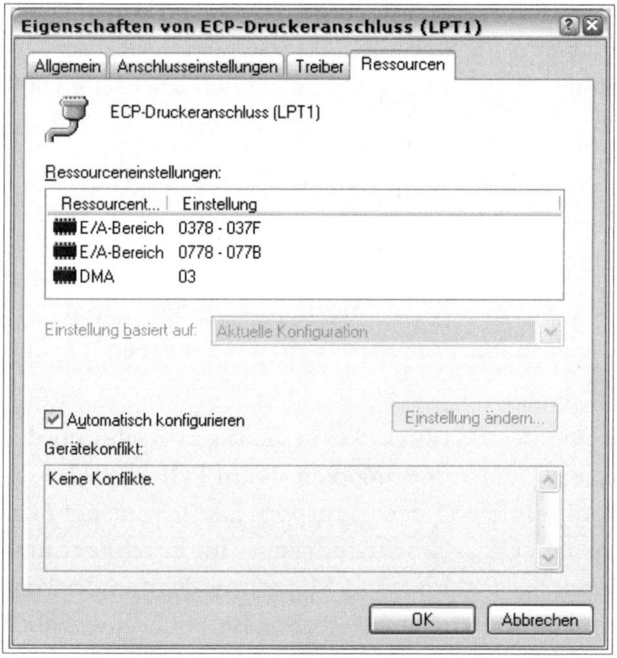

Abb. 1.6: Interrupt und DMA-Kanal des Druckeranschlusses; hier ist alles in Ordnung, denn der Drucker kommt keinem anderen Gerät ins Gehege

Bussysteme

Wir haben das Bussystem weiter oben schon erwähnt, und mit den nun gewonnenen Informationen können Sie sich die Funktion dieses Systems denken: Es dient als Transportmittel für Daten und Signale.

Wenn Sie das Bussystem mit einer mehrspurigen Straße vergleichen, werden Sie uns aus eigener Erfahrung zustimmen, dass man zahlreiche Staus und Stockungen mit breiteren Straßen und mehreren Spuren vermeiden könnte.

Was im wirklichen Leben nicht immer möglich ist, kann man bei Computern ohne Umweltbedenken in die Tat umsetzen. Der so genannte ISA-Bus (*Industry Standard Architecture*), der in der Lage ist, mit der Geschwindigkeit von genau 8,33 MHz 16 Bit parallel zu transportieren (was einer 16spurigen Straße entspricht) wurde inzwischen von anderen Bussystemen abgelöst. Wenn Sie sich die Taktgeschwindigkeit vorstellen, in der heute leistungsfähige CPUs arbeiten können (mehr als 1000 MHz), werden Sie schnell eine Diskrepanz feststellen. Die Geschwindigkeit, in der die CPU ihre Arbeit verrichtet, wäre ja praktisch für die Katz, wenn das Bussystem nicht in der Lage wäre, die bearbeiteten Daten in einer auch nur annähernd ähnlich schnellen Zeit weiterzutransportieren. Der Bus wird auf diese Weise zur Bremse für das gesamte System, denn die CPU kann nur so viele Informationen bearbeiten, wie das Transportsystem zulässt; ein Prinzip, das man im normalen Leben als Bürokratie bezeichnet.

Moderne Bussysteme wie der PCI-Bus, der in heutigen Rechnern der Standard ist, arbeiten nach anderen Prinzipien. Beim PCI-Bus wird direkt mit der CPU kommuniziert; der Transport-Takt (*Frontside-Bus, FSB*) ist abhängig von der CPU-Geschwindigkeit, für Intel-Pentium-CPUs liegt er in der Regel bei 100 bzw. 133 MHz, Intel-Xeon- oder Pentium-4-Prozessoren unterstützen aber beispielsweise auch einen 400-MHz-Systembus.

Um das Bussystem nicht mit datenaufwendigen Arbeiten zu beschäftigen, gibt es in modernen Rechnern seit 1997 für Grafikkarten einen eigenen Bus: die AGP-Schnittstelle (*Accelerated Graphics Port*) mit eigenem Controllersystem.

Steckplätze

Was nützte es, die Daten auf dem Bus kursieren zu lassen, wenn keine Möglichkeit gegeben wäre, sie an andere, z. B. Ausgabegeräte, weiterzuleiten. Jeder Bus muss also eine Station haben, an der die Daten gewissermaßen »abgezapft« werden können. Man nennt diese Stationen auch *Erweiterungssteckplätze* oder *Slots*. In diese Steckplätze können so genannte *Karten* integriert werden, die die Daten weiterleiten oder zu einer Ausgabestation senden. Diese Karten werden einfach in den Steckplatz gesetzt und über Kontakte mit dem Bussystem verbunden.

Derartige Karten machen den PC erst zum so genannten *offenen System*, weil dadurch Schnittstellen für Eingabe- und Ausgabegeräte zur Verfügung gestellt werden. Für den Daten-Output wären das z. B. die Grafikkarte, die die Daten so aufbereitet, dass ein Monitor daraus ein Bild aufbauen kann. Für den Anschluss eines Druckers ist eine parallele Schnittstellenkarte nötig.

Zu den Erweiterungskarten gehören natürlich auch alle Ihnen bekannten Karten wie Controllerkarten für Festplatten und Diskettenlaufwerke, serielle Schnittstellenkarten, an denen die Maus oder ein Modem betrieben werden kann oder auch die Soundkarte oder ein Netzwerk-Adapter.

Mit all diesen Informationen können wir uns nun für die Verarbeitungsseite ein Schema zusammenstellen, das zeigt, wie die Datenverarbeitung in einem PC in etwa aussehen könnte. In Abbildung 1.7 haben wir dieses Modell zusammengefasst.

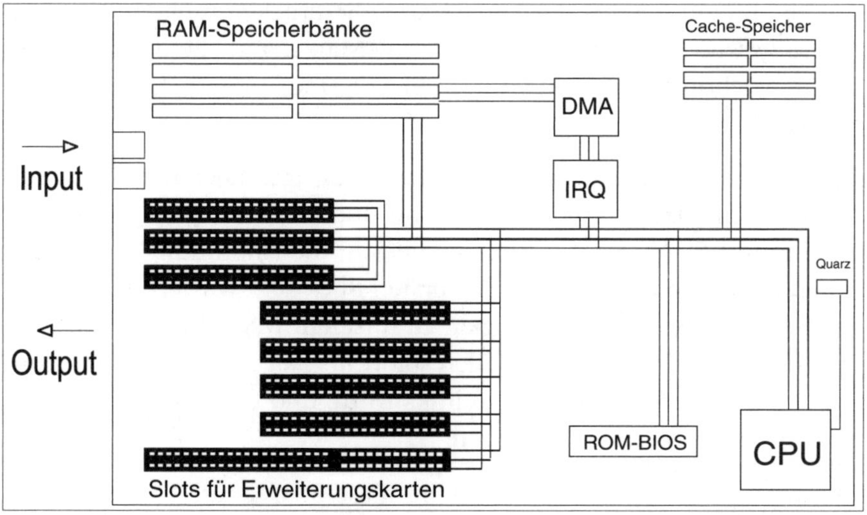

Abb. 1.7: Das V zwischen dem E und dem A

1.2 Die wichtigsten Hardware-Komponenten

Bis jetzt war alles Theorie; im Folgenden werfen wir einen Blick in die graue Blechkiste und schauen uns an, wie das oben entworfene Modell in der Realität aussieht.

Mainboard und CPU

Für alle in Abschnitt 1.1 genannten Komponenten der Verarbeitungsseite ein selbstständiges Bauteil zu kreieren, wäre höchst unsinnig. Wie Sie gesehen haben, müssen alle Elemente, die die direkte Verarbeitung von Daten betreffen, sehr eng zusammenarbeiten; da liegt es nahe, sie möglichst platzsparend auf einer Platine unterzubringen, was nicht nur Arbeitsgänge in der Herstellung spart, sondern auch den Vorteil hat, dass die Bits und Bytes nur kurze Wege überbrücken müssen, was wiederum geschwindigkeitssteigernd wirkt. Man nennt diese Platine, auf der die wichtigsten Bauteile untergebracht sind, *Hauptplatine* oder auf englisch *Mainboard* oder *Motherboard*.

Bevor wir näher ins Detail gehen, schauen Sie sich doch bitte noch einmal das Schema aus Abbildung 1.7 an und vergleichen Sie es mit der Abbildung 1.8. Auch wenn Ihnen vielleicht die Anordnung von Chips, Leiterbahnen und Sockeln auf den ersten Blick sehr wirr erscheint, werden Sie doch zahlreiche Analogien zu unserem Modell feststellen können. Vor allem drei Elemente fallen sofort ins Auge: die CPU rechts unten, die Erweiterungssteckplätze links Mitte und unten und die Sockel für den Arbeitsspeicher links oben.

Chipsätze

Die wichtigsten Bauteile haben wir bereits erwähnt; darüber hinaus gibt es natürlich noch eine Vielzahl von Komponenten, die in hoch integ-

Abb. 1.8: Eine Hauptplatine mit Pentium-CPU und PCI-Bussystem

rierten elektronischen Schaltungen zusammengefasst werden. Alle diese Bausteine werden unter dem Begriff *Chipsatz* subsumiert, und es dürfte klar sein, dass alle Chips eines Satzes genauestens aufeinander abgestimmt sein müssen. Chipsätze haben in erster Linie zwei Aufgaben: Sie unterstützen die CPU bei der Datenbeschaffung und dem Datentransport und wirken zum anderen kontrollierend und steuernd auf die einzelnen Systembereiche ein. Zwei dieser kontrollierenden Instanzen haben Sie schon kennen gelernt: die Interrupt- und die DMA-Controller. Ein weiterer wichtiger Baustein ist z. B. der *Keyboard Controller*, der alle Aktivitäten der Tastatur verfolgt und steuert.

ROM-BIOS und CMOS

Vielleicht stellen Sie sich an diesem Punkt die Frage, wie denn ein PC überhaupt in Gang gesetzt werden kann, wo doch bis jetzt das Betriebssystem offensichtlich noch gar nicht mit in die Funktionsbereitschaft einbezogen wurde. Selbst ohne Betriebssystem – ganz gleich welches –

kann ein PC schließlich immerhin ansatzweise arbeiten und z. B. feststellen, dass eventuell gar kein Betriebssystem vorhanden ist.

In der Tat verfügt jeder Computer über eine Art »Mini-Betriebssystem«, das ihn überhaupt erst in die Lage versetzt, zu einem späteren Zeitpunkt die Steuerung an ein wie auch immer geartetes umfangreicheres Betriebssystem abzugeben.

Dieses »Mini-Betriebssystem« ist in einem Baustein untergebracht, den Sie ebenfalls auf der Hauptplatine finden; es handelt sich um das *BIOS* des Computers. Dieses BIOS (*Basic Input Output System*) vereinigt gleich mehrere Funktionen:

- Es aktiviert die grundlegenden Hardware-Routinen für das (zukünftige) Betriebssystem und wirkt damit als Schnittstelle sowohl zwischen Ein- und Ausgabe als auch zwischen Hard- und Software. Es muss deswegen auf die besonderen Merkmale des Chipsatzes abgestimmt sein, woraus resultiert, dass jedes BIOS von Hauptplatinentyp zu Hauptplatinentyp unterschiedlich ist.
- Das BIOS beinhaltet außerdem die so genannten *POST*-Routinen. Dieser *Power On Self Test* bürgt dafür, dass nach dem Einschalten des Computers alle wichtigen Bausteine abgefragt und auf ihre Funktionstüchtigkeit hin überprüft werden, was Sie teilweise am Monitor mitverfolgen können. Achten Sie doch einmal darauf, dass nach dem Einschalten des PCs zuerst der Arbeitsspeicher durchgezählt wird – auch dies ist ein Teil der Überprüfungsfunktionen, die im Übrigen den gesamten Chipsatz wie CPU, Controller-Bausteine etc. umfassen.
- Integriert in das BIOS ist das so genannte CMOS-Setup. In diesem Setup wird die Hardwarekonfiguration Ihres Rechners gespeichert, also wie viel RAM Sie Ihrem PC spendiert haben, wie viele Diskettenlaufwerke und welche Festplatte eingebaut sind etc. Aber auch ganz rudimentäre Dinge wie das Datum und die Uhrzeit werden hier eingestellt. Jedesmal, wenn Windows XP auf dem Bildschirm die aktuelle Uhrzeit ausgibt, gehen die Informationen darüber auf

die Einstellung im BIOS zurück. Sie können in dieses CMOS-Setup hineingucken (und müssen es bei Systemveränderungen unter Umständen sogar), indem Sie kurz nach dem Start des PCs eine Taste drücken; meist ist es die [Entf]-Taste. Die Einstellungen werden dann menügesteuert durchgeführt.

So viel Erklärungsbedarf für das BIOS? Dahinter steckt ein Prinzip, das bei näherem Hinsehen für die Arbeit mit Datenverarbeitungsanlagen recht hilfreich sein kann. Erinnern Sie sich an das RAM, das nur ein flüchtiger Speicher ist, in den zwar Informationen hineingeschrieben und aus dem Daten herausgelesen werden können, das aber ansonsten ein *flüchtiger* Speicher ist. Letzteres wäre im Falle des BIOS höchst unglücklich, denn die darin enthaltenen Informationen sind für den PC ja sozusagen lebenswichtig. Es muss sich hier also um einen anderen Speichertyp handeln, und in der Tat benutzt man für das BIOS kein RAM, sondern *ROM*.

ROM steht als Abkürzung für *Read Only Memory*; es handelt sich also um einen Speichertyp, aus dem man Daten zwar lesen kann, die aber ansonsten fest verankert und unveränderbar sind. Die Informationen in einem ROM werden nicht über Disketten oder andere Datenträger eingespeichert, sondern fest in den ROM-Chip eingebrannt.

Wir ahnen Ihre nächste Frage: Wenn Daten in einem ROM gespeichert werden können, könnte man doch gleich 50 Prozent aller Software anstatt auf Disketten oder CDs in solchen Bausteinen unterbringen, damit das lästige Diskettenwechseln entfallen könnte. Und wieso gibt es Windows XP eigentlich noch nicht als ROM-Baustein, den man ja fest in einem Computer installieren könnte?

Vielleicht kennen Sie so genannte Sprachcomputer; kleine, handliche Geräte, die Ihnen auf Kommando die fremdsprachige Übersetzung eines Wortes oder Begriffes auf dem Display präsentieren. Diese Geräte arbeiten in der Tat mit ROM-Karten. Der Sprachschatz jeder Sprache ist auf einem solchen Baustein untergebracht und wird bei Bedarf ausgetauscht. Auch im Homecomputer-Bereich gibt es Geräte, denen ihr Betriebssystem auf einem Chip mit »in die Wiege gelegt« wurde; Spielekonsolen beispielsweise gehören dazu. Windows XP eignet sich dazu aber weniger und dies gleich aus mehreren Gründen:

- Ein fest installiertes Betriebssystem auf ROM-Basis würde den Computer bis an sein Lebensende an ein Betriebssystem binden (was für die Herstellerfirma Microsoft zugegebenermaßen die Erfüllung eines Wunschtraumes wäre).
- Ein Betriebssystem wie Windows XP ist zu umfangreich, um auf einem Chip untergebracht zu werden. Auf einer Festplatte komplett installiert, nimmt es etwa 900 MByte an Kapazität ein; unser BIOS dagegen begnügt sich mit einer Kapazität von 64 KByte.
- Ein Betriebssystem muss offen für Veränderungen und Anpassungen sein. Die Daten in einem ROM aber sind unveränderbar und können nur gelesen werden. Irgendwelche Benutzeranpassungen könnten so gar nicht durchgeführt werden.
- Bei einer Änderung des Betriebssystems (neue Version, *Upgrade* etc.) müsste jedesmal ein Eingriff in die Hardware durchgeführt werden – für geübte Profis kein Problem, für Einsteiger und Normalanwender aber unzumutbar.

Prozessor und Betriebssystem

Ob eine leistungsfähige CPU ein leistungsfähiges Betriebssystem oder aber ein leistungsfähiges Betriebssystem eine leistungsfähige CPU benötigt, ist eine ähnliche Frage wie die, ob das Huhn oder das Ei zuerst da war. Tatsache ist, dass erst mit Prozessoren ab der Pentium-III-Baureihe die Arbeit mit Windows Me, 2000 oder Windows XP einen Sinn macht. Dies erklärt sich unter anderem aufgrund der Tatsache, dass es erst mit diesen CPUs möglich ist, im *virtuellen Modus* der CPU zu arbeiten, die dabei mehrere Prozessoren simuliert. Dieses Verfahren ermöglicht den Multitasking-Betrieb, den Sie auch unter Windows XP nutzen.

Dennoch wollen wir nicht verschweigen, dass die Arbeit mit Windows XP eines schnell getakteten Rechners bedarf, um Spaß zu machen. Hier eine kleine Kriterienliste:

- Pentium-CPUs sind ab der Baureihe III mit ca. 700 MHz aufwärts getaktet. Ab dieser Geschwindigkeit kann Windows XP effektiv arbeiten.
- Der Pentium-4-Chip umfasst einen 512 KByte großen Speicher für das schnelle Zwischenlagern von Daten (*Level-2-Cache*).
- Erst mit CPUs, die SSE2 (*Streaming SIMD Extensions 2*) – die Nachfolgetechnik von MMX (*Multimedia-Extension*) – unterstützen, machen rechenintensive Anwendungen für Multimedia-Applikationen Sinn.
- Die Unterstützung des schnellen Systembustakts mit 66, 100 bzw. 133 oder sogar 400 MHz bringt Windows-Anwendungen erst richtig in Schwung.

Abb. 1.9: Das Flaggschiff der Firma Intel: die Pentium-4-CPU (Quelle Intel)

Arbeitsspeicher

Die Arbeitsweise des Arbeitsspeichers haben wir bereits angesprochen, dabei aber noch nicht erwähnt, dass er im Computer das *schnellste* Speichermedium darstellt. Während ein Zugriff auf externe Datenträger wie Festplatten Millisekunden dauert, liegt die Zugriffszeit auf den Arbeitsspeicher im Bereich von Nanosekunden. Erst durch diese extrem niedrige Zugriffszeit ist es überhaupt möglich, Daten in einer akzeptablen Geschwindigkeit zu transportieren und zu bearbeiten.

Wie die CPU können auch Speicherbausteine *Waitstates* einlegen, wenn das Timing mit anderen Komponenten solche Wartezyklen erfordert.

Durch die Arbeitsgeschwindigkeit des RAM ist jedes Programm bemüht, so viele Daten wie möglich permanent im Arbeitsspeicher zu halten, denn desto schneller wird der Zugriff darauf. Auch Windows XP arbeitet nach dieser Methode; wenn Sie Ihren Computer einschalten, werden nach dem Test des BIOS erst einmal die wichtigsten Teile des Betriebssystems von der Festplatte in das RAM kopiert; man spricht dabei auch vom *Laden* oder *Booten* des Betriebssystems.

Das Gleiche passiert, wenn Sie ein Anwendungsprogramm starten; auch hier werden die wichtigsten Daten, die zum Programm gehören, in den Arbeitsspeicher übertragen. Sie können sich also vorstellen, dass der Arbeitsspeicher schnell voll ist. Gerade bei Systemen wie Windows XP empfiehlt es sich daher, den Rechner von vornherein mit genügend Arbeitsspeicherkapazität auszurüsten. Kam man bei Windows 3.x noch mit 16 MByte RAM ganz passabel zurecht, liegt bei Windows XP die minimale Untergrenze bei 96 MByte RAM.

Die Miniaturisierung von PC-Bauteilen hat natürlich auch den Arbeitsspeicher erfasst. Heutzutage wird nur noch mit so genannten *Modulen* gearbeitet, die sich auf der Hauptplatine in dafür vorbereitete Sockel einklemmen und fast beliebig erweitern lassen.

Während bei den so genannten *SIMM*-Modulen (30-Pin-Sockel, 60/70 Nanosekunden Zugriffszeit), die vor allem auf 386er und 486er Platinen vorkommen, immer mehrere Module zu einer *Bank* zusammengefasst werden mussten, sind die *PS/2-Module* (72-Pin-Sockel, 60 Nanosekunden Zugriffszeit) auch einzeln einsetzbar, was daran liegt, dass sie eine Datenbusbreite von 32 Bit haben. Zukunftssicher bei den Arbeitsspeichermengen, die Windows XP braucht, sind aber eigentlich nur die aktuell benutzten SDRAM- oder DDR-SDRAM-Module (168-Pin-Sockel, 8/10 Nanosekunden Zugriffszeit). Die gebräuchlichsten Kapazitäten pro Modul liegen hier bei 32, 64, 128 und 256 MByte pro Modul.

Cache-Speicher

Eine Sonderform des Speichers ist der so genannte *Cache*-Speicher (von Englisch *cache* für Versteck, Lager). Die Größe dieses Speichers (auch *External* oder *Second Level Cache* genannt), der im Gegensatz zum *Internal* oder *First Level Cache*, der in der CPU sitzt, auf der Hauptplatine installiert ist, ist im Gegensatz zum normalen Arbeitsspeicher kein dynamischer, sondern ein statischer Speicher. *Dynamisch* bedeutet, dass die Speicherzellen mit einem *Refresh* immer wieder ihren Inhalt auffrischen. Statische Speicherzellen bedürfen dieses Refreshs nicht, so dass sie insgesamt eine immens langsame Zugriffszeit haben.

Beim Prinzip des *Cachings* werden Daten, die häufig von der CPU angefordert werden, sozusagen auf Vorrat und Verdacht in diesen Speicher geladen und stehen dort extrem schnell zur Verfügung. Sollten die Daten tatsächlich von der CPU angefordert werden, müssen sie nicht erst in mehreren Takten aus dem RAM ausgelesen und zur CPU transportiert werden. Die Koordination des Datenflusses wird dabei von einem eigenen Cache-Controller geregelt, der überprüft, ob und welche Daten sich im Cache-Speicher befinden.

Die Kapazität des Cache-Speichers, der für die Geschwindigkeit enorme Vorteile bringt, liegt bei Pentium-CPUs in der Regel bei 512 KByte.

Virtueller Speicher

Den Begriff *virtuell* kennen Sie vielleicht aus dem Bereich Multimedia. Dort bezeichnet die Fata Morgana des Computers einen Zustand, der dem Anwender real erscheint, in der Wirklichkeit aber gar nicht existiert.

Ähnliches gilt für den virtuellen Speicher. Wenn alle Daten und Informationen lediglich im RAM bereitgehalten würden, wäre der Arbeitsspeicher sehr schnell voll. Da er ja schließlich nicht wie ein Eimer Wasser »überlaufen« kann, werden in diesem Fall Daten, die nicht so häufig vom Betriebssystem oder einem Programm benutzt werden, in einen speziell gekennzeichneten Bereich der Festplatte ausgelagert. Man nennt diesen Bereich, der von Windows XP automatisch angelegt wird, deshalb auch *Auslagerungsdatei*. Bei Bedarf findet ein ständiger Austausch zwischen Arbeitsspeicher und den Daten dieser Auslagerungsdatei statt. Dieses auch als *Disk-Swapping* bezeichnete Verfahren ist – eine schnelle Festplatte vorausgesetzt – ein effizientes Verfahren, mehr Arbeitsspeicher zur Verfügung zu stellen, als eigentlich vorhanden ist.

Über *Start / Einstellungen / Systemsteuerung / System /* Registerkarte *Erweitert / Systemleistung* können Sie sich bis zum Dialogfeld *Virtueller Arbeitsspeicher* durchkämpfen und die von Windows XP automatisch vergebene Größe dieser Auslagerungsdatei beeinflussen.

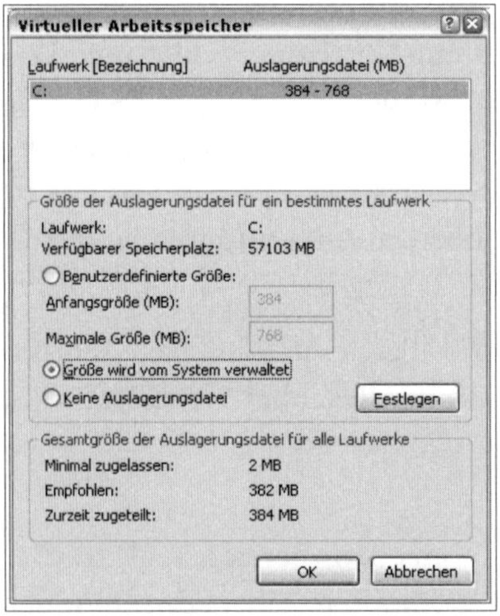

Abb. 1.10: Einstellungen für den virtuellen Speicher

Dauerhafte Speichermedien

Die Arbeit am PC wäre nicht besonders erfreulich, wenn man als Anwender lediglich auf die oben beschriebenen Speichermedien zurückgreifen könnte. Ihre Daten wären spätestens mit dem Abschalten des Rechners verloren, weil der Arbeitsspeicher ein flüchtiger Speicher ist, der seinen Inhalt unwiederbringlich verliert, wenn er nicht mit Strom versorgt wird. Für die Arbeit mit Daten bedarf es deshalb Datenträger, die Informationen dauerhaft speichern können. Wir beschäftigen uns an dieser Stelle nur mit den beiden grundlegenden Datenträgern: *Disketten* und *Festplatten*. Auf andere Massenspeicher wie Streamer-Tapes, CD-ROMs, Wechselplatten etc. werden wir in anderen Kapiteln noch zu sprechen kommen.

Auch Daten auf Disketten oder Festplatten werden digital gespeichert, indem die Bits einem magnetischen Zustand entsprechen. Ein Flusswechsel, der die magnetischen Teilchen auf der Datenträgeroberfläche in Nord- oder Südposition ausrichtet, entspricht dabei den Werten, die Sie bereits als 0 oder 1 kennen gelernt haben. Folglich arbeiten Disketten und Festplatten mit einer *magnetischen* Aufzeichnung.

Grundlage für diese Aufzeichnung ist das Formatieren dieser Datenträger. Erst durch die Formatierung wird die Magnetschicht so vorbereitet, dass man auf dem Speichermedium Informationen ablegen kann. Ein neuerliches Formatieren löscht darum auch alle vorhandenen Daten auf einem solchen Medium.

Disketten

Als eines der älteren Speichermedien hat sich die Diskette bis zum heutigen Tag herübergerettet, wobei allerdings aktuell nur noch 3½"-Disketten in Gebrauch sind, die bei relativ großer Kapazität dennoch handlich und vor allem robust sind.

Die Diskettenoberfläche wird in einem Laufwerk, das sich mit einer Geschwindigkeit von 300 Umdrehungen/min. dreht, über einen

Schreib-/Lesekopf abgetastet. Der Datenträger selbst, der sich hinter einer robusten Kunststoffhülle verbirgt, besteht aus einer verformbaren Scheibe mit einer magnetisierbaren Schicht.

Grundlage für die Datenspeicherung ist das schon erwähnte Formatieren. Hier wird die Diskette für die Aufnahme von Daten vorbereitet, was nicht nur ein *physikalischer* Vorgang ist, sondern auch eine *logische* Einteilung beinhaltet: Die Diskette wird in Spuren (*Tracks*) und Sektoren (*Sectors*) unterteilt. Bei einer 3½"-Diskette sind dies 80 Spuren und 18 Sektoren, wobei ein Sektor jeweils 512 Bytes an Daten aufnehmen kann. Am besten stellen Sie sich diese logische Einteilung wie Kuchenstücke vor; Abbildung 1.11 vermittelt Ihnen eine Vorstellung davon, wie der Schreib-/Lesekopf die Daten auf der Diskette schreiben und wiederfinden kann.

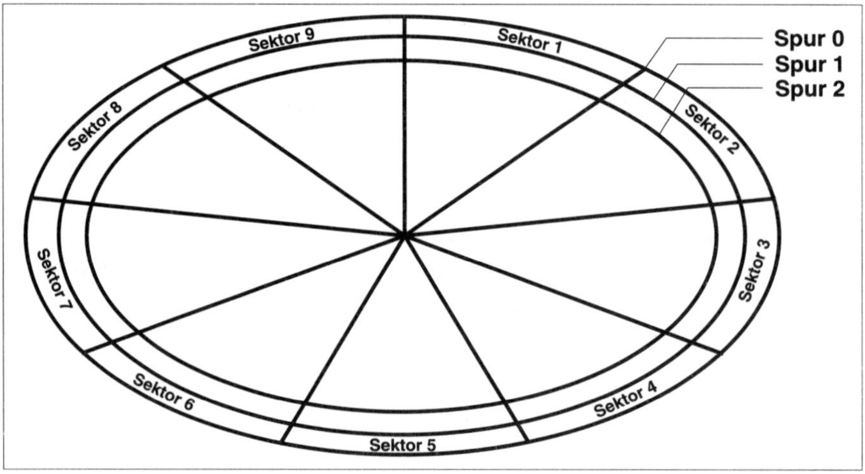

Abb. 1.11: Logische Einteilung einer Diskette in Spuren und Sektoren

Mit einer einfachen Formel, die sich übrigens auch auf Festplatten anwenden lässt, können Sie die Gesamtspeicherkapazität einer 3½"-Diskette ausrechnen. Dazu müssen Sie lediglich noch wissen, dass eine Diskette von beiden Seiten der Scheibe abgetastet werden kann.

```
Seiten * Spuren pro Seite * Sektoren pro Spur *
Bytes pro Sektor = Gesamtspeicherkapazität
```

Für unsere Diskette heißt das also:

```
2 * 80 * 18 * 512 = 1.474.560 Bytes
```

Wenn Sie nun diesen Wert durch 1.024 teilen (1 MByte = 1.024 Bytes), wissen Sie, warum man eine solche Diskette auch als 1,44-MByte-Diskette bezeichnet.

Disketten sind als das wichtigste Speichermedium ganz klar von CD-ROMs und Festplatten abgelöst worden, was zum einen an der hohen Zugriffszeit für Disketten liegt, zum anderen aber auch an dem begrenzten Speicherplatz. Bei speicherfressenden Programmen wie Windows XP würden Sie, stände Ihnen nur ein Diskettenlaufwerk zur Verfügung, die Arbeit eines Diskjockeys bewältigen müssen. Disketten werden darum heute eigentlich nur noch eingesetzt, um schnell eine Sicherheitskopie von selektierten Dateien der Festplatte zu ziehen oder um Daten von einem PC zum anderen zu transportieren. Originalprogramme, die früher nur in Diskettenform zu haben waren, werden heute aufgrund ihrer großen Datenmengen fast nur noch auf CD-ROM ausgeliefert.

Festplatten

Vom Prinzip her arbeiten Festplattenlaufwerke gar nicht so viel anders als Disketten. Auch hier wird eine magnetisierbare Scheibe von einem Schreib-/Lesekopf abgetastet. Dennoch ergeben sich hier deutliche Unterschiede.

Das Scheibenmaterial besteht nicht aus Kunststoff, sondern aus einem *festen* Material, meistens Aluminium. Dies erlaubt eine wesentlich schnellere Umdrehungsgeschwindigkeit. Hochleistungsfestplatten drehen sich mit bis zu 10.000 Umdrehungen/min.

Handelt es sich bei einer Diskette um nur eine Scheibe, sind bei Festplatten gleich mehrere Scheiben übereinander angeordnet. Dadurch erhöht sich natürlich die Gesamtspeicherkapazität.

Ein Festplattenlaufwerk besteht nicht nur aus dem Speichermedium (den Platten), sondern integriert gleich auch noch die komplette Mechanik und Elektronik, die die Daten von den Platten liest oder auf sie schreibt und sie sofort zum Systembus weiterleiten kann. Daraus ergibt sich der Vorteil, dass nicht nur eine extrem niedrige Zugriffszeit (Durchschnitt ca. 8 Millisekunden) erreicht wird, sondern auch eine extrem hohe *Datenübertragungsrate*, was für die Leistungsfähigkeit mindestens ein ebenso wichtiger Faktor ist.

Da Festplatten über eine extrem feine Mechanik verfügen müssen, sind die Platten in einem staubfreien Raum verschlossen. Während bei Diskettenlaufwerken der Schreib-/Lesekopf direkten Kontakt zum Medium hat, schwebt bei Festplatten der Kopf auf einem Luftpolster mit einem Abstand von etwa 0,00005 bis 0,0001 mm über der Scheibe.

Ein menschliches Haar ist ca. 5 bis 10 Mal so groß und würde, wenn es ins Innere des Gehäuses eindränge, sofort einen *Headcrash* verursachen und die Platte zerstören. Versuchen Sie also bitte niemals wie in Abbildung 1.12, in das Innere Ihrer Festplatte vorzustoßen.

Die Kapazität der Platte richtet sich nach der Anzahl der Platten und dem Verfahren, wie die Daten auf der Scheibe aufgezeichnet werden. Waren im Anfangsstadium von PCs Festplatten mit einer Kapazität von 10 MByte noch fast unbezahlbar, sind heute bereits Festplatten in der Kapazität ab 20 GByte aufwärts zum Standard geworden. Ob dabei die Hardwarehersteller auf die immer speicherfressendere Software Rücksicht nehmen oder die Softwarehersteller die immer größer werdenden Festplattenkapazitäten schamlos ausnutzen, mag dahingestellt sein. Eines steht jedenfalls fest: Eine Festplatte kann noch so groß dimensioniert sein – nach einigen Wochen ist sie mit Daten fast schon randvoll.

Abb. 1.12: Bei dieser aufgeschraubten Festplatte erkennen Sie die Platten- und Kopfmechanik

1.3 Zusammenfassung, Fragen und Übungen

Zusammenfassung

- Unter der *Hardware* versteht man die technischen Hilfsmittel, die die Verarbeitung von Daten ermöglichen.
- Innerhalb eines Computers werden Informationen *digital* verarbeitet. Die kleinste Einheit eines digitalen Datums ist ein *Bit*. Eine Folge von acht Bit nennt man ein *Byte*.
- Zu einer Datenverarbeitungsanlage gehören Eingabe-, Verarbeitungs- und Ausgabemechanismen (EVA-Prinzip).
- Das Kernstück eines Computers ist die *CPU* (*Hauptprozessor*), die in einer festgelegten Taktgeschwindigkeit arbeitet.
- Daten werden im *Arbeitsspeicher (RAM)* zwischengelagert, der sowohl zum Lesen als auch zum Schreiben von Informationen geeignet ist; allerdings ist er nur ein temporäres Medium. Ohne permanente Stromversorgung geht der Inhalt verloren.
- Der Datenfluss und die interne Kommunikation werden durch ein *Bussystem* gewährleistet. Über Erweiterungskarten können Ein- und Ausgabegeräte an den Bus angekoppelt werden.
- Jedes Ereignis eines Ein- oder Ausgabegerätes wird der CPU über einen *Interrupt Request* (*IRQ*) gemeldet.
- Alle wichtigen Komponenten der Verarbeitungsmechanismen wie CPU, RAM, Controllerbausteine etc. werden auf der *Hauptplatine* zusammengefasst.
- Informationen können dauerhaft nur in Speichern gelagert werden, die nicht wie das RAM flüchtige Speicher darstellen. Die bekanntesten Speichermedien sind *Datenträger* in Form von Disketten, CD-ROMs, DVDs oder Festplatten.
- Aufgrund der größeren Kapazität, des schnelleren Zugriffs und der höheren Datentransferleistung zählen Festplatten zum Standardspeicher im PC-Bereich.

Fragen und Übungen

1. Welche beiden Elemente sind für die Verarbeitung von Daten wichtig und wo befinden sich diese Komponenten?
2. Nennen Sie zwei Faktoren, die für die Leistungsfähigkeit eines Zentralprozessors relevant sind!
3. Was versteht man unter dem Begriff einer *digitalen Information*?
4. Wie beeinflussen Signale von Ein- und Ausgabegeräten die Arbeit des Zentralprozessors?
5. Auf welche Weise werden Informationen von Eingabegeräten an den Systembus weitergegeben und wie kann der Systembus Informationen an Ausgabegeräte weiterleiten?
6. Worin liegt der Unterschied zwischen *RAM* und *ROM*?
7. Was sind die Vorteile eines Cache-Speichers und was versteht man unter dem Begriff *Caching*?
8. Was ist ein *virtueller Speicher*?
9. Warum müssen bei der Datenverarbeitung noch andere Speichermedien als der Arbeitsspeicher eingesetzt werden?
10. Wodurch unterscheiden sich Diskettenlaufwerke von Festplattenlaufwerken?

2 Steuerung und Kontrolle – Das Betriebssystem

Wenn Sie den Begriff »Betriebssystem« bisher vor allem sowohl mit unerfreulichen als auch unverständlichen Befehlsfolgen assoziiert haben, können Sie aufatmen. Wir werden uns nur am Anfang dieses Kapitels aus »historischen« Gründen damit beschäftigen. Tatsache ist, dass die Funktionen des Betriebssystems eine große Rolle spielen, und selbst wenn Sie in der täglichen Computerpraxis fast nur mit Programmen arbeiten, mit denen Sie kreativ und selbstständig Informationen erfassen, verändern oder bearbeiten, werden Sie ständig mit dem Betriebssystem in Berührung kommen – nur: Sie merken oft nichts davon, weil dessen Funktionen in die Anwendungssoftware integriert sind. Darunter fällt z. B. die gesamte Dateiverwaltung, Optionen also, die Sie in allen Anwendungsprogrammen unter dem Menüpunkt *Datei* finden. Aber auch wenn Sie ein Dokument *drucken* oder mehrere Fenster auf dem Bildschirm so *anordnen*, dass Sie den Überblick über Ihren Desktop nicht verlieren, wird das Betriebssystem aktiv – meist im Hintergrund und für Sie unter der Oberfläche Ihres aktuellen Programms versteckt.

Wir denken, dass es sinnvoller ist, diese Aktionen und Aufgaben im Zusammenhang mit dem Betriebssystem zu erklären. Zum einen ist es erfreulich, wenn man weiß, warum eine Diskette oder Festplatte erst formatiert werden muss, bevor man auf einem Datenträger Informationen ablegen kann, und zum anderen erübrigt sich das gebetsmühlenartige Herunterleiern, dass Sie die Menüfolge *Datei / Speichern* verwenden müssen, wenn Sie ein Dokument als Datei ablegen wollen – und Ihnen das auch noch für jedes Programm separat erklärt wird. Meist kann man viel schneller und effektiver mit einem Programm umgehen, wenn man die wichtigsten Aktionen, die generell für *jedes* Programm anwendbar sind, bereits kennt, denn dann kann man sich als Anwender auf die eigentliche und kreative Arbeit konzentrieren.

2.1 Windows XP im Vergleich mit anderen Betriebssystemen

Vielleicht wissen Sie, dass es noch andere Betriebssysteme für Computer gibt als das, mit dem Sie im Moment arbeiten. Wir wollen hier nur auf die Systeme eingehen, die für den PC-Bereich relevant sind. Dass ein Großrechner andere Anforderungen stellt als ein Mikrocomputer, dürfte wohl klar sein. Sie sehen aber gerade auch in diesem Bereich, wie flexibel ein PC gegenüber anderen Rechnertypen ist: Ein Computer, der sich auf nur ein Betriebssystem festlegt, ist natürlich gegenüber den Aufgaben, die mit diesem Rechner erledigt werden sollen, recht starr und unbeweglich. Beim PC hat man dagegen die Wahl zwischen mehreren unterschiedlichen Systemen, und von Vorteil ist ebenso, dass man – genügend Speicherplatz vorausgesetzt – auch mehrere Systeme nebeneinander installieren und benutzen kann.

MS-DOS und andere Windows-Versionen

Das in der Geschichte des PCs wohl am häufigsten eingesetzte Betriebssystem heißt MS-DOS. Schon die ersten zwei Buchstaben der Abkürzung machen klar, dass diese Software aus dem gleichen Hause kommt wie Windows. Mit der Entwicklung von MS-DOS begann der große Aufstieg eines Unternehmens, das heute im Softwaremarkt die absolute Vorreiterstellung innehat: der Firma Microsoft. Gegründet Anfang der 1980er-Jahre von den beiden Computerfreaks Paul Allen und Bill Gates, ist sie heute die dominante Software-Produktionsstätte, wobei sich Bill Gates nicht nur vom Freak zum Geschäftsmann, sondern auch zu einem der reichsten Männer der Welt emporgearbeitet hat.

Die Grundlage des vor allem geschäftlichen Erfolgs beruht auf der Tatsache, dass die damals im Computermarkt unbezwingbar scheinende Firma IBM ihre ersten *Personal Computer* anbot. Bei IBM galten diese Rechnertypen mehr als »Spielzeug«, denn bis dahin war die Arbeit mit

Computern für Privatpersonen in erster Linie nur über das Mieten von (teurer) Rechenzeit an Geräten möglich, die in einem Rechenzentrum organisiert waren. Microsoft durfte das Betriebssystem für die PCs schreiben, wobei Bill Gates der erste entscheidende Schachzug seiner Karriere gelang: Die Rechte für die Software wurden nicht an IBM weitergegeben, sondern verblieben bei Microsoft. Noch heute kassiert Microsoft bei jedem Computer, auf dem seine erste kommerzielle Software MS-DOS installiert ist – und das sind nicht wenige.

DOS steht als Kürzel für *Disk Operating System*, und ein erster Einblick in die letzte Version dieses Betriebssystem wird Ihnen nicht verwehrt, selbst wenn Sie mit Windows XP arbeiten.

Klicken Sie mit dem Mauszeiger auf die Schaltfläche *Start* (im Folgenden immer als *Startmenü* bezeichnet), zeigen Sie mit der Maus auf den Menüpunkt *Programme*, dann auf *Zubehör* und schließlich auf *Eingabeaufforderung* und klicken Sie auf diese Option. In einem Fenster erscheint nun eine Oberfläche, die bereits auf den ersten Blick komplett anders aussieht als die Windows-XP-Oberfläche mit ihren Icons, Symbolen und Schaltflächen. Man beschreibt diesen Unterschied als zeichen- bzw. grafikorientiert, und im nächsten Kapitel werden wir auf diesen Unterschied noch einmal genauer zu sprechen kommen.

Der Schritt von einem zeichen- zum grafikorientierten Betriebssystem erfolgte mit dem Schritt von MS-DOS zu Windows 3.0 und den Nachfolgern Windows 3.1 und Windows für Workgroups bzw. Windows 3.11. Bei diesen Versionen sprach man davon, dass Windows lediglich ein »Aufsatz« auf MS-DOS sei, dass also praktisch hinter der schönen bunten Oberfläche von Windows immer das nüchterne, graue MS-DOS werkelt und dem Anwender lediglich vorgegaukelt werde, nicht mehr mit einem veralteten Betriebssystem zu arbeiten. Diese Aussage kann zum großen Teil als korrekt bezeichnet werden, denn fast jedesmal, wenn in Windows 3.x ein Befehl durchgeführt wurde, der einen direkten Eingriff in die Hardware bedeutete, etwa das Formatieren einer Diskette oder Befehle zur Bildschirmsteuerung, wurde die entsprechende

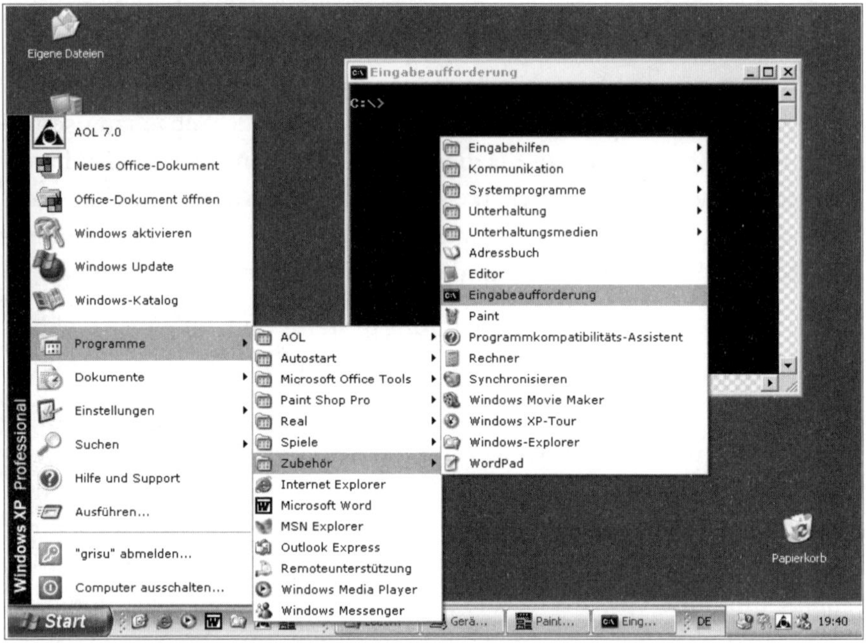

Abb. 2.1: Ein Betriebssystem im anderen

Routine – für den Anwender unsichtbar – an die Funktionen von MS-DOS weitergegeben, das den Befehl dann realisierte.

Aufgrund der Tatsache, dass MS-DOS ein zeichenorientiertes Betriebssystem ist, wird die Steuerung mit Hilfe von Kommandos bzw. Befehlen durchgeführt, die der Anwender über die Tastatur eingibt. Alleine die Eingabe eines Befehls aber reicht oft noch nicht aus; das Kommando muss mit Hilfe von weiteren Parametern genauer umschrieben werden – und dies in der richtigen Reihenfolge und korrekten Schreibweise. Für viele Anwender ist genau dies der Grund, warum ihnen MS-DOS wie eine Fremdsprache vorkommt: Niemand kann sich alle Befehle mit der zugehörigen Syntax merken; die Kommandos sind oft mehr als kryptisch, und erst ab der Version 5.0 wurde MS-DOS mit einer einigermaßen passablen Hilfefunktion ausgestattet.

Mit der Entwicklung von Windows 98, Me und der aktuellen XP-Version wurde der MS-DOS-Hintergrund aber immer weiter zurückgedrängt – in Windows XP gibt es nur noch rudimentäre alte MS-DOS-Anteile; bei den Vorgängerversionen war dies nicht der Fall – hier wurde immer noch ein Teil des alten MS-DOS integriert. Die Gründe: Microsoft hat mit allen Betriebssystemen und Versionsnummern immer versucht, eine so genannte Abwärtskompatibilität zu verwirklichen, d. h., Anwendungsprogramme, die auf einem älteren System laufen, müssen auch mit dem neuen System funktionieren. Das Dilemma bei dieser Strategie ist offensichtlich. Grundsätzlich positiv zu bewerten, bewirkt das Beibehalten von alten Normen, dass ein genereller Neuanfang, der einen wirklichen Fortschritt bringt, oft nicht machbar ist; immer müssen Zugeständnisse gemacht werden, was dazu führt, dass in vielen Bereichen das gesamte System nicht so gut ist, wie es eigentlich sein könnte. Für den »Normalanwender« hat diese Kompromissbereitschaft in vielen Fällen mehr Vor- als Nachteile. Bei Anwendungssystemen, bei denen es aber auf das letzte Quentchen Performancegewinn und vor allem auf Stabilität ankommt, wich man vor XP oft auf andere Betriebssysteme aus. Dazu gehörten z. B. Windows 2000 oder davor Windows NT.

Linux

Einen ganz anderen Ansatz hat das Betriebssystem Linux. Als Derivat von UNIX, das in erster Linie nicht im PC-Bereich, sondern bei größeren Rechenanlagen Standard ist, hat sich Linux bei all denen durchgesetzt, die im PC eine minimierte Spielart von Großrechenanlagen sehen, aber dennoch die gewohnte Arbeitsumgebung beibehalten wollen.

Obwohl Linux ein zeichenorientiertes Betriebssystem ist, das in seinen Befehlen analog zu MS-DOS eine ähnlich strenge Befehlssyntax hat, gehört in den aktuellen Linux-Versionen auch eine grafisch orientierte Oberfläche zum Bestandteil, die aber mit Windows XP nur gemein hat, dass auch hier System- und Anwendungsprogramme grafisch und innerhalb von Fenstern dargestellt werden.

Großen Zuspruch findet Linux als Betriebssystem auch vor allem deswegen, weil es mit anderen Lizenzbedingungen benutzt werden kann. Das Betriebssystem selbst darf unter der Bedingung kostenlos kopiert und weiter verbreitet werden, dass auch der Quellcode sowie Weiterentwicklungen mitkopiert werden. Gerade in Computerkreisen, die die freie Verfügbarkeit und Erweiterungsfähigkeit eines Systems zu schätzen wissen (und damit auch umgehen können), findet Linux einen immer größeren Zuspruch. Linux wird meist in Form von so genannten Distributionen verbreitet, die sehr preiswert neben dem Betriebssystemkern eine Zusammenstellung von systemspezifischer Software sowie Linux-Anwendungsprogrammen bieten.

2.2 Aufgaben eines Betriebssystems

Wie bei allen bisher erwähnten Betriebssystemen auch hat Windows XP zwei grundlegende Aufgaben. Zum einen dient es als Basis für Anwendungsprogramme, die intern immer wieder auf das Betriebssystem zurückgreifen. Wenn Sie z. B. eine Grafik über *Datei / Speichern* auf der Festplatte ablegen, scheint dies für Sie eine Funktion des Grafikprogramms zu sein; tatsächlich aber werden derartige Aufgaben vom Betriebssystem erledigt. Es ist offensichtlich, dass das Betriebssystem immer im Hintergrund vorhanden ist und ihm demnach elementare Aufgaben zufallen. Wir werden uns deshalb zunächst mit dem zweiten Aspekt von Betriebssystemen beschäftigen: den Funktionen, die die Arbeit mit einem Anwendungsprogramm erst ermöglichen.

Speicherverwaltung

Über die Funktion des Arbeitsspeichers haben Sie bereits einige Informationen erhalten. Für Sie ist in erster Linie interessant, dass der Arbeitsspeicher ein flüchtiger Speicher ist, dass die Informationen in diesem Speicher also verloren gehen, wenn Sie Ihren Computer einfach ausschalten.

Dem Betriebssystem werden in diesem Zusammenhang aber weit wichtigere Aufgaben zuteil; da ein ständiger Datenaustausch zwischen Speicher und Peripherie stattfindet, muss der Datentransfer schließlich in geregelten Bahnen vonstatten gehen. Daten im Arbeitsspeicher, die »durcheinander geraten«, sind für ein Anwendungsprogramm (und damit für Sie) genau so viel bzw. wenig wert wie für einen Reiseleiter, dessen zu betreuende Reisegruppen auf einem Flughafen in die falschen Flugzeuge steigen.

Mit welchen Konzepten und Hilfsmitteln die Speicherverwaltung letztendlich realisiert wird, soll an dieser Stelle nicht weiter interessieren. Für das Verständnis von Windows XP ist allerdings wichtig, dass es *vor* diesem Betriebssystem auch noch andere Systeme gab. Wenn Sie bereits mit Windows 3.11 gearbeitet haben und auf Ihrem PC noch Anwendungen installiert sind, die eigentlich für diese Version des Betriebssystems geschrieben wurden, werden Sie feststellen, dass die allermeisten dieser Programme auch dann lauffähig sind, wenn Sie sie unter Windows XP starten. Genauso verhält es sich mit reinen DOS-Programmen, die mit Windows XP eigentlich gar nichts zu tun haben. In Windows XP können Sie über *Start / Programme / Zubehör / Eingabeaufforderung* einen Bildschirm »zaubern«, der die textorientierte Oberfläche des Betriebssystems MS-DOS nachbildet (s. Abb. 2.1).

Windows XP scheint also in der Lage zu sein, sowohl Anwendungsprogramme als auch andere Systeme zu integrieren. Für das momentane Thema ist dies insofern wichtig, da jedes dieser Systeme auf einer unterschiedlichen Speicherverwaltung beruht.

Wenn Windows XP ein DOS-Anwendungsprogramm in einer oben gezeigten DOS-Box ablaufen lässt, simuliert es die Speicherverwaltung, wie sie für MS-DOS-Anwendungen Gültigkeit hat. Weil diese *Adressräume* aber lediglich nachgebildet werden, spricht man bei Windows XP von *virtuellen Maschinen*, die die einzelnen Programmarten im RAM nachbilden. Alle diese Betriebsarten basieren also auf einer unterschiedlichen »Architektur«. Da ein Betriebssystem aber erst dann als optimal zu bezeichnen ist, wenn es auch die Fähigkeiten der Hardware (hier besonders des Speichers und der CPU) ausnutzt, spricht man bei Windows XP von einem 32-Bit-Betriebssystem. Anwendungen, die auf dieser Architektur aufbauen, werden darum auch 32-Bit-Applikationen genannt. Im Gegensatz dazu sind Windows 3.11 und die dazugehörigen Anwendungsprogramme lediglich auf einer 16-Bit-Architektur aufgebaut.

Aufgrund der großen Verbreitung von derartigen 16-Bit-Programmen muss Windows XP allerdings in der Lage sein, solche Programme und damit auch die entsprechende Speicherverwaltung zu simulieren.

Datei- und Dokumentverwaltung

In diesem Abschnitt werden wir etwas konkreter, denn schließlich arbeiten Sie ja in Windows XP offensichtlich nicht mit einzelnen Bits und Bytes, sondern ...

... immer mit einer *Sammlung* von Daten. Eine kurze Definition des Begriffes *Datei* (engl. *File*) könnte also lauten, dass eine Datei eine Ansammlung von Daten ist, die organisatorisch zusammengehören und als Einheit auf einem Datenträger abgelegt werden. Eine solche Definition beinhaltet ebenfalls, dass mit einer Datei nur dann als Einheit gearbeitet werden kann, wenn man sie als solche identifizieren kann. Die einfachste Methode zur Identifizierung eines Objekts ist – und das ist auch bei Windows XP nicht anders – ein Name.

Grundsätzlich muss man zwei Arten von Dateien unterscheiden. Es gibt Dateien, in denen sich Informationen verbergen, die die Hardware oder das Betriebssystem zu bestimmten Aktionen veranlassen. Programme beispielsweise gehören dazu. Weil diese Dateien bewirken, dass der Rechner eine Aktion ausführt, nennt man sie auch *ausführbare* Dateien. Der zweite Typus von Dateien kann den PC nicht zu derartigen

Aktionen veranlassen. Man nennt sie Datendateien oder *nicht-ausführbare* Dateien. Hinter solchen Dateien kann sich zum Beispiel ein Text oder eine Grafik verbergen; wenn sie unter Windows XP mit Hilfe eines Anwendungsprogramms erstellt wurden, werden sie auch als *Dokumente* bezeichnet.

Namenskonventionen

Ausführbare und nicht-ausführbare Dateien lassen sich durch ein einfaches Merkmal voneinander unterscheiden: den *Dateinamen*. Ein solcher Dateiname ist oft zweigeteilt. Dem eigentlichen Dateinamen folgt eine *Erweiterung* oder *Extension*.

Leider müssen wir auch hier wieder auf MS-DOS zu sprechen kommen. Bei diesem System ist die Regelung der Dateinamen nämlich sehr genau festgelegt: Der Dateiname selbst darf aus maximal acht und die Extension aus drei Zeichen bestehen, wobei der »Vor-« und der »Nachname« durch einen Punkt voneinander abgegrenzt sind. Diese »8+3«-Konvention hat den Nachteil, dass man bei der Dateinamensvergabe sehr schnell an die Grenzen der Kreativität stößt. Typische Dateinamen wie *BRF0311.TXT* als Kürzel für »Brief vom 3. November« weisen schon darauf hin, dass derartige Konventionen recht schwer durchschaubar sind, zumal in dem Dateinamen selbst viele Sonderzeichen wie z. B. der Leerschritt nicht erlaubt sind. Der Vorteil aber liegt darin, dass sich anhand der drei Zeichen langen Extension recht schnell identifizieren lässt, ob es sich um eine ausführbare oder eine Datendatei handelt. Dateien mit den Extensionen

- *.com* (*Command*)
- *.exe* (*Executable*)
- *.bat* (*Batch*)
- *.pif* (*Program Information File*, gilt nur für Windows 3.x)

sind für DOS bzw. Windows 3.11 der Hinweis, dass hier ein lauffähiges Programm dahintersteckt. Aber auch Windows XP braucht diese Extensionen, um beispielsweise eine EXE-Datei als ausführbares Programm starten zu können; hier ist man allerdings nicht mehr auf drei magere Zeichen festgelegt.

Damit das Betriebssystem nicht den Überblick verliert, wo die einzelnen Dateien auf dem Datenträger untergebracht sind, wird eine Liste aller Dateien in Form einer *Dateizuordnungstabelle* (*FAT, File Allocation Table*) geführt.

Windows XP stellt aufgrund des FAT32-Dateisystems, dem Nachfolger von VFAT (*Virtual File Allocation Table,*) wesentlich weitergehende Möglichkeiten zur Verfügung. Hier kann ein Dateiname nämlich maximal 255 Zeichen lang sein, wobei auch Sonderzeichen wie Leerschritte, Kommas etc. im Dateinamen enthalten sein dürfen. Ausgeschlossen sind weiterhin der Schrägstrich, der umgekehrte Schrägstrich, Größer-als- und Kleiner-als-Zeichen, Sternchen, Fragezeichen, Anführungszeichen, Doppelpunkt und Semikolon. Aber auch die Extension darf länger als drei Zeichen sein. Nur der Punkt als Trennung zwischen Namen und Extension hat sich aus dem MS-DOS-System hinübergerettet.

Für Sie ist wichtig zu wissen, dass diese langen Dateinamen nur von Windows XP und von Anwendungen, die für Windows XP programmiert wurden, benutzt werden. Gleiches gilt für Windows 95/98 und Me. Weder in 16-Bit-Applikationen noch in MS-DOS können Sie über die 8+3-Dateinamen-Regelung hinausgehen. Um wenigstens ein Minimum an Kompatibilität zu erreichen, wurden die Dateinamen bis Windows Me gleich doppelt geführt: einmal im Original und einmal reduziert auf die 8+3-Regel. Durch diese Konversion werden Namen, die über die 8+3-Regel hinausgehen, »zusammengequetscht«; in Windows XP ist dies nicht der Fall.

Welche Konsequenzen hat das nun für Sie als Anwender?

- Wenn Sie nur mit Windows XP und den dazugehörigen 32-Bit-Applikationen arbeiten, können und sollten Sie die langen Dateinamen nutzen.

- Wir raten Ihnen, die Extension weiterhin auf drei Zeichen zu beschränken, da sich die Dateiendung als bewährtes Mittel zur Erkennung von Dateitypen durchgesetzt hat.
- Wenn Sie die gleichen Dateien häufig sowohl in 32- als auch in 16-Bit-Applikationen verwenden, sollten Sie sich entschließen, die alte »8+3«-Regel weiterzubenutzen.

Dateikennung

Die Extension dient aber nicht nur als Erkennungsmerkmal dafür, ob es sich um eine ausführbare oder eine Datendatei handelt, sondern auch um festzustellen, mit welchem Programm die Datei erstellt wurde. So wie COM-, EXE-, BAT- und PIF-Dateien auf ausführbare Dateien hinweisen, haben sich zahlreiche Anwendungsprogramme nämlich einige Extensionen sozusagen »reserviert«. Wenn Sie eine Datei speichern und nur den Dateinamen eingeben, wird die entsprechende Extension automatisch angehängt. Das bedeutet zwar nicht, dass Sie diese Extensionen auf keinen Fall benutzen dürfen; wenn Sie aber nicht die große Dateikonfusion anrichten wollen, sollten Sie folgende Extensionen bei der Namensvergabe vermeiden.

Extension	Format	wird z. B. benutzt vom Programm
.bmp	Bitmap-Grafik	Paint
.cdr	Vektor-Grafik	CorelDRAW!
.dbf	Datenbank	dBASE
.doc	Textdokument	Word, WordPerfect
.dll	Systembibliothek	Windows-Programme
.eps	PostScript-Datei	DTP-Programme
.gif	Pixel-Grafik	Bildbearbeitungsprogramme
.hlp	Hilfedatei	Programme
.htm, .html	Internet-Seite	Frontpage
.pcx	Pixel-Grafik	Malprogramme

Extension	Format	wird z. B. benutzt vom Programm
.ppt	Präsentation	PowerPoint
.sys	Gerätetreiber	Betriebssystem
.tif	Pixel-Grafik	Bildbearbeitungsprogramme
.txt	Textdatei	Editoren
.wri	Textdokument	Write
.wps	Dokument	Works
.xls	Tabellenmappe	Excel

Bevor wir uns damit beschäftigen, welche Aktionen mit Dateien durchgeführt werden können, sollten Sie wissen, dass in Windows XP für sämtliche Dateioperationen der *Explorer* zuständig ist. Am schnellsten starten Sie ihn durch einen Klick mit der rechten Maustaste im Startmenü. Als zweite Option ist er dort sofort zu finden.

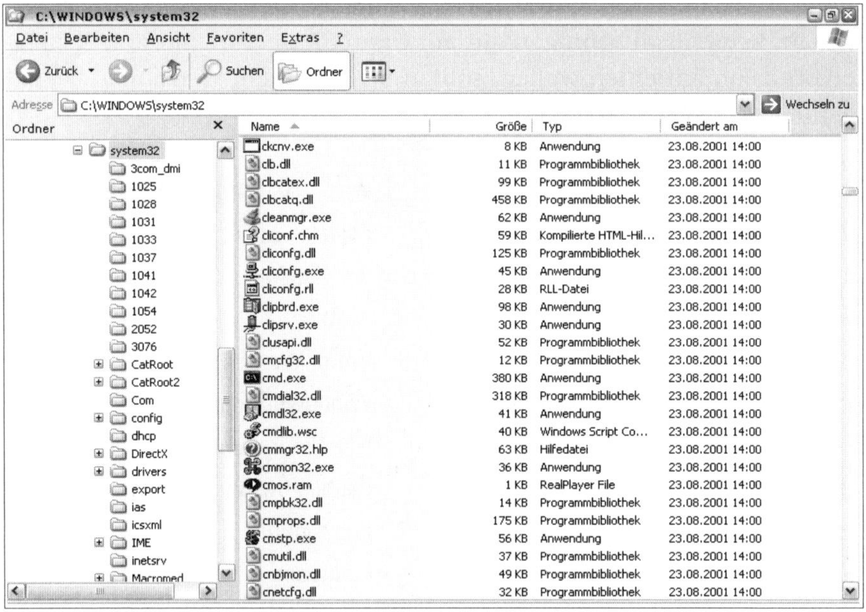

Abb. 2.2: Die Anwendung für sämtliche Dateioperationen: der *Explorer*

Für die folgenden Aktionen ist für uns erst einmal der rechte Teil des Explorers interessant, denn hier werden die Dateien aufgelistet. Wir werden im Folgenden den rechten als »Datei-« und den linken Teil des Explorers als »Ordnerfenster« bezeichnen. Sie sehen in Abbildung 2.2, dass vor vielen Dateien ein Icon symbolisiert, mit welcher Anwendung die Datei erstellt wurde. Daneben sehen Sie die Größe der Datei in Byte, um welchen Dateityp es sich handelt (*cmd.exe* ist eine Anwendung – das hätten Sie auch an der Extension feststellen können ...) und wann die Datei zum letzten Mal bearbeitet wurde.

Bevor Sie weiterlesen, sollten Sie selbst einmal im Explorer stöbern und sich überraschen lassen, wie viele verschiedene Dateitypen es gibt.

Falls die Liste Ihres Explorers anders aussehen sollte, klicken Sie doch einmal im Dateifenster mit der rechten Maustaste und aktivieren die Menüoption *Ansicht*. Sie finden dort alle Möglichkeiten der Darstellung! Auch über die Anordnung der Dateien in der Liste können Sie mitbestimmen. Über die Option *Symbole anordnen nach* im Kontextmenü können Sie die Reihenfolge der Dateien beeinflussen.

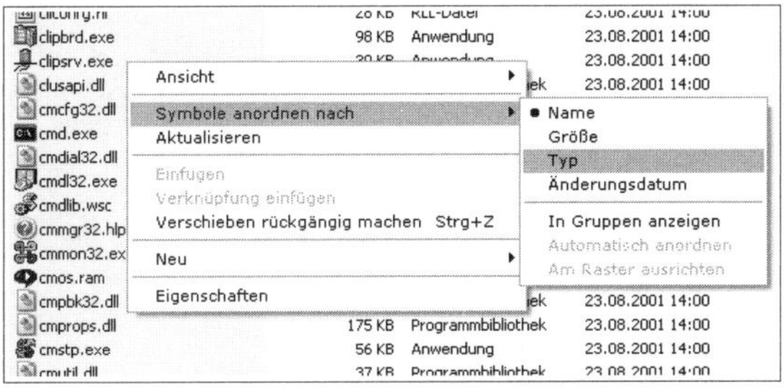

Abb. 2.3: Bestimmen Sie die Anordnung der Dateiliste über das Kontextmenü

Ausführbare Dateien werden benutzt, um die Anwendung, die dahinter steckt, zu starten; Datendateien werden Sie vor allem innerhalb eines Anwendungsprogramms bearbeiten. Dieser Unterschied wird aber dadurch aufgelockert, dass man mit dem Start einer Datendatei gleichzeitig immer auch das zugehörige Anwendungsprogramm startet.

Man spricht bei diesem Vorgang vom *Öffnen* oder *Laden* einer Datei, was nichts anderes heißt, als dass die Datei zur schnellen Bearbeitung von dem Datenträger, auf dem sie sich befindet, in den Arbeitsspeicher übertragen wird. Daneben gibt es aber noch einige Dateioperationen, für die lediglich das Betriebssystem zuständig ist. Die wichtigsten Aktionen sollen Sie im Folgenden kennen lernen: *Kopieren*, *Löschen*, *Umbenennen* und *Eigenschaften* für eine Datei *festlegen*.

Grundsätzlich gilt, dass Sie die Datei, mit der Sie eine dieser Aktionen durchführen wollen, zuerst markieren müssen. Dies geschieht ganz einfach, indem Sie mit der Maus auf diese Datei zeigen und sie dann anklicken. Wenn Sie mehrere Dateien auf einen Schlag markieren wollen, müssen Sie vor dem Klick die [Strg]-Taste gedrückt halten. Mit der [⇧]-Taste markieren Sie einen in der Liste zusammenliegenden Dateiblock.

Dateien verschieben und kopieren

Wenn Sie eine Datei kopieren wollen, müssen Sie wissen, wo sie sich momentan befindet (*Quelle*) und wohin Sie sie verschieben oder kopieren wollen (*Ziel*). Für unser nachfolgendes Beispiel ist die Datei *wab.exe* im Ordner *PROGRAMME\OUTLOOK EXPRESS* die Quelle und eine Diskette im Laufwerk A: des PCs das Ziel. (Natürlich sollte in dem Laufwerk auch eine Diskette eingelegt sein!).

- Markieren Sie die Datei.
- Drücken Sie die rechte Maustaste.
- Wählen Sie im Kontextmenü die Option *Senden an*.
- Bestätigen Sie die Option *3½-Diskette (A:)*.

Wollen Sie die Datei in einen anderen Ordner verschieben (der im Kontextmenü nicht als Ziel auftaucht), markieren Sie und ziehen sie vom rechten Datei- in das linke Ordnerfenster. Wenn sich Quelle und Ziel auf einem Laufwerk befinden und die Datei nicht *verschoben*, sondern *kopiert* werden soll, drücken Sie zusätzlich die [Strg]-Taste.

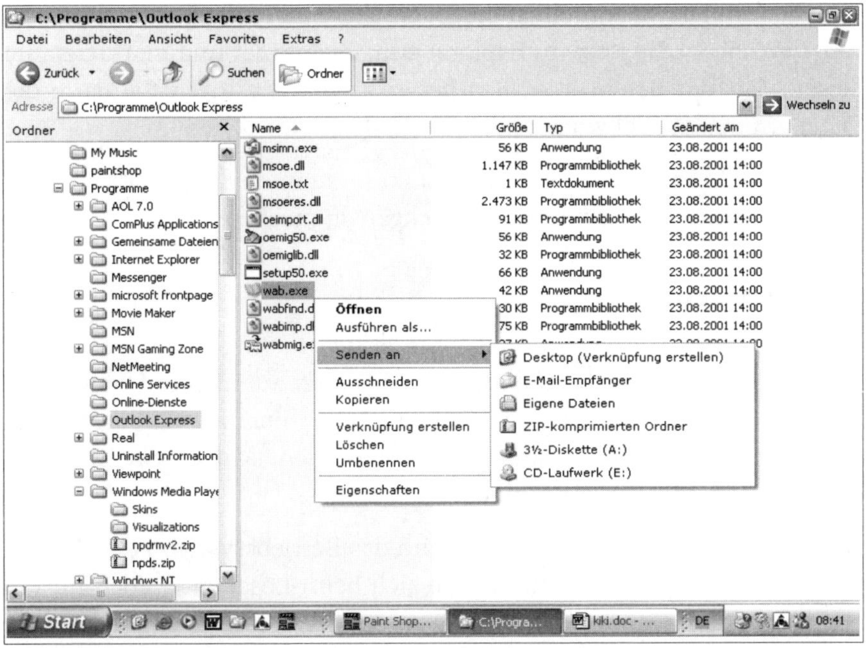

Abb. 2.4: Beim Kopieren auf Diskette führt der einfachste Weg über das Kontextmenü

Wenn Quelle und Ziel auf verschiedenen Laufwerken liegen (wie bei unserem obigen Beispiel), wird durch einfaches »Wegziehen« nicht verschoben, sondern kopiert. Wenn Sie dies vermeiden wollen, müssen Sie zusätzlich die [⇧]-Taste drücken.

Problematisch kann die Kopier- oder Verschiebeaktion werden, wenn sich der Zielordner nicht im sichtbaren Bereich des Ordnerfensters befindet. Hier gibt es zwei simple Möglichkeiten, dennoch zu einem Erfolg zu kommen.

Sie starten den Explorer ein zweites Mal. Verschieben und Kopieren funktioniert auch über Fenstergrenzen hinweg.

Zweite Möglichkeit: Sie markieren die Datei und wählen aus dem Menü die Befehlsfolge *Bearbeiten / Kopieren* (wenn Sie die Datei kopieren wollen) oder *Bearbeiten / Ausschneiden* (wenn Sie die Datei verschieben wollen). Dadurch ist die Datei aber erst einmal »zwischengelagert«. Wechseln Sie jetzt im Explorer zum Zielordner und markieren Sie diesen. Mit der Befehlsfolge *Bearbeiten / Einfügen* fügen Sie dann die Datei am neuen Ziel wieder ein.

Jede Verschiebe- oder Kopieraktion können Sie über das nebenstehende Symbol wieder rückgängig machen.

Dateien löschen

Spätestens wenn es auf Ihrer Festplatte »eng« wird, werden Sie nicht darum herumkommen, Dateien auf andere Datenträger auszulagern oder zu löschen. Auch hier müssen die zu löschenden Dateien erst einmal markiert werden. Mit einem Klick auf das Kreuz-Symbol verschwinden die Dateien ...

... erst einmal in den *Papierkorb*. Denn das Betriebssystem ist so schlau und denkt mit: Vielleicht haben Sie sich beim Löschen ja doch für die ein oder andere Datei etwas voreilig entschieden, und in einem solchen Fall ist es hilfreich, wenn Sie die Datei aus dem Papierkorb wieder »hervorzaubern« können.

Sicherlich ist Ihnen auf Ihrem Desktop schon das *Papierkorb*-Symbol aufgefallen. Hier werden gelöschte Dateien erst einmal gesammelt, bevor sie endgültig vom Datenträger eliminiert werden.

Ein Doppelklick auf das *Papierkorb*-Symbol zeigt Ihnen, auf welche Dateien Sie in letzter Zeit verzichten konnten. Dass die Dateien noch im Papierkorb verblieben sind, zeigt Ihnen aber auch, dass sie noch nicht endgültig gelöscht sind und darum noch immer Platz auf Ihrem Datenträger in Anspruch nehmen.

Erst der Befehl *Datei / Papierkorb leeren* entsorgt die Dateien in die ewigen Datenjagdgründe. Schauen Sie also von Zeit zu Zeit nach, was sich so alles in Ihrem Papierkorb angesammelt hat!

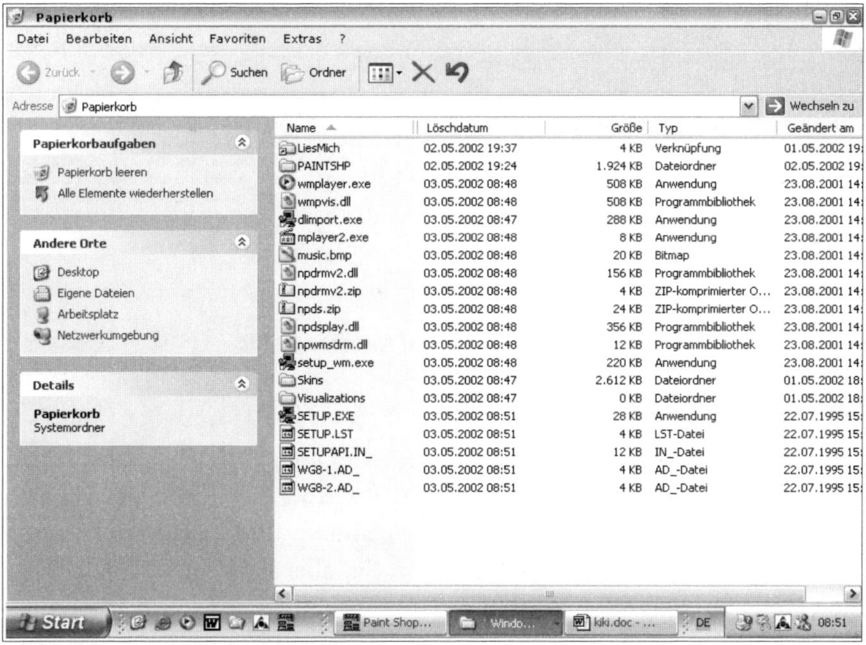

Abb. 2.5: Die grüne Tonne für Dateien

Dateien umbenennen

Vielleicht gefällt Ihnen der Name nicht mehr, Sie haben sich bei der Eingabe vertippt oder sonstige Gründe veranlassen Sie, den Namen einer Datei zu ändern.

- Sie markieren die Datei mit einem einfachen Klick; sie wird daraufhin invertiert dargestellt.
- Mit [F2] oder einem weiteren Klick nach etwa ein bis zwei Sekunden auf die gleiche Datei wird der Dateiname mit einem Rahmen umgeben und der Textcursor blinkt in diesem Rahmen. Sie können jetzt durch gezieltes Platzieren des Mauszeigers den ganzen Namen oder aber Textteile verändern.

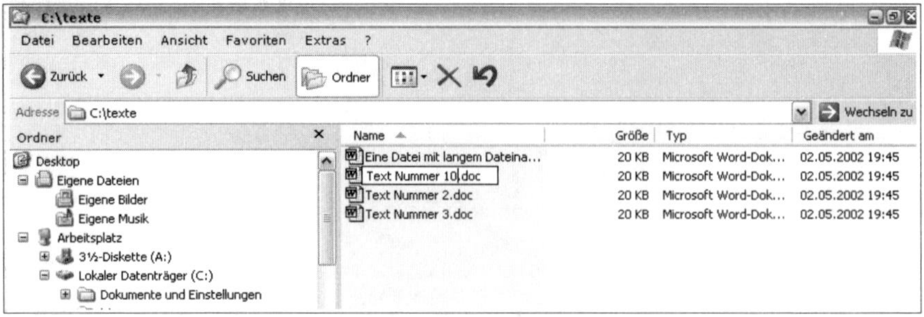

Abb. 2.6: Aus *Text Nummer 1.doc* wurde *Text Nummer 10.doc*

Dateiattribute vergeben

Ein Dateiname sagt oft nicht besonders viel aus, vor allem dann nicht, wenn er nach der »8+3«-Regel vergeben wurde. Zwar können Sie sich in der Dateiliste des Explorers Größe, Dateityp und Datum der letzten Änderung anschauen; vielleicht wollen Sie aber doch etwas mehr über eine Datei wissen.

- Markieren Sie die Datei, zu der Sie zusätzliche Informationen wünschen.
- Öffnen Sie das Kontextmenü mit einem Klick mit der rechten Maustaste.
- Wählen Sie die Option *Eigenschaften*.

In dem Dialogfenster sehen Sie nun weitere Einzelheiten. Abbildung 2.7 zeigt, was sich hinter der Datei *Text Nummer 10.doc* verbirgt.

Interessant in diesem Dialogfenster sind auch die beiden Optionsfelder *Schreibgeschützt* und *Versteckt*. Ist eine Datei mit dem Attribut *Schreibgeschützt* belegt, kann sie nur geöffnet und gelesen, nicht aber verändert werden. Das Attribut *Versteckt* lässt die Datei (oberflächlich) aus der Dateiliste im Explorer verschwinden – eine einfache Möglichkeit, eine Datei vor unbeabsichtigtem Löschen zu schützen. Denn was man nicht sieht, kann man auch nicht löschen!

Abb. 2.7: Hilfreiche Information zu einer Datei

Verzeichnis- und Ordnerverwaltung

Ein ausführbares Programm in nur einer Datei unterzubringen, würde zwar der Übersichtlichkeit dienen, ist aber bei dem heutigen Leistungsstandard moderner Programme zur Ausnahme geworden. Anwendungen wie die Textverarbeitung Word 3.0 oder Turbo Pascal 4.0, die von ihrem Umfang her noch auf eine oder zwei Disketten passten, sind heute (leider) nicht mehr denkbar. Zum Word-Paket gehören ca. 100 Dateien, wovon zwar eine als *.exe*-Datei das Programm startet, die anderen Dateien aber für den kompletten Funktionsumfang verfügbar sein müssen: Rechtschreibhilfe, Formatvorlagen, Assistenten etc. sind als einzelne Dateien vorhanden, gehören aber zum Gesamtumfang der Anwendung.

Sie können sich vorstellen, dass auf Ihren Datenträgern ein heilloses Durcheinander wüten würde, wenn alle diese und noch weitere Dateien in ungeordneter Form abgelegt würden.

Bei der Installation von Anwendungsprogrammen wird dieses Durcheinander dadurch vermieden, dass Sie nach einem *Verzeichnis* oder *Ordner* gefragt werden, in das bzw. den die entsprechenden Dateien »gelegt« werden sollen. Bei umfangreichen Anwendungen wie dem Betriebssystem beispielsweise kann es mithin sehr sinnvoll sein, den Hauptordner in weitere Unterordner aufzufächern. Wenn Sie sich im Ordnerfenster des Explorers den Ordner anschauen, in dem Windows XP installiert wurde, werden Sie feststellen, dass das Betriebssystem automatisch eine Vielzahl von Unterordnern angelegt hat, auf die die Dateien für die verschiedenen Anwendungen und Aufgabenbereiche sorgsam aufgeteilt wurden.

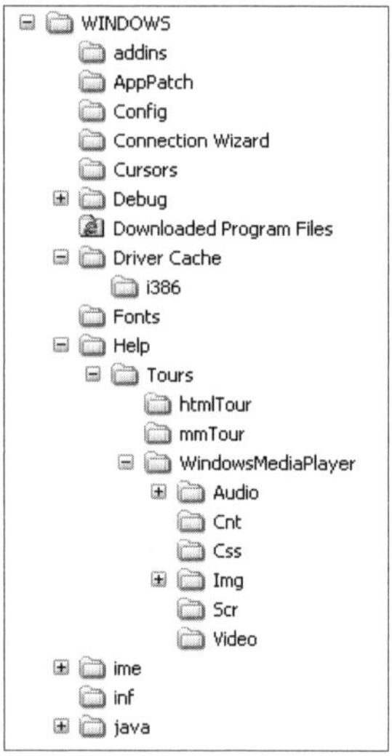

Abb. 2.8: Ein Teil des Ordnerbaums von Windows XP

Die Möglichkeit, Dateien in Ordnern zu organisieren, entspricht dem Gebrauch der Informationsablage im wirklichen Leben; auch Ihr Briefverkehr mit dem Finanzamt wird in einer anderen Akte abgeheftet sein als Ihr erster Liebesbrief – natürlich nur, wenn Sie zu den Personen gehören, die Liebesbriefe überhaupt abheften. Ordner gewährleisten also eine übersichtliche Struktur und Organisation für die Verwaltung von Dateien. Was bei der Installation von Anwendungsprogrammen aber automatisch abläuft, müssen Sie bei der Erstellung von Dateien selbstständig und manuell regeln.

Windows XP sorgt zwar in gewissem Maß dafür, dass Ihre eigenen Datendateien nicht mit Dateien des Betriebssystems oder von Anwendungsprogrammen vermischt werden, indem es den Ordner *Eigene Dateien* anlegt; wenn Sie aber sehr produktiv mit Ihrem PC arbeiten, wird auch dieser Ordner bald randvoll mit Dateien sein, die Sie nicht mehr auseinander halten können.

Grundsätzlich gilt, dass Sie die Ordnerverwaltung auf jeden Fall nutzen sollten, um Dateien übersichtlich zu verwalten. Nach welchen Kriterien Sie dabei vorgehen, ist letztendlich Ihnen überlassen. Wir wollen Ihnen aber zwei Möglichkeiten vorstellen, die die verbreitetsten Arten darstellen, die Ordnerstruktur zu nutzen.

- Sie richten sich unterhalb von jedem Anwendungsprogramm einen Ordner ein, in dem Sie die Dateien ablegen, die Sie mit diesem Anwendungsprogramm erzeugt haben.

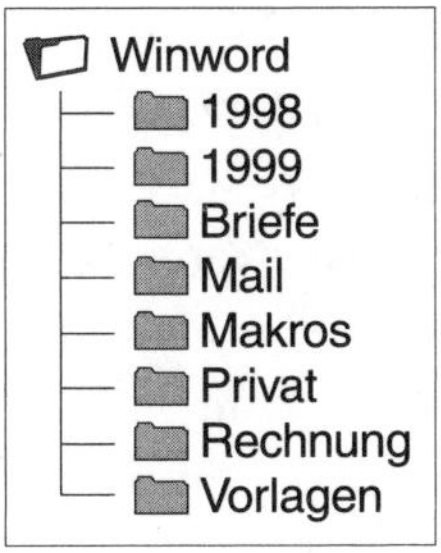

Abb. 2.9: Ordnungsprinzip nach Anwendung

Im zweiten Ordnungsprinzip ist nicht das Anwendungsprogramm ausschlaggebend, sondern die Thematik. In einem Ordner *Finanzen* könnten nach dieser Methode beispielsweise die Dateien untergebracht sein, die den Schriftverkehr mit Ihrem Finanzamt (Textverarbeitung), Ihre persönliche Haushaltsplanung (Tabellenkalkulation) und die relevanten Adressen für diesen Bereich (Datenbank) beinhalten.

Abb. 2.10: Ordnungsprinzip nach Themen

Für welches Ordnungsprinzip Sie sich entscheiden, ist Ihnen natürlich freigestellt; Hauptsache, es ist Ihnen durch die Struktur möglich, schnell und gezielt auf Ihre Dateien zuzugreifen.

Ein wichtiges Element bei dieser Struktur ist die Hierarchie, in der Windows XP-Ordner angelegt und verwaltet werden.

Wenn Sie sich Abbildung 2.11 anschauen, werden Sie feststellen, dass schon die grafische Realisierung eine Hierarchie festlegt. An oberster Stelle steht der *Desktop*, also Ihr Arbeitsbereich, der in der Realität Ihrem Schreibtisch entspricht. Von Ihrem Schreibtisch aus haben Sie Zugriff auf Ihren PC, was durch den *Arbeitsplatz* symbolisiert wird. Der PC wiederum verfügt über verschiedene *Datenträger*: Disketten-, Festplatten- oder CD-ROM-Laufwerk. Datenträger aber sind das Medium, auf dem Ihre Dateien abgelegt werden können. Dateien sind in verschiedenen *Ordnern* enthalten, die wiederum *Unterordner* beinhalten können etc.

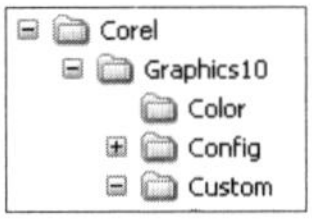

Ein »+« vor dem Ordner symbolisiert: Hier gibt es eine Hierarchie, die weiter nach unten weist; mit einem Klick auf das Pluszeichen gibt der Explorer den Blick in die tieferen Hierarchien frei. Ein »–« vor dem Symbol bedeutet, dass die Unterordner bereits angezeigt werden. Findet sich weder »+« noch »–«, gibt es keine tiefer gehende Ebenen.

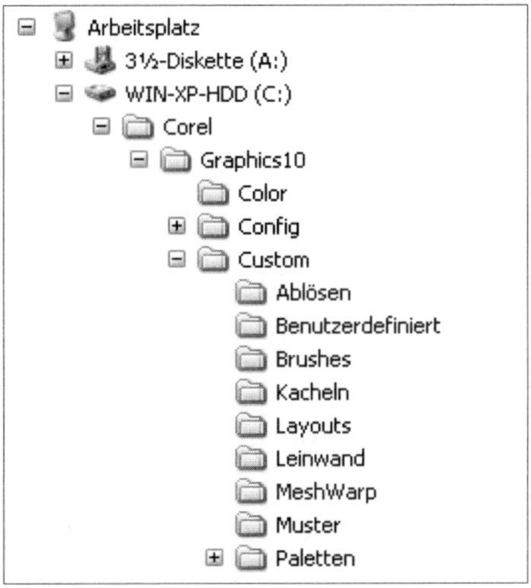

Abb. 2.11: Die Hierarchie der verschiedenen Ebenen

Wenn Sie sich in den Tiefen der Hierarchien verfangen haben, kann es aber auch sinnvoll sein, sich möglichst schnell wieder nach oben zu arbeiten. Bevor Sie dies durch endloses Klicken in einem weitverzweigten Ordner-Baum versuchen, probieren Sie es mit nebenstehendem Symbol, das Sie im Explorer, aber auch in jedem Dialogfenster eines Windows-XP-Anwendungsprogramms finden, das mit der Dateiverwaltung zu tun hat. Ein Klick, und Sie sind eine Stufe in der Hierarchie aufgestiegen. Warum sich dieses Symbol nicht aktivieren lässt, wenn Sie sich im Desktop Ihres Explorers befinden, dürfte klar sein: Irgendwo muss es schließlich eine oberste Ebene geben.

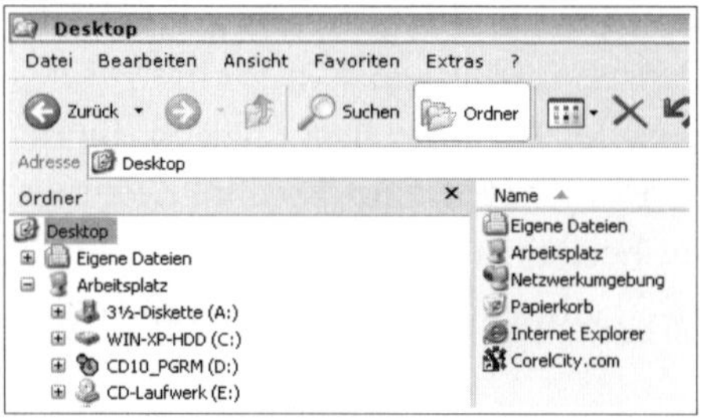

Abb. 2.12: Die oberste Instanz: der Desktop

Datenträgerverwaltung

Dateien und Ordner sind für Windows XP ein Hilfsmittel zur Inventarisierung Ihres Datenbestandes. Bei beiden Ordnungsprinzipien handelt es sich zum einen um dynamische Strukturen (schließlich können Sie Dateien jederzeit manipulieren oder neue Ordner hinzufügen oder verschieben), zum anderen aber auch um logische Kategorisierungen. Die logische Ordnung aber muss vom Betriebssystem auch in reale und physikalisch fassbare Verhältnisse umgesetzt werden. Als Mittel zum Zweck für die Aufnahme von Dateien oder Ordnern dienen Datenträger, die es Ihnen ermöglichen, jederzeit auf den Datenbestand zuzugreifen.

Diese Datenträger müssen zum einen vom Betriebssystem erkannt und angesprochen (womit wir uns in Abschnitt 2.3 und 2.4 befassen), zum anderen aber auch gepflegt und verwaltet werden. Was in anderen Betriebssystemen lediglich mit Hilfe von Zusatzprogrammen durchgeführt werden kann, wird bei Windows XP gleich mitgeliefert: Hilfsprogramme zur Verwaltung von im System integrierten Datenträgern. Sie finden diese Tools zusammengefasst, wenn Sie *Start / Programme / Zubehör / Systemprogramme* wählen.

Die wichtigsten dieser Programme und ihre Funktion werden Sie im Folgenden kennen lernen.

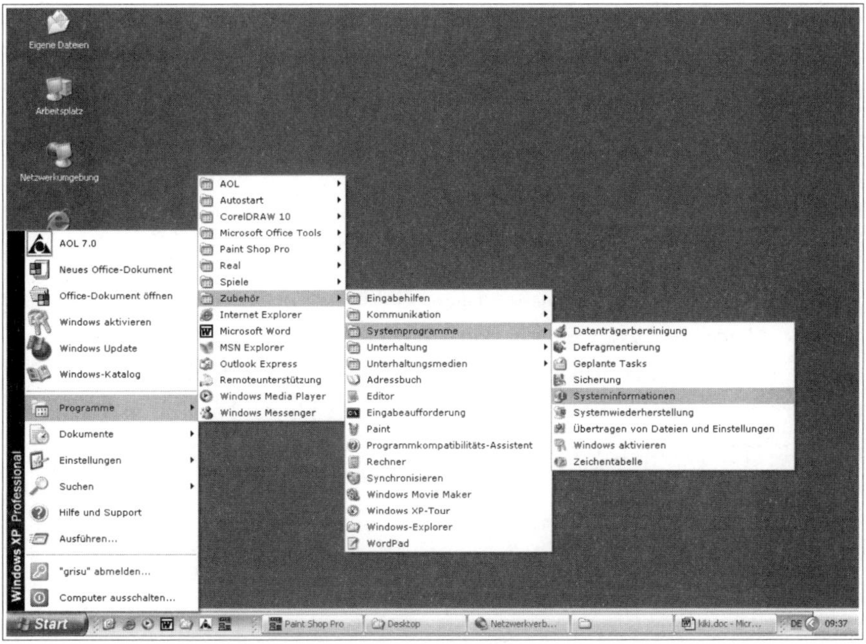

Abb. 2.13: Auf dem Weg zu den Systemverwaltungsprogrammen

Datenträger untersuchen

Ein Loch in Ihrer Hosen- oder Westentasche wird Sie wahrscheinlich dazu veranlassen, möglichst keine wertvollen Gegenstände in Ihrer Hose oder Weste aufzubewahren. Das gleiche Prinzip sollte für die Datenträger Ihres Computers gelten: Nur einwandfreie Datenträger gewährleisten die Sicherheit, dass Informationen nicht aufgrund beschädigter oder fehlerhafter Medien abhanden kommen. Daher gab es bis zur Windows-Me-Version das Programm *ScanDisk*, das Sie über die oben beschriebene Menüfolge aufrufen konnten. Bei einer Standardinstallation ist dies nun nicht mehr der Fall. ScanDisk haben Sie aber vielleicht schon kennen gelernt, wenn Sie Windows XP von eigener Hand installiert haben, denn dann wird vor dem Setup des Betriebssystems mit ScanDisk die Festplatte überprüft, auf der Windows XP installiert werden soll.

Defragmentieren und Bereinigen

Auch das Defragmentieren eines Datenträgers, in erster Linie der Festplatte, sollte in regelmäßigen Abständen geschehen, denn nur eine defragmentierte Festplatte ist der Garant für einen möglichst schnellen Zugriff auf Daten. Um zu verstehen, wie Datenfragmente entstehen, müssen wir auf die Art und Weise zu sprechen kommen, wie Informationen auf einem Datenträger abgelegt werden.

Dass ein Datenträger in Spuren und Sektoren aufgeteilt ist, wissen Sie bereits. Mehrere dieser Sektoren werden in Clustern zusammengefasst, die die kleinste Zuordnungseinheit für Dateien darstellen. Bei jeder Dateioperation werden die zur Datei gehörigen Daten in einem Startcluster abgelegt; ist die Datei zu groß für ein Cluster, versucht das Betriebssystem, den Rest auf den physikalisch benachbarten Clustern unterzubringen. Der Vorteil ist, dass bei einem nochmaligen Zugriff auf die Datei der Schreib-/Lesekopf nur minimal bewegt werden muss, was die Zugriffszeit verringert.

Durch zahlreiche Operationen wie Löschen, Verschieben, Umbenennen oder die Neuanlage von Dateien und Ordnern ist aber nicht immer gewährleistet, dass eine Datei auch physikalisch »am Stück« auf dem Datenträger untergebracht ist. Die Dateizuordnungstabelle, in der genau verzeichnet ist, wo welche Teile der Datei zu finden sind, liest sich in einem solchen Fall wie ein häufig unterbrochener Fortsetzungsroman: »Lesen Sie bitte weiter auf Seite 234 ...«, »Springen Sie jetzt bitte zurück zu Seite 54 ...«, »Blättern Sie bitte zu Seite 656, 2. Spalte, 3. Absatz ...«. Dass eine solche Vorgehensweise nicht nur äußerst zeitaufwendig ist, sondern zudem die Gefahr birgt, dass Fragmente bei einer schnellen Arbeitsgeschwindigkeit verloren gehen, versteht sich von selbst.

Die Datenträgerbereinigung hingegen löscht nicht mehr benötigte und temporäre Dateien (die Sie sich natürlich vorher zur Kontrolle anzeigen lassen können).

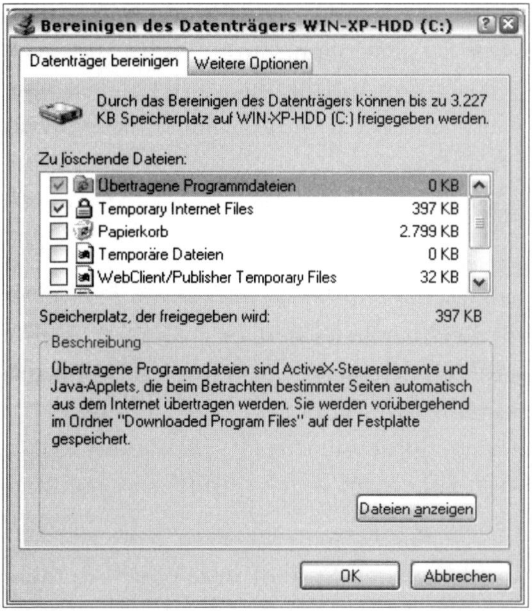

Abb. 2.14: Datenträger durch Datenträgerbereinigung optimieren

2.3 Die Anpassung des Betriebssystems an die Hardware

Bisher haben wir uns damit beschäftigt, welche Aufgaben ein Betriebssystem hat und wie die interne Verwaltung aussieht. Egal um welches Betriebssystem es sich handelt und wie es sich letztendlich auf dem Monitor präsentiert – es ist immer die Schnittstelle für *zwei* Seiten. Zum einen muss Windows XP dafür sorgen, dass das Betriebssystem als – möglichst reibungslose – Übergangsstelle zwischen der Arbeitsweise des Computers und des Anwenders fungiert. Insofern muss es die Möglichkeit geben, das System an die individuellen Bedürfnisse des Anwenders anzupassen. Mit diesem Gesichtspunkt wollen wir uns im nächsten Abschnitt beschäftigen.

Im Moment aber interessiert uns der Aspekt, dass Windows XP auch als Schnittstelle zu der Hardware des PCs offen sein muss für mögliche Veränderungen des Systems. Erst wenn das Betriebssystem alles über die »Innereien« des Gerätes weiß, kann es auch die volle Funktionalität dieser einzelnen Komponenten nutzen.

Installation von Komponenten

Wenn Windows XP auf Ihrem Rechner installiert und ohne Probleme lauffähig ist, sind bereits die größten Schwierigkeiten in dieser Hinsicht beseitigt. Die Installation des Betriebssystems beinhaltet nämlich eine genaue Prüfung aller installierten Komponenten des Rechners. Nicht umsonst dauert eine Installation auf einem durchschnittlich ausgestatteten System ca. eine halbe bis eine Stunde.

Ein Personal Computer kann als offenes System bezeichnet werden. Das beinhaltet, dass jederzeit Komponenten ausgebaut oder ausgetauscht werden oder hinzukommen können. Eine solche Um- oder Aufrüstung ist gar nicht so abwegig, wie Sie vielleicht denken. Unter Umständen sind Sie mit der Leistungsfähigkeit Ihrer Grafikkarte nicht mehr zufrieden; Sie haben sich endlich dafür entschlossen, dass Ihr PC auch akustisch mit Ihnen kommunizieren soll, und sich für den Kauf einer Soundkarte entschieden, oder Sie sind vom allgemeinen Internet-Fieber erfasst worden und wollen mittels eines Modems endlich mit dem Rest der Welt kommunizieren. Hilfreich dabei sind Erkennungsmechanismen, die dem System automatisch mitteilen, wenn sich an der Basiskonfiguration etwas geändert hat: Dies können Plug & Play-Komponenten sein oder Geräte, die an den USB *(Universal Serial Bus)* angeschlossen sind.

Von jedem Einbau einer neuen Komponente muss Windows XP in Kenntnis gesetzt werden. Wenn Sie nun eine komplizierte Installations- oder Konfigurationsanleitung erwarten, können Sie beruhigt aufatmen, denn einige wenige Maßnahmen beschränken die Installation von

Komponenten auf ein anwenderfreundliches Minimum, zumal neue Komponenten in den meisten Fällen von Windows automatisch erkannt werden.

- Wenn es sich bei der neuen Hardware um eine so genannte *Plug-&-Play*-Komponente handelt, wird Windows die neue Hardware ohne Ihr Zutun identifizieren und in das Gesamtsystem einbinden. Zahlreiche Peripheriegeräte arbeiten nach diesem System.
- Handelt es sich nicht um ein *Plug-&-Play*-Gerät, steht Ihnen bei der Installation immer ein *Assistent* zur Seite, der Sie menügesteuert durch die Installation führt. Über *Start / Einstellungen / Systemsteuerung / Hardware* starten Sie den Hardware-Assistenten, der dem Betriebssystem in mehreren Schritten und im Dialogbetrieb mit Ihnen die neue Hardware zugänglich macht.

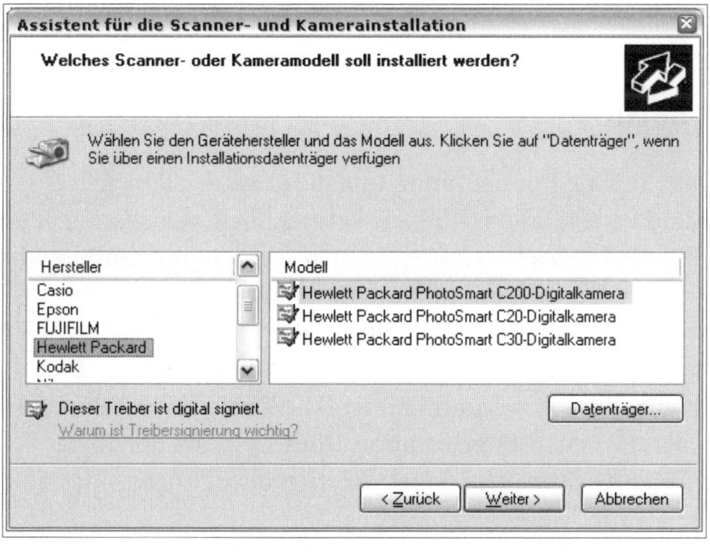

Abb. 2.15: Der Hardware-Assistent hilft beispielsweise bei der Installation einer Digitalkamera

Aber auch ein Assistent ist abhängig von den Informationen seines Chefs. Wenn Sie eine reibungslose Installation wünschen, sollten Sie vor dem Start folgende Informationen zur Hand haben bzw. folgende Fragen beantworten können:

- Um welche Komponente handelt es sich?
- Wer ist der Hersteller?
- Wie ist die genaue Typenbezeichnung?
- Gibt es für die Komponente softwaremäßige Unterstützung des Herstellers?
- Ist die Komponente überhaupt für Windows XP geeignet?
- Sind bestimmte Einstellungen erforderlich (IRQ, DMA etc.)?
- Wie lässt sich die zu installierende Komponente konfigurieren?

Wenn Sie auf alle Fragen bereits vor dem Start des Hardware-Assistenten eine Antwort haben, wird einer erfolgversprechenden Installation nichts im Wege stehen.

Systemsteuerung

Einen Überblick über die Konfiguration und die Leistungsfähigkeit Ihrer installierten Hardware können Sie sich sehr schnell verschaffen. Für alle Bereiche, die vom Betriebssystem gesteuert werden und Einfluss auf die Arbeitsweise der Hardware-Komponenten nehmen, ist die Systemsteuerung zuständig. Über *Start / Einstellungen / Systemsteuerung* wird der Ordner aufgerufen, der alle Programme, mit denen Sie die Einzelteile des PCs kontrollieren, zusammenfasst. Die Zusammenstellung ist natürlich von der aktuellen Konfiguration Ihres Systems abhängig; bestimmte Icons wie *Anzeige*, *Hardware*, *Ländereinstellungen* oder *System* werden Sie aber in jedem Fall finden.

Einen Überblick über die Leistungsfähigkeit können Sie sich beispielsweise mit einem Klick auf *System* verschaffen. Über die Registerkarte *Hardware* haben Sie dann Zugriff auf den *Geräte-Manager*, der Ihnen eine Liste aller installierten Komponenten, deren Eigenschaften, Informationen über die Betriebsbereitschaft oder über Konflikte liefert.

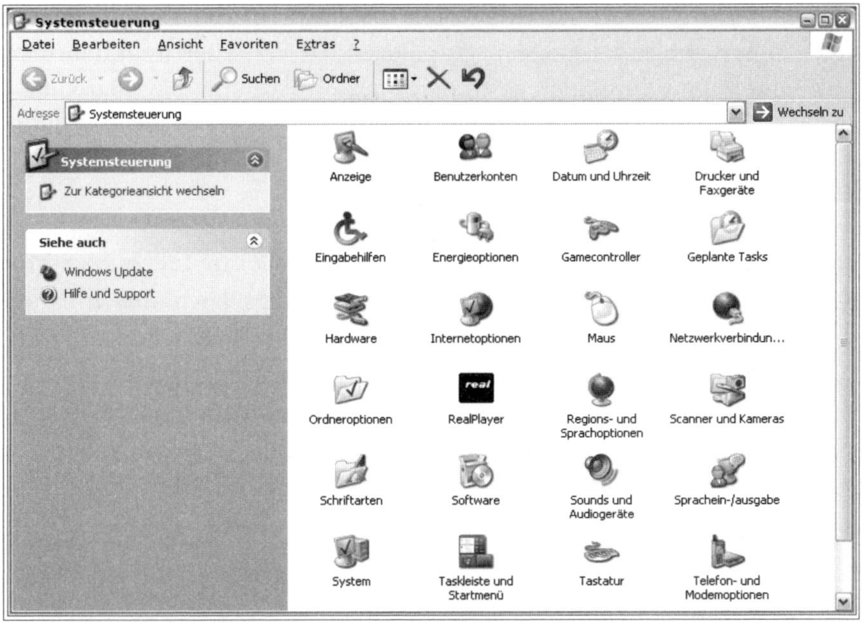

Abb. 2.16: Der grobe Überblick über die konfigurierbaren Komponenten Ihres Systems

2.4 Die Anpassung des Betriebssystems an den Anwender

Die Systemsteuerung ist die zentrale Schaltstelle für die Konfiguration der Einzelteile Ihres PCs. Die Einstellungen, die Sie hier treffen können, sind aber nicht nur für technisch versierte Anwender interessant. Im Folgenden werden wir uns damit beschäftigen, wie Sie mit Hilfe der Systemsteuerung den Arbeitsplatz Ihren individuellen Bedürfnissen anpassen können. Diese Maßnahmen sind immer auch unter dem Gesichtspunkt eines ergonomisch optimalen Arbeitsplatzes zu betrachten.

Wir beschäftigen uns hier allerdings weniger mit den Richtlinien, die die DIN 4549 und DIN 4551 bezüglich der Ausstattung des Arbeitsplatzes mit Büromöbeln, Schreibtischen und Drehstühlen vorschreiben, sondern zuerst einmal mit den grundlegenden Verhaltensmaßnahmen, die alleine schon durch den gesunden Menschenverstand fassbar sind.

Bildschirmdarstellung

Einer der wichtigsten Bestandteile Ihres Computers ist der Monitor bzw. die Monitordarstellung. Während wir uns mit den technischen Einzelheiten in Abschnitt 3.1 beschäftigen, beschränken wir uns hier auf die Einstellungen der Systemsteuerung. Zuständig dafür ist das Icon *Anzeige*, mit dem Sie die entsprechenden Funktionen aufrufen. Nach einem Doppelklick auf das Symbol haben Sie die Wahl zwischen mehreren Registern, von denen besonders das Register *Einstellungen* relevant ist. Sie können hier

- die Auflösung
- die Anzahl der Farben
- die Größe der Schrift

einstellen. Über ein Vorschaufenster können Sie die Veränderungen vor einem endgültigen *OK* nachvollziehen. Die möglichen Einstellungen sind abhängig von der Leistungsfähigkeit Ihrer Grafikkarte und Ihres Monitors.

Auflösung

Die Auflösung ist letztendlich dafür verantwortlich, wie viele Informationen auf Ihrem Monitor darstellbar sind. Bei einer geringen Auflösung (640x480) werden die Bildschirmelemente größer dargestellt und sind damit besser erkennbar; dafür passen aber auch nicht so viele Informationen auf die sichtbare Bildschirmfläche wie bei einer höheren Auflösung (800x600 oder 1024x768).

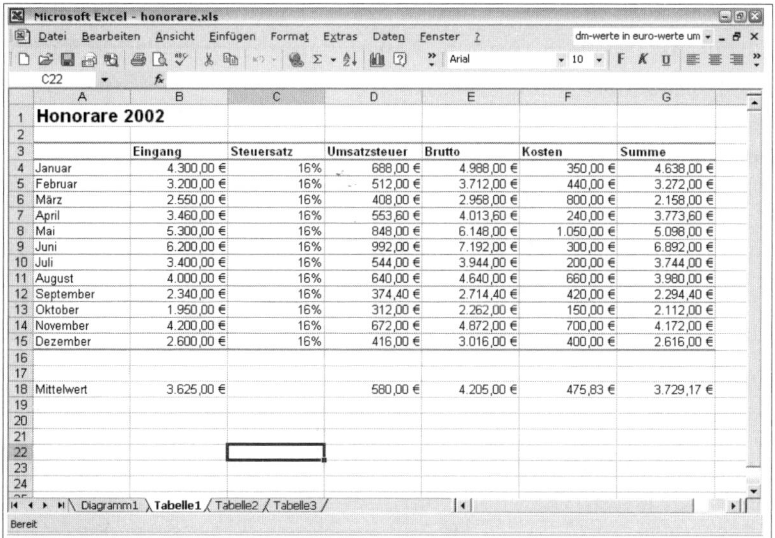

Microsoft Excel - honorare.xls

	A	B	C	D	E	F	G
1	Honorare 2002						
2							
3		Eingang	Steuersatz	Umsatzsteuer	Brutto	Kosten	Summe
4	Januar	4.300,00 €	16%	688,00 €	4.988,00 €	350,00 €	4.638,00 €
5	Februar	3.200,00 €	16%	512,00 €	3.712,00 €	440,00 €	3.272,00 €
6	März	2.550,00 €	16%	408,00 €	2.958,00 €	800,00 €	2.158,00 €
7	April	3.460,00 €	16%	553,60 €	4.013,60 €	240,00 €	3.773,60 €
8	Mai	5.300,00 €	16%	848,00 €	6.148,00 €	1.050,00 €	5.098,00 €
9	Juni	6.200,00 €	16%	992,00 €	7.192,00 €	300,00 €	6.892,00 €
10	Juli	3.400,00 €	16%	544,00 €	3.944,00 €	200,00 €	3.744,00 €
11	August	4.000,00 €	16%	640,00 €	4.640,00 €	660,00 €	3.980,00 €
12	September	2.340,00 €	16%	374,40 €	2.714,40 €	420,00 €	2.294,40 €
13	Oktober	1.950,00 €	16%	312,00 €	2.262,00 €	150,00 €	2.112,00 €
14	November	4.200,00 €	16%	672,00 €	4.872,00 €	700,00 €	4.172,00 €
15	Dezember	2.600,00 €	16%	416,00 €	3.016,00 €	400,00 €	2.616,00 €
16							
17							
18	Mittelwert	3.625,00 €		580,00 €	4.205,00 €	475,83 €	3.729,17 €

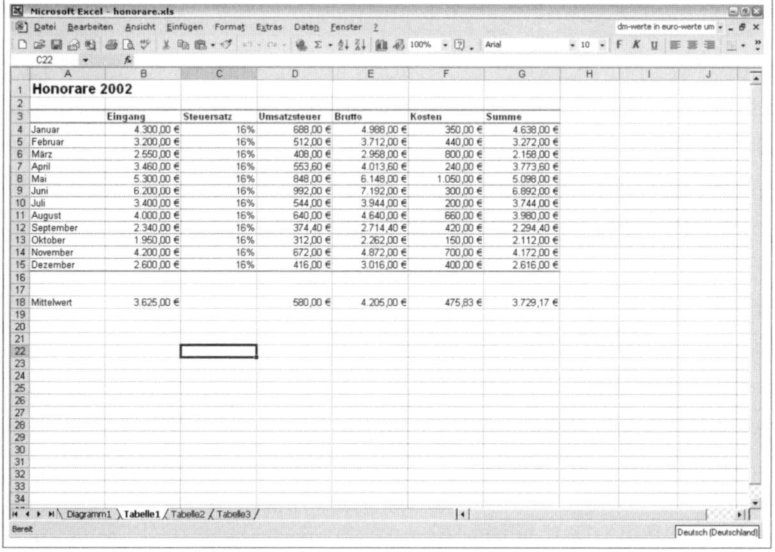

Microsoft Excel - honorare.xls

	A	B	C	D	E	F	G
1	Honorare 2002						
2							
3		Eingang	Steuersatz	Umsatzsteuer	Brutto	Kosten	Summe
4	Januar	4.300,00 €	16%	688,00 €	4.988,00 €	350,00 €	4.638,00 €
5	Februar	3.200,00 €	16%	512,00 €	3.712,00 €	440,00 €	3.272,00 €
6	März	2.550,00 €	16%	408,00 €	2.958,00 €	800,00 €	2.158,00 €
7	April	3.460,00 €	16%	553,60 €	4.013,60 €	240,00 €	3.773,60 €
8	Mai	5.300,00 €	16%	848,00 €	6.148,00 €	1.050,00 €	5.098,00 €
9	Juni	6.200,00 €	16%	992,00 €	7.192,00 €	300,00 €	6.892,00 €
10	Juli	3.400,00 €	16%	544,00 €	3.944,00 €	200,00 €	3.744,00 €
11	August	4.000,00 €	16%	640,00 €	4.640,00 €	660,00 €	3.980,00 €
12	September	2.340,00 €	16%	374,40 €	2.714,40 €	420,00 €	2.294,40 €
13	Oktober	1.950,00 €	16%	312,00 €	2.262,00 €	150,00 €	2.112,00 €
14	November	4.200,00 €	16%	672,00 €	4.872,00 €	700,00 €	4.172,00 €
15	Dezember	2.600,00 €	16%	416,00 €	3.016,00 €	400,00 €	2.616,00 €
16							
17							
18	Mittelwert	3.625,00 €		580,00 €	4.205,00 €	475,83 €	3.729,17 €

Abb. 2.17: Die gleiche Excel-Tabelle mit einer Auflösung von 640x480 (oben) und 1024x768 Pixeln (unten)

Die Auflösung sollte in erster Linie in Zusammenhang mit der Größe Ihres Bildschirms gesehen werden. Dabei haben sich folgende Richtwerte als akzeptabel erwiesen:

Bildschirmdiagonale	Auflösung
14"	640x480
15"	640x480, 800x600
17"	800x600
>20"	800x600, 1024x768, 1280x1024

Farbdarstellung

Auch in diesem Punkt richtet sich die Einstellung nach der Leistungsfähigkeit der installierten Videokarte. Grundsätzlich gilt: Je höher die Anzahl der darstellbaren Farben ist, desto langsamer ist der Bildschirmaufbau. Wie viele Farben darstellbar sein müssen, hängt aber auch von den Anforderungen der Anwendungsprogramme ab.

Für eine Textverarbeitung oder ein Datenbankprogramm sind 256 Farben fast schon zu viel; wenn Sie mit Ihrem PC allerdings Programme zur Bildbearbeitung in Echtfarben realisieren wollen, muss die Anzahl der Farben nach oben gesetzt werden. Sie sollte in diesen Anwendungsbereichen bei mindestens 32.000 Farbnuancen liegen.

Schriftgrad

Gerade wenn Sie mit einer hohen Auflösung arbeiten, um möglichst viel Informationen auf dem sichtbaren Bereich des Bildschirms unterzubringen, sollten Sie sich überlegen, ob Sie den Schriftgrad nicht auf *Große Schriftarten* setzen sollten. Die Beschreibung der Icons, die Menüzeile sowie alle zum System gehörenden Textdarstellungen auf dem Monitor werden dann in einer größeren Schriftart dargestellt. Wie auch bei einer Veränderung der Anzahl der Farben gilt, dass die neuen Einstellungen erst nach einem Neustart von Windows XP aktiv werden.

Tastatur

Vielleicht gehören Sie nicht zu den 10-Finger-Tasten-Profis mit einer Anschlaggeschwindigkeit von 400 Anschlägen/Minute. Vielleicht sind Sie auch bei Ihrer Anschlaggeschwindigkeit und -stärke an Ihre alte klapprige Schreibmaschine gewöhnt und kommen nun mit der Computertastatur einfach nicht zurecht. In diesem Fall können Sie über das Programm *Tastatur* die Verzögerung und die Wiederholrate Ihrer Tastatur Ihren persönlichen Gegebenheiten anpassen.

Abb. 2.18: Einstellungen für Schnellschreiber

Maus

Es ist als Einsteiger schon schwierig genug, mit den Funktionen der Maus zurechtzukommen. Erschwerend kommt hinzu, dass Sie vielleicht Linkshänder sind. Es gibt Scheren, Korkenzieher, Gitarren für Leute, die alles mit links erledigen – nur bei Mäusen muss man lange nach Spezialausfertigungen suchen. Gut zu wissen, dass Sie sich als Linkshänder zwar mit der ergonomischen Form der Maus zurechtfinden müssen, dass aber die Funktion der beiden Tasten vertauscht werden kann. Das Programm *Maus* macht es mit der Optionsschaltfläche *Linkshändig* im Register *Tasten* möglich.

2.5 Zusammenfassung, Fragen und Übungen

Zusammenfassung

- Neben Windows XP gibt es für PCs noch andere Betriebssysteme, z. B. MS-DOS, andere Windows-Versionen und Linux.
- Das Betriebssystem ist die Basis für die Verwaltung und Kontrolle der Hardwarekomponenten wie Arbeitsspeicher und Datenträger.
- Das Betriebssystem übernimmt die Verwaltung von Dateien und Ordnern. Eine Datei ist eine Sammlung von Daten, die unter einem Dateinamen auf einem Datenträger abgelegt werden kann. In Ordnern werden Dateien als Gruppe zusammengefasst.
- Bei Dateien unterscheidet man zwischen *ausführbaren Dateien*, hinten denen ein ablauffähiges Programm steckt, und *Datendateien*. Ein Erkennungsmerkmal ist die Extension im Dateinamen.
- Die Zuordnung der logischen Datei- und Ordnerhierarchie zu ihrem physikalischen Platz auf dem Datenträger wird über die Dateizuordnungstabelle *(File Allocation Table, FAT)* geregelt.
- Das Programm zur Verwaltung von Dateien und Ordnern mit Windows XP ist der *Explorer*. Über ihn können sämtliche Dateioperationen durchgeführt werden.
- Windows XP stellt *Systemverwaltungsprogramme* zur Verfügung, die der Datenträgeroptimierung dienen.
- Mit Hilfe der *Systemsteuerung* kann die Hardware des Computers an das Betriebssystem angepasst werden.

Fragen und Übungen

1. Was versteht man unter einer Datei?
2. Welche Funktion hat das Betriebssystem, wenn Sie auf Ihrem Computer mit einem Anwendungsprogramm arbeiten?
3. Nennen Sie den wichtigsten Unterschied zwischen dem Betriebssystem MS-DOS und Windows XP!
4. Auf welche Weise können Sie mit Windows XP eine Anwendung starten, die eigentlich nur unter MS-DOS lauffähig ist?
5. Welche Regeln zur Dateinamenvergabe existieren in Windows XP?
6. Welche Bedeutung hat die Extension eines Dateinamens?
7. Was geschieht beim Löschen von Dateien und Ordnern?
8. Nennen Sie zwei Programme, die zum Bereich der Systemverwaltung von Windows XP gehören!
9. Wie geht Windows XP vor, wenn neue Hardwarekomponenten in das Gesamtsystem integriert werden sollen?
10. Über welche Optionen kann das Betriebssystem an die individuellen Bedürfnisse des Anwenders angepasst werden?

3 Gut gestylt und leicht bedienbar – Grafische Benutzeroberflächen

Wenn Sie zum ersten Mal mit einem Computer konfrontiert sind, werden Sie weniger auf das achten können, was hinter der Software steckt. Beim ersten Kontakt mit dem PC bzw. einem Anwendungsprogramm ist für Sie erst einmal das wichtig, was Sie von einem Programm an der Oberfläche – in unserem Fall auf dem Bildschirm – *sehen*. Neben den rein funktionalen Auswirkungen, effektiv und arbeitsergonomisch mit einer Software umzugehen, hat diese Oberfläche auch einen anderen Effekt – den der Motivation. Viele Anwender erschauern schon bei dem Gedanken, jeden Morgen am Arbeitsplatz ihren Computer einzuschalten und das gleiche traurige Bild sehen zu müssen.

Microsoft hat sich in dieser Hinsicht Mühe gegeben. In so genannten *Usability Labs* wurden Untersuchungen an »menschlichen Versuchstieren« angestellt, wie sich denn am besten mit einem Programm arbeiten lässt, welche Oberflächengestaltung den Menschen am meisten anspricht, wie sich am sinnvollsten intuitiv mit einem Programm umgehen lässt und welche Aussagekraft hinter Icons, Symbolen und Menüs dem Anwender am ehesten zusagen, ohne nach fünf Minuten verzweifelt die Maus ins Korn zu schmeißen. Ebenso wurde getestet, inwieweit sich die Oberfläche an die Bedürfnisse des Anwenders anpassen lässt, ohne auf die Konsistenz des Gesamtkonzepts zu verzichten.

Schon bei Windows 3.11 angewendet, hat man erkannt, dass ein wesentlicher Vorteil ist, wenn nicht nur das Betriebssystem, sondern auch die Anwendungsprogramme nach einem gleichen Schema aufgebaut sind. Identische Menüanordnung von häufig benutzten Optionen (z. B. *Datei / Drucken*) oder eine analoge Ablaufsteuerung bei Programmaktionen verkürzen die Lernphase bei einer dem Anwender unbekannten

Software erheblich. Dass dabei Symbole sowie eine grafische Umsetzung eine große Rolle spielen, werden Sie spätestens dann sehen, wenn Sie Windows XP mit anderen Systemen vergleichen.

3.1 Hardwarevoraussetzungen

Um eine grafische Benutzeroberfläche technisch zu realisieren, sind auf der Hardware-Seite eine ganze Menge von Gesichtspunkten in Betracht zu ziehen. Eine grafische Umsetzung ist immer sehr zeitaufwendig und rechenintensiv. Sie können dieses Problem relativ leicht nachvollziehen, wenn Sie vergleichen, wie viel Zeit Sie für einen Brief, der nur aus Buchstaben besteht, oder für einen Brief, den Sie mit schönen bunten Bildern schmücken, brauchen.

Erst dadurch, dass die Informationen, die für die Bildschirmaufbereitung notwendig sind, an Hardwarekomponenten weitergegeben werden, die eigentlich dafür zuständig sind, wird die CPU entlastet und kann sich den Aufgaben widmen, die hinter der Oberfläche durchgeführt werden müssen.

Grafikkarte

Bevor auf Ihrem Monitor auch nur ein Stückchen von Windows XP auftaucht, tritt eine Komponente in Kraft, die dafür zuständig ist, dass der Bildschirm mit den angelieferten Daten überhaupt etwas anfangen kann: die Grafikkarte. Wenn Sie sich an den Aufbau eines PCs aus Abschnitt 1.1 erinnern, wissen Sie, dass Ein- und Ausgabegeräte über Schnittstellenkarten mit der Außenwelt verbunden werden. Für alle Video-Angelegenheiten ist dies die Grafikkarte (auch Video-Adapter genannt). Gerade bei Systemen wie Windows XP beschleunigt eine gute Grafikkarte (AGP, 32 MByte RAM) die ganze Angelegenheit ungemein.

Text- und Grafikmodus

Die beiden Betriebsarten, in denen eine Grafikkarte arbeiten kann, nennt man Text- bzw. Grafikmodus.

Im Textmodus steuert die Grafikkarte den Monitor so an, dass der Bildschirm in ein imaginäres Raster von Zeilen (25) und Spalten (80) aufgeteilt wird. Jedes dieser Segmente ist nun in der Lage, ein Zeichen darzustellen, was wiederum daraus resultiert, dass jedes Segment aus einer Matrix von Bildpunkten (Pixeln) besteht. Abbildung 3.1 zeigt diese Segmentierung am Beispiel von zwei Buchstaben.

Abb. 3.1: Die Buchstaben A und B in einer 9x16-Pixel-Matrix

Im Textmodus kann aber immer nur ein Segment als Ganzes angesprochen werden; jedes Segment kann nur durch eine festgelegte Anzahl von Zeichen belegt werden; dazu gehören z. B. sämtliche Buchstaben, Ziffern und eine Reihe von Sonderzeichen wie ±, ¾, æ, ø.

Wenn Sie sich dagegen die Abbildung 3.2 anschauen, werden Sie feststellen, dass eine solche Darstellung im Textmodus an ihre Grenzen stößt.

Die Darstellung eines solchen Zeichens ist in der Betriebsart *Grafikmodus* viel leichter möglich, denn hier kann die Grafikkarte jeden einzel-

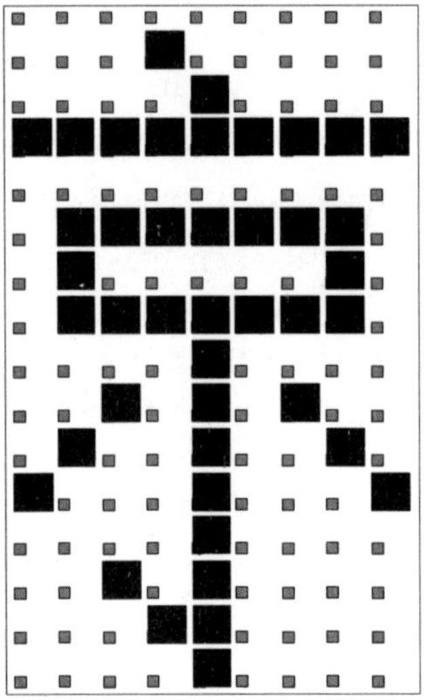

Abb. 3.2: Das chinesische Zeichen »jing« in der gleichen 9x16-Matrix

nen Bildpunkt des Monitors ansteuern, also jedes Pixel aufleuchten lassen oder nicht.

Wenn Sie einmal Ihre Augen ganz nah vor dem Monitor auf die Bildpunkte der Windows-XP-Oberfläche fixieren, werden Sie feststellen, dass für unser Betriebssystem nur der Grafikmodus in Frage kommen kann. Dass eine solche Bildschirmaufbereitung allerdings auch wesentlich mehr Ansteuerungstechnik für die Grafikkarte bedeutet, erklärt sich fast von selbst.

Auflösung und Farben

Jetzt stellt sich natürlich sofort die Frage, ob die Anzahl der Bildpunkte in irgendeiner Weise standardisiert sein muss, denn sonst könnte ja beispielsweise ein Teil der Bildschirmoberfläche von Windows XP aus dem sichtbaren Bildschirmbereich »herauskippen«.

Wenn Sie sich die Dokumentation Ihres PCs anschauen, werden Sie feststellen, dass dort eine so genannte VGA-Karte eingebaut ist. Der Begriff

VGA (*Video Graphics Array*) beschreibt genau diesen Standard, der allerdings außer der Anzahl der Bildpunkte, was auch als *Auflösung* bezeichnet wird, noch einige andere Kriterien für derartige VGA-Karten festlegt.

Dieser VGA-Standard definiert, dass der Monitor mit 640 Bildpunkten in der Horizontalen und mit 480 Pixeln in der Vertikalen angesteuert werden kann, wobei jedes Pixel zudem in einer Farbe aus einer Palette von 16 Farben aufleuchtet. Dieser Standard war aber schnell überholt, denn bei 640x480 Pixeln und nur 16 Farben wirkt eine grafische Oberfläche wie Windows doch recht »klötzchenartig«; Farbverläufe beispielsweise werden mit 16 Farben auch nicht besonders ansprechend dargestellt. Windows XP berücksichtigt diesen Standard schon gar nicht mehr und geht stillschweigend von einer 800x600-Auflösung aus. Diese standardisierte Auflösung heißt *Super-VGA* (oder kurz *SVGA*) und arbeitet mit 256 Farben. Für Grafiker beispielsweise ist aber auch diese Auflösung noch zu grob. Der HiRes-VGA-Standard arbeitet deswegen mit 1024x768 Pixeln und im HiColor-Modus mit 65.536 oder im TrueColor-Modus mit 16,7 Millionen Farben.

Sinnvolle Einstellungen

Es ist recht schwierig, all diese Standards im Kopf zu behalten; für Normalanwender, die ja meist mit einem 17"-Monitor arbeiten, sind eigentlich nur die Standards SVGA und 1024x768 interessant; bei noch höheren Auflösungen werden die Bildschirmelemente so klein, dass Sie sie fast schon mit einer Lupe suchen müssen.

Bezüglich der Anzahl der darstellbaren Farben sollte man wissen, dass ab ca. 2 Millionen Farben das menschliche Auge sowieso nicht mehr in der Lage ist, Nuancen zu unterscheiden; eine höhere Anzahl von Farben als im TrueColor-Modus wäre daher ein unsinniger Standard.

Sie sollten nicht vergessen, dass jede höhere Auflösung und höhere Anzahl von Farben mehr Speicher, der auf der Grafikkarte untergebracht ist, in Anspruch nimmt; das macht die Karte nicht nur teurer, sondern den Bildschirmaufbau eventuell auch langsamer.

Videotreiber

Sobald Windows XP eine Information an die Videokarte gibt, die den Bildschirmaufbau betrifft, muss die Karte reagieren. Im Normalfall wird sie dabei auf Informationen zurückgreifen, die der Hersteller der Karte in so genannten Videotreibern zusammengefasst hat. Diese Treiber ermöglichen es, die Karte möglichst optimal auf die Hardware und das Betriebssystem abzustimmen.

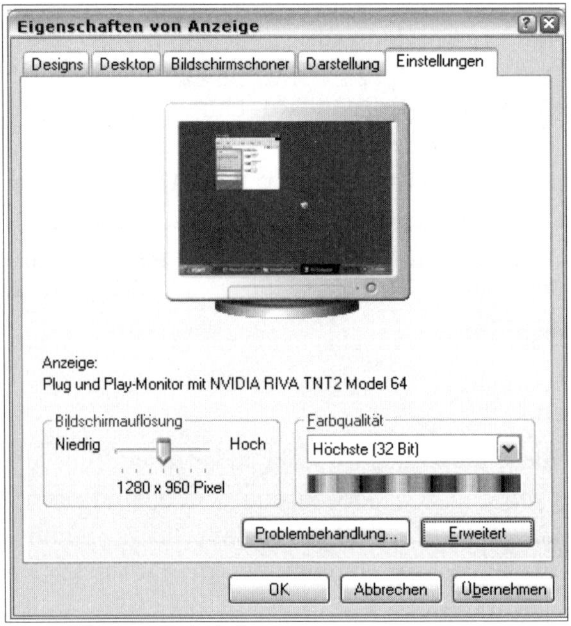

Abb. 3.3: Treibereinstellung für die Grafikkarte NVIDIA RIVA

Monitor

Der Bildschirmaufbau eines Computermonitors funktioniert ähnlich wie der Ihres Fernsehbildes: Ein Elektronenstrahl bewegt sich zeilenweise von links nach rechts, springt dann eine Zeile nach unten usw. und beleuchtet dabei ein Pixel nach dem anderen. Dieser Vorgang geschieht ca. 60 mal pro Sekunde, und natürlich wird er umso unscheinbarer, je höher diese Frequenz liegt. Ab 70 Hz etwa werden Sie diese Strahlenrückläufe nicht mehr als flimmerndes Bild wahrnehmen.

Auf Englisch wird der Monitor auch häufig als *CRT* für *Cathod Ray Tube* (Kathodenstrahlröhre) bezeichnet. Im Gegensatz dazu arbeiten TFT-Flachbildschirme nach einem anderen Prinzip.

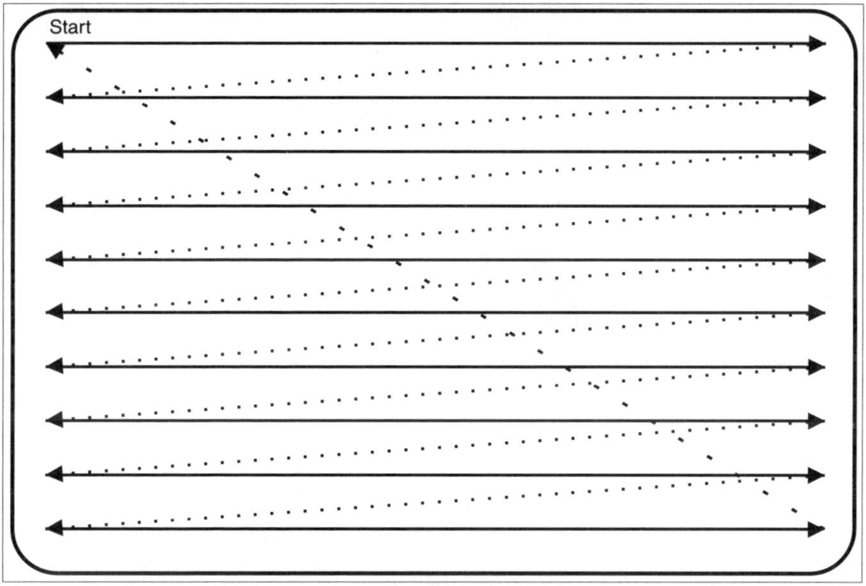

Abb. 3.4: Bildschirmaufbau beim Computermonitor

Farbmonitore arbeiten nach dem Prinzip der additiven Farbmischung, bei der sich jede beliebige Farbe aus den drei Grundfarben Rot, Grün und Blau mixen lässt – im Gegensatz zu den Druckfarben (Cyan, Magenta, Yellow, Key-Color Black – die so genannte subtraktive Farbmischung). Dementsprechend besteht ein Pixel eines Monitors eigentlich aus drei Pixeln, einem roten, einem blauen und einem grünen. Wenn Sie einmal ganz nah an den Monitor herangehen, können Sie diese Leuchtpunkttripel erkennen.

Diese Pixel sollten natürlich relativ nahe nebeneinander liegen, um ein scharfes und deutliches Bild zu produzieren; der so genannte *Dot Pitch*, wie dieser Abstand auch genannt wird, sollte keineswegs 0,28 mm überschreiten.

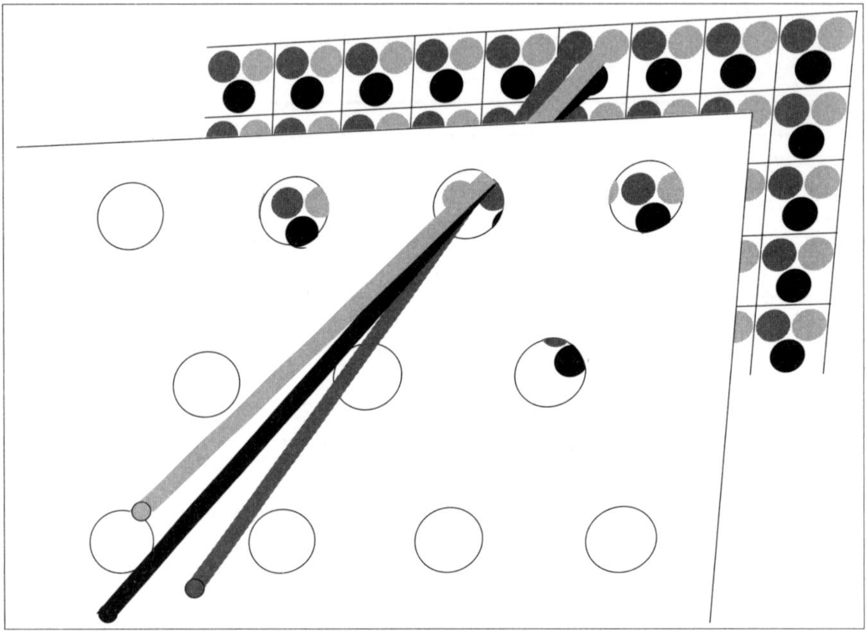

Abb. 3.5: Funktionsschema der Pixelansteuerung

Maus

Eine leistungsfähige Grafikkarte und ein gestochen scharfer Monitor machen aber noch keine grafische Benutzeroberfläche aus; denn diese nutzt Ihnen wenig, wenn Sie kein Gerät haben, um diese Oberfläche zu steuern oder Objekte auszusuchen, zu markieren, zu positionieren etc. Genau für diese Aufgaben wurde ein Gerät »erfunden«, das genau an die Anforderungen einer solchen Oberfläche angepasst ist: die Maus.

Ähnlich wie die Cursortasten Ihrer Tastatur (←, →, ↓, ↑) können Sie die Maus benutzen, um sich auf der Oberfläche zu bewegen; mit der Maus funktioniert dies allerdings wesentlich genauer und differenzierter, denn Ihre Grafikkarte arbeitet ja bei Windows XP im Grafikmodus, und deswegen müssen Sie rein theoretisch ein Hilfsmittel zur Hand haben, mit dem Sie jedes Pixel genauestens ansteuern können, und dies funktioniert eben nur mit einer Maus.

In Abbildung 3.6 sehen Sie, dass das Kernstück einer herkömmlichen Maus aus einer Kugel besteht, die an der Unterseite des Mausbauchs auf einer Unterlage, dem *Mauspad*, rollt. Die Bewegungen der Kugel werden durch die Berührung mit Walzen aufgenommen und mittels einer Lochrasterscheibe in elektronische Impulse umgewandelt.

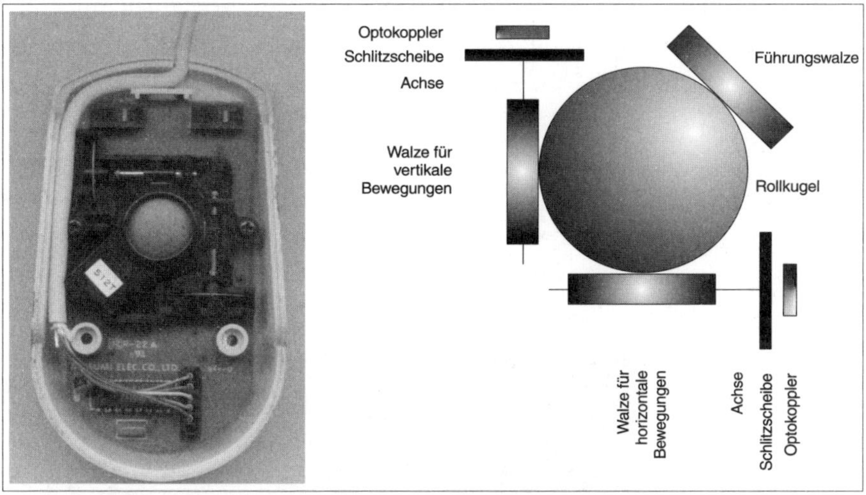

Abb. 3.6: Links eine offene Maus, rechts das Funktionsschema

Diese Signale werden über eine Schnittstelle an den Rechner weitergeleitet – seriell, via USB, opto-elektronisch oder per Funk –, wo sie dann entsprechend verarbeitet werden. Bewegen Sie die Maus, drückt sich dieses Signal direkt auf dem Monitor aus, indem sich dort der Mauszeiger bewegt.

Falls Sie noch nie mit einer Maus gearbeitet haben, ist die Bedienung unter Umständen etwas gewöhnungsbedürftig; Sie werden aber schnell feststellen, dass Sie nur mit einer Maus eine grafische Oberfläche effizient in den Griff bekommen. In Kapitel 3.3 werden Sie erfahren, was Sie mit der Maus sonst noch alles anstellen können.

3.2 Grafik- und zeichenorientierte Oberflächen

Wenn Sie bis jetzt nur mit Windows XP oder den Vorgängerversionen gearbeitet haben, wird Ihnen der Begriff »zeichenorientiert« vielleicht nicht besonders aussagekräftig vorkommen. Zur Verdeutlichung betrachten Sie bitte einmal die Abbildung 3.7.

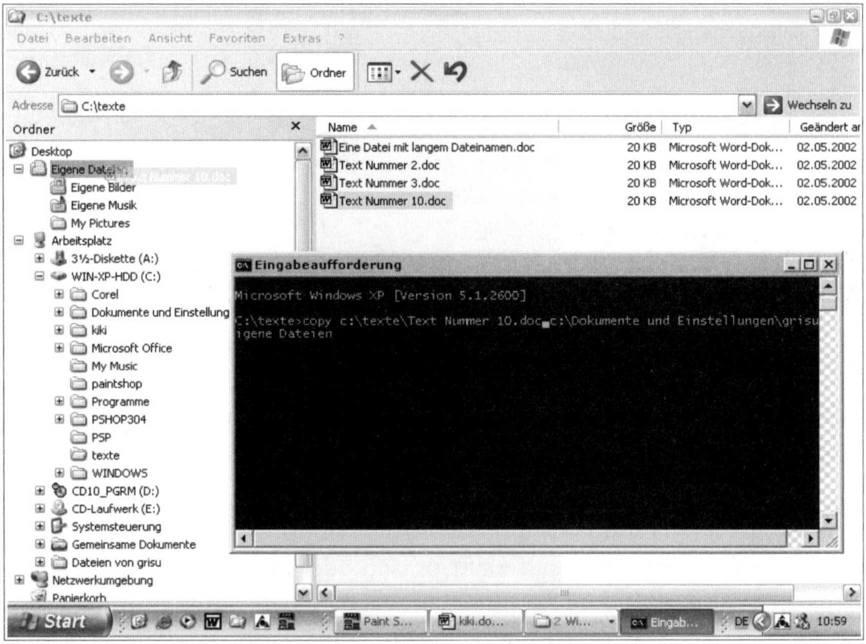

Abb. 3.7: Gleiche Aktion mit unterschiedlichem Aufwand

Sie werden unschwer erkennen: Es handelt sich um die gleiche Aktion, nämlich das Kopieren eines Dokuments von einem Ordner in einen anderen Ordner. Fassen wir die offensichtlichen Unterschiede zusammen, wobei wir uns erst einmal auf die Betriebssystemebene beziehen.

Zeichenorientierte Systeme

Für den PC war in der Zeit vor Windows MS-DOS das »klassische« zeichenorientierte Betriebssystem. Beziehen wir uns auf das obige Beispiel, fallen mehrere Features auf:

- Unter einer zeichenorientierten Benutzeroberfläche wird das Betriebssystem dazu veranlasst, eine Aktion auszuführen, wenn der Anwender dies explizit durch ein bestimmtes *Kommando* oder einen *Befehl* verursacht.
- Der Befehl kann nur über die *Tastatur* eingegeben werden.
- Der Anwender muss den entsprechenden Befehl, mit dem er eine Aktion durchführen will, *kennen*; in obigem Beispiel heißt das Kommando COPY.

Abb. 3.8: Hier ist anscheinend etwas schief gegangen

Wie die Abbildung 3.8 zeigt, ist lediglich die Eingabe des Befehls offenbar nicht funktionsfähig – zum Befehl gehört also unter Umständen die Angabe weiterer *Parameter*, zusätzlicher Instruktionen also, die der Anwender angeben muss.

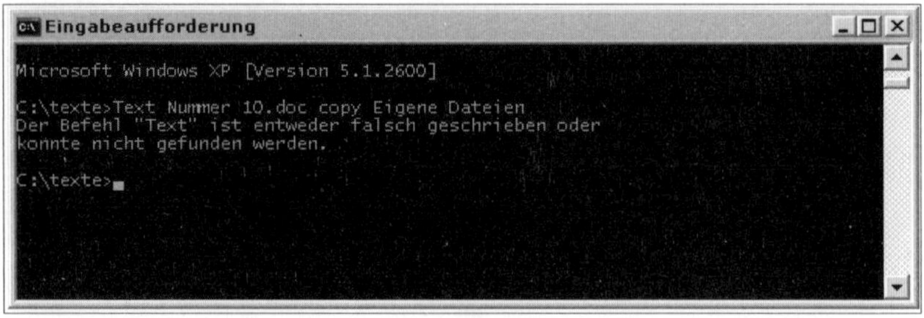

Abb. 3.9: Der Befehl wird noch immer nicht ausgeführt

Die Parameter alleine sind nicht ausreichend (wie Abbildung 3.9 zeigt) – sie müssen in der richtigen Reihenfolge angeordnet werden; der Anwender muss also nicht nur den Befehl und die Parameter, sondern zudem die korrekte *Syntax* kennen.

Falsche Eingaben belohnt das Betriebssystem mit mehr oder weniger aussagekräftigen Meldungen – immerhin erfolgt also ein *Feedback* des Betriebssystems, was auch bei korrekter Durchführung des Befehls passiert.

Soweit zum Objektiven. Subjektiv mögen Sie mit Fug und Recht einräumen, dass diese Oberfläche nicht sonderlich *attraktiv* wirkt – selbst ein roter, blauer oder gepunkteter Bildschirmhintergrund würde die Angelegenheit nicht wesentlich verschönen.

Auch die komplexe Befehlssyntax ist nicht unbedingt jedermanns Sache. Zugegeben: Nicht jeder Befehl in MS-DOS benötigt einen Rattenschwanz an Parametern. Es gibt auch Kommandos, die lediglich durch ihre Eingabe eine Wirkung hervorrufen (z. B. die Befehle DATE, TIME oder VER); diese Befehle dienen aber in erster Linie der Informationsvermittlung und sind weniger Befehle, als Abfragen an das Betriebssystem.

Grafikorientierte Systeme

Auch unter einem grafisch orientierten Betriebssystem wie Windows XP gelten einige Voraussetzungen, um Ihre Aktionen erfolgreich durchzuführen. Die Voraussetzungen liegen allerdings auf einem wesentlich niedrigeren Niveau als bei MS-DOS.

- Der Anwender muss wissen, mit welchem Programm er sein Ziel erreichen kann. Für unsere Kopieraktion ist dies der *Explorer*.
- Er setzt seine Befehle mit der Maus um. Die Tastatur kann zwar benutzt werden, wird aber im Normalfall nicht benötigt.
- Er muss wissen, welche Technik (z. B. Drag & Drop) er anwenden muss, um das Dokument zu kopieren oder zu verschieben.

Vergleichen wir die Art und Weise der beiden möglichen Arbeitstechniken, fällt auf, dass die zweite Methode eventuell schneller, vor allem aber mit weniger Aufwand durchzuführen ist. Zudem erwartet sie vom Anwender weit weniger Vorkenntnisse über die Hintergründe des Betriebssystems und erspart ihm die abrufbare Kenntnis unzähliger Kommandos und der korrekten Befehlssyntax.

Der Anwender kann mit einem grafisch orientierten Betriebssystem also besser *intuitiv* arbeiten, als dies mit einem zeichenorientierten System möglich wäre.

Deutlich wird dieses Phänomen, wenn einem »unvorbelasteten« Anwender die Aufgabe gestellt würde, ein Dokument zu löschen. Im zeichenorientierten Betriebssystem müsste er beispielsweise dazu den Befehl

`DEL C:\Texte\Wegdamit.txt` Enter

verwenden; unter Windows XP startet er den Explorer und zieht die ausgewählte Datei *Wegdamit.txt* mit Hilfe der Maus in den Papierkorb (was zudem den Vorteil hat, dass er sie später bei Bedarf wieder aus dem Papierkorb »herausfischen« kann, während unter MS-DOS dazu der Befehl UNDELETE notwendig wäre).

Die intuitive Arbeitsweise einer grafischen Oberfläche wird stark durch eine Methode geprägt und vereinfacht, die sich einer aussagekräftigen *Symbolik* bedient: der Papierkorb als Behälter für zu löschende Dokumente, Ordner als Sammelmappe für Dateien, Schaltflächen in Form von Druck-Knöpfen etc. Diese Symbolik kann nur funktionieren, weil ein grafisch orientiertes System immer *objektbezogen* arbeitet. Das System setzt dem Anwender die einzelnen Bestandteile quasi als eigenständige Objekte vor: Jedes Element, sei es ein Drucker, ein Dokument, ein Laufwerk oder auch ein Benutzer innerhalb eines Netzwerks, lässt sich so als unabhängiges Einzelteil behandeln und ist auf diese Weise wesentlich übersichtlicher als ein Gesamtsystem, das sich nur im Zusammenhang von vielen Befehlen mit einer streng geregelten Sprache definiert.

Abb. 3.10: Die Oberfläche des Apple-Betriebssystem Mac OS X

Dieser Ansatz des *Graphical User Interface* (*GUI*) ist keineswegs neu und erst seit der Erfindung von Windows im Computerwesen durchgesetzt. Schon wesentlich früher haben die Hersteller einer anderen, der

PC verwandten Rechnerwelt, die Vorteile der grafischen Benutzeroberfläche erkannt und konsequent eingesetzt. Wenn Sie einmal vor der Oberfläche der Systemsoftware eines Apple-Computers stehen, wird es Ihnen leicht fallen, die Parallelen zwischen Apple und Windows festzustellen. Schwer fallen wird es Ihnen dagegen, zu entscheiden, wer hier von wem abgekupfert hat. Doch da befinden Sie sich in guter Gesellschaft: Selbst zahlreiche Gerichte in den USA konnten sich hier nicht eindeutig festlegen

Symbole, Icons und Menüs

Noch deutlicher wird der Unterschied zwischen den Konzepten von zeichen- und grafikorientiert, wenn wir uns von der Betriebssystemebene in die Ebene der Anwendungssoftware hineinversetzen. Hier geht es nicht allein um die Aktionen, die die Aufgaben des Betriebssystems betreffen, sondern um die tägliche Arbeit, mit Hilfe eines Programms beispielsweise Texte zu erfassen, Kalkulationen zu erstellen oder Bilder zu bearbeiten.

Betrachten Sie einmal die Abbildungen 3.11 und 3.12. Die Antwort auf die Frage, welche Oberfläche zeichen- bzw. grafikorientiert ist, wird Ihnen nicht schwer fallen.

Auf den ersten Blick werden sofort die Unterschiede deutlich, die sich für die grafische Oberfläche in einem Satz zusammenfassen lassen: Der Text auf dem Bildschirm sieht genauso aus, wie er auch später im Ausdruck erscheinen wird. Genau dieser beabsichtigte Effekt begründete den Siegeszug dieser Oberflächen. Mit dem englischsprachigen Akronym *WYSIWYG* wird dieser Effekt ausgedrückt: *What you see is what you get* – was Sie (auf dem Bildschirm) sehen, entspricht genau dem, was Sie später (z. B. im Ausdruck) bekommen.

Kommen wir zur Funktionalität. Auch hier fallen erst einmal die Unterschiede auf. Eine Statuszeile informiert über den Zustand des Programms, eine Symbolleiste mit zahlreichen Icons und Symbolen macht

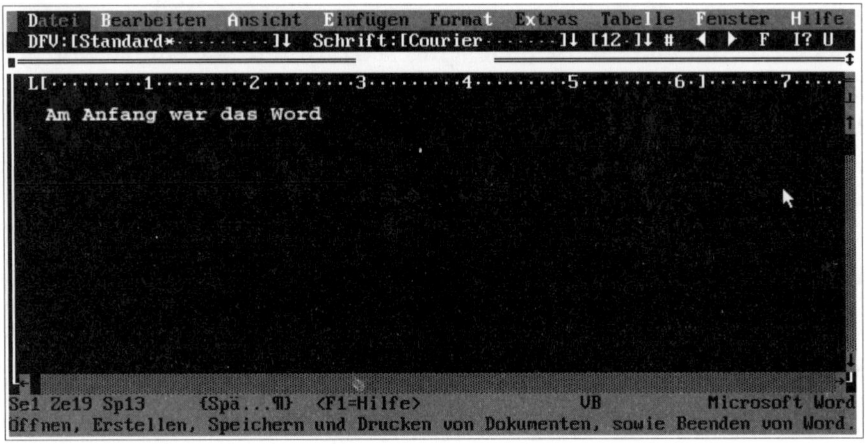

Abb. 3.11: Word für DOS (Version 6.0)

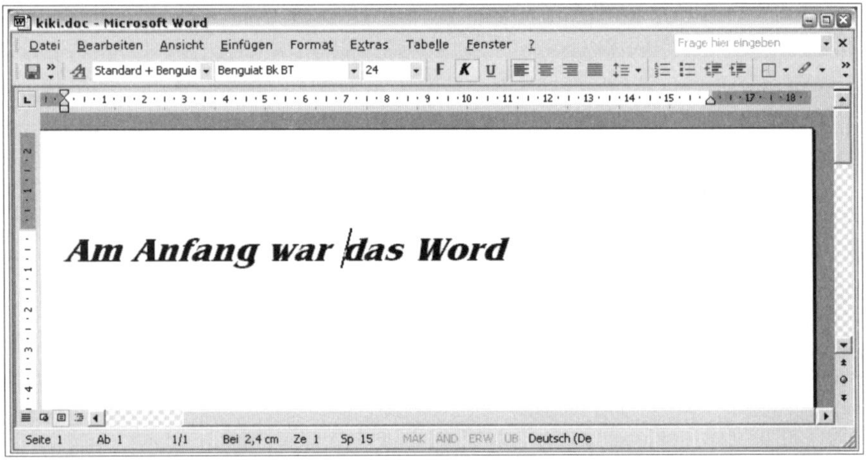

Abb. 3.12: Word 2002

sofort deutlich: Ein Klick auf dieses Symbol wird das Dokument speichern, ein Klick auf ein anderes Symbol wird den Text rechtsbündig ausrichten etc. Wenn Sie allerdings wissen, dass jeder Klick auf ein Symbol auch über ein Menü oder eine Befehlsfolge zu verwirklichen ist, werfen Sie einmal einen Blick auf die verfügbaren Menüs in den beiden Word-Programmvarianten. Sie werden feststellen, dass bezüglich der

Programmfunktionen gar keine großen Unterschiede bestehen. Legte man lediglich die einzelnen Merkmale, die ja schließlich die Leistungsfähigkeit eines Programms ausmachen, zu Grunde, würde es schwer fallen, der zeichen- oder der grafikorientierten Arbeitsweise den Vorzug zu geben – die Funktionalität ist bei beiden gleichermaßen gegeben. Hierbei tritt jedoch deutlich hervor, dass die grafische und symbolische Oberfläche mit ihrem Bezug zur konkreten Realität (WYSIWYG) der menschlichen Arbeitsmethodik eher entspricht als die puritanische Oberfläche, auf der sich lediglich Buchstaben und einige Sonderzeichen darstellen lassen.

3.3 Die Steuerung der Oberfläche mit der Maus

Die beste Oberfläche nutzt nichts, wenn man nicht schnell und effektiv mit ihr umgehen und arbeiten kann. Wir haben schon mehrfach erwähnt, dass für grafische Oberflächen ein Hilfsmittel unabdingbar ist, um dies zu erreichen: die Maus. Während Sie in Abschnitt 3.1 kennen gelernt haben, wie eine Maus funktioniert, wollen wir nun darauf zu sprechen kommen, welche Arbeitstechniken mit der Maus durchgeführt werden können.

Bei allen folgenden Aktionen gehen wir davon aus, dass Sie zur Gruppe der Rechtshänder gehören; wenn Sie die Maus mit links bedienen, lesen Sie bitte in Abschnitt 2.4 nach, wie Sie die Maus für Ihre Zwecke umfunktionieren.

Positionieren des Mauszeigers

Die erste Technik, mit der wir uns befassen, ist das *Positionieren* mit Hilfe der Maus, wobei wir zuerst einmal feststellen, *was* wir überhaupt positionieren: den *Mauszeiger* oder *Mauscursor.*

Je nach Anwendungssituation kann dieser Mauszeiger verschiedene Formen annehmen. Im Normalfall ist es der abgebildete Pfeil. Er dient dazu, mit dem Mauszeiger im sichtbaren Bildschirmbereich auf ein Objekt zu *zeigen*. Das kann der Desktop, also die Arbeitsoberfläche, sein, aber ebenso eine Schaltfläche, ein Menü oder ein Icon.

Das Positionieren auf einem Objekt bedarf, wenn Sie noch nie mit einer Maus gearbeitet haben, einer gewissen Übung; die Übertragung der mechanischen Handbewegung auf dem *Mauspad* wird Ihnen aber schon nach wenigen Bewegungen deutlich.

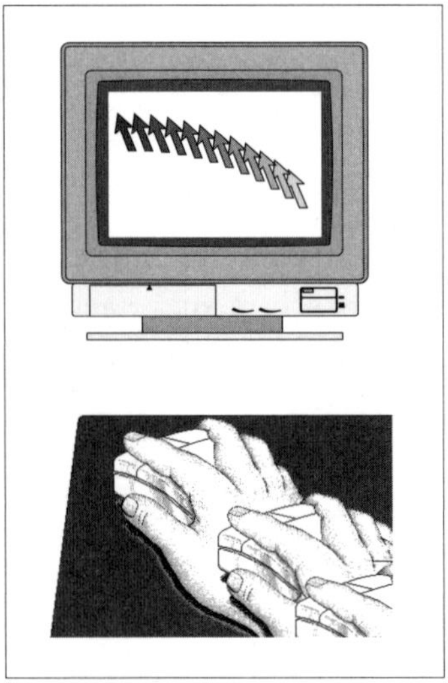

Abb. 3.13: Die Auswirkungen der Mausbewegungen auf die Oberfläche

Spätestens dann, wenn Sie den Mauszeiger auf den Trennbereich zwischen Desktop und Task-Leiste bewegen, wird er sich in seiner Form verändern: Er wird zum Doppelpfeil.

In der folgenden Tabelle zeigen wir Ihnen die Darstellungsformen, die der Mauszeiger annehmen kann – einige Formen werden Sie erst dann zum ersten Mal sehen, wenn Sie mit speziellen Programmen arbeiten.

	Normaler Mauszeiger
	Textcursor
	Sanduhr (PC beschäftigt)
	Hilfe aktiv
	Verschieben eines Objekts
	Verbot
	Größe eines Objekts verändern

Wenn Sie auf ein Objekt zeigen, wollen Sie wahrscheinlich eine Aktion durchführen; bevor Sie dies tun, wird Ihnen – je nach Objekt – eine so genannte *QuickInfo* darüber Auskunft geben, was passiert, wenn Sie das Objekt, auf dem Sie den Mauscursor positioniert haben, durch einen Klick oder Doppelklick animieren.

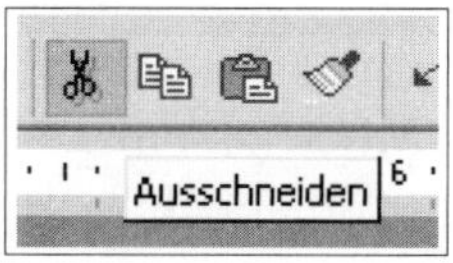

Abb. 3.14: Die QuickInfo gibt Auskunft über die potenziellen Folgen einer Aktion

Klicken

Nur mit dem Positionieren alleine ist es noch nicht getan: Schließlich gibt es auf der Maus auch noch zwei Tasten, die man drücken kann. Auch mit einem Objekt, auf das Sie mit dem Mauszeiger zeigen, wollen Sie ja wahrscheinlich etwas anstellen. Die häufigste Technik, die mit einer Maus durchgeführt wird, ist das *Klicken*. Darunter versteht man das einmalige Drücken und Loslassen einer der beiden Maustasten. Wir beziehen uns in diesem Abschnitt lediglich auf das Klicken mit der linken Maustaste.

Welche Aktion das Klicken bewirkt, hängt davon ab, auf welchem Objekt sich der Mauszeiger gerade befindet. Ein Klick auf dem Desktop hat gar keine Auswirkungen, ein Klick auf eine Schaltfläche wie *Start* links unten auf der Oberfläche dagegen bewirkt, dass sich mehrere Menüs zeigen, die Ihnen weitere Wahlmöglichkeiten bieten. Sie können die Maus jetzt neu positionieren; bei Menüeinträgen, die mit einem kleinen nach rechts weisenden Dreieck markiert sind, brauchen Sie nicht zu klicken, um fortzufahren; es genügt, mit der Maus dorthin zu zeigen.

Grundsätzlich kann man sagen: Ein Klick bestätigt, dass Sie ein Objekt wie beispielsweise eine Schaltfläche oder ein Menü für weitere Aktionen verwenden, also »öffnen«, oder dass Sie den Mauszeiger nicht nur positionieren wollen, sondern ganz deutlich machen, dass er an der gezeigten Stelle verbleiben soll. Letzteres Verfahren wird z. B. benutzt, um die Schreibmarke innerhalb eines Textes an einer ganz bestimmten Textstelle zu platzieren.

Doppelklicken

Unter Windows XP ist der Doppelklick etwas aus der Mode gekommen und von dem einfachen Klick abgelöst worden; er wird nur noch recht selten benutzt.

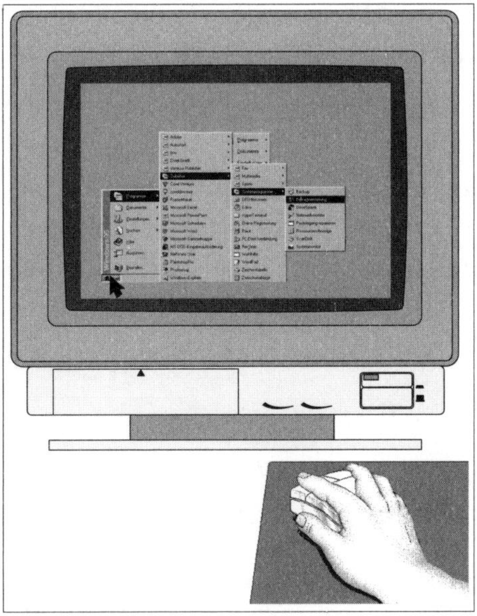

Abb. 3.15: Der Weg der Maus in die Tiefen des Systems mit nur einem Klick auf *Start*

Technisch ist damit das kurze zweimalige Drücken der linken Maustaste gemeint. Auch hier ist ein wenig Übung angebracht, denn wenn zwischen den beiden Klicks zu viel Zeit liegt, wird der Doppelklick nicht als solcher erkannt, sondern als zwei einzelne Klicks interpretiert, was unter Umständen eine andere Aktion auslöst als der beabsichtigte Doppelklick.

Um den Unterschied deutlich zu machen, wollen wir ein kleines Beispiel heranziehen.

Starten Sie den Explorer mit einem rechten Mausklick auf *Start* und suchen Sie im Ordner, in dem Windows XP installiert ist (wahrscheinlich *WINDOWS*), den Unterordner *MEDIA*. Hier finden Sie die Datei *Flourish.mid*. Zeigen Sie nun auf die Datei und klicken Sie einmal. Ergebnis: Die Datei wird markiert.

Führen Sie nun einen Doppelklick aus und lassen Sie sich überraschen. (Die Überraschung funktioniert natürlich nur mit einer Soundkarte.)

Wenn Sie genug vom digitalen Gedudel haben, führen Sie die gleiche Aktion wie oben noch einmal durch, allerdings ohne Doppelklick, sondern mit zwei verzögerten Klicks auf den Dateinamen. Sie sehen, dass nun der Dateiname markiert und eingerahmt wird. Sie können jetzt den Dateinamen verändern und das Musikstück z. B. in *Trallala.mid* umbenennen.

Sie sehen, dass zwischen Klick, zwei Klicks und einem Doppelklick Welten liegen können.

Markieren

Bis jetzt haben Sie die Maus benutzt, um eine Aktion mit einem Objekt durchzuführen. Es kann aber auch durchaus möglich sein, dass nicht ein Objekt als Ganzes, sondern lediglich ein Teil eines Objektes verändert, verschoben oder ein sonstiges Ereignis durchgeführt werden soll.

Dazu ein Beispiel: Starten Sie das Programm *WordPad* über die Menüfolge *Start / Programme / Zubehör / WordPad*. Wenn das Programm auf dem Monitor erscheint, werden Sie feststellen, dass der Mauszeiger automatisch zum Textcursor wurde und ganz links oben in der Ecke steht. Schreiben Sie nun einfach drauflos – ob sinnvoll oder nicht sinnvoll, ist egal. Wir wählen die fundamentale Aussage:

Was du heute kannst besorgen, das verschiebe nicht auf morgen.

Bei nochmaligem Durchlesen dieses Satzes sind wir von seiner Richtigkeit aber keineswegs mehr überzeugt. Bewegen Sie den Textcursor also vor das »n« des Wortes »nicht«, drücken Sie die linke Maustaste und ziehen Sie die Maus bis zum letzten Buchstaben dieses Wortes. Das »nicht« ist jetzt wie in Abbildung 3.16 markiert, was durch die Invertierung augenfällig wird.

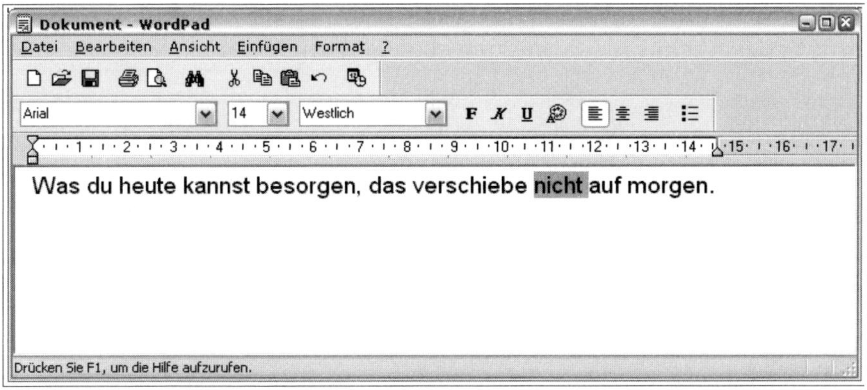

Abb. 3.16: Ein markierter Textteil

Über die Tastatur geben Sie nun das Wort »ruhig« ein. Ein Blick auf den Bildschirm beweist: Der markierte Textteil wurde komplett durch Ihre Eingabe ersetzt.

Grundprinzip des Markierens: Teile von Objekten, mit denen eine Aktion durchgeführt werden soll, müssen *vor* der Ausführung der Aktion markiert werden. Dieses Prinzip gilt für Teile eines Textes, für Zellen innerhalb einer Tabellenkalkulation oder auch für Elemente innerhalb eines Grafikprogrammes.

Dass diese Methode ihre Richtigkeit hat, lässt sich schnell beweisen: Wir möchten die Aussagekraft unseres Satzes erhöhen, indem wir das Wort »ruhig« fett hervorheben.

Bewegen Sie den Textcursor also wieder vor das Wort »ruhig« und klicken Sie, ohne etwas markiert zu haben, auf das nebenstehend abgebildete Icon aus der Symbolleiste am oberen Rand des Bildschirms. Nichts passiert. Ganz anders, wenn Sie die Aktion wiederholen, aber das Wort »ruhig« in gewohnter Manier markiert haben.

Da Markierungen besonders bei Texten häufig vorkommen und die Markierung durch das Ziehen manchmal etwas beschwerlich ist, haben sich fast alle Textverarbeitungsprogramme darauf geeinigt, durch die Anzahl der Klicks die Markierung zu erweitern.

Markierung	Cursor positionieren auf	Aktion
Textbereich	Anfang des Bereichs	ziehen
Wort	auf Wort	doppelklicken
Zeile	am linken Fensterrand vor einer Zeile	einmal klicken
Satz	beliebige Stelle im Satz	Strg +einmal klicken
Absatz	auf Absatz	dreimal klicken
Gesamtdokument	am linken Fensterrand vor einer Zeile	dreimal klicken

Bitte beenden Sie das Programm nicht, denn wir brauchen unseren kurzen Beispieltext noch für die nächste Maustechnik.

Drag & Drop

Drag & Drop heißt soviel wie *Ziehen und fallen lassen*; weil Elvis Presley aber schließlich auch nicht das *Wiegen und Rollen* erfunden hat, bleiben wir bei dem Ausdruck Drag & Drop.

Um zu sehen, was damit gemeint ist, werfen wir noch einmal einen Blick auf unseren Satz von eben: *Was du heute kannst besorgen, das verschiebe ruhig auf morgen*.

Da wir keine Reime mögen, markieren wir mit einem Doppelklick das Wort »besorgen« und zeigen mit dem Mauszeiger auf das invertierte Wort. Sie klicken, halten die Taste gedrückt und ziehen das Wort besorgen an die Position zwischen die beiden Wörter »heute« und »kannst«. Der Mauszeiger ändert, wenn auch nur unmerklich, sein Aussehen. Abbildung 3.17 zeigt noch einmal exemplarisch die Vorgehensweise.

Eigentlich müsste die ganze Technik *Mark, Drag & Drop* heißen, denn nichts kann gezogen und neu positioniert werden, was nicht vorher markiert war. Unser kleines Beispiel hat Ihnen nur ansatzweise gezeigt,

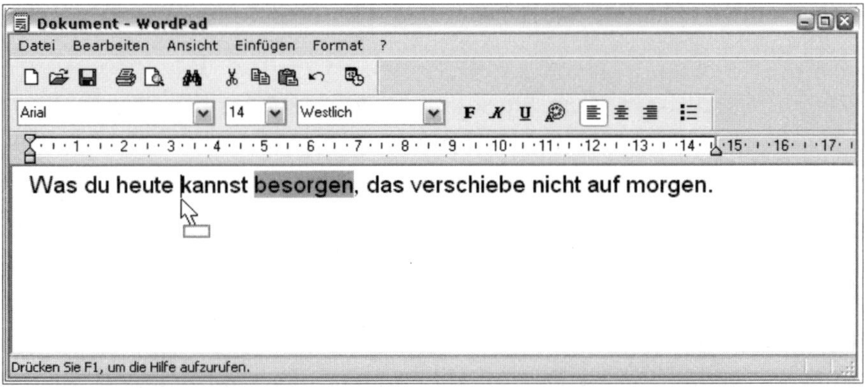

Abb. 3.17: Drag & Drop in Aktion

wozu Drag & Drop in der Lage ist. Richtig interessant wird es erst, wenn größere Textteile komplett verschoben werden, oder gar dann, wenn Dokumente z. B. zwecks schnellerem Zugriff aus dem Explorer auf den Windows-XP-Desktop gezogen werden oder wenn Objekte zwischen zwei verschiedenen Anwendungen hin- und herwandern. Wenn gleichzeitig eine Tabellenkalkulation und eine Textverarbeitung laufen, kann per Drag & Drop beispielsweise eine komplette Tabelle in den Text hinübergezogen werden.

In Kapitel 12, in dem der Datenaustausch zwischen Anwendungen beschrieben wird, werden wir auf diese Möglichkeiten noch einmal zurückkommen.

Linke und rechte Maustaste

Dass Sie die Funktionen der rechten und linken Maustaste über *Arbeitsplatz / Systemsteuerung / Maus* vertauschen können, haben Sie bereits kennen gelernt. Wir wollen hier aber darauf zu sprechen kommen, welche Aufgabe die rechte Maustaste überhaupt erfüllt. In zahlreichen Programmen führte sie bisher ein Schattendasein; erst mit Windows und den entsprechenden Applikationen hat sie eine wichtige und sinnvolle Aufgabe erhalten: Sie ist vor allem für so genannte *Kontextmenüs* zuständig.

Was ein Menü ist, wissen Sie wahrscheinlich schon; der Begriff »Kontext« dagegen beschreibt schon, um was es sich handelt. Abhängig von der aktuellen Arbeitsumgebung werden in einem Kontextmenü die Menüoptionen aufgeführt, die eben am häufigsten in dieser Situation gewählt werden.

Das beginnt schon beim Startmenü. Wenn Sie die Maus auf der *Start*-Schaltfläche positionieren und die *rechte* (anstatt der linken) Maustaste drücken, werden Ihnen vier Menüoptionen angeboten: *Öffnen*, *Explorer*, *Suchen* und *Eigenschaften*.

Abb. 3.18: Das Kontextmenü des Startmenüs

Dass die Menüoptionen nicht in jeder Arbeitssituation gleich sind, ergibt sich aus der Natur der Sache. In einem Programm wie Word 2002 beispielsweise enthält ein Kontextmenü ganz andere Einträge, wenn sich die Maus auf einem markierten Wort befindet.

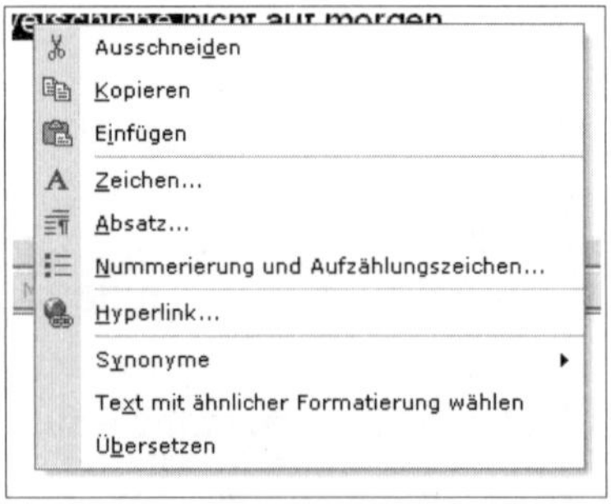

Abb. 3.19: Ein Kontextmenü in Word 2002

Sie sehen schon: Kontextmenüs vereinfachen die Arbeit, weil die im Menü enthaltenen Optionen schnell erreichbar sind, ohne dass die Maus erst auf einem Menü in der Menüleiste positioniert werden muss und dort über diverse Menüoptionen und Dialogfelder die entsprechende Befehlsfolge auszuwählen ist. Da das Programm ja schließlich weiß, an welcher Stelle Sie sich gerade befinden, sind die Menüoptionen immer der jeweiligen Arbeitssituation angepasst. Gewöhnen Sie sich ruhig an, diese Funktion zu nutzen, Sie erspart Ihnen viel Sucherei in Menüs. Und um die Sache nicht zu verkomplizieren: Einen Doppelklick mit der rechten Maustaste gibt es nicht.

3.4 Vom Umgang mit Fenstern

Alles, was in Windows XP passiert, spielt sich in Fenstern ab; ansonsten würde das Programm ja auch seinem Namen nicht gerecht. Hinter diesem Fenstersystem steht die Überlegung, dass jede Anwendung, jede Nachricht und jede Aufgabe in einem eigenen Fenster erledigt werden soll. Bearbeitet man mehrere Aufgaben gleichzeitig, sind die Fenster eine gute optische Trennung zwischen den einzelnen Aufgaben. Schließlich besitzt auch ein Haus mehrere Fenster, die zu verschiedenen Zimmern gehören, in denen verschiedene Tätigkeiten stattfinden.

Wichtig dabei ist allerdings, dass immer nur *ein* Fenster aktiv sein kann – immerhin können Sie sich ja auch nur in einem Zimmer Ihres Hauses aufhalten und nicht gleichzeitig in mehreren. Falls auf Ihrem Desktop mehrere Fenster geöffnet sind, erkennen Sie das aktive Fenster an der Farbe der Titelzeile – sie ist farbig markiert. Ein Fenster wird zum *aktiven* Fenster, indem Sie mit der Maus einfach in irgendeinen Bereich des gewünschten Fensters klicken.

Abhängig von der Aktion, die in einem Fenster stattfindet, werden Sie in einem Fenster immer wieder die gleichen Elemente finden. Alle Möglichkeiten an dieser Stelle zu erläutern, würde ein wenig zu weit führen;

wir beschränken uns daher auf die Regeln und werden die Ausnahmen nur dann erwähnen, wenn sie wirklich wichtig sind.

Desktop

Hier kommt gleich die erste Ausnahme: der Windows-XP-Desktop. Er steht im Hintergrund von allen Fenstern, und wenn Sie ihn nicht als Ausnahme akzeptieren wollen, sehen Sie ihn einfach als Fenster ohne Fensterrahmen an. Er hat allerdings nicht nur einen ästhetischen Wert, sondern dient auch dazu, dass auf ihm Symbole abgelegt werden können. Wenn Sie Windows XP zum ersten Mal starten und keine Veränderungen an der Standardeinstellung vornehmen, werden Sie auf jeden Fall die Symbole *Arbeitsplatz*, *Papierkorb* und am unteren Desktop-Rand die Task-Leiste vorfinden.

Gestalten Sie den Desktop ganz nach Ihren Wünschen; er hat für die Funktion der Fenster keinerlei Auswirkung; beachten Sie aber, dass er einen guten Kontrast zu Elementen abgeben sollte, die sich auf ihm befinden. Um die Eigenschaften des Desktops zu bestimmen, brauchen Sie lediglich einen rechten Mausklick auf eine freie Fläche des Desktops auszuüben und im Kontextmenü die Option *Eigenschaften* anzuklicken. Im Register *Desktop* finden Sie im Listenfeld *Hintergrund* schon eine Reihe vorgefertigter Füllungen (siehe Abbildung 3.20), die Sie in dem stilisierten Monitor im Vorschaufenster anschauen und weitergehend manipulieren können.

Anwendungsfenster

Der Arbeitsbereich, in dem Sie tatsächlich arbeiten, wird durch Anwendungsfenster definiert. Jedes Programm, das Sie starten, läuft in einem solchen Anwendungsfenster ab, wobei der eigentliche Arbeitsbereich aber von verschiedenen Elementen begrenzt und eingeschränkt wird, die von Anwendung zu Anwendung variieren.

Abb. 3.20: Auswahl des Hintergrunds

Als Beispiel für die immer wiederkehrenden Elemente haben wir ein Anwendungsfenster des Programms Excel 2002 gewählt.

Systemmenüfeld

Wenn Sie das Systemmenüfeld anklicken, werden Sie sehen, dass es vor allem aufgrund seiner letzten Option von Wichtigkeit ist. Hier können Sie nämlich die momentane Anwendung beenden.

Schneller geht's, wenn Sie auf dem Systemmenüfeld doppelklicken. Die anderen Optionen dienen zur Veränderung der Fenstergröße mithilfe der Tastatur, doch das geht mit der Maus wesentlich eleganter.

Titelzeile

In der Titelzeile sehen Sie, mit welchem Programm Sie arbeiten. Da Sie dies aber sowieso wissen werden, erfüllt sie noch andere Aufgaben.

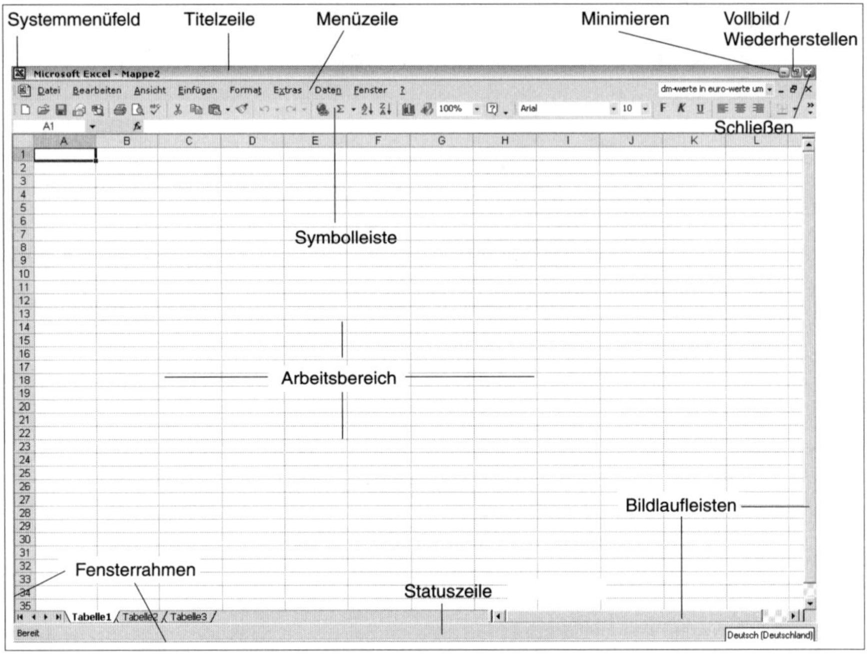

Abb. 3.21: Die wichtigsten Elemente eines Anwendungsfensters (hier: Excel 2002)

Mit einem Doppelklick in der Titelzeile wird das Fenster auf eine Größe gebracht, in der es den gesamten Bildschirm ausnutzt (und damit auch den Desktop überlagert); ein weiterer Doppelklick bringt das Fenster auf die Größe und Position zurück, in der es vor dem letzten Doppelklick auf dem Monitor platziert war.

Außerdem dient die Titelzeile zum Verschieben des Fensters auf dem Desktop. Wenn Sie die Titelzeile anklicken und die Maustaste gedrückt halten, können Sie das Fenster an eine beliebige Position auf den Desktop ziehen.

Minimieren

Ein Klick auf diese Schaltfläche lässt das Fenster ganz verschwinden; die Anwendung wird als Symbol in der Task-Leiste abgelegt. Sie können auf diese Weise ein Fenster zumachen, ohne es zu schließen – das Fenster verschwindet zwar vom Bildschirm; der Inhalt geht aber keineswegs verloren. Ein Klick auf das Symbol in der Task-Leiste wird es Ihnen beweisen.

Vollbild/Wiederherstellen

Diese Schaltfläche hat eine Doppelfunktion; sehen Sie ein Rechteck, bedeutet ein Klick auf diese Fläche, dass das Fenster als Vollbild dargestellt wird. Zwei sich überlagernde Rechtecke bedeuten, dass das Fenster auf seine ursprüngliche Größe gebracht wird.

Schließen

Die *Schließen*-Schaltfläche entspricht dem Doppelklick auf das Systemmenüfeld. Die Anwendung wird beendet; sollten sich noch Daten im Fenster befinden, die noch nicht dauerhaft gespeichert sind, erfolgt eine Sicherheitsabfrage.

Menüzeile

Die Menüzeile beinhaltet je nach Programm die Schwerpunkte der Programmfunktionen. Gleich in allen Programmen, die unter Windows XP laufen, sind die ersten beiden Menüpunkte *Datei* und *Bearbeiten* sowie der letzte Menüpunkt das *?* oder die *Hilfe*. Menüs in Anwendungsfenstern sind immer *Pulldown-Menüs*, d. h., wenn Sie ein solches Menü anklicken, erscheint eine Liste mit verschiedenen Optionen. Das Menü lässt sich auch durch eine Tastenkombination öffnen. Drücken Sie die [Alt]-Taste und dazu den im Menü unterstrichenen Buchstaben, hat dies den gleichen Effekt wie ein Klick auf den Menüpunkt. Mehr zu Menüs erfahren Sie weiter unten.

Symbolleiste

In vielen Fällen ist es sehr umständlich, zu einer Programmfunktion zu gelangen, wenn man sich durch mehrere Menüs »durchklicken« muss.

In allen modernen Anwendungen hat deshalb die Symbolleiste Einzug gehalten. In ihr sind in Form von Schaltflächen die wichtigsten Symbole zusammengefasst: Ein Klick auf eine Schaltfläche bedeutet z. B., dass eine Datei geöffnet oder gespeichert wird, dass das Dokument gedruckt werden kann, dass man sich einen Tipp vom System abholen kann usw. In komfortablen Programmen ist diese Symbolleiste frei konfigurierbar, d. h., Sie können sich selbst die Symbole zusammenstellen, von denen Sie der Meinung sind, dass Sie sie häufig als Ersatz für Menübefehle benutzen werden.

Je nach Programm kann es mehrere Symbolleisten geben. In unserer Abbildung beispielsweise sehen Sie unter der ersten noch eine weitere Symbolleiste für das Formatieren von Zellen. Word 2002 beispielsweise stellt 19 vorgefertigte Symbolleisten zur Verfügung; wenn Sie diese alle öffnen würden, hätten Sie kaum noch Platz zum Schreiben und könnten sich alle Symbole wahrscheinlich gar nicht merken. Beschränken Sie sich hier also auf das Wesentliche!

Arbeitsbereich

Endlich befinden wir uns in dem Teil des Fensters, in dem Sie arbeiten können: Text erfassen, Bilder zeichnen, Tabellen erstellen, Spielen, Konstruieren usw. Was Sie auf Ihrem Arbeitsbereich erledigen, ist lediglich von der Funktion und der Fähigkeit des Programms abhängig.

Da aber unter Umständen nicht alles von Ihnen Produzierte auf diese Arbeitsfläche passt, können Sie den sichtbaren Bereich der Arbeitsfläche auch verschieben.

Bildlaufleisten

Den sichtbaren Bereich verschieben Sie mit Hilfe der horizontalen und vertikalen Bildlaufleiste, die Sie über mehrere Möglichkeiten aktivieren können. Sie können auf die Enden der Leisten klicken, die durch einen kleinen Pfeil markiert sind, und sich so stückchenweise von oben nach unten bzw. von links nach rechts (oder umgekehrt) bewegen. Sie können aber auch den Schieber mit der Maus anpacken und in die von Ihnen gewünschte Richtung ziehen; damit machen Sie auf jeden Fall schnellere Sprünge. Als letzte Methode empfiehlt sich noch ein Klick in die Bildlaufleiste selbst. Je nachdem, wo Sie geklickt haben, bewegt sich der sichtbare Bereich in die gewünschte Richtung.

Derartige Bildlaufleisten werden Sie nicht nur in Anwendungsfenstern, sondern immer wieder in Windows-XP-Elementen finden, z. B. den so genannten Listenfeldern. Das Prinzip ist immer das gleiche. Und seien Sie nicht entsetzt, wenn bei Ihnen gar keine Bildlaufleisten vorhanden sind – entweder wurden sie ausgeblendet, um eine größere Arbeitsfläche zu gewährleisten, oder das von Ihnen Produzierte passt bereits vollständig auf die Arbeitsfläche.

Statuszeile

Bei vielen Programmen findet man am unteren Ende des Anwendungsfensters eine Statuszeile. Hier werden Sie über den Zustand bestimmter Programmfunktionen informiert. In unserer Abbildung beispielsweise sehen Sie, dass das Arbeitsblatt bereit zur Aufnahme von Eingaben ist, ob bestimmte Tasten der Tastatur aktiviert sind etc.

Fensterrahmen

Dass Sie ein Fenster als Vollbild darstellen können, haben Sie ja bereits gehört (welche Schaltfläche war noch dafür zuständig?). Ein Anwendungsfenster im Vollbild-Modus zu aktivieren, ist immer dann nützlich, wenn Sie ansonsten nicht viele Fenster geöffnet haben und einen möglichst großen Arbeitsbereich schaffen wollen.

Natürlich können Sie die Fenstergröße aber auch manuell verändern. Dies ist zwar relativ selten nötig, kann aber von Wichtigkeit sein, wenn Sie Ihren Desktop ein wenig »aufräumen« wollen, weil Sie wegen chaotischer Fensterüberlappungen den Überblick verloren haben. Wenn Sie die Maus ganz langsam und vorsichtig auf dem Fensterrahmen platzieren, werden Sie feststellen, dass der Mauszeiger sein Aussehen verändert und Sie mit gedrückter Maustaste das Fenster stauchen oder dehnen können. (Vorausgesetzt, das Fenster ist nicht im Vollbild-Modus, denn schließlich können Sie ein Fenster ja nicht aus dem Bildschirm »herausziehen«.) Noch einfacher funktioniert diese Methode, wenn Sie den Mauszeiger auf einer Fensterecke platzieren. Der Zeiger wird wieder zum Doppelpfeil, der diesmal allerdings diagonal angezeigt wirkt. Sie können das Fenster jetzt an der Ecke zusammendrücken, ohne dabei dessen Proportionen zu verändern.

Dokumentfenster

Es gibt Programme, in denen Sie mehrere Dokumente gleichzeitig bearbeiten können, aber immer wieder auf die Menüs des Anwendungsprogrammes zurückgreifen. Abbildung 3.22 verdeutlicht unser Anliegen; als Beispiel ziehen wir Word 2002 heran, denn auch diese Anwendung gehört zu dieser Kategorie.

Wenn Sie sich ein solches Dokumentfenster betrachten, werden Sie feststellen, dass sich außer dem Arbeitsbereich nur sehr wenig Elemente in den einzelnen Fenstern befinden. Lediglich die Titelzeile und die Bildlaufleisten haben sich vom Anwendungsfenster hinübergerettet.

Die Symbolik bleibt allerdings die gleiche – und damit auch die Funktion.

Ein Klick auf das Systemmenüfeld des Dokumentfensters beendet nicht die gesamte Anwendung, schließt aber das momentane Dokumentfenster. In der Titelzeile wird jetzt der Name des Dokuments angezeigt. Die drei Schaltflächen rechts in der Titelzeile haben die gleiche Funktion wie die des Anwendungsfensters. Klicken Sie doch einmal auf das Vollbild-Symbol und beobachten Sie, wie das Dokument- mit dem Anwendungsfenster »verschmilzt«!

Nicht bei allen Anwendungen macht es Sinn, dass man mehr als ein Dokument mit der gleichen Anwendung bearbeiten kann. Sie werden

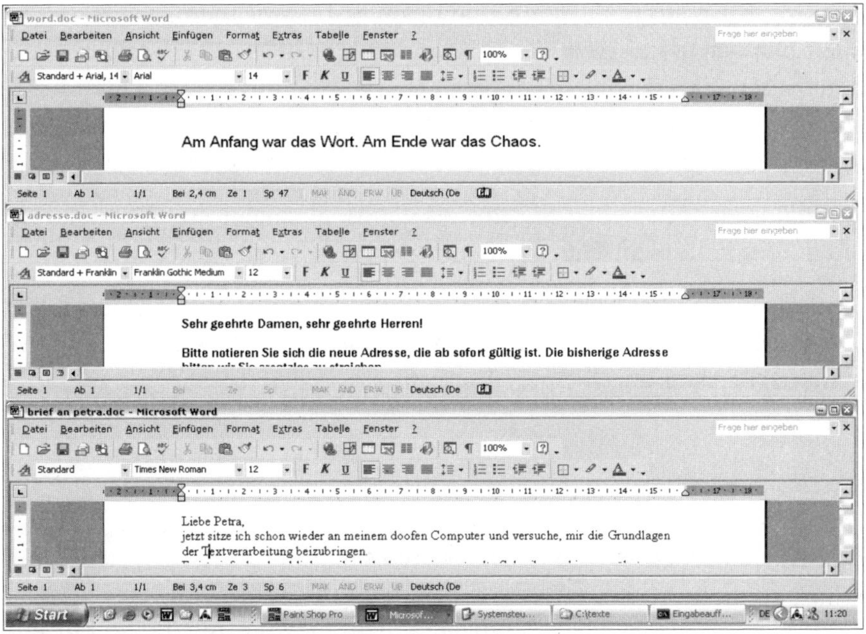

Abb. 3.22: Mehrere Dokumente in einer Anwendung

derartige Programme sofort dadurch identifizieren können, dass Ihnen der Menüpunkt *Fenster* in der Menüzeile fehlt.

Dialogfenster

Wir haben bereits erwähnt, dass Windows XP ein ereignisorientiertes System darstellt, das mit dem Anwender zusammenarbeiten muss, um die von ihm gewünschten Funktionen auszuführen. Da der PC der Sprache (noch) nicht mächtig ist, kann dies nur durch optische Reaktionen geschehen. Jedesmal, wenn das System oder eine Anwendung etwas von Ihnen wissen will, versucht es deshalb, Ihnen einen Dialog aufzuzwingen. Sie haben natürlich jederzeit die Möglichkeit, diesen Dialog abzubrechen; allerdings wird dann die entsprechende Funktion auch nicht ausgeführt. Sie ahnen natürlich schon, dass auch derartige

Dialoge in Fenstern ablaufen, und deswegen nennt man solche Fenster auch Dialogfenster. Weil diese Dialogfenster auf klaren Vorgaben beruhen, fehlen ihnen viele Elemente der Anwendungs- und Dokumentfenster. So lassen sie sich meist nicht in ihrer Größe verändern, haben keinen Arbeitsbereich und eine Menüleiste fehlt ihnen meist auch.

In Dialogfenstern haben Sie immer die Möglichkeit, etwas auszuwählen oder mitzuteilen. Dies kann auf mehreren Wegen geschehen.

Umfangreiche Dialogfenster sind in Register aufgeteilt, die tatsächlich wie Registerkarten eines Karteikastens aussehen. Wählen Sie das zuständige Register durch einen Klick auf die Registerbeschriftung.

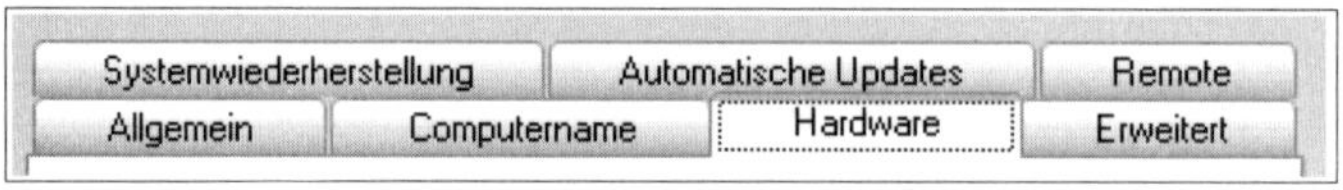

Abb. 3.23: Ein Dialogfenster mit mehreren Registern

Sie finden in Dialogfenstern Eingabezeilen, die von Ihnen eine Eingabe erwarten (z. B. einen Dateinamen), Optionsschaltflächen in einer Gruppe oder Kontrollkästchen, die Sie durch einen Klick aktivieren oder deaktivieren können. Auf jeden Fall aber finden Sie in einem Dialogfenster eine Schaltfläche, mit der Sie Ihre Auswahl bestätigen können (*OK*) oder den Dialog abbrechen und damit alle Einstellungen so lassen, wie sie vorher waren (*Abbrechen*). Letztere Schaltfläche entspricht einem Druck auf die Esc-Taste.

In Abbildung 3.24 finden Sie ein Dialogfenster mit typischen Auswahlmöglichkeiten.

Einen besonderen Typ des Dialogfensters stellt das Meldefeld dar; es dient lediglich dazu, Ihnen eine Information zu vermitteln, die Sie dann »wegklicken« können. Meistens jedenfalls.

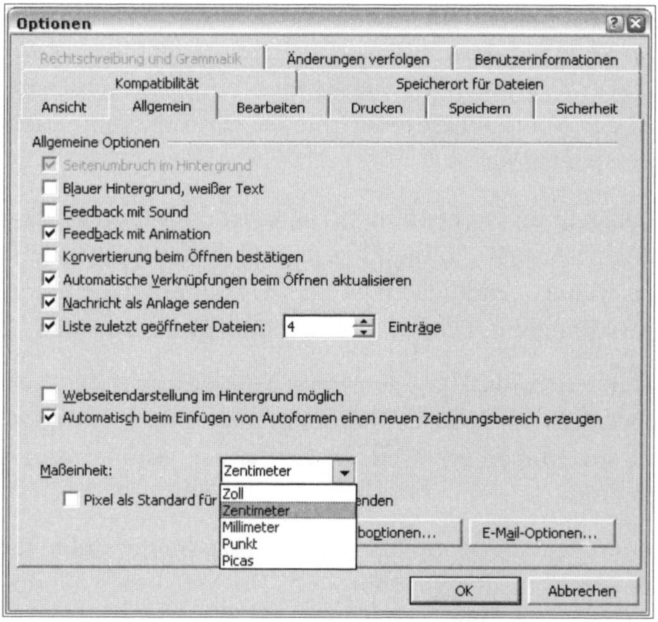

Abb. 3.24: Typische Elemente eines Dialogfensters

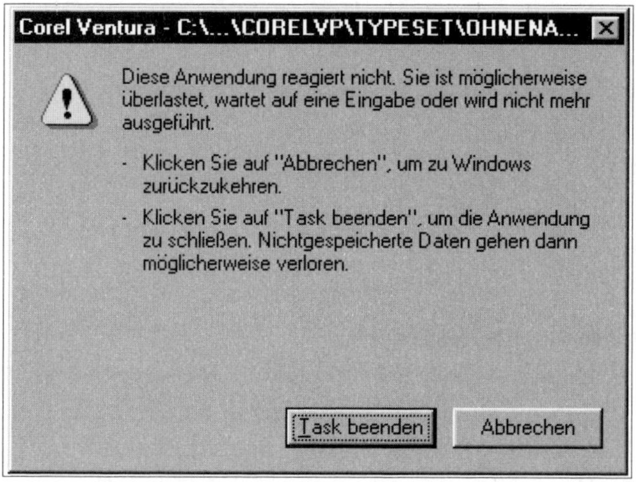

Abb. 3.25: Ein (unerfreuliches) Meldefeld

Menüs

Die Menüs der Menüleiste wurden ja bereits weiter oben angesprochen. Sie können sie mit der Maus öffnen oder mit der Tastenkombination [Alt]+Unterstrichener Buchstabe.

Auch hier gibt es einige Dinge zu erwähnen, die in jedem Menü auftauchen. Ist das Menü erst einmal geöffnet, brauchen Sie die Option nicht unbedingt mit der Maus anzuklicken, sondern können über einen Druck auf den unterstrichenen *Kennbuchstaben* die Option aufrufen.

Sie werden auch feststellen, dass einige Menüoptionen nicht deutlich lesbar sind. Dies bedeutet, dass in der momentanen Arbeitssituation dieser Befehl nicht anwählbar ist, weil es gar keinen Sinn machen würde, ihn zu aktivieren.

Weiterhin sehen Sie in der Abbildung 3.26, dass einige Menüpunkte lediglich zu aktivieren bzw. zu deaktivieren sind. Bei aktivierten Optionen erscheint ein Häkchen vor der Option.

Abb. 3.26: Aktivierte und deaktivierte Menüoptionen

Menüoptionen mit drei Punkten öffnen in jedem Fall ein Dialogfenster, da bei der Anwahl dieses Menüs weitere Auswahlmöglichkeiten von Ihnen erwartet werden. Menüoptionen mit einem kleinen Dreieck öffnen ein weiteres (Unter-)Menü.

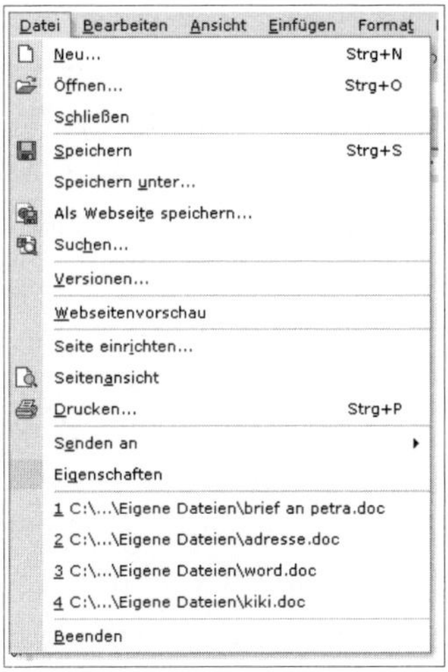

Abb. 3.27: Menüoptionen mit Folgen

In Abbildung 3.27 sehen Sie auch, dass einige Menüoptionen mit einer Taste oder einer Tastenkombination (oft mit [Strg] oder [Alt]) vorbelegt sind.

Diese *Shortcuts* haben in etwa denselben Zweck wie die Icons aus einer Symbolleiste, die ebenfalls in dem Menü auftauchen: Häufig benutzte Menübefehle können mit einem Tastendruck eventuell schneller realisiert werden, als wenn Sie erst das Menü öffnen oder die Maus neu platzieren müssen.

Wie Sie gesehen haben, bringt ein Betriebssystem den PC dazu, auf Ihre Eingaben und Befehle adäquat zu reagieren, so dass Sie in die Lage versetzt werden, die Hardware anzusteuern und zu kontrollieren, Daten und Informationen zu sammeln und dauerhaft abzulegen sowie im Hintergrund die Verwaltung des Gesamtsystems zu übernehmen.

Die Arbeit am PC erstreckt sich aber im Normalfall auf ganz andere Aufgabenbereiche. Sie benutzen Ihren PC ja schließlich nicht dazu, permanent Disketten zu formatieren oder sich an den zahlreich installierten Schriftarten zu erfreuen. Sie wollen mit Ihrem PC *arbeiten* und ihn *benutzen*. Nun ist der Begriff »Arbeit« ein weit interpretierbares Feld und aufgrund der Flexibilität eines PCs und des Betriebssystems Windows XP nicht auf eng begrenzte Bereiche festgelegt. In den nächsten Kapiteln stellen wir Ihnen darum eine kleine Auswahl vor, die die häufigsten Anwendungsgebiete abdecken: Textverarbeitung, Tabellenkalkulation, Datenbank-Management und Grafikprogramme. Dass bei dieser Auswahl einige Anwendungsgebiete unter den Tisch fallen, versteht sich von selbst. Mit dem Computer kann man schließlich auch *spielen*, im *Internet surfen*, er lässt sich zum *Lernen* einsetzen, man kann mit ihm eigene Programme erstellen, also unter Verwendung von Programmiersprachen *programmieren* oder auch z. B. seine Geldgeschäfte *verwalten*. Alle diese und andere Teilbereiche werden in den übrigen Kapiteln lediglich gestreift – zu groß ist die Vielfalt an Möglichkeiten, als dass man sie in einem einzelnen Einsteigerseminar beschreiben könnte.

3.5 Zusammenfassung, Fragen und Übungen

Zusammenfassung

- Bei grafischen Benutzeroberflächen wird die Steuerung eines Systems oder eines Programms durch eine visuelle Aufbereitung von Befehlen realisiert.
- Zeichenorientierte Systeme arbeiten in erster Linie mit Kommandoeingaben über die Tastatur.
- Für die Steuerung und Realisierung der Bildschirmdarstellung sind die Videokarte und der Monitor zuständig.
- Eine Videokarte kann im Text- und im Grafikmodus arbeiten. Windows benutzt (fast) ausschließlich den Grafikmodus.

Zusammenfassung

- Unter der Auflösung versteht man, wie viele *Pixel* (Bildschirmpunkte) horizontal und vertikal angesteuert werden können.
- Sämtliche Elemente einer grafischen Oberfläche (Fenster, Menüs, Schaltflächen etc.) lassen sich mit der Maus steuern.
- Mit Hilfe der Maus und des Mauszeigers lassen sich Objekte auf dem Bildschirm positionieren, markieren, kopieren, verschieben und löschen.
- Mit einem Klick auf die rechte Maustaste öffnet sich das *Kontextmenü* eines Objekts.
- Alle Aktionen, Anwendungen und Ereignisse in Windows finden in *Fenstern* statt. Fenster lassen sich auf dem Desktop frei positionieren.
- Eine Aktion kann immer nur in einem – dem gerade *aktiven* Fenster – durchgeführt werden.
- Abhängig vom Typ des Fensters (Anwendungs-, Dokument- oder Dialogfenster) finden Sie immer wiederkehrende Elemente zur Steuerung des Fensters und der im Fenster verborgenen Funktionen.
- Alle Funktionen einer Anwendung können über Menüs ausgewählt und realisiert werden. Zur Auswahl können Sie alternativ zur Maussteuerung auch *Shortcuts* über die Tastatur benutzen.

Fragen und Übungen

1. Wodurch unterscheiden sich Text- und Grafikmodus?
2. Warum können einige Grafikkarten mehr Farben als andere darstellen?
3. Welche Rolle spielt die Maus im Zusammenhang mit grafischen Benutzeroberflächen?
4. Welche Aktionen kann man mit der Maus unter Windows XP durchführen?
5. Welche Arten von Fenstern kennen Sie?
6. Wie können Sie die Größe eines Fensters manipulieren?
7. Welche Möglichkeiten kennen Sie, um ein Fenster zu schließen?
8. Welche Funktionen können Sie über die Titelzeile eine Fensters ausüben?
9. Wodurch erkennen Sie, dass einer Menüoption ein weiteres Menü oder ein Dialogfenster folgt?
10. Betrachten Sie die beiden Abbildungen 3.11 und 3.12! Wo liegen die Unterschiede zwischen grafik- und zeichenorientierten Programmen, wo die Gemeinsamkeiten?

4 Sätze, Wörter, Zeichen – Textverarbeitung mit Word 2002

Das verbreitetste Anwendungsgebiet, für das der PC und die entsprechenden Programme benutzt werden, ist die Be- und Verarbeitung von Texten. Wir beschränken uns in diesem Kapitel auf die elementaren Bestandteile, die einen Text ausmachen: einzelne Zeichen, deren Kombination Wörter ausmachen, aus denen Sätze gebildet werden. Diese Sätze wiederum lassen sich zu Absätzen zusammenfassen, die auf einer Seite angeordnet werden. Zugegebenermaßen entspricht dies nicht unbedingt linguistischen Kriterien; wir lassen ebenfalls außer Acht, dass in einem Text auch andere Elemente vorkommen können.

Für die Arbeit in diesem Kapitel verwenden wir das Programm *Word 2002* und den Windows-Editor *Notepad.* Aber auch wenn Sie mit anderer Software wie beispielsweise *WordPerfect* von Corel arbeiten, können Sie die Schritte in den Beispielen nachvollziehen.

Damit Sie die folgenden Ausführungen nachvollziehen können, brauchen Sie einen Text, der als Grundlage für die weitere Arbeit dienen soll. Den folgenden Vorschlag brauchen Sie zwar nicht genau so zu übernehmen, an die Struktur sollten Sie sich aber halten: Der Text soll aus mindestens drei längeren Absätzen bestehen und darf durchaus einige Tippfehler enthalten.

Wenn Sie Word bereits installiert haben, z. B. im Rahmen des Office-XP-Paketes, wählen Sie *Start / Programme / Microsoft Word*. Nach dem Programmstart kümmern Sie sich erst einmal um gar nichts, sondern geben den Text ein. Benutzen Sie bitte nur die Buchstabentasten. Sie werden sehen, dass der Text automatisch in der folgenden Zeile weiterläuft, wenn Sie am Zeilenende angekommen sind. Um einen Absatz zu verursachen, drücken Sie auf die Eingabe-Taste, die im Folgenden als Enter gekennzeichnet ist.

Kleinhückeswagen, den 12. Oktober 2002 [Enter]

Liebe Petra, [Enter]

jetzt sitze ich schon wieder an meinem doofen Computer und versuche, mir die Grundlagen der Textverarbeitung beizubringen. [Enter]

Es ist einfach schrecklich, weil ich doch an meine gute alte Schreibmaschine gewöhnt bin. Bei der musste ich am Ende jeder Zeile noch diesen Ritsch-Ratsch-Hebel betätigen. [Enter]

Alles war in Ordnung, bis mir Eduard zum Geburtstag einen PC mit Windows XP und dazu eines von diesen idiotischen Computerbüchern mit dem Titel »PC-Basiswissen mit Windows XP« schenkte. Wenn ich einmal den Autor dieses Buches erwischen sollte, kann er was erleben! [Enter]

[Enter]

Drück die Daumen und die Maus für meinen ersten Text. [Enter]

Deine Andrea

Fertig? Gut, dann sollten Sie als Erstes Ihren Text auf der Festplatte verewigen. Klicken Sie auf *Datei / Speichern unter.* Wählen Sie einen Ordner, in dem das Dokument abgelegt werden soll. In diesem Beispiel suchen Sie den Ordner *Eigene Dateien* aus. Alternativ können Sie natürlich auch einen neuen Ordner anlegen oder den Brief in einem anderen Verzeichnis speichern. Geben Sie im Eingabefeld, in dem sich der Cursor befindet, einen Namen für das Dokument ein. Sie wählen die Bezeichnung *Brief1*, bestätigen mit einem Klick auf *Speichern* und verlassen das Programm mit einem Doppelklick auf das Systemmenüfeld.

Als Erstes wollen wir uns den Brief nun mit einem anderen Programm ansehen: einem so genannten *Editor*, der zum Lieferumfang von Windows XP gehört. Sein englischer Name ist *Notepad*, und weil wir die Anwendung zusammen mit dem Dokument starten wollen, wählen Sie *Start / Ausführen* und geben in der Eingabezeile ein:

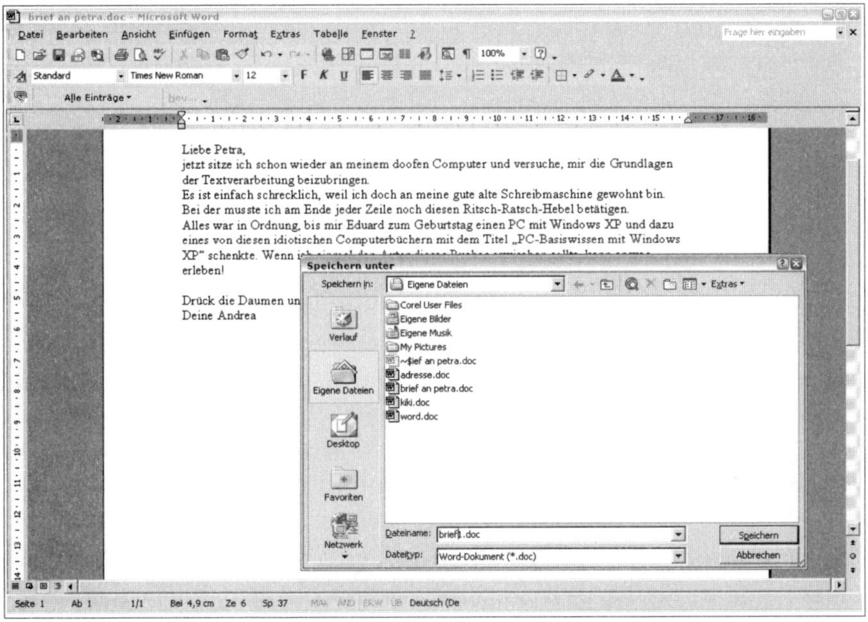

Abb. 4.1: Der Text wird gespeichert

```
notepad c:\eigene dateien\brief1.doc
```

wobei der Text *Eigene Dateien* eventuell durch den Namen des Ordners ersetzt werden muss, unter dem Sie das Dokument abgespeichert haben. Bestätigen Sie mit *OK*.

Wahrscheinlich sieht Ihr schöner Brief so aus wie in Abbildung 4.2. Dennoch können Sie einige Textfetzen wiedererkennen – also scheint noch nicht alles verloren.

Allem Anschein nach fallen zwei Dinge auf: In einem mit einer Textverarbeitung generierten Text scheint mehr drinzustecken, als die von Ihnen eingegebenen Zeichen und Wörter; zweitens ist offensichtlich, dass sich die beiden Programme *Word* und *Notepad* nicht so recht miteinander verstehen; ein Zustand, den man auch *Inkompatibilität* nennt.

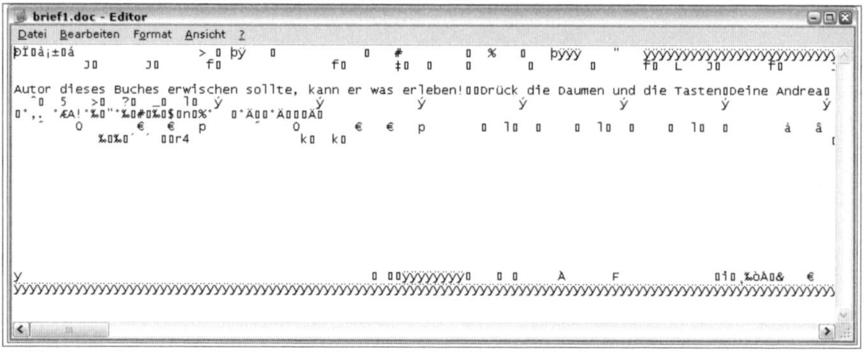

Abb. 4.2: Schöne Bescherung!

In der Tat stecken in einem Text versteckte Zeichen, die aber nur insoweit zum Text gehören, als sie programmintern benutzt oder als Steuerzeichen für Ausgabegeräte genutzt werden (siehe Kapitel 8.2). Das Programm *Notepad* kann diese Steuerzeichen nicht regelgenau interpretieren, weil es denkt, dass sie zum (oberflächlichen) Inhalt des Textes gehören – auf dem Bildschirm drückt sich dies in einem unverständlichen Wust von Zeichen aus, in denen zwischendrin der eigentliche Text steckt. Editoren scheinen also nicht in der Lage zu sein, Steuerzeichen aus anderen Programmen zu interpretieren, und in der Tat werden Editoren wie Notepad dazu genutzt, Texte zu generieren, in denen außer ganz wenigen Steuerzeichen (wie dem Zeilenumbruch, den Sie mit [Enter] verursachen) nur der eigentliche Text vorkommt. Man nennt eine solche Art von Dokumenten umgangssprachlich *ASCII-Text* oder auch – was Ihnen unter Windows XP und seinen Programmen häufiger entgegenkommt – *MS-DOS-Text*. Ein solcher Text kann – und darin liegt der Vorteil – egal von welchem Programm und auf welchem Computer »verstanden« werden. Nachteilig ist natürlich, dass dort nur der reine Text enthalten ist. Alle Gestaltungselemente wie eine bestimmte Schriftart, die Schriftgröße oder Textformatierungen wie Fett- oder Kursivschrift gehen verloren.

Achten Sie also darauf, dass Sie beim Speichern einer Datei immer den Dateityp wählen, mit dem Sie Ihr Dokument weiterverarbeiten wollen:

Wordpad beispielsweise nimmt an, dass Ihr Text mit dem Programm *Word* weiterbearbeitet wird – und dementsprechend müsste der Text, wenn er mit anderen Programmen gelesen werden soll, erst konvertiert werden. Die meisten Programme erkennen dies automatisch.

Abb. 4.3: Ein Dokument aus einer anderen »Textwelt« muss erst konvertiert werden

4.1 Seitenlayout

Kommen wir wieder zu dem Text zurück. Die angesprochenen Befehlsfolgen finden Sie übrigens genauso oder nur wenig verändert auch in anderen Programmen. Klicken Sie auf *Datei / Öffnen* und wählen Sie *Brief1*. Unversehrt dürfte Ihr Brief auf dem Bildschirm stehen. Als Erstes wollen wir unseren Text ein wenig in Form bringen, und da gehen wir vom Großen zum Kleinen vor.

Seitenvorschau

Auf dem Bildschirm lässt sich nur schlecht erkennen, wie unser Brief auf dem Papier aussehen wird, und deswegen wollen wir uns erst einmal in der Seitenvorschau davon überzeugen, dass wir die Randeinstellungen ändern sollten. Wählen Sie *Datei / Seitenansicht* oder klicken Sie auf die Lupe in der Symbolleiste.

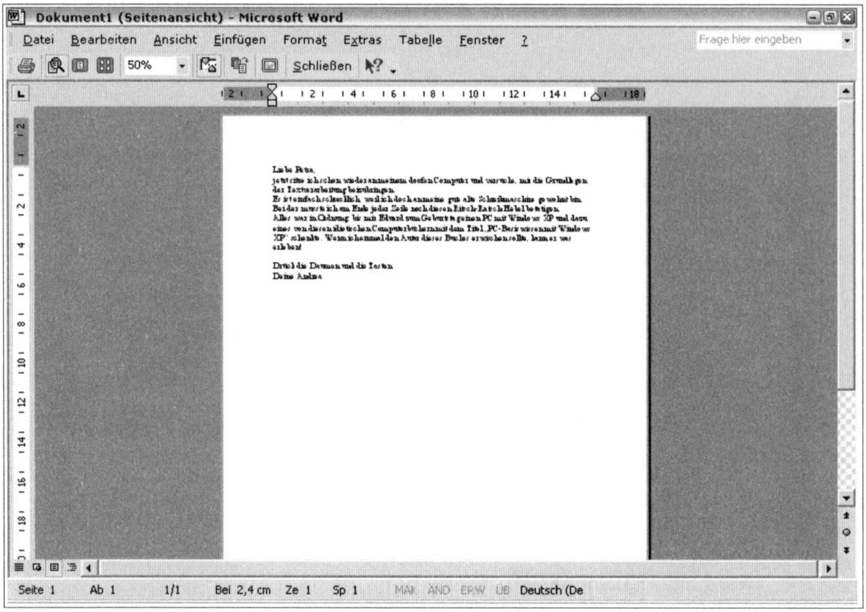

Abb. 4.4: Die Seitenvorschau bietet einen guten Überblick

Mit der Seitenvorschau können Sie die Gesamtgestaltung einer Seite gut beurteilen; sie ist in allen Textverarbeitungen verfügbar. Wenn Sie mit der Maus auf den Text fahren, können Sie mit einem Klick der linken Taste den Text vergrößern; ein Klick mit der rechten oder ein nochmaliger Klick mit der linken Taste verkleinert den Text wieder.

Randeinstellungen

In den meisten Fällen können Sie die Randeinstellungen sogar in der Vorschau vornehmen; wenn Sie aber genau arbeiten wollen, indem Sie sich beispielsweise nach den DIN-Richtlinien zur Briefgestaltung richten, wählen Sie *Datei / Seite einrichten*. Im folgenden Dialogfenster können Sie den oberen, den unteren, den rechten und den linken Rand millimetergenau definieren.

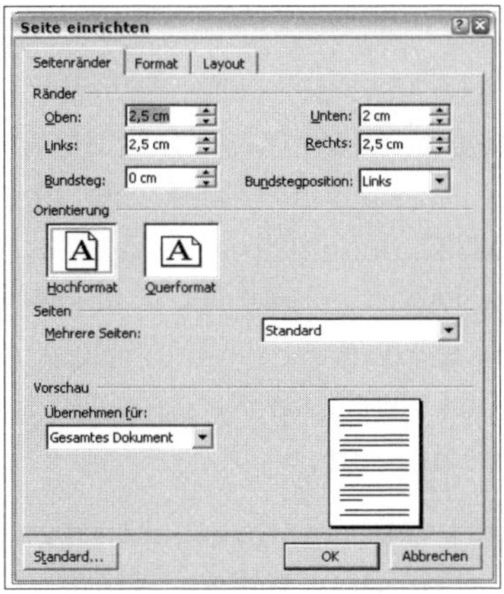

Abb. 4.5: Einstellungen für Ränder und Papierformat

Denken Sie daran, dass kein Drucker ganz bis zum Rand einer Seite drucken kann! Der *nicht-bedruckbare Bereich* einer Seite wird über den Druckertreiber, der ja weiß, wie groß dieser Bereich für den angeschlossenen Drucker ist, bei den Randeinstellungen mit einbezogen.

Seitenformat

Da wir uns noch in dem Dialogfenster aus Abbildung 4.5 befinden, können wir auch gleich überprüfen, ab das Papierformat unseren Wünschen entspricht. Im Normalfall werden Sie wohl DIN-A4-Papier hochkant bedrucken; Ihr Drucker kann aber wahrscheinlich viel mehr; einen Aushang beispielsweise sollten Sie unter Umständen besser im Querformat erstellen, und wenn Ihr Drucker auch Briefumschläge bedrucken kann, können Sie sich im Listenfeld des Papierformats einmal die Möglichkeiten anschauen.

4.2 Absatzlayout

Auch wenn normalerweise die einzelnen Absätze eines Dokuments nicht allzu stark voneinander abweichen, werden grundlegende Elemente wie Textausrichtung, Einzüge und Zeilenabstand unter dem Stichwort *Absatzformat* zusammengefasst. Ab hier gilt: Den Textbereich, den Sie gestalten wollen, müssen Sie markieren – sollen alle Absätze gleichförmig gestaltet werden, heißt das also, dass vor dem Aufruf *Format / Absatz* der gesamte Text markiert sein sollte.

Und wie erkennt Ihr Programm den Absatz? Ganz einfach – durch ein Steuerzeichen, das Sie mit der Enter-Taste verursacht haben. Schon allein deshalb sehen Sie, dass es unsinnig wäre, jede Zeile wie auf einer Schreibmaschine mit Enter abzuschließen.

Textausrichtung

Als Nächstes wollen wir uns um die Ausrichtung des Textes kümmern; wobei wir vier verschiedene Ausrichtungsarten verwenden können.

Die am häufigsten verwendete Textausrichtung ist der linksbündige Text im Flattersatz. Er entspricht der Ausrichtung auf den meisten Schreibmaschinen.

Rechtsbündige Ausrichtung wird in normalem Fließtext dagegen relativ selten benutzt, da die meisten europäischen Sprachen (immer noch) von oben nach unten und von links nach rechts gelesen werden.

Rechtsbündiger Text sollte also nur dann verwendet werden, wenn er durch besondere Gesaltungselemente vom normalen Fließtext abweicht. Zum Beispiel wird er verwendet, um in Briefen das Datum an den rechten Rand zu stellen.

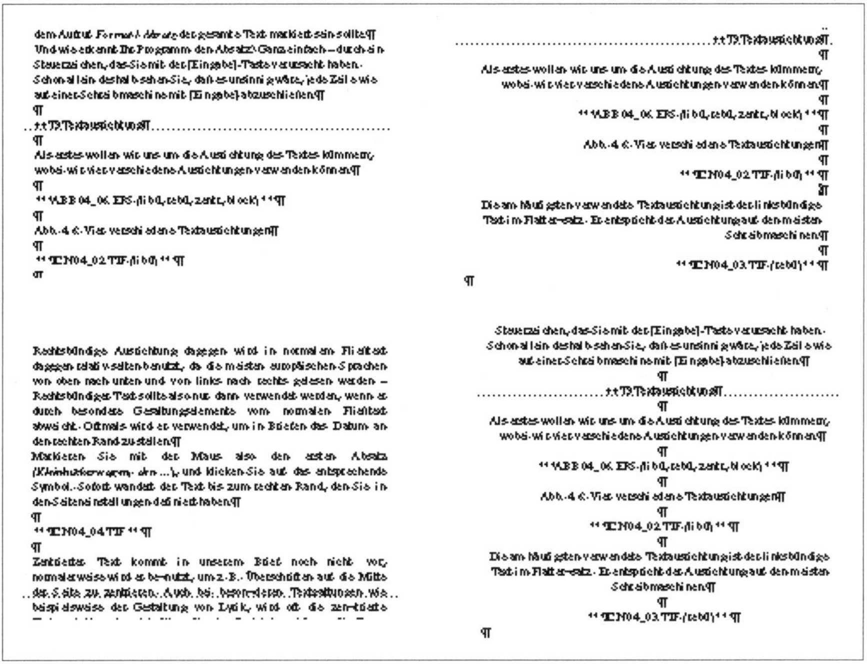

Abb. 4.6: Vier verschiedene Textausrichtungen

Markieren Sie mit der Maus also den ersten Absatz (*Kleinhückeswagen, den ...*) und klicken Sie auf das entsprechende Symbol. Sofort wandert der Text bis zum rechten Rand, den Sie in den Seiteneinstellungen definiert haben.

Zentrierter Text kommt in unserem Brief noch nicht vor; normalerweise wird er benutzt, um z. B. Überschriften auf der Mitte der Seite zu zentrieren.

Auch bei besonderen Textgattungen wie beispielsweise der Lyrik wird bei der Gestaltung oft die zentrierte Textausrichtung benutzt. Wenn Sie also Lust haben, können Sie Ihrem Brief ja noch ein kurzes Gedicht hinzudichten und diesen Textteil, nachdem er markiert ist, zentriert anordnen.

Wesentlich häufiger als die zentrierte Darstellung ist die Textausrichtung im Blocksatz. Das Dokument verliert im Blocksatz seinen Flatterrand, da es sowohl links- als auch rechtsbündig ausgerichtet wird.

Um Ihrem Brief ein professionelles Aussehen zu verleihen, markieren Sie also alle Abschnitte entweder einzeln oder als Gesamtpaket und klicken auf das gewünschte Format-Symbol; für das Datum bespielweise auf das Icon für *Rechtsbündig*.

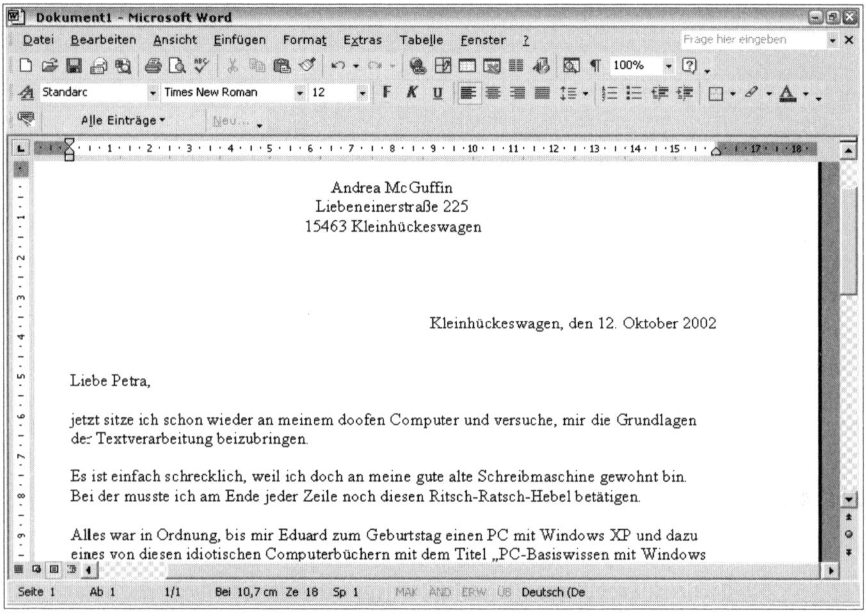

Abb. 4.7: Professionelles Design: der Brief mit variierenden Textausrichtungen

Einzüge

Nicht unbedingt in unserem Brief, aber in längeren Dokumenten werden Absätze, die Sie kreiert haben, um inhaltliche Trennungen vorzunehmen, noch deutlicher hervorgehoben, wenn sie mit einem Einzug versehen sind. In diesem Buch sind die einzelnen Absätze nicht eingezogen, denn wenn der Text häufig mit Überschriften oder Abbildungen durchzogen ist, sind die Absätze durch den Durchschuss bzw. den Zeilenabstand deutlich genug voneinander getrennt. Lange Texte aber können Sie übersichtlicher gestalten, wenn Sie Absätze einrücken, wobei Sie gleich mehrere Möglichkeiten haben: Sie können positiv, negativ, den gesamten Absatz oder lediglich die erste Zeile einziehen. Die Darstellung in Abbildung 4.8 verleiht Ihnen einen Überblick.

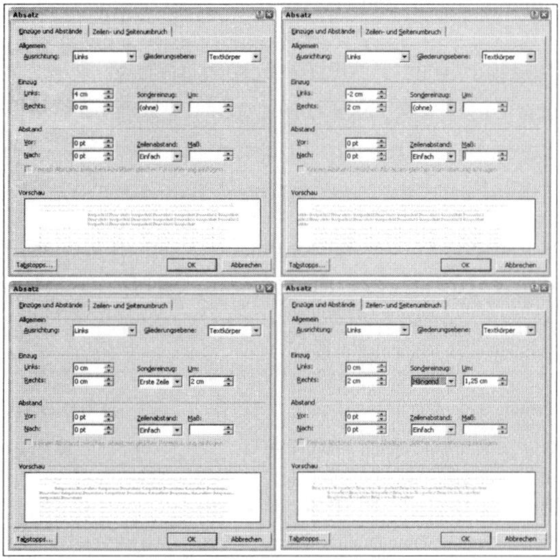

Abb. 4.8: Verschiedene Absatzeinzüge

Zeilenabstand und Durchschuss

Was sich bei einer Schreibmaschine noch mit den Einstellungen 1-, 1½- und 2-zeilig einstellen ließ, geht beim Schreiben mit dem PC wesentlich genauer: Der Abstand zwischen den einzelnen Zeilen eines Absatzes wird logischerweise als *Zeilenabstand* bezeichnet. Abbildung 4.9 gibt Ihnen einen Überblick über die Begriffe, die noch vom Bleisatz herrühren.

Die Maßeinheit für die Zeichengröße und den Zeilenabstand ist normalerweise der *Punkt* (*pt*). Wenn Ihnen die Umrechnung schwer fällt,

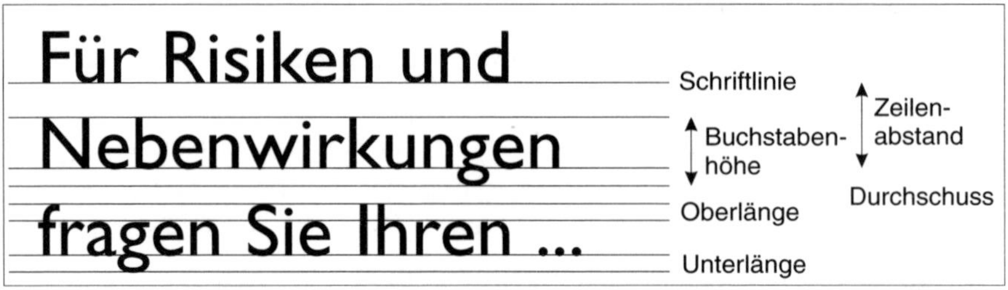

Abb. 4.9: Begriffe für Zeilenabstand und Durchschuss

können Sie Ihre Maßeinheiten natürlich auch im metrischen System ausdrücken – spätestens wenn Sie Ihre Texte aber zur Weiterverarbeitung an ein Satzstudio oder eine Druckerei weiterleiten, werden Sie sich mit der oben angesprochenen Maßeinheit beschäftigen müssen.

Bei längeren Texten wird der Lesefluss deutlich erhöht, wenn Sie den Zeilenabstand immer ein wenig höher als die Zeichengröße wählen (Faustregel: 120 %). Ein harmonisches Schriftbild ergibt sich z. B., wenn bei einer Zeichengröße von 11 pt ein Durchschuss von 13 pt gewählt wird; bei 12 pt sollte er schon 14 pt betragen. In der Setzersprache spricht man dann von »11 auf 13« bzw. »12 auf 14«.

Sinnvollerweise vor allem bei längeren Texten, die nicht durch textfremde Elemente unterbrochen werden, sollte auch der Abstand zwischen den einzelnen Absätzen größer sein als zwischen den Zeilen; die Absätze wirken dann noch stärker und betonen die inhaltliche Abgrenzung.

Wenn Sie die entsprechenden Einstellungen für unseren Beispielbrief vornehmen, wird Ihnen in einem Vorschaufeld wie bei den Einzügen eine grobe Seitenvorschau präsentiert, in der Sie beurteilen können, ob die Einstellungen Ihren Wünschen entsprechen.

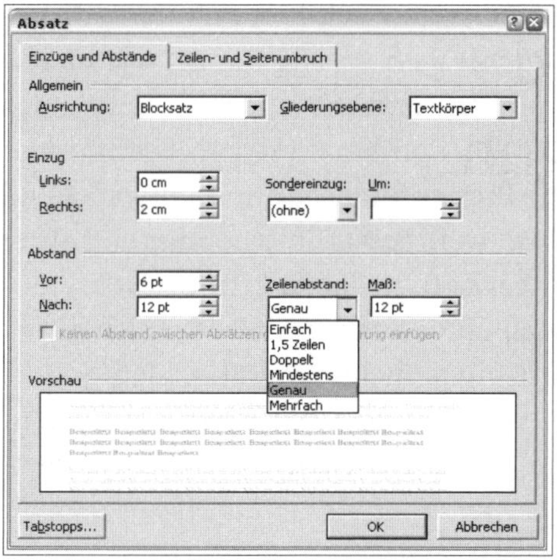

Abb. 4.10: Zwischenraum zwischen den Absätzen einstellen

4.3 Zeichenlayout

Ein Text wirkt vor allem durch seine einzelnen Zeichen; Texte können allein durch ihr Schriftbild elegant, nüchtern, verspielt oder sachlich wirken. Verlassen Sie sich auf Ihr Gefühl, Ihren Geschmack, und beherzigen Sie vor allem den Ratschlag, dass bei der Gestaltung von Texten weniger meist mehr ist; ein sachlicher Brief an Ihren Vorgesetzten sollte nicht unbedingt so aussehen wie die Speisekarte einer Stehpizzeria.

Proportionale und nicht proportionale Schriften

Dicke Bücher sind über die Verwendung und die Historie von Schriften verfasst worden; wir machen Sie hier nur auf einige für die Arbeit am PC relevante Unterschiede aufmerksam. Da ist zum einen der Unterschied zwischen proportionalen und nicht proportionalen Schriften. Bei den Letzteren nimmt jedes Zeichen eines Zeichensatzes den gleichen Platz in Anspruch, obwohl ja ein »I« wesentlich schmaler ist als beispielsweise ein »W«. Proportionale Schriften nehmen auf dieses Kriterium Rücksicht und geben dem Buchstaben so viel Raum, wie er tatsächlich benötigt. Durch eine zusätzliche Maßnahme, das Unterschneiden oder *Kerning*, das die Kombination von bestimmten Buchstaben berücksichtigt, wirken Proportionalschriften entsprechend harmonischer und sind im Fließtext weit besser lesbar, aufgrund ihrer uneinheitlichen Buchstabenweite aber z. B. in Tabellen nur schwer bündig untereinander anzuordnen. Auch eine Vorgabe wie »60 Zeichen pro Zeile« lässt sich natürlich nur mit einer nicht proportionalen Schrift verwirklichen.

Serifen- und serifenlose Schriften

Den zweiten Unterschied gibt es – wenn auch stark vereinfacht ausgedrückt – in der Gestaltung der Zeichensätze; grob könnte man hier serifenlose und Schriften mit Serifen unterscheiden. Das klassische Beispiel: die beiden Schriftarten Helvetica (Swiss, Univers, Arial) und Times (Times Roman, Times New Roman).

Eine proportionale Schrift (Gill Sans)
Eine nicht proportionale Schrift (Letter Gothic)
Eine Schrift mit Serifen (Times)
Eine serifenlose Schrift (Helvetica)

Abb. 4.11: Proportionale, nicht proportionale und serifenlose Schriften sowie Schriften mit Serifen

Ein genereller Tipp: Mehr als zwei Schriftarten sollten innerhalb eines Dokuments nicht verwendet werden. Versuchen Sie lieber, durch Absatzformatierung sowie Veränderungen des Schriftgrades oder der Zeichenausrichtung Ihren Text zu gestalten.

Welche Schriftarten Ihnen zur Verfügung stehen, hängt zum einen von den Fähigkeiten Ihres Druckers ab und zum anderen davon, welche Schriften Ihnen eventuell zu einem Programm mitgeliefert werden. Am häufigsten werden Sie wohl *TrueType*- und *OpenType*-Schriften benutzen, von denen zahlreiche bereits bei Windows XP mitgeliefert werden. Über *Arbeitsplatz / Systemsteuerung / Schriftarten* können Sie sich anschauen, wie die installierten Schriftarten (Fonts) aussehen. Standardmäßig sind sie in dem Ordner *\Fonts* zu finden. TrueType- und OpenType-Fonts haben den Vorteil, dass sie auf dem Bildschirm fast genauso wie im Ausdruck aussehen; dafür dauert der Druck unter Umständen etwas länger, weil jedes einzelne Zeichen wie eine Grafik gedruckt wird. Als Datei erkennen Sie einen solchen Zeichensatz an der Endung *.ttf*.

Druckerschriften sind Zeichensätze, die im Speicher Ihres angeschlossenen Druckers fest abgelegt sind. *PostScript*-Schriftarten sind dagegen nur bei einem PostScript-fähigen Drucker fest implementiert oder werden in Form von mathematischen Formeln an den Drucker geschickt. Verwaltet werden diese Schriften über spezielle Programme – das bekannteste ist der *Adobe Type Manager* (*ATM*).

Schriftattribute

Während es im Druckwesen eine Unmenge von verschiedenen Attributen gibt, unterscheiden die meisten Fonts und Textverarbeitungsprogramme lediglich zwischen *Normal* (*Standard*), *Fett* (*Bold*) und *Kursiv* (*Italic* oder *Oblique*).

Zusätzlich lassen sich Schriften noch durch andere Stilmittel hervorheben: Unterstreichungen, doppelte Unterstreichungen und Durchstreichungen können Textteile ebenso betonen wie Kapitälchen und Hoch- oder Tiefstellen von Zeichen (Letzteres ist z. B. für Formeln unabdingbar). Auch die Schriftgröße und die Schriftfarbe lassen sich beliebig variieren.

In den meisten Textverarbeitungsprogrammen können Sie die Schriftart und die entsprechenen Attribute ohne umständliche Menüauswahl direkt innerhalb einer Symbolleiste auswählen.

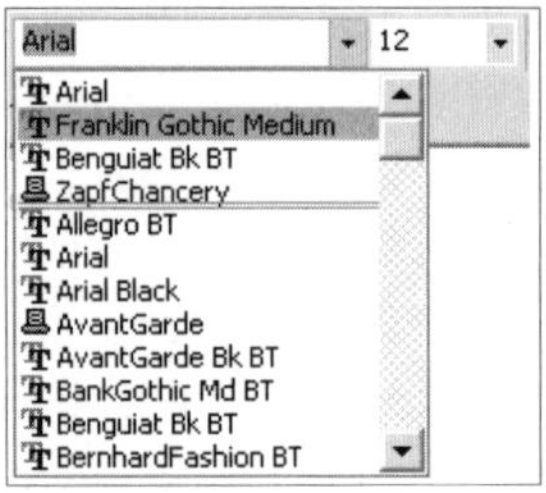

Abb. 4.12: Auswahl der Schriftart und des Schriftgrades in der Symbolleiste

Formatvorlagen

Spätestens jetzt sehen Sie, dass die Gestaltung eines Dokuments aus zahlreichen Einzelschritten bestehen kann. Damit Sie nicht für jedes Dokument eine einmal für gut befundene Einstellung neu generieren müssen, können Sie das Seiten-, Absatz- und Zeichenlayout innerhalb von Format- oder Dokumentvorlagen zusammenfassen und diese Vorlagen mit einem Dokument verbinden. Der gesamte Text wird dann automatisch Ihren Vorstellungen entsprechend formatiert, ohne dass Sie für jedes Dokument neue Überlegungen anstellen müssen.

4.4 Texthilfen

Bis jetzt haben wir lediglich über Gestaltungselemente eines Textes gesprochen; darüber hinaus bieten moderne Textverarbeitungen natürlich weitaus mehr Möglichkeiten, die das Abfassen von Texten automatisieren und vereinfachen.

Rechtschreibung, Thesaurus und Grammatik

Um Ihren Text orthografisch einwandfrei zu verfassen, stehen Ihnen schon bei der Texteingabe Hilfen zur Verfügung, die typische Fehler wie

Buchstab*ne*dreher vermeiden helfen. Auch *ME*hrere Großbuchstaben am Anfang eines Wortes lassen sich schon während der Eingabe automatisch korrigieren; sogar stilistische *Fehler, Fehler* also wie *fehler*hafte Wortwiederholungen können von *fehler*losen Programmen erkannt werden.

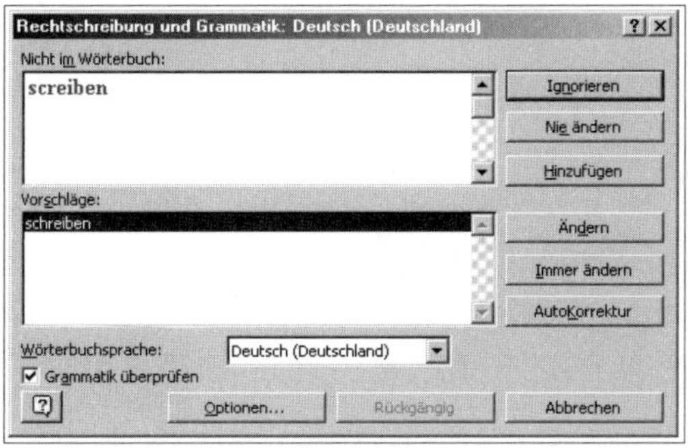

Abb. 4.13: Einstellungen für die Überprüfung von rechtschreibefeleren (ups ...)

Etwas vorsichtig sollte man bei mitgelieferten Grammatikprüfungen sein; gerade bei der syntaktisch und semantisch nicht einfachen deutschen Sprache sollte man von derartigen Überprüfungsfunktionen nicht zu viel erwarten.

Hilfreich in jedem Fall sind Synonymwörterbücher, die Ihnen bedeutungsgleiche oder bedeutungsverwandte Ausdrücke liefern. Wenn Sie sich nicht gerade zu dichterischen Höhen aufschwingen wollen, ersparen die mitgelieferten und erweiterbaren Synonym-, manchmal auch Antonymwörterbücher den Griff zum Wörterbuch.

Suchen und Ersetzen

Zur Weiterverarbeitung von Texten gibt es weitere zahlreiche Hilfsmittel. Nicht nur, dass Sie beliebige Textstellen verschieben, positionieren und per Drag & Drop an die Stellen schieben können, an die sie gehö-

Abb. 4.14: Synonyme für »synonym«

ren; auch bereits fertige Texte können im Nachhinein nach bestimmten Zeichenfolgen abgesucht werden.

Sie können auf diese Weise bestimmte Textstellen gezielt anspringen, Textteile suchen und diese bei Nichtgefallen ändern. Eine besondere Variante bilden hier auch Textkürzel, die das Programm, wenn sie ihm einmal mitgeteilt wurden, sofort in »Volltext« umsetzt. Denken Sie nur an so beliebte Kürzel wie »mfg« für »Mit freundlichen Grüßen« oder »me« für »meines Erachtens« etc. Aber nicht nur nach Textteilen, sondern auch nach Text- oder Zeichenformatierungen kann gesucht werden bzw. diese können ersetzt werden. Suchen und Ersetzen kann also ganz gezielt für die Textgestaltung eingesetzt werden.

Verwaltung von größeren Projekten

Unser Beispielbrief mag vielleicht ein repräsentatives Beispiel dafür gewesen sein, wie und wofür ein Textverarbeitungsprogramm eingesetzt wird. Im Normalfall aber werden Sie auch längere Dokumente erstellen. Denken Sie nur an Examens-, Diplomarbeiten, längere Berichte oder gar das Schreiben eines ganzen Buches.

In diesen Fällen ist es wichtig, nicht den Überblick zu verlieren und möglichst viele Automatismen einzusetzen, um sich im Text elektronisch nicht zu verzetteln.

Sinnvoll beispielsweise ist die Generierung eines Inhaltsverzeichnisses oder eines Indexes. Auch in diesem Buch wurden diese Hilfsmittel eingesetzt – wenn auch nicht mit Hilfe eines Textverarbeitungs-, sondern weiterentwickelter DTP- oder Satzprogramme, auf die wir in Kapitel 7 zu sprechen kommen. Grundsätzlich finden Sie aber fast alle Features solcher Satzprogramme heute auch in modernen Textverarbeitungsprogrammen: seien es Gestaltungselemente wie Kopf- und Fußzeilen, automatische Paginierung, Stilelemente wie die Integration von textfremden Objekten (z. B. Grafiken oder Tabellen) oder Satzelemente wie Formsatz und erweiterte Formatierungsmöglichkeiten für Zeichen oder Absätze.

Auch im Bereich der Textverarbeitung ist die Verknüpfung unter multimedialen Gesichtspunkten schon weit fortgeschritten; es wäre kein Problem, die Seiten dieses Buchs, die digital erfasst und verarbeitet wurden, so umzusetzen, dass Sie nicht mehr auf Papier, Druckerschwärze und Bindung angewiesen sind, sondern dass Sie sie online auf Ihrem Bildschirm lesen könnten, z. B. im PDF-Format, einem PostScript-basierenden Dateiformat. Mithilfe des *Acrobat Readers* können derartige PDF-Dateien angesehen werden. Der Vorteil: Das PDF-Format ist plattformübergreifend; das Dokument sieht auf einem PC, einem Apple- oder einem UNIX-Rechner immer gleich aus, egal, ob das Programm, mit dem das Dokument erstellt wurde oder die in dem Dokument verwendeten Schriften auf dem Rechner gespeichert sind oder nicht. Das Stichwort, unter dem die digitale Aufbereitung herkömmlicher Printmedien subsumiert wird, heißt *Electronic Publishing*. Zahlreiche Texte, Zeitungen und Zeitschriften beispielsweise werden auf CD-ROM oder als Website im Internet angeboten; ebenso Lexika und Fachliteratur. Ein schnellerer Zugriff z. B. für Recherchen ist bei aller Diskussion um den Sinn und Zweck dieses Mediums nicht von der Hand zu weisen.

Auch mit Hilfe von Gliederungsfunktionen lässt sich ein Textdokument übersichtlicher gestalten. Aufgrund eines strukturierten Inhaltsverzeichnisses werden wichtige bzw. weniger wichtige Bereiche aus- oder eingeblendet – für einen schnellen Überblick über ein Dokument sicherlich ein positives Hilfsmittel.

4.5 Zusammenfassung, Fragen und Übungen

Zusammenfassung

- Mit Hilfe eines Textverarbeitungsprogramms können Sie Texte aller Art erfassen, speichern, überarbeiten und drucken.
- Text wird über die Tastatur eingegeben, wobei automatisch ein Zeilenumbruch durchgeführt wird.
- Ein Absatz wird durch einen Druck auf die [Enter]-Taste generiert.
- Komfortable Textverarbeitungsprogramme erlauben es, jede Textstelle beliebig anzusteuern, zu korrigieren oder zu erweitern.
- Texte lassen sich formatieren, also bezüglich ihres Seiten-, Absatz- und Zeichenlayouts gestalten.
- Viele Textverarbeitungsprogramme bieten darüber hinaus Zusatzfunktionen wie Rechtschreibhilfen, Wörterbücher, Suchfunktionen etc. an.
- In einen Text lassen sich auch textfremde Elemente übernehmen. Dazu gehören Grafiken, Diagramme, Tabellen, Formeln etc.
- Zur Verwaltung größerer Projekte bieten Textverarbeitungsprogramme häufig Funktionen zur Generierung von Inhaltsverzeichnissen und Indizes an.
- Jedes Textverarbeitungsprogramm speichert seine Dokumente in einem eigenen Format. Wenn Texte fremder Anwendungsprogramme weiter verarbeitet werden müssen, müssen sie zuerst konvertiert werden.

Fragen und Übungen

Die folgenden Übungen stellen eine Einheit dar.

1. Im Verzeichnis Ihres Windows-Ordners befinden sich zahlreiche Textdokumente mit der Extension *.txt*. Öffnen Sie eines dieser Dokumente mit Ihrem Textverarbeitungsprogramm.
2. Weisen Sie dem Text die Randeinstellungen 3 cm für oben und unten und 5 cm für rechts und links zu.
3. Formatieren Sie die Überschrift in der Schriftart Times New Roman, 14 pt.
4. Setzen Sie die Überschrift zentriert. Alle restlichen Absätze des Textes sollen im Blocksatz ausgerichtet werden.
5. Den restlichen Text formatieren Sie in der Schriftart Arial 12 pt.
6. Für den Abstand zwischen den Absätzen wählen Sie 0 pt vor und 14 pt nach den Absätzen. Zeilenabstand ist 15 pt.
7. Die erste Zeile jedes Absatzes soll mit einem Einzug von 1,25 cm versehen werden.
8. Falls Ihr Textverarbeitungsprogramm über eine Rechtschreibhilfe und eine Trennhilfe verfügt, aktivieren Sie diese, um Ihren Text Korrektur zu lesen.
9. Speichern Sie den Text unter dem Namen *Testtext* einmal in dem Format, das Ihr Textverarbeitungsprogramm benutzt, und einmal im MS-DOS-Format als *MS-DOS-Text*. Öffnen Sie dann beide Dokumente, ordnen Sie die beiden Dokumente nebeneinander an und stellen Sie die Unterschiede fest.

5 Rechnen und kalkulieren – Tabellenkalkulation mit Excel 2002

Früher gab es Haushaltsbücher, heute gibt es Tabellenkalkulationsprogramme. PC-Besitzer haben damit eindeutige Vorteile: Nicht nur, dass ihre Kostenrechnung keine Kaffeeflecken mehr hat; Arbeitsblätter einer elektronischen Tabelle lassen nur in seltenen Fällen Rechenfehler zu.

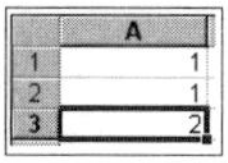

Damit sind wir bei einem Anwendungsgebiet, das im Gegensatz zu dem vorhergehenden und dem folgenden Themenbereich sehr »computernah« ist; schließlich lag der ursächliche Nutzen von Computern darin, Berechnungen durchzuführen, die für menschliche Belange zu stupide, zu kompliziert oder zu aufwendig waren.

Natürlich werden auch bei Textverarbeitungen, Datenbankprogrammen und vor allem bei Grafikprogrammen *Berechnungen* durchgeführt; von den mathematisch-logischen Operationen merkt der Anwender aber herzlich wenig, wenn er einen Text erfasst. Bei Tabellenkalkulationen ist das anders. Hier wird mit Zahlen gearbeitet, werden Formeln zur Berechnung von mathematischen Operationen eingesetzt, vorgefertigte Funktionen benutzt etc. Endlich kann selbst eine so einfache Berechnung wie 1+1 durchgeführt werden; und das Ergebnis ist sogar gleich auf dem Bildschirm sichtbar.

Für unsere Beispiele wählen wir ein Programm, das inzwischen fast schon ein Synonym für den Begriff *Tabellenkalkulation* geworden ist: Microsoft Excel 2002. Wir wollen natürlich nicht verschweigen, dass es noch andere Programme dieses Anwendungsbereichs gibt. Die bekanntesten neben Excel sind Lotus 1-2-3 und Quattro Pro; darüber hinaus gibt es eine Unmenge branchenspezifischer Software, die beinahe immer auch eine Tabellenkalkulation beinhaltet. Wir werden uns zwar in diesem Rahmen nur mit den absoluten Grundlagen und einem kleinen Ausschnitt von Excel beschäftigen können, dennoch ist Excel eine Anwendung, die auch sehr professionellen Ansprüchen gerecht wird, was sicherlich eine Erklärung für die marktbeherrschende Stellung dieses Programms ist. Trotzdem ist das Programm auch für Einsteiger sehr schnell zu durchschauen, wenn man einige Grundbegriffe kennt und weiß, welche Struktur hinter einem *Spreadsheet* (engl. für Tabellenblatt) steckt.

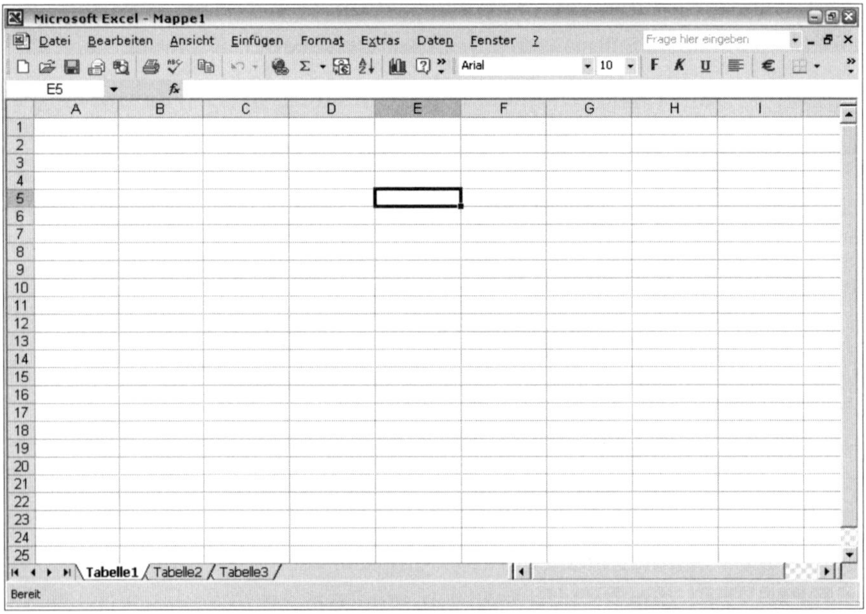

Abb. 5.1: Ein leeres Tabellenblatt einer Mappe; der Zellzeiger befindet sich auf der Zelle E5

Falls Sie die Oberfläche von Excel noch nie gesehen haben, können Sie sich anhand der Abbildung 5.1 einen ersten Eindruck verschaffen. Sie sehen ein leeres Tabellenblatt, das in Spalten und Reihen aufgeteilt ist. Die Zeilen werden durchnummeriert, die Spalten alphabetisch sortiert. Auf diese Weise lässt sich jeder Schnittpunkt zwischen Spalte und Zeile genau definieren. Dieser Schnittpunkt wird Zelle genannt; die momentan aktive Zelle erkennen Sie an einem dicken Rahmen, an dessen unterem rechten Rand sich ein kleines Quadrat befindet. Eine derartige Aufteilung dürfte Ihnen vom Spiel »Schiffe versenken« bekannt sein; auch hier führen Treffer durch die Koordinaten von Spalte und Zeile zum Untergang der Titanic. Falls Sie sich mit dieser *A1*-Zählung nicht anfreunden können, gibt es auch noch die *Z1S1*-Ansicht (*Z* für Zeile, *S* für Spalte), die Sie wie viele andere Einstellungen auch über *Extras / Optionen / Allgemein* aktivieren können. Wir werden im Folgenden bei der A1-Ansicht bleiben.

In eine Zelle können Sie Werte eintragen. Ob es sich dabei um Text, Zahlen oder Formeln handelt, spielt keine Rolle. Sie müssen allerdings bei der Eingabe bestimmte Regeln befolgen, denn sonst kann Excel z. B. bei einem Eintrag wie *2002* die Jahresangabe *2002* nicht von der berechenbaren Zahl *2002* unterscheiden. Wir werden später noch darauf zurückkommen, wenn es darum geht, Zellen so zu formatieren, dass sofort ersichtlich wird, zu welcher Kategorie die entsprechende Eingabe gehört (z. B. Zahl, Währung, Datum, Prozent etc.).

Beim Öffnen einer neuen Tabelle ist immer die Zelle A1 aktiviert; Sie können sich aber frei im Tabellenblatt bewegen. Am einfachsten aktivieren Sie eine Zelle, indem Sie die Pfeiltasten benutzen oder mit der Maus auf die gewünschte Zelle zeigen und klicken. In der Bearbeitungsleiste, die sich unter der Symbolleiste befindet, wird links oben eingeblendet, wie die Zelle heißt. Natürlich können Sie auch mehrere Zellen markieren. Dazu müssen Sie auf eine Zelle zeigen, die in einer Ecke Ihres gewünschten Bereiches liegt. Durch Ziehen mit der Maus können Sie dann mehrere Zellen markieren. Sogar eine Mehrfachmarkierung von unabhängigen Zellbereichen ist möglich; Sie müssen dabei beim Markieren des zweiten Bereiches zusätzlich die [Strg]-Taste drücken.

Solche Bereiche können genau definiert werden. Das »von ... bis« wird dabei durch einen Doppelpunkt ausgedrückt. In Abbildung 5.2 sind also die Bereiche B8:C10, E3:F4 und E9:E12 markiert.

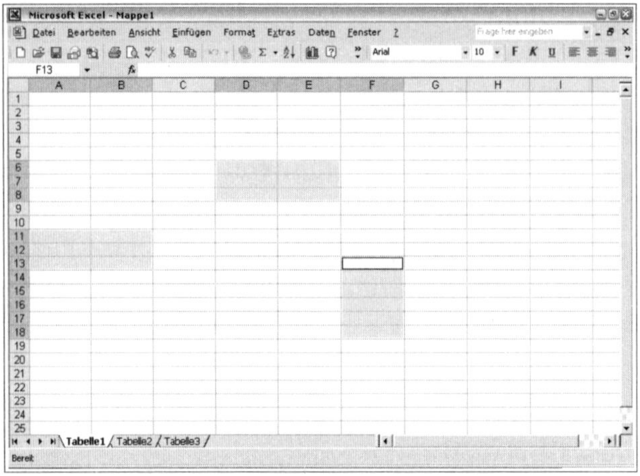

Abb. 5.2: Mehrere unabhängige Bereiche sind markiert

Am Blattregister, das Sie ebenfalls in Abbildung 5.2 sehen, können Sie unschwer erkennen, dass Sie sich in *Tabelle1* befinden. Offensichtlich gibt es noch mehrere Tabellen innerhalb der gleichen Mappe. Diese Anordnung hat den Vorteil, dass man nicht alle Informationen in einer Tabelle unterbringen muss. Es bietet sich zum Beispiel an, eine Berechnung in einer Tabelle und die grafische Umsetzung in Form eines Diagramms in einer anderen Tabelle zu sichern. Die Darstellung wird dadurch wesentlich übersichtlicher; der organisatorische Zusammenhang ist aber durch die Zusammenfassung in einer *Arbeitsmappe* dennoch gewährleistet. Wenn Sie mit der rechten Maustaste auf dieses Register klicken, öffnet sich ein Kontextmenü, das Ihnen alle Operationen zur Verfügung stellt, um Ihre Tabellenblätter aussagekräftiger zu gestalten.

Wir wollen in diesem Kapitel so tun, als seien Sie ein Schriftsteller, der einen Überblick über seine Autorenhonorare im Jahr 2002 gewinnen will. Unser Beispiel ist vom Ansatz her auch auf andere Bereiche übertragbar, aber wenn Sie der Meinung sind, dass diese Tabelle in keiner Weise ausreichend ist, haben Sie vollkommen recht. Bedenken Sie aber, dass eine Tabelle immer erweiterbar ist. Wenn Ihnen später etwas einfällt, was unbedingt Aufnahme finden sollte, kann dies problemlos geschehen. Wir wollen Ihnen hier ja nur ein wenig von den grundsätzlichen Möglichkeiten zeigen, die in einer Tabellenkalkulation stecken.

Öffnen Sie eine neue Arbeitsmappe und übertragen Sie die Werte der folgenden Liste in die *Tabelle 1*.

In Zelle	geben Sie ein
A1	*Honorare 2002*
B2	*Eingang*
C2	*Steuersatz*
D2	*Umsatzsteuer*
E2	*Brutto*
F2	*Kosten*
G2	*Summe*
A3	*Januar*

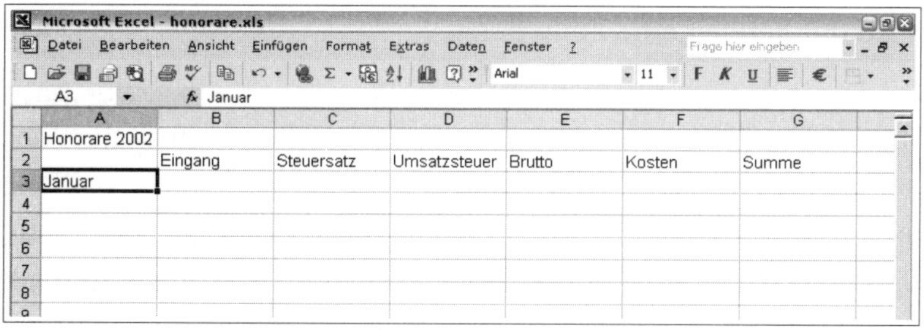

Abb. 5.3: So sollte Ihre Tabelle aussehen

Sie werden wahrscheinlich fragen, ob man grundsätzlich nur im Januar arbeitet, warum einige Zellen anscheinend nicht breit genug sind (wie soll man denn da Millionen unterbringen?) oder bemerken, dass die Tabelle im Moment noch ein wenig unübersichtlich wirkt. Sie haben vollkommen recht; bedenken Sie aber, dass es sich hier wirklich nur um das (erweiterbare) Grundgerüst handelt. Die »Schönheitskorrekturen« folgen in den nächsten Abschnitten.

5.1 Zahlen und Formeln

Bevor wir uns mit den Zahlenwerten der Tabelle beschäftigen, wollen wir zuerst das Grundgerüst komplettieren und der Übersichtlichkeit halber unsere Tabelle formatieren.

Ausfüllen, Verschieben und Kopieren

Als Erstes fällt auf, dass alles ein wenig »gequetscht« aussieht. Darum wollen wir zwischen der Überschrift *Honorare 2002* und der eigentlichen Tabelle eine Leerzeile einfügen. Wählen Sie dazu folgenden Weg:

- Markieren Sie den Bereich A2:G2.
- Zeigen Sie mit der Maus irgendwo auf den dicken Rahmen des markierten Bereichs.
- Drücken Sie die linke Maustaste, und ziehen Sie den gesamten markierten Bereich eine Zeile tiefer.

Sie haben damit den gesamten markierten Bereich um eine Zeile nach unten *verschoben*. Wenn Sie bei der gleichen Aktion zusätzlich die [Strg]-Taste gedrückt hätten, wäre der markierte Bereich nicht verschoben, sondern *kopiert* worden.

Im nächsten Schritt wollen wir die Monate bis zum Dezember vervollständigen. Sie könnten natürlich die Monatsnamen in die entsprechenden Zellen von Hand eingeben; Excel unterstützt aber unsere Eingabefaulheit durch die Funktion des *AutoAusfüllen*.

- Markieren Sie die Zelle A4 (Inhalt: *Januar*).
- Zeigen Sie mit dem Mauszeiger auf das kleine schwarze Quadrat in der rechten unteren Ecke der Zelle. Der Mauszeiger wird zu einem dünnen schwarzen Kreuz.
- Drücken Sie die linke Maustaste und ziehen Sie die Maus bis zur Zelle A15.

Wie von Geisterhand haben sich alle Zellen im Bereich mit den entsprechenden Monatsnamen gefüllt. Diese sinnige Funktion des Programms können Sie immer dann einsetzen, wenn Sie Zellen mit Aufzählungen ausfüllen wollen, die den gleichen »Abstand« haben: Monatsnamen, Einträge wie *Abteilung 1* usw. Nur bei Zahlen werden Sie feststellen, dass Excel beim Einsatz dieser Funktion immer den gleichen Wert einträgt. Wenn Sie das sukzessive Aufzählen auch bei Zahlenwerten nutzen wollen, müssen Sie zwei benachbarte Zellen ausfüllen und vor dem AutoAusfüllen diese beiden Zellen markiert haben. So wird aus der Zahlenreihe 1 und 2 automatisch bei den nächsten Zellen um 1 hochgezählt. Sie können aber auch andere »Zwischenräume« angeben. Wenn in E5 eine *10* und in E6 eine *20* steht, wird beim AutoAusfüllen in E7 eine *30* erscheinen.

Tabellenformate

Als Nächstes wollen wir uns um das Format der gesamten Tabelle kümmern und beispielsweise die Spaltenbreite anpassen. Das kann man manuell durchführen; einfacher geht es jedoch mit der Option *AutoFormat*, die verschiedene vorgefertigte Layouts anbietet. Dabei wird nicht nur das Aussehen der Tabelle angepasst, je nach Format werden auch die Zellwerte sofort modifiziert – z. B. bei den Formaten *Finanzen*.

- Markieren Sie A3:G15.
- Wählen Sie *Format / AutoFormat*.
- In den Vorschlägen wählen Sie *Liste3* und bestätigen mit *OK*.
- Markieren Sie nun noch die Zelle A1 und formatieren Sie die Überschrift so, wie Sie Ihnen gefällt. Die Vorgehensweise ist die gleiche wie beim Formatieren von einzelnen Wörtern bei einer Textverarbeitung. Wir setzen den Tabellentitel auf 14 pt und fett.

Beginnen Sie mit der Eingabe, die im Normalfall nur Monat für Monat – jetzt aber in einem Schwung – ausgefüllt wird. Zur Eingabe können Sie mit den Pfeiltasten von Zelle zu Zelle springen.

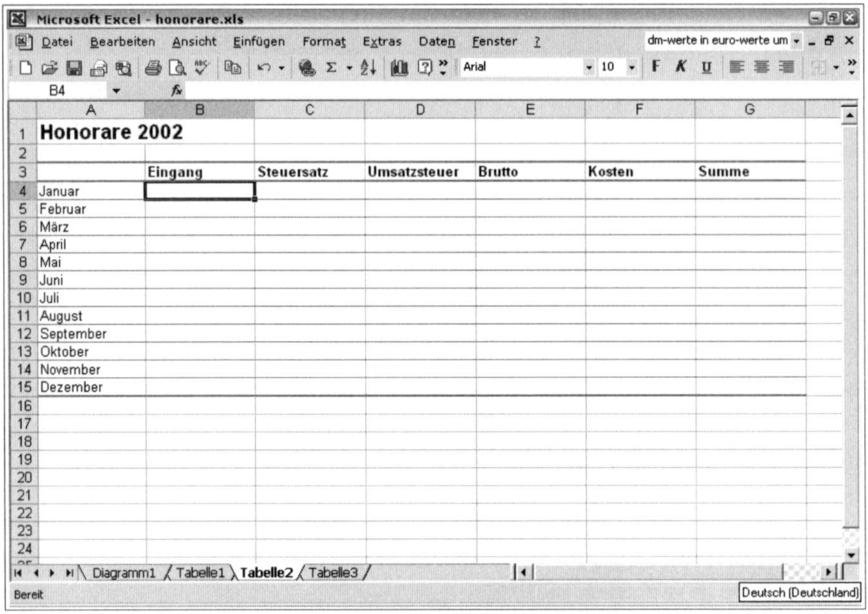

Abb. 5.4: Mit ein paar Klicks: die fertig formatierte Tabelle

Fehlerhafte Eingaben korrigieren Sie, indem Sie auf die Zelle klicken und den Inhalt in der Bearbeitungsleiste (der Eingabezeile, die von dem =-Zeichen eingeleitet wird) korrigieren oder indem Sie mit einem Doppelklick auf die zu bearbeitende Zelle direkt in der Zelle editieren.

Wir arbeiten mit folgenden Zahlen, wobei Sie die Spalten *Umsatzsteuer, Brutto* und *Summe* leer lassen:

Monat	Eingang	Steuersatz	Kosten
Januar	4300	16	350
Februar	3200	16	440
März	2550	16	800
April	3460	16	240
Mai	5300	16	1050

Monat	Eingang	Steuersatz	Kosten
Juni	6200	16	300
Juli	3400	16	200
August	4000	16	660
September	2340	16	420
Oktober	1950	16	150
November	4200	16	700
Dezember	2600	16	400

Zunächst werden Sie sich wahrscheinlich gewundert haben, wie mager (oder üppig !?) der Lohn eine Schriftstellers für die aufwendige Arbeit des Bücherschreibens ist. Es wäre aber durchaus möglich, dass Ihr Erstaunen daher rührt, dass nicht Ihre Zahl (die ja schließlich in der Bearbeitungsleiste erschien), sondern anschließend in der Zelle ein ominöses ####### auftauchte.

Excel zeigt immer dann, wenn ein Fehler auftaucht, einen so genannten *Fehlerwert* in der Zelle an. Unser Fehler war, dass der Wert einfach zu groß für die Spalte ist. Darum müssen Sie nachträglich die Spaltenbreite ändern. In weiser Voraussicht tun Sie dies gleich für alle Spalten.

- Markieren Sie die *Spaltenköpfe* A bis G, indem Sie diesmal nicht im Zellbereich markieren, sondern dort, wo die Buchstaben für die Spaltentitel stehen.
- Wählen Sie *Format / Spalte / Breite* und geben Sie im Eingabefeld *Spaltenbreite 13* ein (oder wählen Sie *Format / Spalte / Optimale Breite bestimmen)*.

Vielleicht waren Sie schlau genug, in der Spalte *Steuersatz* die *16* mit *AutoAusfüllen* in die restlichen Spalten zu übertragen.

Da es sich bei den Spalten *Eingang* und *Kosten* zweifelsfrei um Euro-Beträge handelt, wollen wir dies auch in der Tabelle zum Ausdruck bringen. Markieren Sie also die Zellen B4:B15 und F4:F15 (Mehrfachmarkierung s. o.), zeigen Sie mit der Maus auf einen der beiden schwarz markierten Bereiche und klicken Sie mit der rechten Maustaste. Im Kontextmenü wählen Sie *Zellen formatieren* und hier auf der Registerkarte *Zahlen* die Kategorie *Währung*.

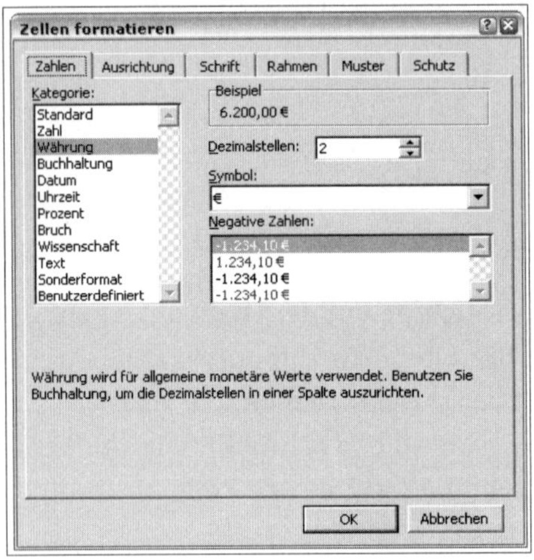

Abb. 5.5: Das Register zur Auswahl der Zahlenformate

In der Spalte C wollen wir gleich komplett alle Werte als Prozentwerte ausweisen.

- Markieren Sie die Spalte C, indem Sie den Spaltenkopf anklicken. Die gesamte Spalte wird markiert.
- Klicken Sie innerhalb der Markierung mit der rechten Maustaste, um das Kontextmenü zu öffnen.
- Wählen Sie die Option *Zellen formatieren* und hier das Register *Zahlen*.
- Das Listenfeld *Prozent* scheint korrekt zu sein. Sie markieren es ...

... und stellen fest, dass aus Ihrer *16* in der gesamten Spalte *1600 %* geworden ist. Schade eigentlich – aber auch hier arbeitet Excel taktisch klug: Bei als *Prozent* formatierten Werten erfolgt später sofort eine Division durch 100. Das erspart Ihnen, wenn Sie den Wert einer solchen Zelle in einer Formel verwenden, eine zusätzliche Rechenoperation.

Hier bleibt Ihnen also nichts übrig, als die Werte dieser Spalte noch einmal neu einzutragen.

- Markieren Sie Zelle C4 und geben Sie *0,16* ein. Achten Sie darauf, dass Sie in der Bearbeitungsleiste das %-Zeichen entfernen!
- Füllen Sie die Zellen mit *AutoAusfüllen* bis C15 aus.

Um die beiden Nachkommastellen zu entfernen, können Sie noch einmal über das Kontextmenü das Zahlenformat aufrufen oder mit einem Klick auf das %-Icon in der Symbolleiste arbeiten. Denken Sie daran, dass vorher die Spalte markiert sein sollte!

Formeln

Die festgelegten Werte sind eingegeben – jetzt kann gerechnet werden. Auch hier werden wir uns wieder der AutoAusfüllen-Funktion bedienen; exemplarisch müssen wir aber vorher die Werte für den Januar festlegen.

Die Umsatzsteuer errechnet sich aus dem Wert *Eingang * Steuersatz*, der Bruttowert aus der Summe von *Eingang + Umsatzsteuer*. Die *Summe* wiederum ist das Ergebnis der Subtraktion des Wertes *Kosten* von dem Wert *Brutto*.

Betrachten Sie Abbildung 5.6, in der die entsprechenden Berechnungsformeln für die Zeile 4 (*Januar*) eingetragen sind.

Sie sehen hier deutlich, dass Sie innerhalb der Formeln mit den ganz normalen mathematischen Operatoren +, –, * und / rechnen können. Eine Formel wird immer mit dem Gleichheitszeichen »=« eingeleitet oder aber ohne = eingegeben und mit einem Klick auf das = neben dem Häkchen in der Eingabezeile abgeschlossen. Statt konkreter Zahlenwerte setzen Sie die Bezeichnung der Zelle ein. Eine Formel wie *=B4*C4* interpretiert Excel also umgangssprachlich wie: *»Nimm den Wert, der in Zelle B4 steht, und multipliziere ihn mit dem Wert aus Zelle C4. Das Ergebnis setze in die Zelle ein, in der diese Formel steht.«*

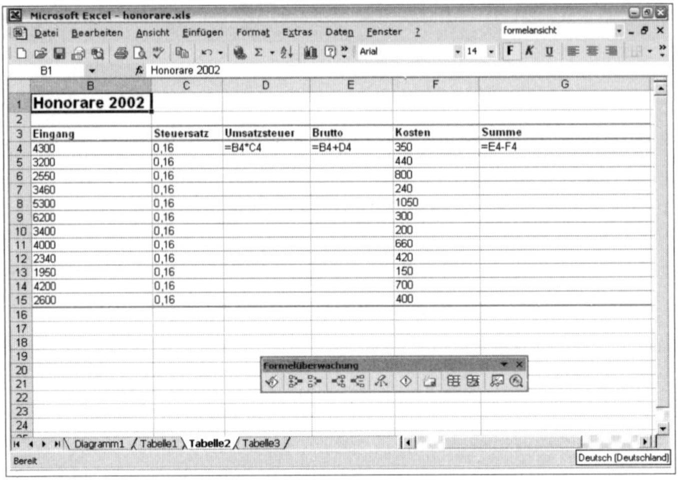

Abb. 5.6: Die ersten Formeln zur Berechnung (in der Formelansicht)

Das AutoAusfüllen für die restlichen Monate funktioniert bei Formeln genauso wie bei Zahlenwerten: kleines Quadrat anklicken und nach unten ziehen.

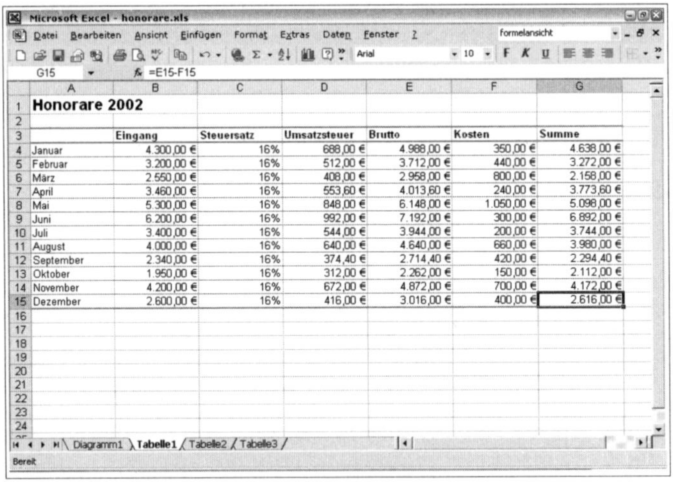

Abb. 5.7: Die Tabelle mit den fertigen Berechnungen

Relative und absolute Bezüge

Wenn Sie sich nach dem Ausfüllen aller Werte eine »auto-ausgefüllte« Formel ansehen, werden Sie feststellen, dass die Formeln automatisch den entsprechenden Zeilen angepasst wurden. Man nennt diese Art der Relation *relativ.* Diese Tatsache ist deswegen wichtig, weil der Bezug ausdrückt, wo die Werte herkommen, die berechnet werden. Wenn in Zelle H100 steht: *»Nimm den Wert aus Zelle G100«*, wird ein relativer Bezug daraus interpretieren: *»Nimm den Wert der Zelle, die links von mir steht«*.

Ganz anders beim *absoluten* Bezug: Hier ist es egal, auf welcher Zelle man sich befindet; es wird immer die absolute Zelle G100 angesteuert.

Dieser wichtige Unterschied wird deutlich, wenn Sie sich in einer fremden Stadt befinden und nach dem Bahnhof fragen. Ein Passant sagt Ihnen vielleicht, dass Sie am besten zum Bahnhof kommen, wenn Sie die dritte Straße rechts, dann die erste links und dann wieder die vierte rechts nehmen (*relativer Bezug*). Ein anderer Passant sagt Ihnen, dass sich der Bahnhof in der Bahnhofstraße befindet (*absoluter Bezug*). Vielleicht nutzt Ihnen die erste Information mehr – aber nur dann, wenn sich der erste Passant nicht in seinem momentanen Standpunkt vertan hat. Sollte dies der Fall sein, werden Sie bis in alle Ewigkeit am Bahnhof vorbeilaufen (es sei denn, Sie finden ihn durch Zufall ...). Die zweite Information nutzt Ihnen natürlich nur dann etwas, wenn Sie wissen, wo sich die Bahnhofstraße befindet.

Was das mit Tabellen zu tun hat? Wir haben bereits erwähnt, dass eine Tabelle erweiterungsfähig ist. Zeilen werden eingefügt, Spalten gelöscht, Zellen verschoben. Arbeitet die Tabelle mit relativen Bezügen wie bisher, werden die Veränderungen entsprechend angepasst. Sie könnten z. B. unsere Honorartabelle beliebig verschieben, für die Formeln würde dies keinen Unterschied machen – sie würden »mitwandern«. Arbeitet man dagegen mit absoluten Bezügen, kann ein Verschieben der Tabelle zum absoluten Chaos führen: Eine Formel versucht dann, auf die Werte von Zellen zuzugreifen, die entweder gar keinen oder – noch schlimmer – den falschen Wert enthalten.

5.2 Funktionen

Bisher waren unsere Formeln vom mathematischen Anspruch her nicht besonders aufwendig. Für die Rechenoperationen haben wir lediglich die vier Grundrechenarten benutzt.

Operation	**Operator**
Addition	+
Subtraktion	-
Multiplikation	*
Division	/

Etwas anders gestaltet sich die Arbeit, wenn die Berechnungen komplizierter werden. In Zelle A18 geben wir dazu das Wort *Mittelwert* ein, denn für die Kategorien *Eingang*, *Brutto*, *Kosten* und *Summe* wollen wir den Durchschnitt des Jahres finden. Für die Zelle B18 hieße die entsprechende Formel (mit unseren bisherigen Kenntnissen):

```
=(B4+B5+B6+B7+B8+B9+B10+B11+B12+B13+B14+B15)/12
```

Wenn Sie sich an Ihre Schulzeit erinnern: Punktrechnung geht vor Strichrechnung, und das gilt natürlich auch für Excel-Formeln; deswegen haben wir die Addition in Klammern gesetzt. Die ellenlange Addition wollen wir durch eine Bereichsangabe abkürzen. Die entsprechend verkürzte Formel

```
=(B4:B15)/12
```

bringt uns leider nur den Fehlerwert *#WERT!*, was eigentlich logisch ist, denn schließlich weiß Excel ja nicht, welche Operation mit dem Bereich B4:B15 durchgeführt werden soll.

An dieser Stelle kommen *Funktionen* ins Spiel. Funktionen sind festgelegte Vorschriften, die eine Berechnung durchführen. Eine Funktion wird durch ihren *Funktionsnamen* angesprochen. Damit die Funktion aber weiß, *was* sie zu berechnen hat, muss man ihr mitteilen, mit *welchen* Werten sie etwas anstellen soll. Diese Werte werden auch *Argumente* genannt und sind in Klammern hinter dem Funktionsnamen anzugeben. Letztlich brauchen Sie also nur den Funktionsnamen zu kennen und müssen wissen, welche Argumente für die Funktion relevant sind. Für die Addition von Werten heißt die Funktion SUMME. Wir basteln unsere Formel entsprechend um:

```
=SUMME(B4:B15)/12
```

Sie sehen also, dass man in Formeln Funktionen anwenden und mit den übrigen Operatoren mischen kann. Im Übrigen spricht auch nichts dagegen, Funktionen innerhalb einer Funktion anzuwenden, also zu *verschachteln*.

Weil die SUMME-Funktion in einer Tabelle sehr häufig gebraucht wird, gibt es dazu ein Icon in der Symbolleiste. Das wollen wir gleich ausprobieren.

- Löschen Sie die von Hand eingegebene Formel in Zelle B18, belassen Sie den Zellzeiger aber auf der Zelle.
- Klicken Sie in der Symbolleiste das Summen-Symbol an.

In der Bearbeitungsleiste wird sofort eine Formel generiert, die den entsprechenden Kriterien entspricht. Excel schlägt sogar den Bereich vor, der für die Summe relevant sein könnte, indem alle Zahlenwerte, die über der momentanen Zelle liegen, in den Bereich integriert sind; Sie sehen, dass ein gestrichelter Rahmen den Bereich markiert. Wenn Sie die beiden Leerzellen B16 und B17 stören, können Sie in der Bearbeitungsleiste aus der *17* eine *15* machen. Danach müssen Sie in der Bearbeitungszeile aber noch ein */12* hinzufügen, denn sonst wird ja nur die Summe berechnet, nicht aber der Mittelwert.

SUMME ▾ X ✓ fx =SUMME(B4:B17)

	A	B	C	D
1	**Honorare 2002**			
2				
3		**Eingang**	**Steuersatz**	**Umsatzsteu**
4	Januar	4.300,00 €	16%	688,I
5	Februar	3.200,00 €	16%	512,I
6	März	2.550,00 €	16%	408,I
7	April	3.460,00 €	16%	553,I
8	Mai	5.300,00 €	16%	848,I
9	Juni	6.200,00 €	16%	992,I
10	Juli	3.400,00 €	16%	544,I
11	August	4.000,00 €	16%	640,I
12	September	2.340,00 €	16%	374,.
13	Oktober	1.950,00 €	16%	312,I
14	November	4.200,00 €	16%	672,I
15	Dezember	2.600,00 €	16%	416,I
16				
17				
18		=SUMME(B4:B17)		
19		SUMME(**Zahl1**; [Zahl2]; ...)		
20				
21				
22				

Abb. 5.8: Die Tabelle nach dem Anklicken des Summen-Icons

Es geht aber noch eleganter. Die Division können Sie sich sparen, wenn Sie gleich die Funktion MITTELWERT benutzen. Weil sich kein Mensch alle vorgefertigten Excel-Funktionen merken kann, gibt es den Funktions-Assistenten, den Sie mit einem Klick auf das *fx*-Icon in der Symbolleiste starten. Löschen Sie also bitte wieder den Inhalt der Zelle B18 und setzen Sie den Zellzeiger auf die Zelle. Danach klicken Sie das Funktions-Assistent-Icon an.

Der Assistent liefert Ihnen gleich eine exakte Beschreibung der gewählten Funktion sowie die Syntax, die für eine korrekte Berechnung unerlässlich ist.

Im Dialogfenster *Funktion einfügen* suchen Sie sich erst einmal aus der entsprechenden Kategorie Ihre gewünschte Funktion aus. Wenn Sie sich die Zeit nehmen, ein wenig in der Liste zu blättern, werden Sie feststellen, dass Sie auch komplizierteste Formeln aus den unterschiedlichsten

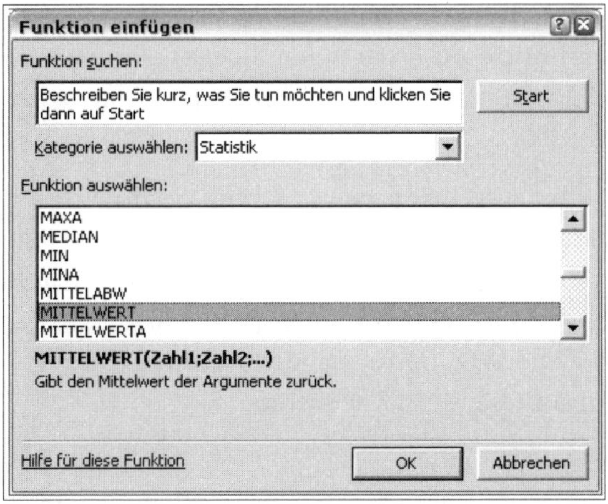

Abb. 5.9: Die Funktion *MITTELWERT* finden Sie in der Kategorie *Statistik*

Kategorien nicht selbst berechnen müssen. Die erforderlichen Schritte erhöhen sich natürlich je nach Komplexität der Argumente.

Markieren Sie die Funktion *MITTELWERT*. Der Assistent braucht zur Vervollständigung der Formel nun die zur Funktion gehörigen Argumente. Die liefern Sie ihm entweder durch direkte Eingabe oder indem Sie den gewünschten Bereich mit der Maus markieren.

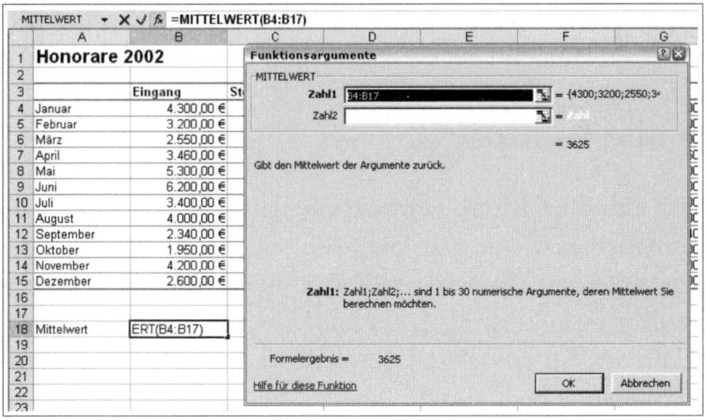

Abb. 5.10: Eingabe der Argumente

Im Vorschaufeld sehen Sie schon im Assistenten das Ergebnis, das die Formel berechnet. Mit einem Klick auf *Ende* teilen Sie dem Assistenten mit, dass jetzt die Formel Ihren Vorstellungen entspricht und in die Zelle übernommen werden soll.

Um den Mittelwert auch für die anderen gewünschten Spalten zu errechnen, benutzen Sie diesmal ein horizontales AutoAusfüllen, indem Sie bis Zelle G18 ziehen. Den Wert in C18 löschen Sie am einfachsten, indem Sie die Zelle markieren und den Inhalt mit [Entf] löschen. Zur Kontrolle: Das Ergebnis in Zelle G18 (Durchschnittsverdienst pro Monat nach Abzug der Kosten) sollte *3.729,17 €* lauten.

5.3 Analyse

Die Highlights eines Tabellenkalkulationsprogramms liegen natürlich zum einen in der Bereitstellung von möglichst vielen Funktionen, um Berechnungen schnell und komfortabel ohne viel Eingabearbeit erledigen zu können. Mindestens genauso wichtig sind aber die Möglichkeiten, die Ergebnisse der Tabelle zu analysieren. Excel bietet hier extrem komplexe Einsatzmöglichkeiten, die in so genannten »Was-wäre-wenn-Szenarien« gipfeln. Wir befassen uns im Folgenden nur mit zweien dieser Analysemethoden.

Fehlerwerte und Detektiv

Wir betonen noch einmal: Unsere Honorartabelle ist ein extrem simples Beispiel. Wir haben bis jetzt nur ein bisschen gerechnet und zwei Funktionen kennen gelernt. Das sieht in komplexen Tabellenblättern ganz anders aus; dort besteht unter Umständen ja nicht nur ein Bezug zu Zellen innerhalb des Arbeitsblattes, sondern zu anderen Tabellen innerhalb der Arbeitsmappe oder gar zu Tabellenmappen, die momentan gar nicht geöffnet sind; da kann es schnell schon einmal zu einem falschen Bezug kommen.

Wenn eine Formel zu einem falschen Ergebnis führt, erscheint in der Zelle ein Fehlerwert. Dieser soll Sie darauf hinweisen, dass irgendetwas in Ihrer Formel oder Berechnung nicht stimmt. Zwei dieser Fehlerwerte kennen Sie schon; es gibt natürlich noch mehr.

Fehlerwert	**Bedeutung**
#####	Die Spalte ist zu schmal für eine Darstellung.
#BEZUG!	Der Bezug auf ein Feld stimmt nicht; vielleicht ist es leer.
#DIV/0!	Eine Formel enthält eine Division durch Null.
#NAME!	Der Name (z. B. für einen Bereich) ist ungültig.
#NULL!	Ergebnis zweier Schnittmengen, die sich aber gar nicht schneiden.
#NV!	Der Wert ist nicht verfügbar.
#WERT!	Falscher Typ, z. B. die Addition einer Zahl und eines Textes.
#ZAHL!	Taucht auf, wenn z. B. ein falsches Argument in einer Funktion verwendet wird.

Excel bietet aber noch mehr: nämlich einen regelrechten *Detektiv*. Dieser Detektiv hilft Ihnen, wenn Sie keinen Durchblick mehr haben, wie ein Fehler oder auch ein korrekter Wert in einer Zelle zustandegekommen ist (siehe Abbildung 5.11).

Sie starten den Detektiv mit *Extras / Detektiv*. In dem Menü können Sie auch eine eigene Symbolleiste aktivieren.

AutoFilter

Wir wollen noch eine weitere hilfreiche Analysefunktion ansprechen. Der Übersichtlichkeit halber markieren Sie vorher die Spalten A bis G, öffnen das Kontextmenü mit der rechten Maustaste, wählen hier *Spal-*

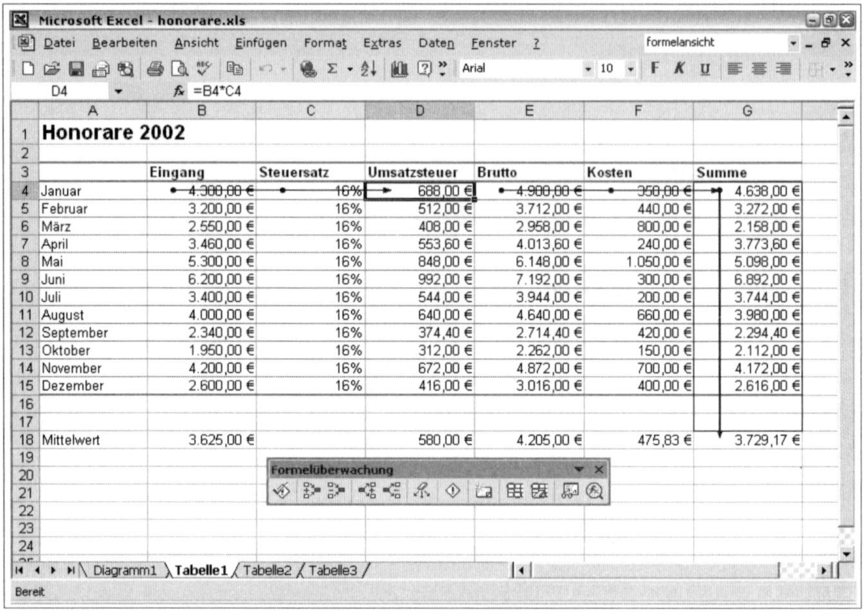

Microsoft Excel - honorare.xls

	A	B	C	D	E	F	G
1	Honorare 2002						
2							
3		Eingang	Steuersatz	Umsatzsteuer	Brutto	Kosten	Summe
4	Januar	4.300,00 €	16%	688,00 €	4.988,00 €	350,00 €	4.638,00 €
5	Februar	3.200,00 €	16%	512,00 €	3.712,00 €	440,00 €	3.272,00 €
6	März	2.550,00 €	16%	408,00 €	2.958,00 €	800,00 €	2.158,00 €
7	April	3.460,00 €	16%	553,60 €	4.013,60 €	240,00 €	3.773,60 €
8	Mai	5.300,00 €	16%	848,00 €	6.148,00 €	1.050,00 €	5.098,00 €
9	Juni	6.200,00 €	16%	992,00 €	7.192,00 €	300,00 €	6.892,00 €
10	Juli	3.400,00 €	16%	544,00 €	3.944,00 €	200,00 €	3.744,00 €
11	August	4.000,00 €	16%	640,00 €	4.640,00 €	660,00 €	3.980,00 €
12	September	2.340,00 €	16%	374,40 €	2.714,40 €	420,00 €	2.294,40 €
13	Oktober	1.950,00 €	16%	312,00 €	2.262,00 €	150,00 €	2.112,00 €
14	November	4.200,00 €	16%	672,00 €	4.872,00 €	700,00 €	4.172,00 €
15	Dezember	2.600,00 €	16%	416,00 €	3.016,00 €	400,00 €	2.616,00 €
16							
17							
18	Mittelwert	3.625,00 €		580,00 €	4.205,00 €	475,83 €	3.729,17 €

Abb. 5.11: Mit dem Detektiv auf der Suche nach dem Durchschnittslohn

tenbreite und geben *14* als Spaltenbreite ein. Danach markieren Sie die Zeile 3 und klicken auf das Icon *Linksbündig* in der Symbolleiste.

Markieren Sie nun eine beliebige Zelle innerhalb der Tabelle und aktivieren Sie *Daten / Filter / Autofilter.*

Sie werden gleich bemerkt haben, dass neben jeder Spaltenüberschrift ein Symbol zum Öffnen eines Listenfeldes eingefügt wurde. Öffnen Sie das Listenfeld in der Spalte *Summe.*

Wir wollen uns aus der Tabelle die drei »besten« Monate herauspicken. In der Liste klicken Sie auf *(Top 10...)* und ändern im darauffolgenden Dialogfenster die *10* zu einer *3*. Die Liste reduziert sich auf die Zeilen, in denen die drei höchsten Ergebnisse der Spalte *Summe* stehen: Januar, Mai und Juni. Sie können auch mehrere Spalten für den Filter als Kriterium heranziehen.

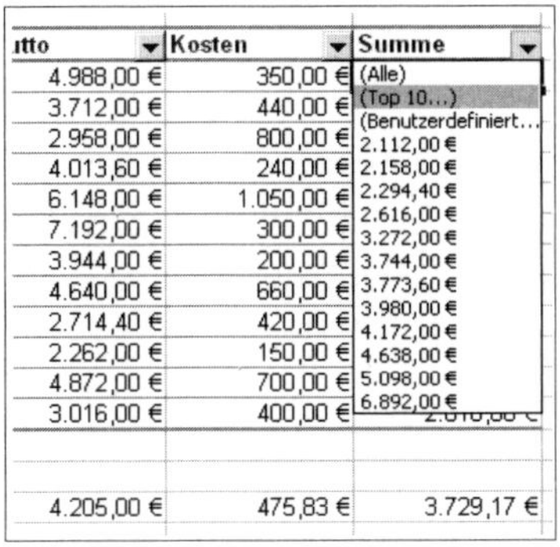

Abb. 5.12: Filtermöglichkeiten für die gesamte Tabelle anhand eines Filterkriteriums

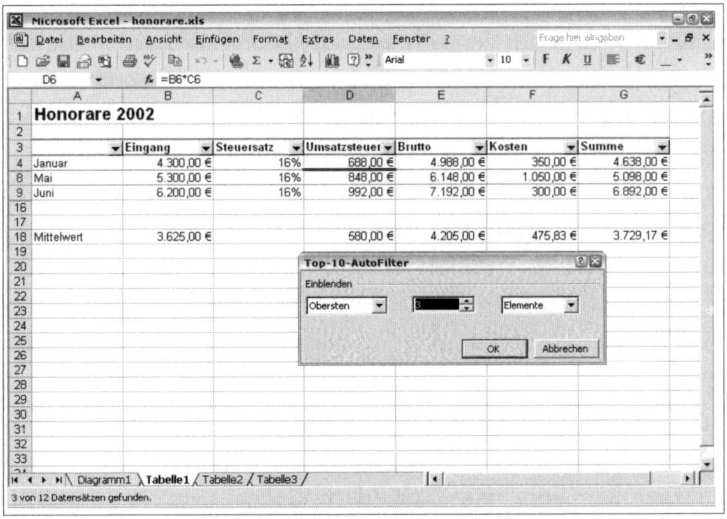

Abb. 5.13: Die gefilterte Tabelle mit den drei höchsten Ergebnissen in der Spalte *Brutto* und den drei niedrigsten Ergebnissen in der Spalte *Kosten*

Stellen Sie nun die komplette Tabelle wieder her, indem Sie in den entsprechenden Listen der gefilterten Spalten den Eintrag *(Alle)* wählen oder im Menü *Daten / Filter* den Eintrag *AutoFilter* deaktivieren.

5.4 Diagramme

Zum Schluss wollen wir die Summen der Monate noch schnell als Diagramm darstellen. Auch dabei ist Ihnen ein Assistent behilflich, der Diagramm-Assistent, den Sie mit einem Klick auf das Icon in der Symbolleiste starten können.

- Markieren Sie die Zellen A3:A15.
- Markieren Sie zusätzlich die Zellen G3:G15. Halten Sie dabei die Strg-Taste gedrückt, damit die erste Markierung nicht verloren geht.
- Klicken Sie auf das *Diagramm-Assistent*-Icon.
- Der Diagramm-Assistent zeigt Ihnen nun in *Schritt 1 von 4* die zur Verfügung stehenden Diagrammtypen – und das sind nicht wenige. Bedenken Sie aber, dass ein Diagramm vor allem eines sein muss: aussagekräftig! Was nutzt das schönste dreidimensionale Diagramm mit allem möglichen Schnickschnack, wenn hinterher kein Betrachter mehr herausfinden kann, was denn eigentlich hinter dem Diagramm steckt. Weniger ist hier manchmal mehr! Wählen Sie *Gruppierte 3D-Säulen*. Mit einem Klick auf *Schaltfläche gedrückt halten für Beispiel* sehen Sie vorab eine Umsetzung Ihrer Zahlenwerte.
- Im zweiten Schritt wird der Bereich angezeigt, den Sie vorher markiert hatten. Hier sehen Sie übrigens die Beschreibung von Zellen mit *absoluten* Bezügen; das *$* vor den Zeilen- und Spaltennummern ist das Indiz dafür.
- Klicken Sie auf die Schaltfläche *Weiter.*
- In *Schritt 3* fügen Sie in dem Eingabefeld *Diagrammtitel* das Wort *Monatsumsätze* hinzu. Mit *Weiter* geht's weiter.
- Im letzten Schritt entscheiden Sie, dass Sie der besseren Übersichtlichkeit halber das Diagramm *Als neues Blatt* in Ihre Arbeitsmappe integrieren wollen, und klicken danach auf *Ende*.

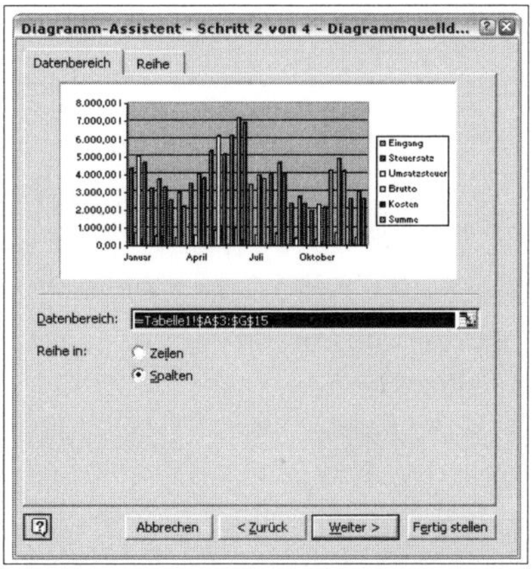

Abb. 5.14: Der Diagramm-Assistent übernimmt Ihre Markierung

Im neuen Blatt *Diagramm 1* erscheint nun das nach Ihren Vorgaben erstellte Diagramm.

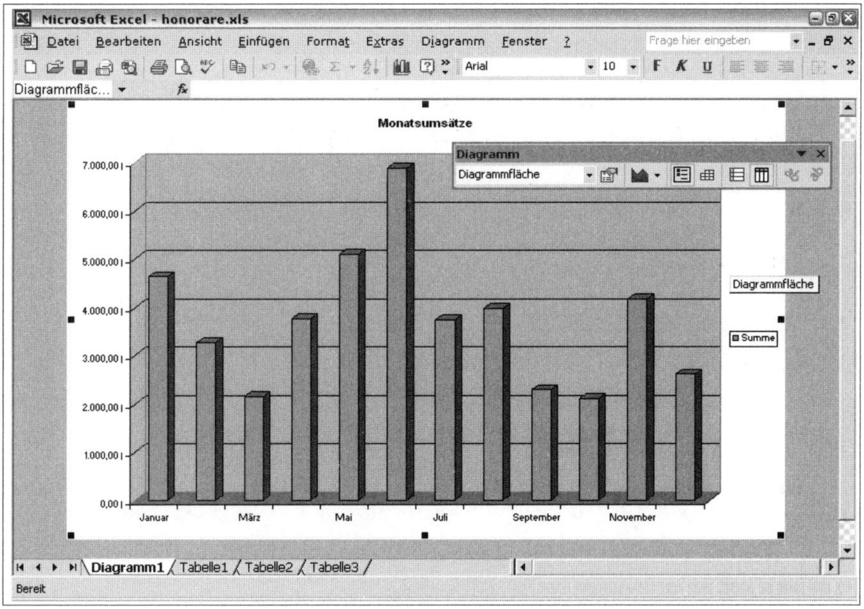

Abb. 5.15: Das fertige Diagramm auf einem eigenen Tabellenblatt

5.5 Zusammenfassung, Fragen und Übungen

Zusammenfassung

- Ein Tabellenkalkulationsprogramm arbeitet mit *Arbeitsblättern*, die aus einer Vielzahl von Zellen bestehen, in die Werte (Text, Zahlen, Formeln etc.) eingetragen werden können.
- In Excel werden Tabellenblätter zu einer *Arbeitsmappe* zusammengefasst.
- Eine *Zelle* ist der Schnittpunkt zwischen Zeile und Spalte und auf diese Weise innerhalb der Tabelle eindeutig zu identifizieren und zu adressieren.
- Wenn in eine Zelle kein Wert, sondern eine Formel zur Berechnung eingetragen wird, wird damit ein *Bezug* aufgebaut. Dieser Bezug kann relativ oder absolut sein.
- Für einen Zellenwert ist es wichtig, welches *Format* dafür vergeben wird (Währungs-, Datums-, Text-, Zahlenformate etc.).
- Zur Berechnung können in *Formeln* die normalen mathematischen Operatoren verwendet werden. Eine Formel wird immer mit dem Gleichheitszeichen eingeleitet.
- In eine Formel können auch *Funktionen* integriert werden. Für die Syntax der Funktion und der dazugehörigen *Argumente* können Sie sich des Funktions-Assistenten bedienen.
- Mit einer Tabellenkalkulation können die Ergebnisse auch *analysiert* werden. Das Aufspüren von Fehlern wird durch Fehlerwerte sowie einen Detektiv erleichtert.
- Komplexe Analysemethoden beinhalten auch Optionen wie Zielwertsuche, Szenarien und Simulationen.
- Über ein Diagramm können Werte grafisch umgesetzt werden. Excel bietet für die Erstellung eines Diagramms einen Assistenten an.

Fragen und Übungen

Sie sollen mit Hilfe einer Tabellenkalkulation die Quartalsumsätze eines fiktiven Unternehmens (mit ebenso fiktiven Umsätzen) erfassen und analysieren. Dabei gelten folgende Voraussetzungen:

1. Die Quartalsumsätze errechnen sich aus zwei verschiedenen Unternehmensbereichen.
2. Jeder Unternehmensbereich soll getrennt abgerechnet werden, wobei ein Bereich jeweils fünf verschiedene Posten beinhalten soll.
3. Für jedes Quartal soll der Durchschnitt eines Monats errechnet werden.
4. Das Quartal mit dem insgesamt besten Umsatz soll für jeden Unternehmensbereich errechnet werden und in einen getrennten Bereich der Tabelle kopiert werden. Benutzen Sie dazu die Funktion MAX.
5. Die Tabelle soll übersichtlich und ansprechend gestaltet werden. Optional kann der Umsatz mit Hilfe eines Diagramms auf einem getrennten Tabellenblatt dargestellt werden.

6 Sammeln, sortieren und fragen – Datenbanken und Organisation mit Access 2002

Wenn Informationen mit Hilfe eines Computers verwaltet werden, sollte man sich darauf verlassen können, dass die Mechanismen und die Kontrolle dieser Verwaltung nicht in der Eigenverantwortung des Anwenders liegen. Einige Mechanismen haben wir bereits kennen gelernt; ein wichtiger Aspekt dabei ist, dass einzelne Daten in Form einer Datei zusammengefasst werden können. Der Anwender kümmert sich dabei lediglich darum, die Daten zu liefern und abzurufen – wie ein System intern die Daten anordnet, speichert, verwaltet und auf sie zugreift, sollte besser dem System überlassen werden. Menschen mit einem phänomenalen Erinnerungsvermögen oder einem fotografischen Gedächtnis beispielsweise fänden es sicherlich lächerlich, die Adressen und Telefonnummern ihrer Bekannten mit Hilfe eines Computers zu verwalten. Das liegt daran, dass bei diesen Personen beide Teilbereiche zusammenfallen: Das Gedächtnis speichert nicht nur die eigentlichen Daten, sondern gleichzeitig auch die Systematik, wie am gezieltesten auf die Daten zugegriffen wird.

Nun verfügen bekannterweise nur sehr wenige Menschen über diese Fähigkeiten, und deshalb übergeben doch die meisten einen Teil dieser Speicherungs- und Verwaltungsaufgaben an andere Systeme als die eigenen, z. B. an Computer. Wenn wir aber von Informationen und Daten sprechen, müssen wir etwas genauer als bisher differenzieren. Am Beispiel der Textverarbeitungsprogramme haben wir gesehen, dass es relativ leicht ist, einen Zusammenhang zwischen Daten und der Verwaltung herzustellen. Hier reicht es aus, die Daten in eine Datei »hineinzuschmeißen«. Allein der Dateiname genügt, um einen erneuten Zugriff auf den Text zu erhalten. Ob es sich beim Inhalt des gespeicherten Textes um eine Rechnung, einen Liebesbrief oder um eine Diplomarbeit handelt, kann uns letztendlich egal sein. Vereinfacht ausgedrückt liegt dies auch daran, dass die Daten einer derartigen Datei ziemlich *unstrukturiert* sind. Außer der Tatsache, dass ein Text vorrangig aus Buchstaben besteht, gibt es keine oder nur wenig strukturelle Gemeinsamkeiten zwischen einem Liebesbrief und einem Mahnschreiben.

Dieser Umstand aber kann bei anderen Daten ganz anders aussehen. Kommen wir auf das obige Beispiel der Adressensammlung zurück, wird deutlich, dass der Charakter dieser Informationen wesentlich strukturierter ist, denn es dürfte unschwer festzustellen sein, dass selbst Verwaltungsmechanismen wie Telefonbücher oder Karteikarten diese gleichförmige Anordnung und Organisation nutzen.

EDV-Systeme können diese Gleichförmigkeit des Datenbestandes besonders gut nutzen, da hier Umfang und Komplexität der Daten nur eine geringe Rolle spielen. Programme, die derart strukturierte Informationen verwalten, werden Datenbank-Managementsysteme (*Database Management System, DBMS*) genannt, wobei die Bezeichnung schon deutlich macht, dass die Gesamtheit solcher Informationen in einer Datenbank zusammengefasst wird. Sie werden bei näherer Betrachtung schnell feststellen, dass sich ein DBMS nur verhältnismäßig wenig um den Inhalt der Daten kümmert: Die Mitarbeiter eines Unternehmens können damit genauso gut organisiert werden wie potenzielle Straftäter oder ein Ersatzteillager.

Bevor wir uns ein solches Datenbank-Managementsystem am Beispiel des Programms Microsoft Access 2002 genauer anschauen, werden wir uns im nächsten Abschnitt damit befassen, wie eine Datenbank angelegt und strukturiert sein muss, damit die Aktionen und Operationen eines solchen Systems durchführbar werden.

6.1 Datenbank-Terminologie

Wenn Sie mit Datenbank-Managementsystemen arbeiten, werden Sie – im Gegensatz zu anderen Anwendungsgebieten – auf eine Vielzahl von Begriffen stoßen, die Ihnen zu Beginn vielleicht das Leben und die Arbeit am PC schwer machen, die aber dennoch notwendig sind, um effizient mit solchen Programmen arbeiten zu können. Diese Terminologie wird Ihnen nicht nur in Access begegnen, dem Programm, mit dem wir in diesem Kapitel arbeiten, sondern auch in anderen Programmen, die zu diesem Bereich gehören. Die bekanntesten sind bzw. waren neben Access die Programme dBASE, Paradox, Clipper und FoxPro.

Datenfelder

Ein Datenfeld ist die kleinste Einheit einer Datenbank. Wenn wir ein Beispiel nehmen, in dem das Personal mit Hilfe einer Datenbank verwaltet wird, könnten einzelne Datenfelder z. B. der Nachname eines einzelnen Mitarbeiters, das Eintrittsdatum in die Firma, die Anzahl der Urlaubstage, das momentane Gehalt etc. sein. Ein Datenfeld wird durch den Feldnamen identifiziert und angesprochen.

Felddatentypen

Obiges Beispiel zeigt zwar, dass der Inhalt eines solchen Datenfeldes variabel sein muss (schließlich verdient nicht jeder Mitarbeiter das Gleiche), dass aber der Charakter oder der Typus eines solchen Datenfeldes immer der Gleiche ist: Jeder Mitarbeiter hat einen Namen, und jeder Mitarbeiter wird auch nicht in Naturalien, sondern in einer Währung bezahlt. Die wichtigsten Datentypen werden in der folgenden Liste zusammengefasst.

Datentyp	Inhalt	Bezeichnung in Access
Textfelder	Wörter oder Kombinationen von Wörtern und Zahlen	Text
Memofelder	längere Textpassagen	Memo
Numerische Felder	Zahlen, mit denen Berechnungen durchgeführt werden können	Zahl
Datumsfelder	Datums- und Uhrzeitangaben	Datum/Zeit
Währungsfelder	landesspezifische Währungsangaben	Währung
Zählfelder	Zahlen, die automatisch erhöht werden	AutoWert
Logische Felder	können jeweils nur zwei Werte annehmen, z. B. wahr oder falsch	Ja/Nein
Internet-Link	Verweis auf eine Adresse im Internet	Hyperlink
Objektfelder	Objekte, die mit einer anderen Anwendung erstellt wurden	OLE-Objekt

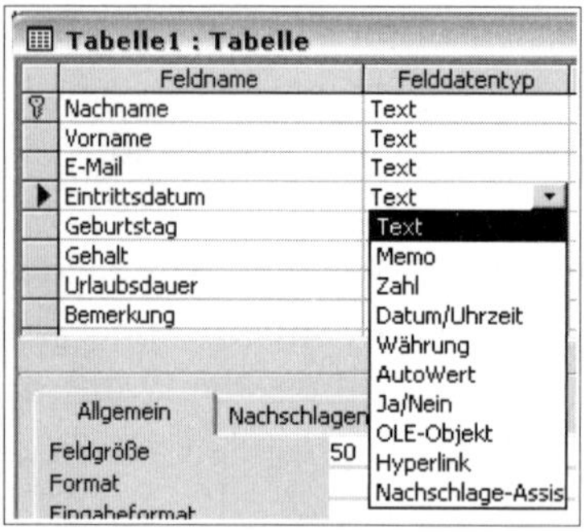

Abb. 6.1: Festlegen von Felddatentypen bei einer neuen Datenbank in Access

Durch den Felddatentyp wird aber nicht nur der Typ festgelegt, sondern auch, wie groß das Datenfeld sein darf. Wenn Sie z. B. *Carla Marie-Luise Stollwerck-Kleinenhagen* heißen, auf Ihren Kontoauszügen aber immer nur *Carla M. Stollwerck-Klei* zu lesen ist, hat der EDV-Spezialist Ihrer Bank beim Einrichten des Datenfeldes ganz einfach nicht mit einem solch langen Namen gerechnet und die Länge des Felddatentypes zu kurz dimensioniert. Darüber hinaus kann jedem Datenfeld nur ein Felddatentyp zugewiesen werden, was sozusagen eine Vorauswahl bezüglich dessen gewährleistet, was in die einzelnen Felder hineingeschrieben werden kann. Felddatentypen sind damit die Elemente, die der Datenbank die gleichförmige Struktur garantieren.

Wenn Sie eine neue Datenbank anlegen, sollten Sie bei der Auswahl der Felddatentypen also besonders sorgfältig überlegen und im Voraus planen, denn eine Umstellung der Typen bedeutet für die gesamte Datenbank eine komplette Änderung der internen Strukturen.

Datensätze

Ein Datensatz besteht aus der immer gleich bleibenden Anzahl von Datenfeldern. Innerhalb eines Telefonbuches wäre ein Datensatz ein Eintrag zu einer Person, innerhalb unseres Unternehmens die komplette Datensammlung zu einem einzelnen Mitarbeiter. Dabei spielt es gar keine Rolle, womit die einzelnen Datenfelder eines Datensatzes gefüllt sind (vorausgesetzt, der Inhalt entspricht dem Felddatentyp). Rein theoretisch kann ein Datensatz auch leere Datenfelder enthalten. Wenn ein Datensatz aus den Feldern *Name*, *Telefon* und *Faxnummer* besteht, kann schließlich nicht vorausgesetzt werden, dass jede erfasste Person auch tatsächlich über ein Faxgerät verfügt. In einem solchen Fall wird das Feld *Faxnummer* eben mit Leerzeichen ausgefüllt.

Tabellen

Für eine übersichtliche und kleine Datenbank können Datensätze sofort zu einer Datenbank zusammengefasst werden. Unter Umständen ist der Anspruch aber doch etwas komplexer; unser Beispiel-Unternehmer will nämlich nicht nur die Mitarbeiter in einer Datenbank erfassen, sondern gleichzeitig auch die Information, welche Kunden von diesen Mitarbeitern betreut werden, die Adresse dieser Kunden etc. Rein theoretisch kann dies alles in einem einzigen Datensatz erfasst werden; Sie können sich sicherlich vorstellen, dass eine solche Vorgehensweise aber zu endlos langen und unübersichtlichen Ergebnissen führt. Moderne Datenbank-Managementsysteme bieten darum die Möglichkeit, eine Datenbank in mehrere organisatorisch zusammenhängende Tabellen aufzusplitten. Das dient dem Überblick und hat zudem den Vorteil, dass durch die Trennung nicht unbedingt jede Person Einsicht in alle Bereiche der Datenbank hat.

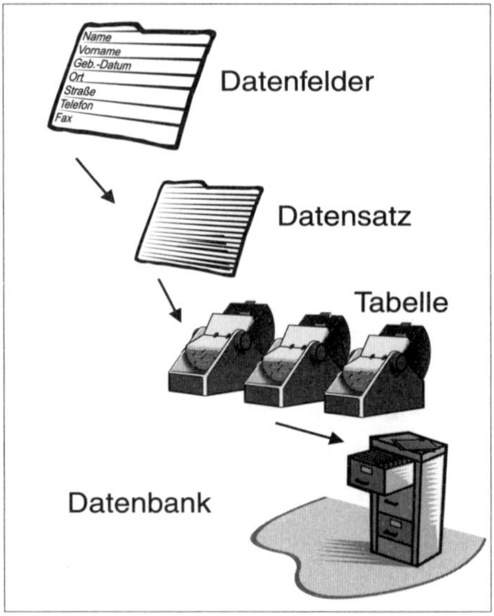

Abb. 6.2: Überblick über den organisatorischen Aufbau eines Datenbank-Managementsystems

Relationen und Schlüssel

Eine solche Vorgehensweise setzt aber voraus, dass die verschiedenen Tabellen einer Datenbank über ein Verknüpfungselement verfügen, damit der Zusammenhang zwischen einzelnen Teilen der Datenbank nicht verloren geht. Indem ein Datenfeld, z. B. eine Personal- oder Kundennummer, als *Primärschlüssel* fungiert, kann zwischen mehreren Tabellen diese Verknüpfung oder *Relation* hergestellt werden.

DBMS, die nach dem Prinzip arbeiten, dass einzelne Datenfelder zu anderen Datenfeldern in einer festgelegten Relation stehen, werden deswegen auch *relationale Datenbank-Managementsysteme* genannt. Sie zeichnen sich durch eine effiziente Datenverarbeitung und Verwaltung aus und gewährleisten darüber hinaus, dass die Datenbank übersichtlich bleibt. Dadurch, dass einzelne Tabellen zueinander in einer logischen Verbindung stehen, erübrigt sich natürlich auch die mehrfache Eingabe von Datenfeldern in unterschiedlichen Tabellen. Der gesamte Datenbestand ist auf diese Weise zum einen sehr kompakt, da redundante Daten nicht existieren, und zum anderen unterstützt eine solche Vorgehensweise auch die Datensicherheit. Bei Änderungen in der Datenbank muss immer nur an einer und nicht an mehreren Stellen geändert werden. Vielleicht kennen Sie das Chaos ja, wenn Sie nicht nur mit einem Notizbuch oder Zeitplaner, sondern gleich mit mehreren arbeiten. Die Gefahr, einen Termin zu vergessen oder zu verpassen, ist hier natürlich weit höher, als wenn Sie alle Termine in nur einem Planer zusammenfassen.

Durch die Flexibilität dieser Methode haben sich relationale Datenbanken im PC-Bereich als Standard durchgesetzt; auch Microsoft Access gehört zu dieser Kategorie.

In den nächsten Kapiteln wollen wir uns ansehen, wie diese Organisation von einem Programm umgesetzt wird. Wir werden dazu Microsoft Access 2002 benutzen, werden aber keine neue Datenbank erstellen, sondern auf eine Beispiel-Datenbank zurückgreifen, die zum Lieferumfang von Access gehört.

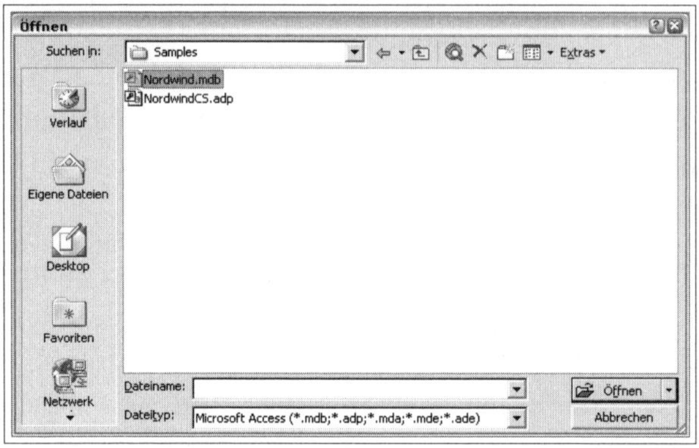

Abb. 6.3: Wenn Sie Access im Rahmen des Office-XP-Pakets installiert haben, finden Sie die Datei *Nordwind.mdb* im Unterordner *Office10\Samples*

Mit Hilfe der fiktiven Firma Nordwind, zu der erhebliches Datenmaterial vorliegt, werden wir uns anschauen, welche Funktionen und Aktionen mit einer relationalen Datenbank möglich sind.

6.2 Tabellen

Wenn Sie Die Datei *Nordwind.mdb* geöffnet haben, präsentiert Ihnen Access gleich einen Überblick über den Funktionsumfang einer einzelnen Datenbank. Da Sie sich erst einmal anschauen sollten, wie die Datenbank aufgebaut ist und welche Daten sich hinter dem ominösen Nordwind verbergen, wählen Sie das Register *Tabellen* und aktivieren die Tabelle *Personal*.

Wahrscheinlich wird Sie diese Darstellung an Kapitel 5 erinnern. In der Tat ist eine Ähnlichkeit nicht von der Hand zu weisen. Auch ein Tabellenkalkulationsprogramm wie Excel kann dazu benutzt werden, Datenbankfunktionen zu übernehmen. Durch die eindeutige Strukturierung

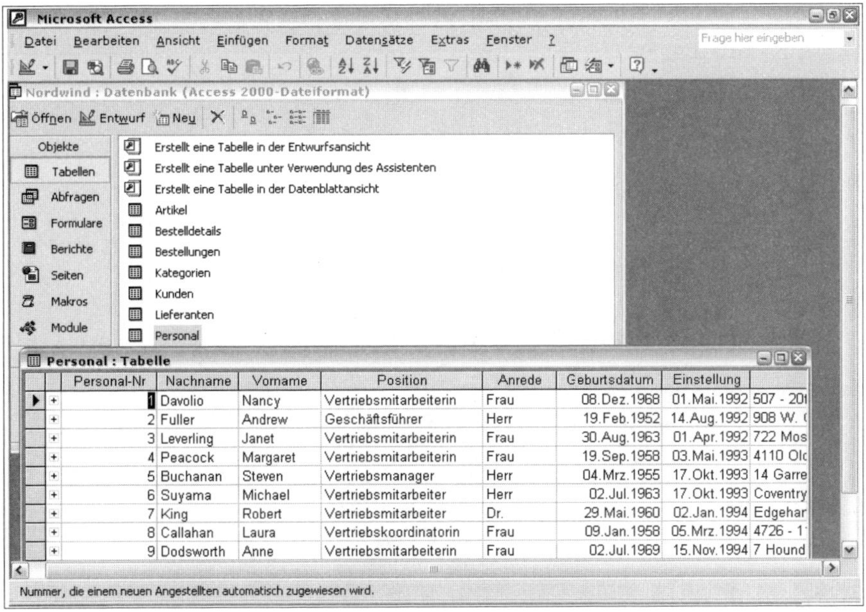

Abb. 6.4: Die Mitarbeiter von Nordwind und ihre persönlichen Daten

ist es im Übrigen relativ einfach, Tabellen zwischen Excel und Access auszutauschen.

Der Aufbau der Tabelle ist klar zu durchschauen. In den Spalten sind die Datenfelder angeordnet, eine Zeile entspricht einem Datensatz. Wie viele Datensätze sich insgesamt in der Tabelle befinden, sehen Sie in der Statusleiste; unsere Firma hat in ihrer Tabelle insgesamt neun Mitarbeiter erfasst.

Je mehr Datenfelder zu einem Datensatz gehören, desto unübersichtlicher wird eine solche Tabelle. Man nennt eine derartige Darstellungsform die *Datenblattansicht*. In anderen Programmen wird sie auch als *Listen-* oder *Browse*-Modus bezeichnet. Eine Darstellung in diesem Stil ist sehr gut geeignet, einen kompletten Überblick über die Gesamtheit der Datenbank zu erlangen. Für einzelne Details, die z. B. zu einem Datensatz gehören, eignet sie sich weniger. Wir greifen darum schon einmal etwas auf Abschnitt 6.4 vor und stellen von der Datenblatt- auf die Formularansicht um.

- Schließen Sie die Tabelle oder stellen Sie sie in den Hintergrund.
- Im Datenbankfenster wählen Sie das Register *Formulare*.
- Doppelklicken Sie auf das Formular *Personal*.

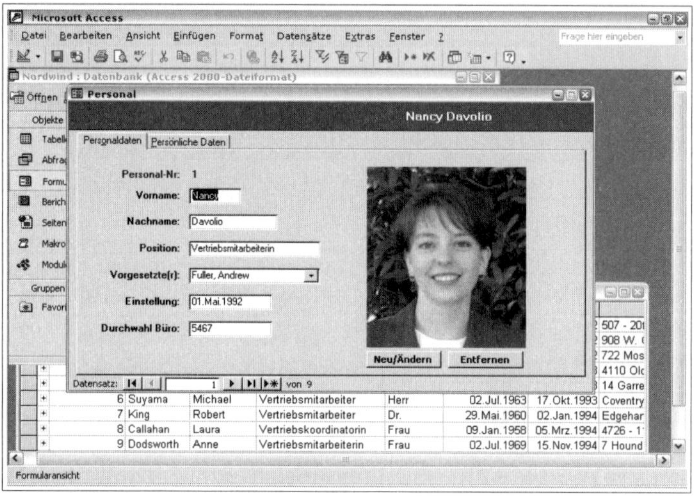

Abb. 6.5: Nancy Davolio als Datensatz in der Formularansicht

Im Gegensatz zur Datenblattansicht werden in der Formularansicht immer nur die Datenfelder eines Datensatzes angezeigt. In unserer Beispiel-Datenbank sind die Formulare schon entsprechend vorbereitet und mit Hilfe eines Formulargenerators erstellt und gestaltet worden.

Befassen wir uns aber noch einen Moment mit der Datenblattansicht. Bitte rufen Sie also noch einmal die Personal-Tabelle zu einer genaueren Analyse auf Ihren Monitor. Unser Ziel ist, die einzelnen Felddatentypen zu identifizieren. Wählen Sie dazu das Menü *Ansicht / Entwurfsansicht*, um einen Blick hinter die Oberfläche der Tabelle zu werfen.

Sie sehen hier genau die Zuordnung eines Feldtyps zu einem Datenfeld. Im unteren Teil können Sie noch weitere Kriterien, die zu dem Daten-

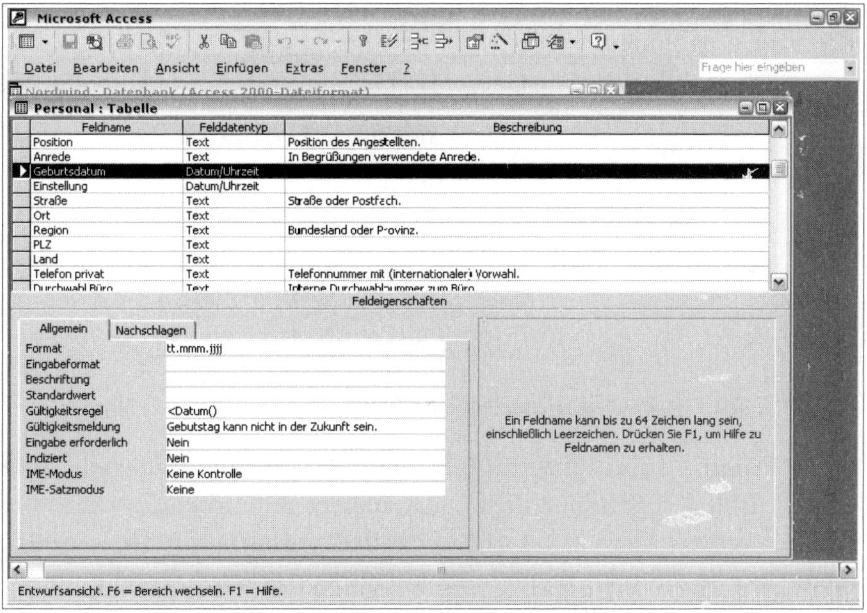

Abb. 6.6: Die Definition der Felddatentypen für die Personal-Tabelle

feld gehören, identifizieren. Felder können z. B. mit einem Standardwert vorbelegt werden (Mehrwertsteuer), bei der Neuerfassung eines Datensatzes kann eine Eingabe zwingend vorgeschrieben werden (Rechnungsbetrag), über Gültigkeitsregeln kann der Bereich der Angaben, die in das Feld eingetragen werden können, eingeschränkt werden etc.

Vielleicht ist Ihnen in der Entwurfsansicht auch aufgefallen, dass für unsere aktuelle Tabelle der Primärschlüssel das Feld *Personal-Nr* ist und dass die beiden Felder *Nachname* und *PLZ* indiziert sind. Wenn Sie *Ansicht / Indizes* wählen, bekommen Sie einen schnellen Überblick.

Indizes sind für die Arbeit mit Datenbanken sehr wichtig. Eine umfangreiche Datenbank ist erst dann hilfreich, wenn sie nach bestimmten Kriterien sortiert oder gefiltert werden kann; ansonsten würden die Datensätze ja immer in der Reihenfolge auftauchen, in der sie eingegeben worden sind.

Abb. 6.7: Der Primärschlüssel und indizierte Datenfelder

Ist ein Datenfeld als indiziertes Feld definiert, kann die Datenbank sehr schnell nach den Kriterien dieses Datenfeldes durchsucht, sortiert und gefiltert werden. Der Grund dafür liegt darin, dass neben der »eigentlichen« Tabelle ein oder mehrere Duplikate der gleichen Tabelle im Arbeitsspeicher oder auf der Festplatte angelegt werden – allerdings nach einer anderen Sortierung, nämlich der des indizierten Datenfeldes. In dieser Indexdatei sind aber nicht alle Datenfelder erfasst, sondern lediglich ein Verweis mit der Adresse, an der der entsprechende Datensatz in der Original-Tabelle gefunden werden kann. Eine derartige Methode ermöglicht eine extrem schnelle Sortierung und Suche.

Sie sollten allerdings bei der Erstellung von eigenen Tabellen darauf achten, wirklich nur für die Felder einen Index zu vergeben, die später auch tatsächlich relevant sind. Ein Datenfeld wie die Postleitzahl ist für eine kundenorientierte Firma ein wichtiges Sortierkriterium, während ein Index auf den Vornamen eines Kunden sicherlich nicht besonders hilfreich ist.

6.3 Abfragen

Dass die Nordwind GmbH ein Unternehmen ist, das sich nicht nur der intensiven Nutzung von Access, sondern zudem dem Vertrieb kulinarischer Köstlichkeiten verschrieben hat, werden Sie spätestens dann festgestellt haben, wenn Sie einen Blick in die restlichen Tabellen geworfen haben.

Ein Datenbankprogramm wäre aber sicherlich entbehrlich, wenn damit lediglich Tabellen erstellt werden könnten. Ein wesentlicher Schwerpunkt liegt darin, Daten nach ganz bestimmten Kriterien zu filtern. Auf diese Weise lassen sich Umsätze zusammenstellen, Trends entdecken, Lagerbestände erfassen etc. Man bezeichnet derartige Zusammenstellungen als Abfragen (*Query*); die Ergebnisse werden als *Dynaset* bezeichnet.

Unter Access ist Ihnen für die Zusammenstellung einer Abfrage der *Auswahlabfrage-Assistent* behilflich. Da für eine Abfrage ja unter Umständen einzelne Datenfelder aus den verschiedensten Tabellen relevant sein können, bringt ein solcher Assistent schon immense Vorteile.

Abb. 6.8: Der Auswahlabfrage-Assistent bei der Arbeit

Besonders wichtig für Abfragen ist aber nicht nur die Zusammenstellung der einzelnen Datenfelder, die für die Abfrage wichtig sind, sondern ebenso die Bedingungen, die für diese Felder relevant sind. Eine Aussage wie »*Zeige mir alle Artikel, die zwischen € 2,50 und € 45,00 liegen, deren Lagerbestand größer als 500 ist und die 2001 seltener als 1000 Mal verkauft wurden*« ist bei solchen Abfragen von erheblicher Beduetung.

Wenn Sie sich die existierenden Nordwind-Abfragen anschauen, werden Sie feststellen, dass es auch hier verschiedene Ansichten gibt: die Datenblatt-, Entwurfs- und SQL-Ansicht. SQL steht dabei für *Structured Query Language*, einer von IBM (und später von anderen Softwarefirmen wie Informix oder Oracle weiter-) entwickelten Abfragesprache, die an die englische Umgangssprache angelehnt ist und auf diese Weise plattformunabhängig Abfragen in Datenbanken ermöglicht.

6.4 Formulare

Wenn Sie sich in Abschnitt 6.2 gefragt haben sollten, wie denn das wunderschöne Formular gestaltet wurde, können wir Sie beruhigen: Auch für das Erstellen von Formularen bietet Access wieder einen Assistenten an.

Grundsätzlich sollten Sie bei der Arbeit mit DBMS bedenken, dass Sie vielleicht die komplette Struktur durchschauen, dass aber unter Umständen auch andere Anwender mit der Datenbank zurechtkommen müssen; für unsere Nordwind-Datenbank gilt dies mit 100%iger Sicherheit. Aber gerade auch, wenn Ihre Datenbank innerhalb eines größeren Umfeldes oder in einer Netzwerkumgebung eingesetzt werden soll, müssen Sie damit rechnen, dass nicht alle Anwender darin geübt sind, Daten in einer umfangreichen Tabelle korrekt einzugeben. Vielleicht ist es ja auch erforderlich, dass nicht jeder Anwender an alle Bereiche der Datenbank herankommen soll.

Unter diesen Bedingungen bietet es sich an, für die Eingabe von neuen Daten, für Abfragen etc. eine Maske zu erstellen, in der nur selektierte Datenfelder Anwendung finden. Ein Beispiel haben Sie bereits weiter oben kennen gelernt; auch wenn Sie sich die anderen Formulare anschauen, werden Sie feststellen, dass sich das Formular praktisch wie eine neue Oberfläche über eine Tabelle legt.

Jedes existierende Formular unserer Nordwind-Datenbank ist generiert worden. Sie können sich über die Arbeitsmethode einen Überblick verschaffen, indem Sie ein bestehendes Formular öffnen und in die *Entwurfsansicht* wechseln.

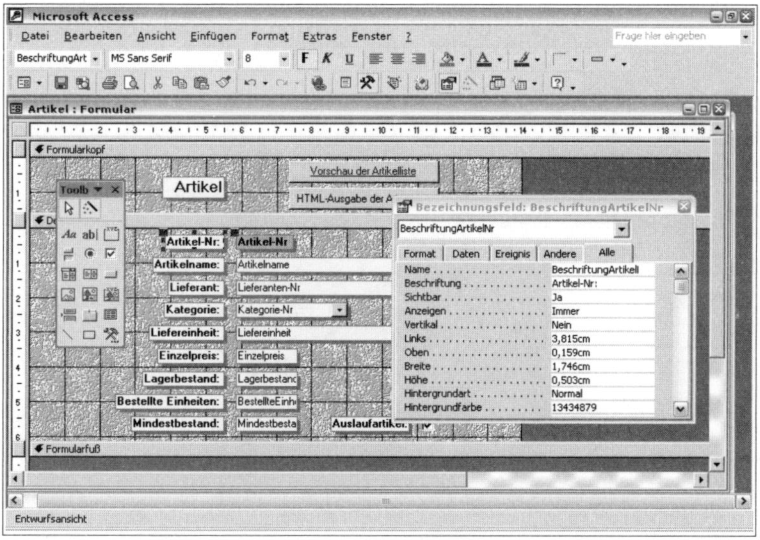

Abb. 6.9: Die Entwurfsansicht für das Formular *Artikel*

Jedes Element des Formulars kann separat bearbeitet und positioniert werden. Wenn Sie ein Element mit einem Mausklick markieren, können Sie mit einem Klick mit der rechten Maustaste das entsprechende Kontextmenü öffnen und sich beispielsweise über die Eigenschaften des Feldes informieren.

6.5 Berichte

Abfragen und Formulare sind in erster Linie für die Arbeit am Bildschirm gedacht. Sie dienen dem Erfassen von Datensätzen oder der Manipulation der Daten.

Anders sieht es mit *Berichten* aus. Berichte dienen der Zusammenfassung von Daten oder Datengruppen und sind vor allem für einen späteren Ausdruck gedacht. Dementsprechend werden Sie in Access sehr schnell feststellen, dass erstellte Berichte z. B. in Word weiterbearbeitet werden können. Wenn Sie sich beispielsweise den Bericht *Alphabetische Artikelliste* anschauen, sehen Sie, dass das Layout fast einer mit einer Textverarbeitung erstellten Seite entspricht.

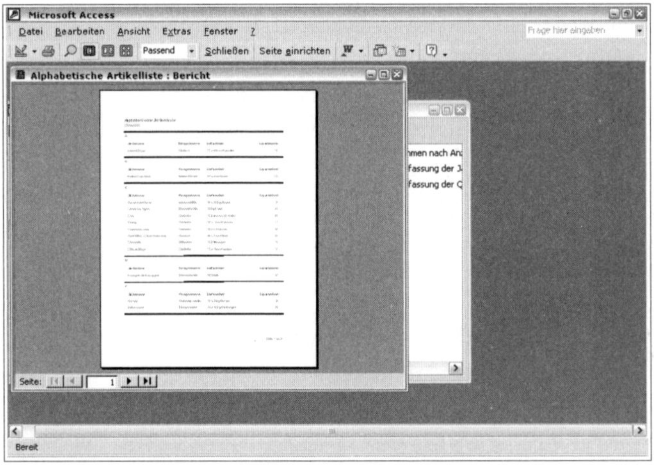

Abb. 6.10: Die Seitenvorschau für die Artikelliste

Kein Modul existiert ohne zugehörigen Assistenten. Auch beim Generieren von Berichten hilft ein elektronischer Ratgeber bei der Gestaltung.

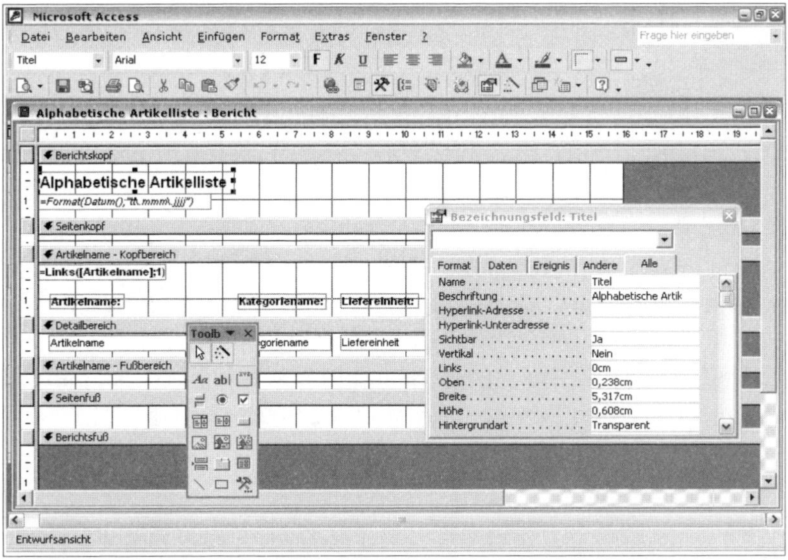

Abb. 6.11: Der Bericht aus Abbildung 6.10 in der Entwurfsansicht

6.6 Zusammenfassung, Fragen und Übungen

Zusammenfassung

- Ein Programm zur Verwaltung von Datenbanken wird Datenbank-Managementsystem (DBMS) genannt.
- Das kleinste Element einer Datenbank ist ein Datenfeld.
- Ein Datenfeld wird über seinen Namen identifiziert. Einem Datenfeld ist ein eindeutiger Felddatentyp zugeordnet.
- Ein Datensatz besteht aus einer Reihe von Datenfeldern.
- Datensätze werden in einer Tabelle zusammengefasst. Eine Datenbank ist die Gesamtheit aller Tabellen.
- In einer relationalen Datenbank bestehen zwischen den Tabellen Beziehungen und Verknüpfungen.

Zusammenfassung

- Eine Tabelle zeigt in der Tabellenansicht den kompletten Datenbestand, während die Formularansicht nur einen Datensatz darstellt.
- Ein DBMS dient zur Erfassung, Sortierung, Filterung und Analyse von strukturierten Datenbeständen.
- Mit Hilfe von Abfragen können Bereiche der Datenbank nach bestimmten Kriterien untersucht werden.
- Formulare dienen in der Form von Ein- und Ausgabemasken der übersichtlicheren Aufbereitung der Datenbank.
- Für eine druckbare Zusammenfassung der Datenbank oder ihrer Teilbereiche können Berichte zusammengestellt werden.

Fragen und Übungen

1. Was versteht man unter einer *relationalen Datenbank*?
2. Was ist ein Datenfeld?
3. Nennen Sie einige Felddatentypen!
4. Worin unterscheidet sich die Tabellen- von der Entwurfsansicht?
5. Welche Funktion übt ein Index auf einem Datenfeld aus?
6. Was ist ein Primärschlüssel?
7. Wieso ist ein Formular bei der Arbeit mit einer Datenbank ein nützliches Hilfsmittel?
8. Warum werden in einer Datenbank Abfragen durchgeführt?
9. Welche Möglichkeiten kennen Sie, um innerhalb einer Datenbank eine Abfrage durchzuführen?
10. Zu welchem Zweck werden Berichte erstellt?

7 Malen und zeichnen – Desktop Publishing und Grafiken mit CorelDRAW 10

In vielen Bereichen hat der Computer klassische Arbeitsmethoden, Arbeitsabläufe und damit auch Berufsbilder verdrängt. In kaum einem anderen Bereich wird dies so deutlich wie bei den Dienstleistungen, die mit Grafik, Satz und Druckvorstufe zu tun haben. Grafikstudios, in denen Reinzeichnungen von Hand erstellt werden, oder Satzbüros, in denen Texte manuell gesetzt werden, haben inzwischen Seltenheitswert. Ursache dafür sind Software-Hilfsmittel, die es ermöglichen, Grafiken nicht nur schneller als per Hand zu erstellen, sondern auch zu verändern, zu manipulieren und effektvoll zu gestalten. Gleiches gilt für Dokumente oder Druckerzeugnisse, in denen Grafik und Text gemischt werden.

Anwendungen, mit denen sich solche Aufgaben erledigen lassen, werden unter dem Schlagwort *Desktop Publishing* (DTP) zusammengefasst. Gemeint ist mit dem Begriff, dass die Erstellung einer Drucksache »vom Schreibtisch aus« und mit Hilfe des PCs erledigt werden kann. Generell werden DTP-Programme weniger zum Erstellen der einzelnen Bestandteile der Drucksache, sondern eher zum Zusammensetzen und Layouten derselben benutzt. Die Bestandteile (Text, Grafik etc.) werden meist in anderen Programmen generiert. Insofern verfügen DTP-Programme über weit mehr Möglichkeiten zum Layouten (Farbseparation, Schriftgestaltung etc.), als dies herkömmliche Text- oder Zeichenprogramme bieten.

Fast alle DTP-Programme sind ursprünglich keine typischen Windows-Programme. Die meisten der bekannten Produkte wie PageMaker, Ventura Publisher, QuarkXPress, FrameMaker, InDesign etc. wurden für andere Rechnerplattformen, vor allem für Apple-Rechner, entwickelt und erst später auf die Windows-Basis portiert.

Für dieses Kapitel werden wir uns mit einer Software beschäftigen, die sich in erster Linie auf den *grafischen* Bereich des Desktop Publishing für PCs konzentriert. CorelDRAW 10 ist eines der bekanntesten DTP-Programme, das zwar in erster Linie als Zeichenprogramm gilt, darüber hinaus aber ein Produkt ist, mit dem die ganze Vielfalt des DTP-Aufgabenbereichs abgedeckt werden kann.

7.1 Pixel- und vektororientierte Grafikprogramme

Bei der Beschäftigung mit Grafiken und Grafikprogrammen gilt es, einen wichtigen Unterschied zu beachten: Grafiken können mit einem pixel- oder einem vektororientierten Programm erstellt und bearbeitet werden; für erstere Gruppe hat sich auch die Bezeichnung *Malprogramm* und für letztere der Begriff *Illustrationsprogramm* durchgesetzt. Der Unterschied zwischen beiden liegt darin, wie die Informationen, die das fertige Bild liefern, zusammengesetzt und technisch realisiert werden.

Eine Pixelgrafik (oft auch als *Bitmap* bezeichnet) ist eine Zusammensetzung aus einzelnen Bildpunkten (Pixeln), die sich durch ihre Anzahl (horizontal und vertikal) und durch die Farbe der einzelnen Pixel definiert. Bei einer bestimmten Auflösung sind die Pixel als Einzelelemente nicht mehr zu erkennen und ergeben als Gesamtheit den visuellen Eindruck eines Bildes. Deutlich wird die Zusammensetzung erst, wenn man eine Pixelgrafik so vergrößert, dass die einzelnen Bildpunkte sichtbar werden. Abbildung 7.1 vermittelt eine Vorstellung dieses Modells.

Vektorgrafiken arbeiten nach einem vollkommen anderen Prinzip. Die Einzelelemente einer Grafik bestehen hier nicht aus Pixeln, sondern aus *Objekten*, die intern durch ihre Lage und Größe in Form von mathematisch definierbaren Vektoren ausgedrückt werden.

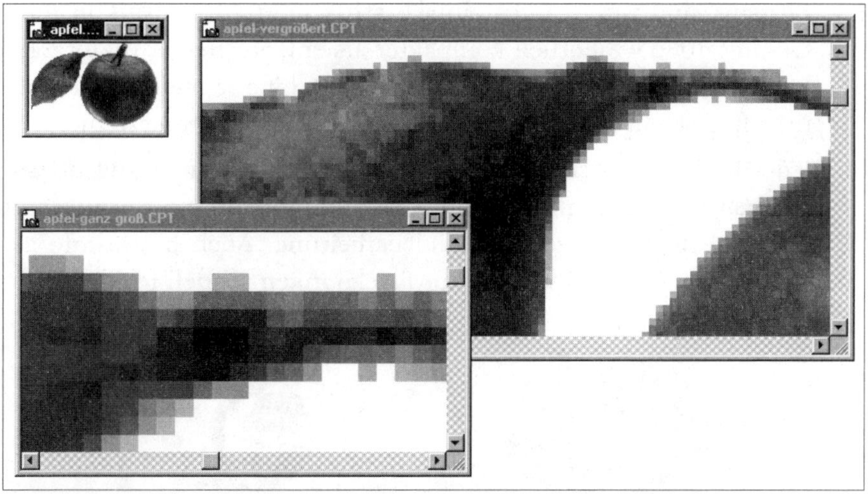

Abb. 7.1: Aufbau von Pixelgrafiken; links oben das komplette Bild, rechts oben ein Ausschnitt in Vergrößerung und unten ein extrem vergrößerter Ausschnitt – die Farbinformationen gehen natürlich im Schwarzweißdruck verloren

Ein Rechteck beispielsweise definiert sich über seine x- und y-Koordinaten sowie über seine Seitenlängen.

Vektorgrafiken bieten diverse Vorteile:

- Eine Vektorgrafik kann durch die Trennung der einzelnen Objekte beliebig »auseinander genommen« werden.
- Einzelne Objekte sind beliebig manipulier- und auch löschbar, ohne die anderen Bildelemente zu beeinträchtigen.
- Vektorgrafiken bzw. die einzelnen Elemente lassen sich beliebig skalieren, d. h. in ihrer Größe variieren, ohne dass Einfluss auf die Qualität des Bildes genommen wird.

Je nach Anwendungssituation aber muss man auch Pixelgrafiken Vorzüge einräumen:

- Scanner und Digitizer beispielsweise liefern nur Pixelgrafiken. Das Ergebnis eines eingescannten Fotos wird immer eine Pixelgrafik sein.

- Bitmaps sind wegen ihres einfach strukturierten Aufbaus in ihrer Gesamtgröße wesentlich kompakter als entsprechende Vektorgrafiken. Dieser Vorzug bedingt natürlich auch eine schnellere Verarbeitung für die entsprechenden Programme und Rechnersysteme.
- Jedes Pixel lässt sich einzeln bearbeiten. Mit leistungsfähigen Bildbearbeitungsprogrammen (Photoshop, Photo-Paint etc.) ermöglicht dies eine höchst exzellente Bildbearbeitung. Auch bestimmte gestalterische Effekte sind nur mit Pixelgrafiken schnell realisierbar.

Abb. 7.2: Links Pixel-, rechts Vektorgrafik; unten jeweils ein vergrößerter Ausschnitt

CorelDRAW ist zwar ein Vektorgrafikprogramm, eignet sich zur Beschreibung solcher Techniken aber dennoch sehr gut. Zum einen gehört zum CorelDRAW-10-Paket auch das Pixelgrafikprogramm Photo-Paint, zum anderen lassen sich in eine mit CorelDRAW erstellte Vektorgrafik problemlos Pixelgrafiken importieren.

Abb. 7.3: Mit einem einzigen Filter (*Bewegungsunschärfe*) wird der Apfel zum Fallobst

Auch die Beispiele der Abbildung 7.2 wurden auf diese Weise zusammengestellt. Und noch einen Vorteil bietet dieses Programm: Über die *Trace*-Funktion lassen sich Pixelgrafiken in Vektorgrafiken umwandeln, genauso wie Vektorgrafiken in jedem Pixelgrafikformat abgespeichert werden können.

7.2 Werkzeuge

Betrachtet man die Werkzeuge von CorelDRAW, wird man zwar durch die Vielfalt fast »erschlagen«; aber schon durch die Symbolik der einzelnen Werkzeuge wird recht deutlich, welche Funktion dahinter steckt.

Werkzeugleiste

Wir haben in Abbildung 7.4 die einzelnen Werkzeuge zusammengestellt, die CorelDRAW zur Verfügung stellt. Rechts sehen Sie im Vergleich dazu die Werkzeugleiste des Pixelgrafikprogramms Adobe Photoshop. Bei genauer Betrachtung werden Sie viele Übereinstimmungen feststellen.

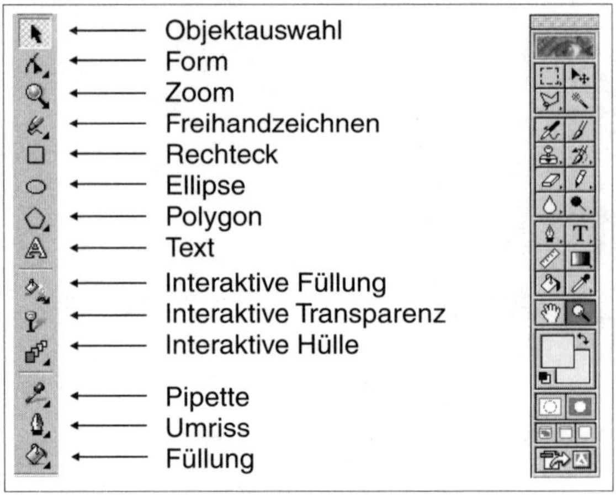

Abb. 7.4: Die Werkzeugleiste von CorelDRAW (links) und von Photoshop (rechts)

Natürlich können wir hier nicht die Funktionen aller, sondern nur der wichtigsten Werkzeuge und Hilfsmittel beschreiben. Grundsätzlich gilt: Es ist das Werkzeug aktiv, das auf der Werkzeugleiste angeklickt wurde.

Auswahl

Mit dem Auswahlwerkzeug zeigen Sie auf Objekte oder markieren sie. Alle Manipulationen wirken sich nur auf das markierte oder die markierten Objekt(e) aus. Ein Objekt wird markiert, indem der Mauszeiger auf das Objekt zeigt und dann mit der linken Maustaste auf dieses geklickt wird. Die Markierung wird durch acht *Fangpunkte* angezeigt. In der Statuszeile am unteren Bildschirmrand finden Sie detaillierte Informationen über das markierte Objekt.

Form

Mit dem Form-Hilfsmittel lässt sich die Form von Objekten manipulieren. Durch die Tatsache, dass sich jedes Objekt aufgrund von Vektoren definiert, werden de facto mit diesem Hilfsmittel die Koordinaten dieser Vektoren manipuliert.

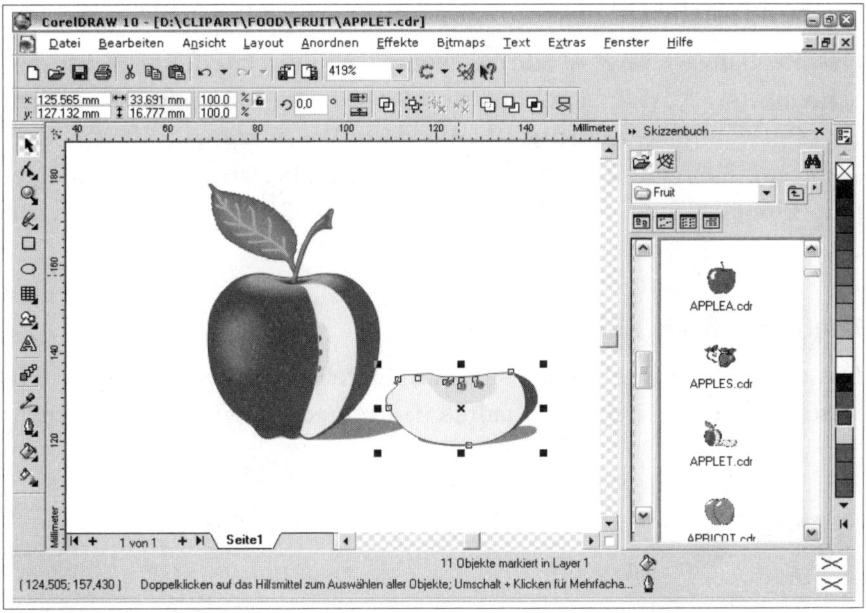

Abb. 7.5: Das Apfelstück als markiertes Objekt

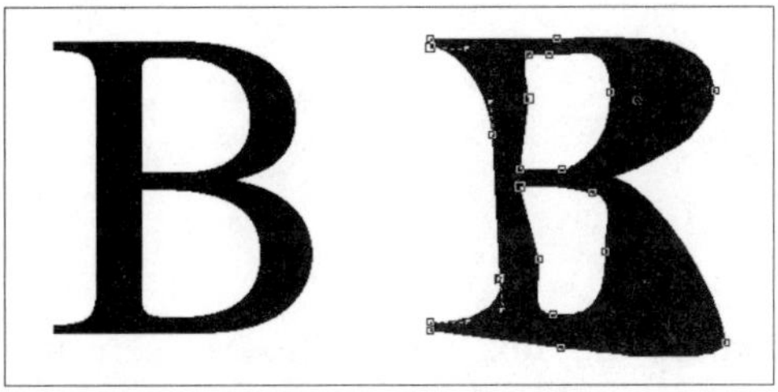

Abb. 7.6: Links das Original-B, rechts das mit dem Form-Werkzeug verbeulte B

Zoom

Die Lupe dient den verschiedenen Möglichkeiten des Heranzoomens von Objekten oder Objektausschnitten. Dabei stehen gleich mehrere Optionen zur Verfügung: Vergrößern, Verkleinern, Einpassen auf eine Seite, Seitenansicht etc.

Freihandzeichnen

Das Freihandzeichnen-Werkzeug benutzen Sie letzten Endes wie ein Schreibgerät. Allerdings »schreiben« Sie mit der Maus, was sicherlich etwas gewöhnungsbedürftig ist. Auf diese Weise können Sie mit dem Werkzeug Freihand-Zeichnungen anfertigen, aber auch exakte und gerade Linien ziehen, Bezier-Kurven zeichnen, Bemaßungen anbringen etc.

Rechteck, Kreis und Polygon

Diese drei Hilfsmittel eignen sich zum Erstellen von geometrischen Objekten: Ellipsen, Kreisen, Quadraten, Rechtecken, Vielecken, Sternen, Spiralen etc.

Abb. 7.7: Die ganze Vielfalt der Geometrie

Text

Mit Hilfe des Text-Werkzeugs können Sie Text eingeben, erfassen und bearbeiten. Wir werden später noch ausführlicher auf dieses Werkzeug eingehen.

Umriss und Füllung

Jedem Objekt kann ein Umriss und eine Füllung zugewiesen werden. Darunter fallen aber auch Spezialfunktionen wie die Transformation einer Linie in einen Pfeil oder das Füllen von Objekten mit Mustern, Farben und Farbverläufen.

Flyouts

Vielleicht ist Ihnen schon aufgefallen, dass einige Werkzeug-Icons am rechten unteren Rand mit einem kleinen Dreieck versehen sind. Corel nennt diese Art der Benutzerführung *Flyout*-Menüs. Darunter ist ein Menübefehl oder ein Hilfsmittel zu verstehen, das wiederum zwei oder mehr Hilfsmittel oder Werkzeuge enthält. Es wird angezeigt, wenn Sie das kleine Dreieck anklicken.

Andock-Fenster

Die ganze Vielfalt der Funktionen führt schnell zu einem unübersichtlichen Chaos ... wenn nicht die Möglichkeit bestünde, bestimmte Effekte, Menüs oder Optionen zu selektieren. Die Andock-Fenster von CorelDRAW haben den Vorteil, dass sie Funktionen zusammenfassen, neben dem Arbeitsbereich positioniert und bei Bedarf ausgeklappt werden können. Mit *Fenster / Andock-Fenster* können Sie schon einmal einen kleinen Überblick bekommen, welche Optionen Ihnen CorelDRAW standardmäßig zur Verfügung stellt.

7.3 Objektgestaltung

Mit so vielen Hilfsmitteln sollte es eigentlich möglich sein, Ihre grafischen Wünsche in die Tat umzusetzen. Denken Sie trotzdem bei allen Möglichkeiten an die alte Binsenweisheit, dass weniger manchmal mehr ist. Nutzen Sie die Effekte sparsam, denn sonst hat man sich an Ihren Zeichnungen schnell satt gesehen. Und noch ein Punkt: CorelDRAW kann Ihnen höchstens bei der Realisation Ihrer Ideen helfen. Die kreative Fantasie muss schon von Ihrer Seite kommen.

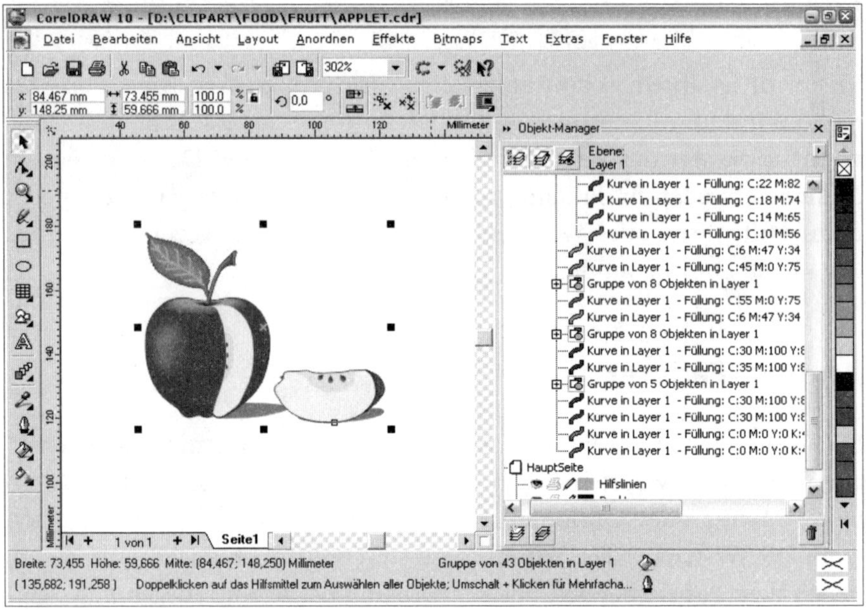

Abb. 7.8: Der Objekt-Manager erfasst jede Linie, jede Kurve und jede Farbe

Transformieren

Ein großer Vorteil von Vektorgrafiken ist, dass Objekte beliebig skaliert und transformiert werden können. Dazu gehören das proportionale Vergrößern und Verkleinern von Objekten, aber auch Sonderformen wie Stauchen, Dehnen, Neigen oder Spiegeln, wobei unter Umständen die Originalproportionen des Objekts verloren gehen. Die entsprechenden Funktionen werden am einfachsten durchgeführt, wenn Sie nach dem Markieren eines Objektes einen Fangpunkt einmal oder zweimal anklicken und bei gedrückter Maustaste in die gewünschte Richtung ziehen. Welchen Fangpunkt Sie mit wie vielen Klicks für welche Aktion einsetzen, werden Sie nach einigen Versuchen schnell feststellen. Übersichtlicher und vor allem genauer können Sie die Aktionen mit den Optionen des Menüs *Anordnen / Ändern* erledigen.

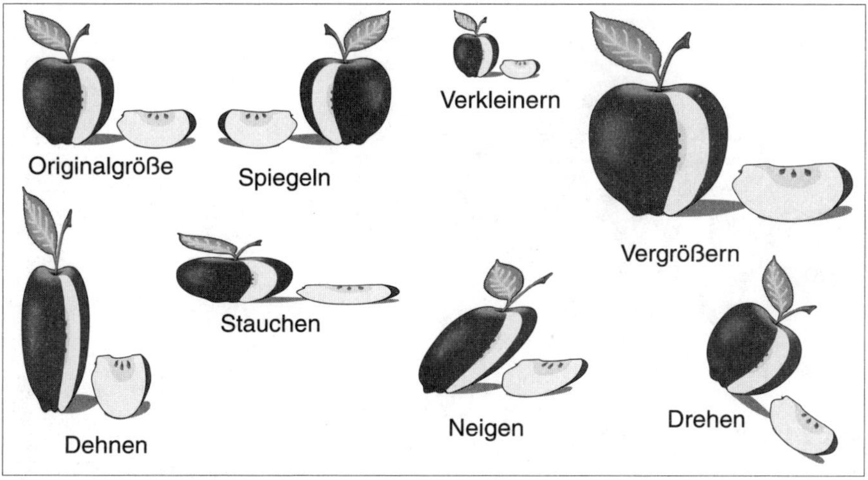

Abb. 7.9: Verschiedene Möglichkeiten der Transformation eines Objekts

Duplizieren

Vielleicht benötigen Sie ein einmal erstelltes komplexes Objekt, das unter Umständen zudem aus zahlreichen Einzelobjekten besteht, nicht nur einmal, sondern öfter in Ihrer Zeichnung. Sie können sich das Leben schwer machen und beim zweiten Objekt noch einmal von vorne anfangen; leichter geht es über [Strg]+[D] bzw. *Bearbeiten / Duplizieren*, bei dem vom markierten Original eine Kopie angefertigt wird. Eine Sonderform des Duplizierens ist das *Klonen*. Während die Kopie beim Duplizieren als unabhängiges Objekt weiterbearbeitet werden kann, wirken sich auf geklonte Objekte alle Änderungen am Originalobjekt auch auf seine Kopien aus.

Gruppieren, Kombinieren und Verschmelzen

Kaum eine anspruchsvolle Grafik besteht aus lediglich einem Objekt. Im Normalfall werden Sie verschiedene Objekte, die jeweils einen anderen Typ haben, mit verschiedenen Attributen (Füllung, Umriss etc.) be-

Abb. 7.10: Geklonte Äpfel

nutzen, um Ihre Zeichnung zusammenzustellen. Unser Apfel beispielsweise besteht aus 43 Einzelobjekten.

Abb. 7.11: Der Apfel und seine 43 Einzelteile

Damit die Einzelobjekte nicht durcheinander geraten bzw. als Gesamtobjekt fungieren, sollten diese zu einem einzigen Objekt *gruppiert* werden. Ob es sich bei einem Objekt um ein Einzelobjekt oder eine Objektgruppe handelt, erkennen Sie in der Statuszeile, in der *Gruppe von xx Objekten* angegeben ist.

Eine ähnliche Aktion stellt das *Kombinieren* von Objekten dar. Während beim Gruppieren die einzelnen Objekte lediglich zusammengefasst werden, verlieren die zu kombinierenden Objekte nach der Kombination ihren Status als eigenes Objekt und werden zu einem einzigen Objekt (wobei sich die Kombination natürlich wieder aufheben lässt).

Eine solche Kombination bringt z. B. dann Vorteile, wenn Sie zwei unabhängige Kurven bearbeiten, die zu einem geschlossenen Objekt zusammengefasst werden sollen.

Noch weiter geht das *Verschmelzen* von Objekten. Diesen Effekt können Sie beispielsweise dann wählen, wenn sich Objekte überlagern, die Umrisse an den Überlagerungsstellen aber nicht mehr sichtbar sein sollen und lediglich ein Umriss für alle Objekte existieren soll.

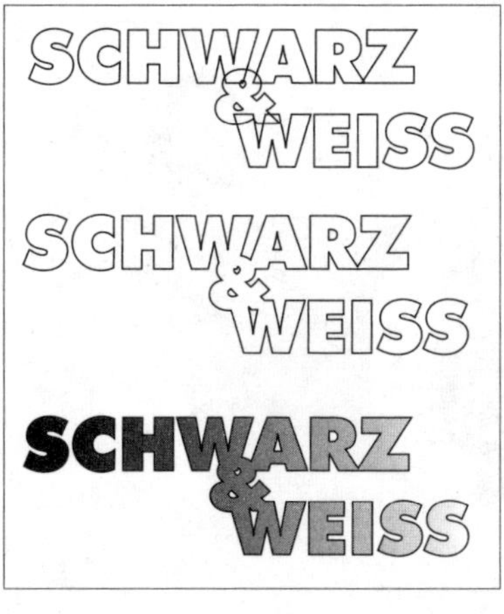

Abb. 7.12: Verschmelzung von SCHWARZ & WEISS

Anordnen

Spätestens wenn Sie mit mehreren Objekten arbeiten, die sich überlagern, werden Sie ein Problem haben, wenn sich ein größeres Objekt vor ein kleineres schiebt – Letzteres wird dann überdeckt und ist nicht mehr zu sehen.

Objekte können auf der Arbeitsoberfläche in den Vordergrund und in den Hintergrund gestellt werden. Die Objektreihenfolge und Anordnung kann über das Menü *Anordnen / Anordnung* oder über Tastenkombinationen erledigt werden.

Abb. 7.13: Die Schattenseiten eines Apfels

7.4 Textbearbeitung

Auch wenn sich mit einem DTP-Programm Texte und Grafiken mischen lassen, um z. B. eine Werbeseite, einen Flyer oder eine Broschüre zu erstellen, muss ganz klar herausgestellt werden, dass jedes Programm seine Schwerpunkte hat. Bei CorelDRAW liegt der Schwerpunkt ganz eindeutig auf der Grafik. Bei anderen Programmen liegt die Leistungsfähigkeit dagegen mehr auf der Textseite. Welches DTP-Programm für welche Aufgaben gewählt werden soll, ist immer auch von dem Anteil der einzelnen Elemente abhängig.

Wenn es z. B. darum geht, eine Seite mit komplexen Grafiken und wenig Textelementen zu layouten, ist CorelDRAW sicherlich ein passables Programm. Dieses Buch beispielsweise wurde mit dem Satzprogramm Adobe FrameMaker gesetzt, denn bei 432 Seiten wäre diese Arbeit mit CorelDRAW mehr als umständlich. Die Texte dieses Buches dagegen sind mit Word erfasst worden, denn FrameMaker bietet zwar umfangreiche Möglichkeiten zum Editieren, aber 300 Seiten Text mit FrameMaker einzugeben, sollten Sie sich ersparen. Dagegen bietet FrameMaker hervorragende Möglichkeiten, was das Layouten von Seiten angeht und darüber hinaus die Fähigkeit, große Projekte zu gliedern, zu indizieren etc. Alle Vektorgrafiken dieses Buches sind mit CorelDRAW erstellt und bearbeitet worden, wobei teilweise auf die riesengroße Clipart-Sammlung des Programms zurückgegriffen wurde. Die Pixelgrafiken dagegen wurden mit Adobe Photoshop und Paint Shop Pro bearbeitet. Sie sehen schon, dass es bei DTP-Programmen sehr darauf ankommt, dass man den Leistungsumfang des Programms kennt und bei Schwachpunkten andere Programme nutzt, um effektiver zu arbeiten. Für die Gestaltung von kurzen Texten z. B. ist CorelDRAW ein durchaus brauchbares Programm. Dies gilt besonders für Gebrauchsgrafiken, einzelne Wörter, Überschriften oder kurze Absätze, die eine Grafik aufwerten können.

Grafischer Text

Grundsätzlich können Sie unter CorelDRAW alle Schriftarten benutzen, die Sie auch mit den anderen auf Ihrem PC installierten Programmen benutzen. Zum Lieferumfang von CorelDRAW 10 gehören aber zusätzlich noch ca. 1000 TrueType- und PostScript-Schriften.

Sie sollten diese Schriften nicht alle auf Ihrem Rechner installieren, denn erstens können Sie sich die Namen der Schriftfonts eh nicht merken, eventuell ist Ihre Festplatte nicht groß genug dimensioniert und zu guter Letzt bedeutet ein überflüssiger Wust an Schriften eine Belastung der Systemressourcen – Ihr PC wird langsamer. Wenn Sie mit vielen Schriften zu tun haben, sollten Sie in jedem Fall auf einen so genannten Font-Manager zurückgreifen, um einen schnellen Überblick über Ihre Schriften zu bekommen. Sie können hier beispielsweise mit dem Corel Font Navigator arbeiten, aber auch das Programm *Schriftarten*, das Sie in der *Systemsteuerung* von Windows finden, bietet Ihnen einen Überblick über die installierten True-TypeSchriften.

Auch ein Text gilt, wenn Sie mit CorelDRAW arbeiten, als Objekt. Ob es sich dabei um einen Buchstaben, ein Wort oder einen längeren Absatz handelt, spielt keine Rolle. Erst wenn der Text eine gewisse Länge übersteigt, wird er als *Mengentext* behandelt. Jedes andere Textobjekt wird als *grafischer Text* bezeichnet.

Durch die Behandlung von Text als Objekt ergibt sich natürlich auch, dass Sie mit Textobjekten die gleichen Aktionen durchführen können wie mit jedem anderen grafischen Objekt auch: Skalieren, Drehen, Spiegeln, Neigen etc.

Dennoch sollten Sie auch hier die Richtlinien beachten, die schon in Kapitel 4, bei dem es um Textverarbeitungsprogramme ging, erwähnt wurden.

Interessant wird die Textbearbeitung mit CorelDRAW vor allem dann, wenn Sie den Text als Gestaltungselement ge- (oder miss-)brauchen. So

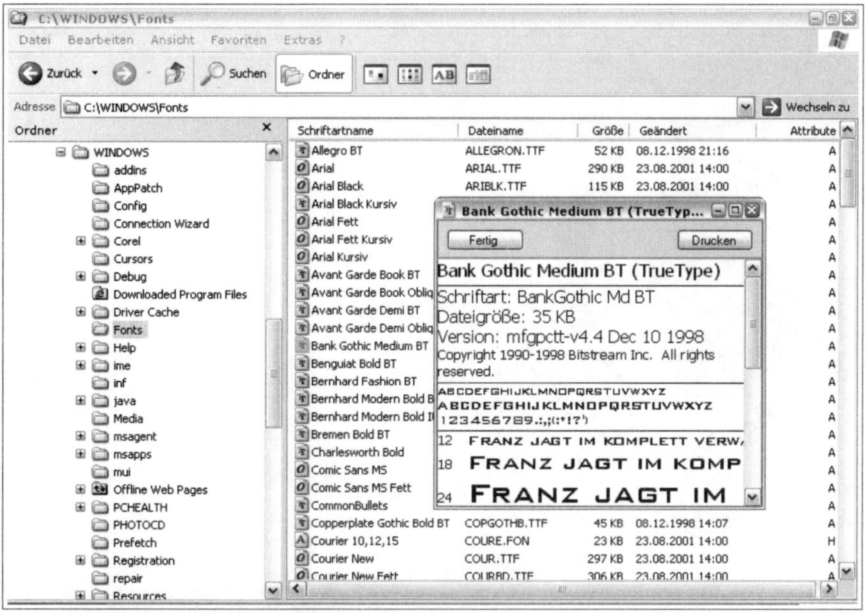

Abb. 7.14: Einzelne Schriften betrachten

können Sie Text beispielsweise an anderen Objekten ausrichten, Buchstaben versetzen oder verformen oder mit den bereits bekannten Mitteln kombinieren und verschmelzen. Auch die Spezialeffekte, auf die wir weiter unten zu sprechen kommen, lassen sich auf Textobjekte anwenden.

Mengentext

Ab einer bestimmten Menge an Text reichen die normalen Hilfsmittel zur Textgestaltung nicht mehr aus. Das gilt z. B. für den Fall, dass große Textmengen importiert werden. Das gleiche Problem tritt dann auf, wenn Text beispielsweise im Formsatz layoutet werden soll, d. h., wenn eine große Textmenge an einem anderen Objekt vorbei- oder um dieses herumläuft.

Abb. 7.15: Der Apfel, der keiner ist

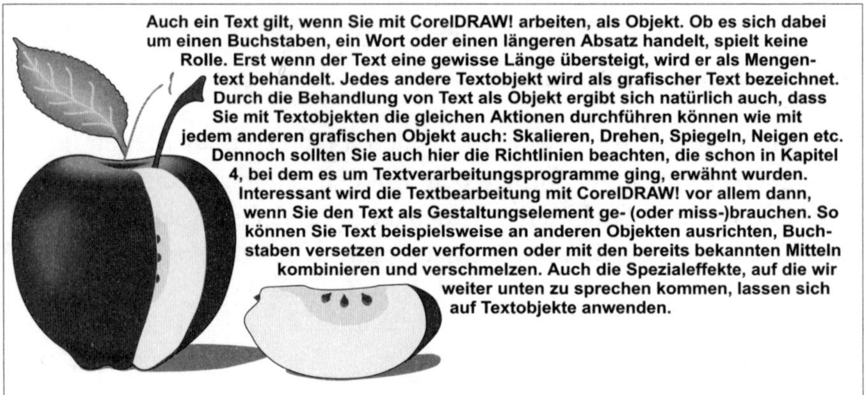

Abb. 7.16: Text im Formsatz

Kalligrafie

Ein besonderes Gestaltungselement der Textdarstellung und Textmanipulation ist die Möglichkeit, kalligrafische Effekte verwenden zu können. Dieser Effekt lässt sich zwar auf alle Objekte anwenden, die als Kurve darstellbar sind; gerade aber bei Text lassen sich damit beeindruckende Ergebnisse erzielen.

Mit Hilfe der Kalligrafie wird der Strich, den Sie mit Ihrem Zeichenstift auf den Bildschirm »pinseln«, nicht mit einem gleich bleibend dicken Umriss versehen; vielmehr lässt er sich wie eine Schreibfeder handhaben, was eine wesentlich grazilere und natürliche Kurvenform hervorruft.

7.5 Effekte

Was Pixelgrafikprogramme mit Spezialfiltern zum Weichzeichnen, Vergröbern, Stilisieren und zur Bewegungsunschärfe erledigen, wird in Vektorgrafikprogrammen mit Spezialeffekten wie Extrusionen, Hüllenbearbeitungen, Linsen usw. realisiert.

Überblenden

Was bei Animationen als »Morphing« bezeichnet wird, übernimmt in CorelDRAW der Effekt *Überblendung*. Das Grundprinzip ist, dass ein Objekt über eine Reihe von Zwischenformen in ein anderes Objekt überführt wird. Sie haben die Möglichkeit, bei Überblendungen verschiedene Optionen zu beeinflussen: die Anzahl der Zwischenschritte, den Verlauf der Farbüberblendung, die (imaginäre) Linie, an der überblendet wird etc. Abbildung 7.17 zeigt, dass Überblendungen sowohl mit Grafiken als auch mit grafischem Text möglich sind.

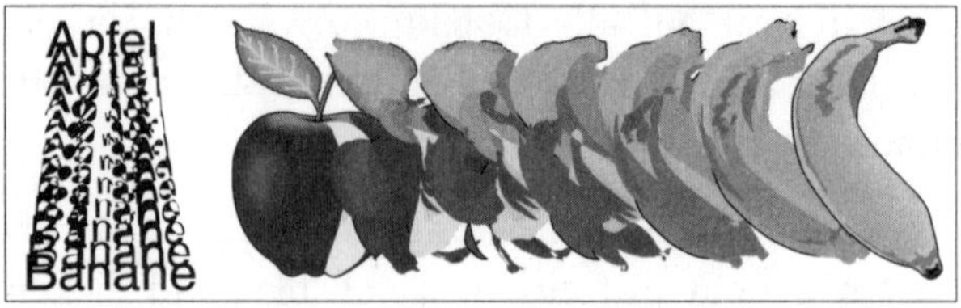

Abb. 7.17: Wie der Apfel zur Banane wird

Extrudieren

Mit Vektorgrafikprogrammen können Sie ohne Probleme in die dritte Dimension starten. Zwar wird bei derartigen Effekten ein beträchtlicher Rechenaufwand erforderlich, was aber noch immer komfortabler ist, als wenn Sie selbst rechnen müssten ... Wenn ein Objekt extrudiert wird, werden entlang seiner Ränder Punkte projiziert, die anschließend zu einer Oberfläche verbunden werden. Extrudierte Objekte sind dynamische Objekte, denn jede Änderung am »eigentlichen« Objekt (*Steuerungsobjekt*) wirkt sich auf die extrudierten Flächen aus.

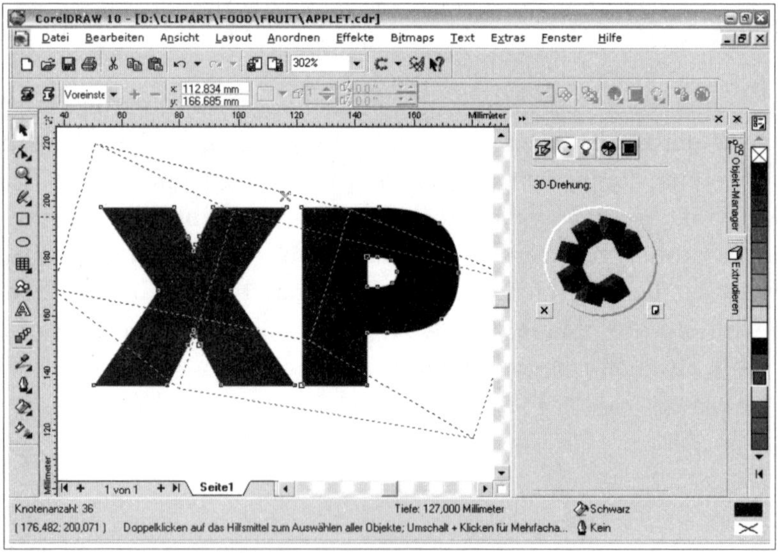

Abb. 7.18: XP kurz vor dem Extrudieren

Abbildung 7.18 vermittelt Ihnen eine Vorstellung davon, dass Extrusionen auch und gerade im 3D-Bereich wirken, zumal wenn imaginäre Lichtquellen oder Gewebefüllungen den Effekt verstärken.

Farbverläufe

Ähnlich vielfältige Einstellungen finden Sie, wenn ein Objekt mit einer Farbe gefüllt werden soll. Sie können hier zwischen einzelnen Farben, Bitmap-Mustern, PostScript-Mustern, Fraktalmustern oder Farbverläufen wählen. Eine Farbverlaufsfüllung ist der Verlauf einer Farbe in eine andere, der einem runden, eckigen, geraden oder radialen Pfad folgt. Je höher die Anzahl der Farbverlaufsstreifen in einer Füllung gesetzt wird, desto übergangs- und stufenloser wird das Aussehen des Verlaufs. Bedenken Sie aber, dass sowohl für den Bildschirmaufbau als auch für einen späteren Druckvorgang die Rechenzeit bei einer hohen Anzahl von Farbverlaufsstreifen ansteigt.

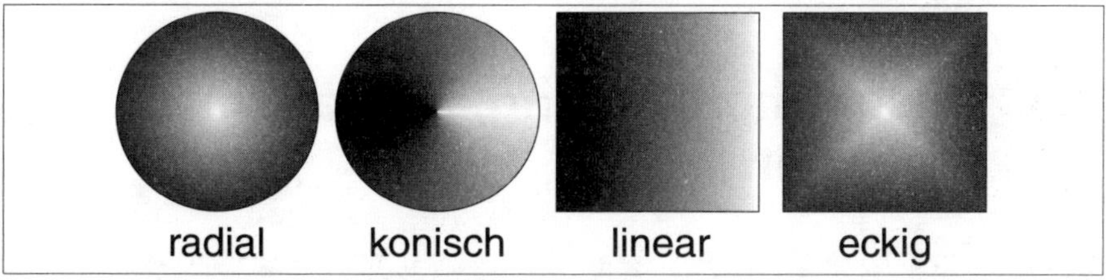

Abb. 7.19: Vier verschiedene Farbverlaufspfade mit jeweils 50 Farbverlaufsstreifen

Für eine dreidimensionale Darstellung brauchen Sie also nicht immer gleich in die tiefste Extrusions-Trickkiste zu greifen. Auch ein Farbverlauf kann einem Kreis ein dreidimensionales Äußeres verleihen. Sie müssen dazu lediglich Werte wie den Abstand zum Zentrum, den Randabstand, ab dem der Verlauf einsetzen soll, oder den Mittelpunkt der Farbüberblendung ändern. Und wenn Sie noch den Umriss des Kreises löschen, ist für jeden Betrachter aus dem Kreis eine Kugel geworden.

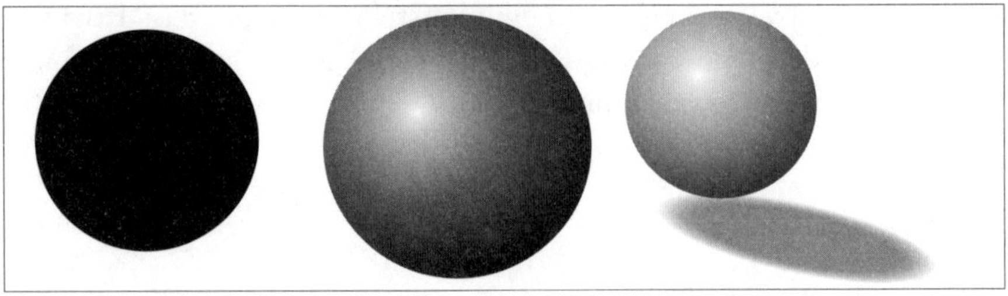

Abb. 7.20: Mit wenigen Einstellungen wird ein Kreis zu einer Kugel; mit einem Schatten versehen wird sie zur schwebenden Kugel

Wir konnten an dieser Stelle natürlich nur einige Spezialeffekte von Vektorgrafikprogrammen vorstellen. Im Gegensatz zu anderen Anwendungsbereichen bieten Grafikprogramme eine hervorragende Möglichkeit, sich kreativ und spielerisch mit einer Applikation zu beschäftigen. Sie sollten in jedem Fall ein solches Programm auch dahingehend nutzen, neue Effekte auszuprobieren und sich von der Leistungsvielfalt von Grafikprogrammen insgesamt überraschen zu lassen.

7.6 Zusammenfassung, Fragen und Übungen

Zusammenfassung

- Grafikprogramme bieten die Möglichkeit, am Computer Zeichnungen und Grafiken zu erstellen.
- Programme, mit denen sich Dokumente gestalten lassen, die aus verschiedenen Elementen wie Text, Grafik etc. bestehen, zählen zum Bereich des *Desktop Publishing*.
- Der Leistungsumfang und Schwerpunkt von DTP-Programmen ist sehr unterschiedlich; je nach Anwendungsgebiet sollten verschiedene Elemente mit einer anderen Software vorbereitet werden.

Zusammenfassung

- Bei Grafikprogrammen unterscheidet man pixelorientierte und vektororientierte Applikationen.
- Grafikprogramme stellen Hilfsmittel und Werkzeuge zur Verfügung, mit denen sich bestimmte Aufgaben erledigen lassen. Dazu zählen z. B. Hilfsmittel zum Zeichnen von Linien, Kurven, geometrischen Figuren oder Werkzeuge zum Bearbeiten von Umrissen oder zum Farbfüllen von Objekten.
- Weil Vektorgrafiken aus Objekten bestehen, die nicht wie in Bitmaps auf Pixeln aufgebaut sind, können Elemente der Grafik beliebig transformiert werden.
- Zum Transformieren gehören Aktionen wie Vergrößern, Verkleinern, Drehen, Spiegeln oder Verzerren.
- Einzelne Objekte können beliebig dupliziert oder zu einer Objektgruppe zusammengefasst werden.
- Grafikprogramme bieten auch die Möglichkeit, Text zu integrieren und zu bearbeiten. Bei Vektorgrafik-Programmen kann Text wie jedes andere Element auch mit verschiedenen Effekten belegt werden.
- Handelt es sich um einen längeren Text, der einen wesentlichen Anteil am Gesamtdokument hat, sollte er mit den Hilfsmitteln für Mengentext bearbeitet werden. DTP-Programme zeichnen sich durch eine Vielfalt von Werkzeugen für den Satz von Mengentext aus.
- Jedes Grafikprogramm verfügt über die Möglichkeit, Spezialeffekte einzusetzen. Dazu zählen unter anderem die Möglichkeiten, Objekte dreidimensional zu gestalten.

Fragen und Übungen

1. Was versteht man unter dem Begriff *Desktop Publishing*?
2. Erläutern Sie den Unterschied zwischen einer *Pixel-* und einer *Vektorgrafik*!
3. Welche Werkzeuge und Hilfsmittel zur Bearbeitung von Grafiken kennen Sie?
4. Wie nennt man die Fenster, die sich neben dem Arbeitsbereich positionieren lassen und die bei Bedarf ein- oder ausgeblendet werden können?
5. Mit welchen Aktionen können Sie Objekte *transformieren*?
6. Was geschieht beim *Klonen* von Objekten?
7. Warum und wann ist der Einsatz von Schriftarten-Managern sinnvoll?
8. Was versteht man unter den Begriffen *Überblenden* und *Extrudieren*?
9. Was ist ein Farbverlauf?
10. Wo können Sie in CorelDRAW genauere Informationen zu einem markierten Objekt finden?

8 Schwarz auf weiß oder bunt und in Farbe – Scannen und drucken

In den vorangegangenen Kapiteln haben Sie die grundlegenden Aktionen, die Sie mit Ihrem PC und Windows XP erledigen können, kennen gelernt. Sie wissen bereits, welche Arbeit ein Betriebssystem im Hintergrund erledigt, haben gelernt, wie Anwendungsprogramme gestartet und beendet werden und haben elementare Kenntnisse darüber erworben, auf welche Art und Weise sich Daten mit Hilfe verschiedener Applikationen be- und verarbeiten lassen.

Was die *Eingabe* betrifft, haben wir uns bisher allerdings lediglich auf Maus und Tastatur beschränkt. Angesichts der Tatsache, dass Flachbettscanner in den letzten Jahren einem noch rapideren Preisverfall unterlegen sind als Hardwarekomponenten generell, scheint es sinnvoll, hier die Grundbegriffe des Scannens als Eingabemöglichkeit zu erwähnen.

Die *Ausgabe* von Daten haben wir bis jetzt nur auf dem Bildschirm betrachtet. Für viele Arbeitssituationen ist dieser Zustand allerdings mehr als unzufriedenstellend, denn schließlich nutzt es Ihnen oftmals wenig, wenn Ihre Dateien lediglich am Monitor betrachtet werden können oder sie digital auf einem Datenträger liegen. Viele Anwendungen wie Textverarbeitungen beispielsweise oder Programme, mit denen Sie Präsentationsgrafiken erstellen können, sind ja geradezu darauf ausgerichtet, dass Sie die Ergebnisse Ihrer Arbeit in Form eines Ausdrucks begutachten und weiterverwenden können.

Betrachtet man Scannen und Drucken als zwei Seiten einer Medaille, kommt man wohl oder übel auf das EVA-Modell aus Kapitel 1 zurück: Geradezu zwangsläufig zeigt sich hier, dass die Theorie der Praxis uneingeschränkt entspricht, was vor allem dann deutlich wird, wenn Sie Scanner und Drucker gemeinsam wie einen Kopierer benutzen.

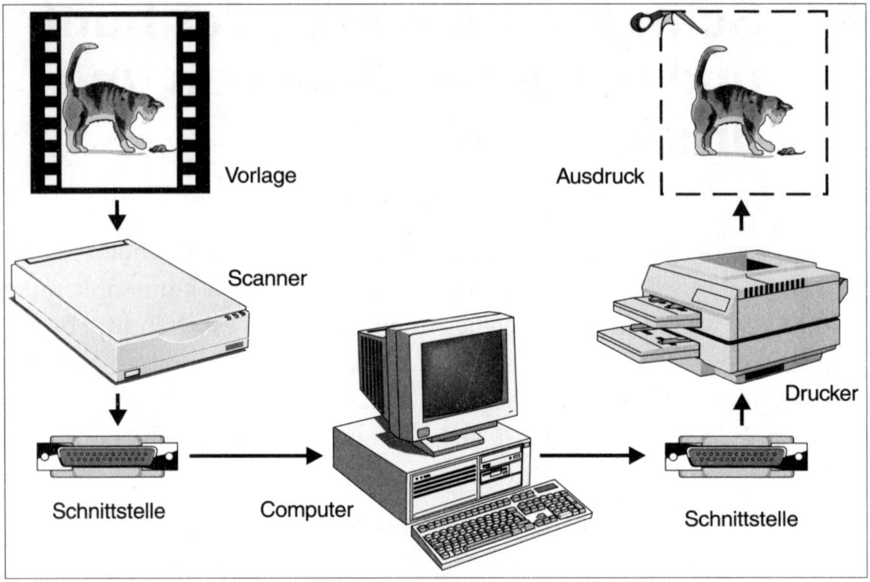

Abb. 8.1: Das EVA-Prinzip übertragen auf die Arbeitsweise Scannen/Drucken

Was die Ausgabe auf einem Drucker angeht, ist erwähnenswert, dass auch hier das Konzept beibehalten wurde, dass es relativ egal ist, über welches Programm Sie Daten an den Drucker senden – die Dialogfenster, die sich auf die Druckaufbereitung beziehen, sind im Wesentlichen immer identisch, was Ihnen die Einstellung zum Drucken sehr vereinfacht. Schließlich ist es egal, *welche* Informationen Sie an den Drucker schicken; im Normalfall ist es immer *dasselbe* Ausgabegerät, und dementsprechend kann auch die Druckaufbereitung zentral über Windows XP erledigt werden. Wenn der Drucker also einmal richtig eingestellt ist, spielt es für Sie als Anwender keine Rolle, ob Sie Texte, Grafiken, Tabellen oder Diagramme zur Ausgabe schicken.

In diesem Kapitel werden Sie sehen, welche Arten von Scannern und Druckern es gibt und für welche Aufgaben sich die einzelnen Typen eignen. Wir werden uns aber auch damit befassen, wie Windows XP die Druckdaten im Hintergrund aufbereitet und zum Drucker schickt.

8.1 Hardwarevoraussetzungen

Wir werden im Folgenden Hardwarekomponenten wie Trommelscanner, Plotter oder Belichter außer Acht lassen. Derartige Hardware wird weniger von »Normalanwendern« genutzt als vielmehr von Unternehmen, die sich in professioneller Art und Weise um die Realisierung von Druckaufträgen bemühen: Satzstudios und Druckereien.

Parallele, SCSI- und USB-Schnittstelle

Schnittstellen zwischen zwei Maschinen werden auch als *Interface* oder *Port* bezeichnet. Da es sich auch bei Scan- und Druckdaten um digitale Informationen handelt, ergibt sich dabei die Frage, auf welche Art und Weise dieser Datentransfer vonstatten geht. Mit der Möglichkeit, ein Bit nach dem anderen in Folge zu transportieren, werden wir uns im nächsten Kapitel beschäftigen. Da in der Realität aber bei einer Datenübertragung vom Scanner oder zum Drucker eine sehr große Datenmenge anfällt, kommt in den allermeisten Fällen eine derartige *serielle* Übertragung nicht in Betracht – es sei denn, über eine schnelle USB-Schnittstelle. Die Devise »Bitte ein Bit« würde im Normalfall dazu führen, dass die Ausgabe einfach zu lange dauern würde.

Dass es sich bei Scannern und Druckern um eine andere Art des Datentransports handelt, können Sie schon feststellen, wenn Sie das Kabel, das Ihre Maus mit dem PC verbindet, mit dem Kabel vergleichen, das Ihren Scanner oder Drucker mit dem PC verbindet. Das Mauskabel, über das die Daten seriell übermittelt werden, ist wesentlich dünner als das Druckerkabel. Und in der Tat werden bei einer *parallelen* Übertragungsweise – wie der Name schon sagt – mehrere Bits gleichzeitig, also parallel von einem Gerät zum anderen, übertragen. Das gleiche Prinzip haben Sie bereits bei der Arbeitsweise der CPU kennen gelernt. Je mehr Informationen gleichzeitig bearbeitet werden können, desto höher ist der Datendurchsatz des Transfers.

Die Schnittstelle, die für die Verbindung zwischen PC und Drucker zuständig ist, nennt man *parallele Schnittstelle*. Die technische Realisation dieser Schnittstelle wurde von einer Firma namens *Centronics* entwickelt, weswegen die Bezeichnung *Centronics-Interface* ein Synonym für diese Schnittstelle geworden ist. Der Ausgang, an dem das Druckerkabel angeschlossen werden kann, wird als LPT bezeichnet, wodurch klar wird, dass an einer solchen parallelen Schnittstelle in erster Linie *Line PrinTer* angeschlossen werden. Da das Betriebssystem maximal vier solcher Schnittstellen verwalten kann, werden die einzelnen Ports durchnummeriert: von LPT1 bis LPT4. In Ihrem PC werden Sie maximal zwei Schnittstellen vorfinden. Wenn Sie über nur einen Drucker verfügen, sollten Sie ihn der Einfachheit halber an LPT1 anschließen.

Bei Scannern sieht die Sache komplexer aus. Es war lange Zeit üblich, Scanner über eine SCSI-Schnittstelle anzusteuern (*Small Computer System Interface*). Eine derartige Schnittstelle existiert nicht nur für Scanner, sondern auch für Festplatten, CD-ROM-Laufwerke etc. Bei dieser Schnittstelle handelt es sich um ein eigenes Bussystem, das sozusagen dem PC-Bussystem als Subsystem angegliedert wird. Der eigentliche Bus wird entlastet (schnellerer Transport) und das System wird offener für Geräte, die sich an den SCSI-Bus angliedern lassen (Erweiterbarkeit). Nachteile: Zur Steuerung ist ein Controller notwendig, der, wenn es sich um einen leistungsfähigen Controller handelt (und nur dann macht SCSI Sinn) eine recht teure Komponente ist.

Preisgünstige Scanner bedienen sich darum wie Drucker oft der parallelen Schnittstelle, wobei das Signal hier praktisch nur durchgeschleift wird, denn sonst wäre es ja nicht möglich, über nur einen parallelen Port an einem PC gleich zwei Geräte anzuschließen, die eine parallele Schnittstelle benötigen. Eine Alternative ist der Anschluss über den *Universal Serial Bus* (USB), eine Schnittstelle, an der bis zu 127 Geräte unterschiedlichsten Typs angekoppelt werden können. Windows erkennt Komponenten an dieser Schnittstelle sofort und installiert automatisch die entsprechenden Treiber.

Scannertypen

Zu der Zeit, als Scanner noch recht teuer waren, benutzte man Handscanner, die sich vor allem durch den schlechten Abtastvorgang auszeichneten: Im Gegensatz zum Flachbettscanner tastet der Scanner hier nicht die Vorlage ab, sondern er wird über die Vorlage gezogen – und das in einer maximalen Abtastbreite von 100–105 Millimetern. Die Ergebnisse eines solchen Scans sind vorstellbar, und auch unter dem Preis-Leistungs-Aspekt ist ein Flachbettscanner vorzuziehen.

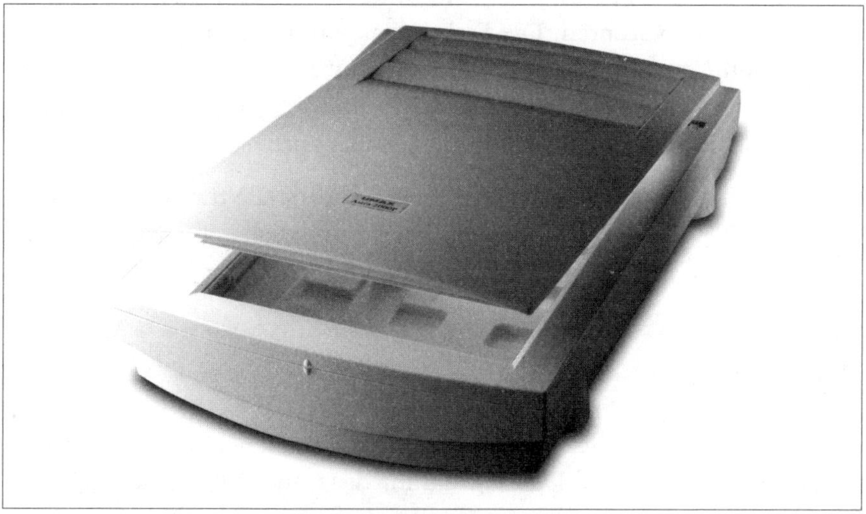

Abb. 8.2: Flachbettscanner (Quelle UMAX)

Das Arbeitsprinzip eines Scanners ist relativ simpel: Eine CCD-Kamera (*Charge Coupled Device*) tastet die Vorlage zeilenweise (also nicht in ihrer Gesamtheit) ab, was sich beim Scanvorgang zwar nicht sehen aber hören lässt, wenn der Schlitten, auf dem die Kamera sitzt, unter der Vorlage durchgezogen wird. CCDs sind Bauelemente, die die auftretende Beleuchtungsstärke in elektrischen Widerstand umsetzen, wobei diese Spannung dann über einen A/D-Wandler in digitale Werte umgesetzt wird.

Als Leistungsmerkmale sind vor allem zwei Aspekte ausschlaggebend: die Auflösung und die Farbtiefe. Vorsicht ist vor allem bei dem ersten Feature geboten: Die *physikalische* Auflösung bezeichnet, wie viele Pixel pro Inch (2,54 cm) von den CCD-Sensoren abgetastet werden; die Durchschnittswerte liegen hier zwischen 300 und 400 dpi (*dots per inch*). Die *interpolierte* Auflösung dagegen kann wesentlich höher liegen, denn hier errechnet die Software Zwischenwerte, indem zwischen die tatsächlich abgetasteten Pixel zusätzliche Bildpunkte gelegt werden, deren Farbe oder Grauwert sich aus den umliegenden Pixeln errechnet. Auf diese Weise ist es möglich, die Bildgröße gegenüber den tatsächlichen Maßen zu variieren. Die Farbtiefe ist (ähnlich wie bei den Grafikkarten) dafür zuständig, wie viele Graustufen/Farben der Scanner umsetzen kann. Gebräuchlich sind 8 Bit Farbtiefe für max. 256 Graustufen, 24 Bit für 16,7 Millionen und 30 Bit für ca. 1 Milliarde Farben.

Auch auf der Softwareseite gibt es eine Schnittstelle für Scanner: die so genannte TWAIN-Schnittstelle, die es ermöglicht, unabhängig vom Scannertyp die Daten an eine Bildbearbeitungssoftware zu übergeben.

Druckertypen

Matrix- oder Nadeldrucker gehörten lange Zeit zu den klassischen Ausgabegeräten eines PCs. Das lag daran, dass andere Technologien wie Tintenstrahl- oder Laserdrucker für den Homecomputer-Bereich entweder noch nicht serienreif oder einfach zu teuer waren.

Die Technologie eines Nadeldruckers beruht darauf, dass in einem Druckkopf Nadeln untergebracht sind, die einzeln über ein elektromagnetisches Verfahren aktiviert, d. h. aus dem Druckkopf herausgeschoben werden können.

Die Nadel drückt gegen ein Farbband, das auf dem dahinter liegenden Papier einen farbigen Punkt generiert. Da die Nadeln meist nicht in einer Reihe, sondern in Form einer Matrix untergebracht sind, werden derartige Drucker auch als *Dot-Matrix-Printer* bezeichnet.

Für die Qualität des Ausdrucks ist demnach die Anzahl der Nadeln von entscheidender Bedeutung sowie die Möglichkeit, dass die Punkte möglichst nah nebeneinander gesetzt werden können, was in erster Linie ein mechanisches Problem ist. In Anlehnung an die Pixelansteuerung auf dem Bildschirm nennt man dieses Kriterium *Auflösung*, gemessen wird diese Auflösung in der Einheit *dpi (Dots per Inch*, was bedeutet, wie viele Punkte das Ausgabegerät in einem gedachten Qaudrat mit der Kantenlänge von einem Inch, also 2,54 cm setzen kann). Abbildung 8.3 zeigt dieses Verfahren am Beispiel eines Buchstabens.

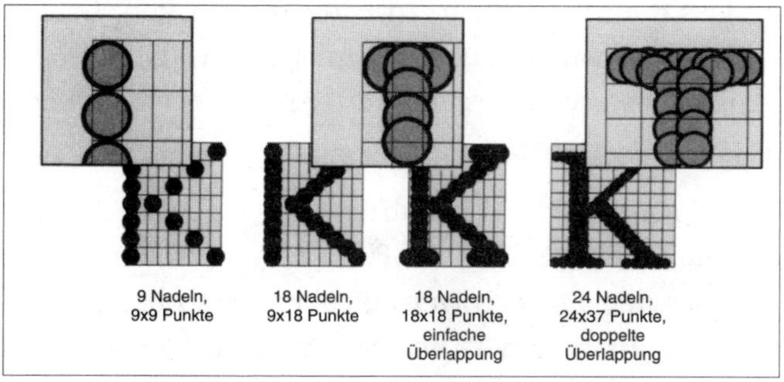

Abb. 8.3: Die Qualität des Ausdrucks ist von der Nadelanzahl und der Auflösung abhängig

Der Vorteil des Nadeldruckers liegt in erster Linie darin, dass er die Zeichen sehr schnell auf das Papier bringen kann. Hochleistungsdrucker bringen es zu Spitzenleistungen von 300 cps (*Characters per second*, Zeichen/Sek.), wobei allerdings die minderwertige Druckqualität in *Draft*-Qualität den typischen Nadeldrucker verrät und diese Geschwindigkeit auch auf Kosten des Geräuschpegels geht. Dass Sie Nadeldrucker häufig z. B. in Bürostuben finden, liegt aber auch daran, dass es durch die Nadeltechnologie möglich ist, Durchschläge zu produzieren. Diese Möglichkeit der so genannten *Impact-Printer* wie Schreibmaschinen mit Typenrad oder Kugelkopf, ist den *Non-Impact-Printern* wie Tintenstrahl- oder Laserdruckern verwehrt. Bei letzt genannten Typen müssen Sie dafür mehrere Ausdrucke starten.

Für Anwendungen, bei denen Ihr Drucker den ganzen Tag Endlosformulare bedrucken muss oder die Ausgabegeschwindigkeit ein wichtigeres Kriterium als die Ausgabequalität ist, stellt ein Nadeldrucker sicherlich eine sinnvolle Lösung dar. Auch die Verbrauchskosten für Nadeldrucker liegen weit unter den Kosten für eine Seite, die mit einem Tintenstrahl- oder Laserdrucker bedruckt wird.

Tintenstrahldrucker haben gegenüber Nadeldruckern einige entscheidende Vorteile. Ihre Druckqualität liegt weit über dem Standard von Matrixdruckern, wobei der Geräuschpegel beim Drucken minimal ist. Vorteilhaft ist auch, dass die Möglichkeit, in Farbe zu drucken, bei der Tintenstrahltechnologie wesentlich sauberer funktioniert als bei Farbnadeldruckern und zugleich wesentlich preiswerter ist als beispielsweise bei Thermotransferdruckern.

Im Gegensatz zu den Nadeln eines Matrixdruckers wird beim Tintenstrahldrucker über haarfeine Düsen Tinte in Form von mikrofeinen Partikeln auf das Papier oder den Druckträger aufgebracht, wobei die Anzahl der Düsen unterschiedlich sein kann. Meist liegen sie in einem Bereich von 50 bis 64 Düsen, die in einem Druckkopf integriert sind.

Tintenstrahldrucker arbeiten mit zwei unterschiedlichen Verfahren. Beim piezo-elektrischen Verfahren, das am häufigsten verwendet wird, ist in jeder Düse ein Piezo-Kristallplättchen integriert. Beim Anlegen einer elektrischen Spannung dehnt sich dieses Kristall aus und drückt dadurch auf ein mit Tinte gefülltes Röhrchen, wobei die Tinte nach vorne herausgepresst wird.

Beim Bubblejet-Verfahren handelt es sich dagegen um eine thermische Methode. Die Tinte im Röhrchen wird schlagartig erhitzt, was zu einer Verdampfung führt. Die dabei entstehende Gasblase (engl. *Bubble*) bewirkt eine Verdrängung der Tinte, die über die Düse auf den Druckträger aufgesprüht wird. Abbildung 8.4 verdeutlicht noch einmal die beiden Methoden.

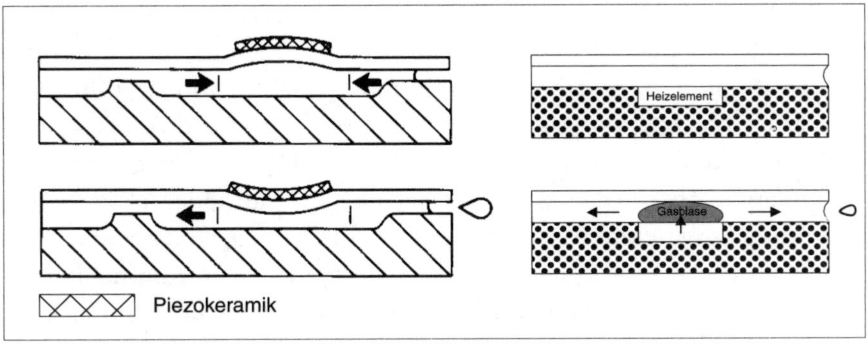

Abb. 8.4: Links das piezo-elektrische und rechts das Bubblejet-Verfahren

Die größte Gefahr für einen Tintenstrahldrucker ist das Austrocknen der Tinte oder Verstopfen einer Düse. Bei den aktuellen Druckertypen wird dieser Gefahr meist durch selbstreinigende Düsen vorgebeugt.

Wer ein sauberes Schriftbild bevorzugt und Dokumente gerne in ordentlicher Qualität auch in Farbe drucken will, wird mit einem Tintenstrahldrucker die richtige Wahl getroffen haben. Das Schriftbild und die Druckqualität lassen beim Einsatz des richtigen Papiers sehr gute Ergebnisse zu; die Geräuschbelastung beim Drucken ist durchaus erträglich. Alle diese Vorteile gehen aber auf Kosten der Druckgeschwindigkeit. Vor allem beim Druck im Grafikmodus wird ein Tintenstrahldrucker einen wesentlich langsameren Seitenausstoß produzieren als ein Nadel- oder Laserdrucker.

Lässt sich die Technologie von Nadel- oder Tintenstrahldruckern noch durch den hohen Anteil an Mechanik gut erklären, ist die Methode, mit der Laserdrucker arbeiten, wesentlich komplizierter.

Zentrales Element eines Laserdruckers ist eine rotierende und mit Silizium beschichtete Trommel, die über den Coronadraht elektrisch aufgeladen wird. Ein über ein Spiegelsystem abgelenkter Laserstrahl wird nun über diese Trommel bewegt und bildet dort die Punkte ab, die im Ausdruck schwarz erscheinen sollen, wobei an genau diesen Stellen der elektrische Zustand der Trommel verändert wird. Die zu druckende

Seite ist also praktisch auf der Trommel abgebildet, warum man Laserdrucker häufig auch als *Ganzseitendrucker* bezeichnet. Die Bildtrommel wird nun an einem Behälter mit Tonerpartikeln vorbeigeführt, wobei durch die Spannungsdifferenz auf der Bildtrommel Tonerpartikel angezogen werden und an den entscheidenden Punkten hängen bleiben. In einem letzten Arbeitsschritt wird danach das einer elektrischen Spannung ausgesetzte Papier an der Trommel vorbeigeführt, wobei aufgrund der Ladung die Tonerpartikel wieder von der Bildtrommel herunter und an das Papier angezogen werden. Falls Sie schon einmal eine frisch bedruckte Seite aus einem Laserdrucker angefasst haben, werden Sie bemerkt haben, dass diese warm ist. Das liegt daran, dass das Papier aufgeheizt wird, um die Tonerpartikel zu fixieren. Wenn die Seite gedruckt ist, wird die Bildtrommel komplett entladen, von Tonerpartikeln gesäubert und ist für den Druck der nächsten Seite bereit.

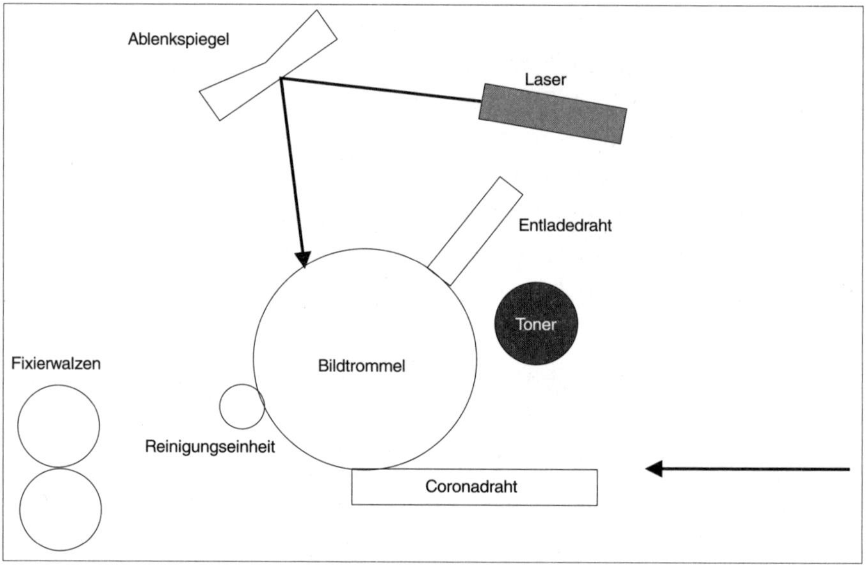

Abb. 8.5: Funktionsprinzip eines Laserdruckers

In puncto Druckqualität sind Laserdrucker gegenüber den bisher dargestellten Druckertypen unschlagbar, was zum einen an der Schwärzung durch den Toner und zum anderen an der sehr hohen Auflösung liegt, die durch verschiedene Methoden der Kantenglättung fast professionelle Satzqualität erreicht. Dabei arbeiten Laserdrucker sehr geräuscharm. Die Druckgeschwindigkeit ist stark von der Art der zu druckenden Daten abhängig und liegt je nach Modell zwischen 4 und 16 Seiten pro Minute. Da Laserdrucker die komplette Seite vor dem Druck erst einmal »berechnen« müssen, sind sie meist mit einem großen Speicher und zum Teil mit einem eigenen Prozessor ausgerüstet.

PostScript-fähige Laserdrucker bieten darüber hinaus den Vorteil, dass in einem ROM bereits eine feste Anzahl von *Fonts* (Zeichensätzen) integriert ist, die auch bei einer Skalierung ohne Qualitätsverlust gedruckt werden können.

8.2 Vom Druckbefehl zum fertigen Ausdruck

Wir wollen uns in diesem Abschnitt damit beschäftigen, welche Kriterien beim Drucken eine elementare Rolle spielen. Kurzum: Was passiert, wenn Sie innerhalb eines Anwendungsprogrammes den Befehl *Datei / Drucken* wählen bzw. auf das entsprechende Symbol klicken?

Druckertreiber

Aus eigener leidvoller Erfahrung werden Sie vielleicht schon wissen, dass ein Ausdruck keineswegs zufriedenstellend ausfallen muss. Die Randeinstellungen stimmen nicht mit Ihren Einstellungen überein, Grafiken wurden nicht oder nur fehlerhaft gedruckt oder der Drucker produzierte zwar seitenweise Papier, leider aber nur mit Ihnen unverständlichen Hieroglyphen. Schon aus dieser Tatsache kann man schließen, dass zwischen Anwendungsprogramm und Drucker ein Zwischenglied stehen muss, das den Druck vorbereitet und steuert.

In früheren Systemen musste für jedes Programm definiert werden, welcher Drucker an Ihren PC angeschlossen ist; in Windows XP wird dies über das Betriebssystem geregelt. Das hat den Vorteil, dass alle Parameter für das Drucken nur *einmal* bei der Installation des Gesamtsystems angegeben werden müssen; alle Programme, die unter diesem Betriebssystem laufen – egal ob Textverarbeitung, Grafikprogramm oder Datenbankprogramm – greifen auf diese Werte zurück. Der Vorteil dieser Methode liegt aber nicht nur in der einmaligen Installation, sondern auch in der Gleichförmigkeit der Schnittstelle für den Anwender: Der Befehl zum Drucken produziert in jedem Programm die gleichen Dialogfenster und Auswahlmöglichkeiten.

Die Steuerung des Druckers wird, nicht nur bei Windows XP, von so genannten *Druckertreibern* erledigt. Ein solcher Druckertreiber ist im Grunde nichts anderes, als eine Ansammlung von Informationen über einen ganz bestimmten Druckertyp, die in einer oder mehreren Dateien zusammengefasst werden. Wer diese Informationssammlung zur Verfügung stellt, ist nicht generell festgelegt. Die meisten Druckertreiber werden bei Windows XP vom Hersteller, also von Microsoft, bereitgestellt. Es gibt aber auch zahlreiche Hardwarehersteller wie beispielsweise Hewlett Packard, die beim Verkauf eines Druckers den aktuellen Druckertreiber auf CD-ROM mitliefern.

Im Zweifelsfalle sollten Sie sich immer für den Treiber des Hardwareherstellers entscheiden, weil er mit Sicherheit einen aktuelleren Informationsstand als der Betriebssystemhersteller hat; vollkommen neue Druckertypen können ja von Microsoft erst nach einer Aktualisierung der Betriebssystemversion bereitgestellt werden; im Übrigen finden Sie auf den Websites der Hersteller immer aktuelle Treiberupdates.

Grundlage für die Arbeit mit einem Druckertreiber ist immer, dass jeder Drucker über bestimmte Fähigkeiten verfügt, die mit einem bestimmten Befehl oder Code abgerufen werden. Beispiele für diese Befehle wären, dass der Drucker veranlasst wird, eine Seite Papier einzuziehen (*Paper Feed*) oder eine neue Zeile zu beginnen (*Carriage Return*).

Zum einen haben sich die Druckerhersteller grundlegend über diese Befehle und Befehlssequenzen einigen können, dennoch sprechen (leider) nicht alle Drucker »die gleiche Sprache«. Die beiden bekannten Hersteller Epson und NEC beispielsweise verfügen über einen Befehlssatz, der nicht miteinander kompatibel ist; wenn ein Programm Befehle, die eigentlich für einen NEC-Drucker gedacht sind, an einen Drucker von Epson schickt, kommt mit Sicherheit ein anderes als das gewünschte Ergebnis heraus. Zum anderen gibt es auch Unterschiede in der Leistungsfähigkeit verschiedener Drucker einer gleichen Baureihe: Ein Matrixdrucker kann vielleicht nur einen ein- und zweizeiligen Zeilenvorschub verursachen, während ein anderer Matrixdrucker den Wagenvorschub millimetergenau durchführen kann. Informationen dieser Art werden auch *Steuerzeichen* oder *Steuercodes* genannt; zusammengefasst werden sie in dem schon angesprochenen Druckertreiber.

Wir wollen uns dies am Beispiel eines Textes, der mit dem Textverarbeitungsprogramm WordPerfect aus der Office-Suite von Corel erstellt wurde, klar machen, denn dieses Programm bietet eine hervorragende Möglichkeit, zu sehen, welche Steuerzeichen in einen Text integriert werden, die der Drucker dann interpretieren muss. Wenn Sie über das Programm verfügen, können Sie die einzelnen Schritte nachvollziehen; ansonsten müssen Sie sich auf die Abbildungen beschränken.

Wenn Sie Abbildung 8.6 betrachten, werden Sie noch keine allzu großen Unterschiede gegenüber Ihnen bekannten anderen Textverarbeitungen feststellen. Schauen Sie sich aber Abbildung 8.7 an, werden Sie feststellen, dass der Bildschirm zweigeteilt wurde und die Steuerzeichen, die zu dem Text gehören, sichtbar werden.

Jede Textformatierung, jeder Tab, jede Änderung der Schriftart etc. werden so, wie der Drucker sie später beim Druck interpretiert, sichtbar.

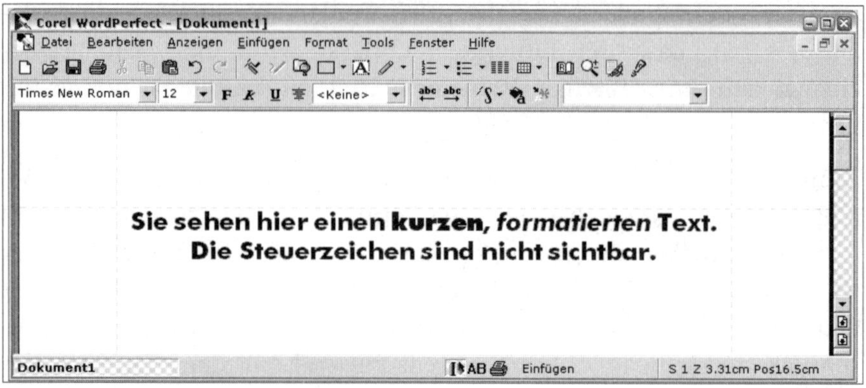

Abb. 8.6: Ein Dokument in WordPerfect

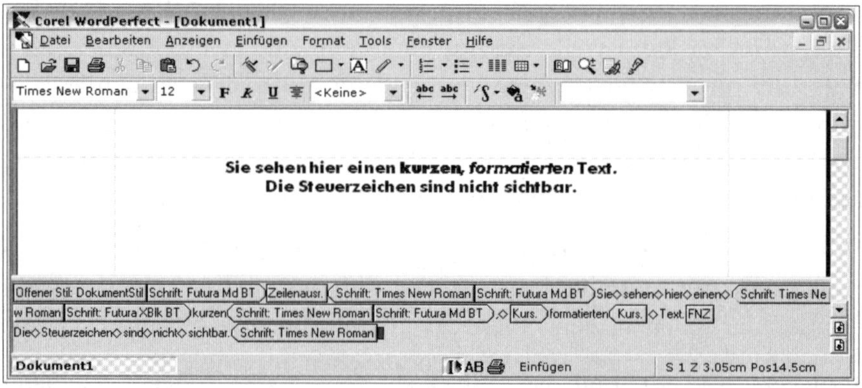

Abb. 8.7: Das gleiche Dokument mit der Steuerzeichen-Ansicht

Wird der Text über *Datei / Drucken* an den angeschlossenen Drucker gesendet, empfängt dieser zuerst die Steuerzeichen und setzt sie mit Hilfe des Druckertreibers in die entsprechenden Befehle um. Wenn Sie sich einmal das Handbuch Ihres Druckers ansehen, werden Sie neben der Funktionsbeschreibung (wahrscheinlich) eine lange Übersicht über die Befehlsfolgen finden, die der Drucker verstehen und bewältigen kann. Wichtig sind diese Übersichten u. a. für Programmierer, die eine Ausgabe auf einen Drucker ermöglichen wollen.

Hintergrunddruck und Warteschlangen

Nehmen wir an, dass der Drucker die Befehlsfolgen richtig interpretiert, kann er mit seiner Arbeit loslegen. Aus unseren einleitenden Worten wissen Sie, dass jeder Drucker über einen eigenen Speicher verfügt. Je nach Kapazität des Speichers und je nach dem Datenaufkommen des zu druckenden Dokuments kann es nun aber passieren, dass der Druckerspeicher sehr schnell voll ist. Bei früheren Druckertypen (und schlecht programmierten Druckertreibern) konnte eine solche Datenflut durchaus einen fehlerhaften Ausdruck verursachen. Besonders bei Grafikausdrucken, die eine hohe Kapazität an Informationen beinhalten können, wird eventuell nur die halbe Seite gedruckt; der Rest verschwindet in unergründlichen Speichertiefen.

Windows XP löst dieses Problem durch einen Druck-Manager (*Spooler*), dessen Arbeit Sie allerdings nur im Hintergrund erleben. Bevor der Ausdruck gestartet wird, bereitet das Betriebssystem die zu druckenden Daten für das Ausgabegerät auf und lagert sie in einer temporären Datei auf der Festplatte zwischen. Beobachten können Sie diesen Vorgang besonders dann, wenn nach dem Druckbefehl für ein umfangreiches Dokument die LED auf der Frontseite Ihres Rechners, die die Aktivität der Festplatte anzeigt, intensiv blinkt. Die aufgrund der Informationen des Druckertreibers angefertigte Druckdatei wird dann sukzessive an den Drucker geschickt, und dies hat gleich zwei Vorteile: Die Druckdatei wird so abgearbeitet, dass eine optimale Auslastung des Druckerspeichers besteht; zum zweiten wird die Druckdatei sozusagen im Hintergrund an den Drucker geschickt – die Arbeit am PC ist nicht dadurch blockiert, dass Ihr System gerade 10 MByte an den Drucker schickt und Sie während dieser Zeit aufs Kaffeetrinken angewiesen sind.

Um diese Fähigkeit zu nutzen, sollten Sie überprüfen, ob in dem zuständigen Dialogfenster die Option *Über Spooler drucken, um Druckvorgänge schneller abzuschließen* aktiviert ist. Das Dialogfenster erhalten Sie über *Start / Einstellungen / Drucker und Faxgeräte* / Kontextmenü *Eigenschaften* / Register *Erweitert*.

Abb. 8.8: Der Druckauftrag wird in eine Warteschlange gesetzt

Auf die Tatsache, dass Windows XP aufgrund seiner Multitasking-Fähigkeit solche Hintergrundaktivitäten ohne Probleme durchführen kann, werden wir noch einmal in Kapitel 11 zurückkommen.

Schicken Sie gleich mehrere Druckaufträge an Ihren Drucker, werden diese in einer Druckerwarteschlange (*Printer-Queue*) aufgereiht und nacheinander abgearbeitet.

Druckerschriften

Etwas anders sieht es bei den Schriften aus, die ein Drucker beherrscht. Da die eigentlichen Daten und die Steuercodes schon eine große Datenmenge ausmachen, ist in fast jedem Drucker ein Standardrepertoire an Schriften fest implementiert. Sie befinden sich in einem ROM des Druckers, brauchen also nicht vom System übertragen zu werden und sind jederzeit für den Drucker verfügbar. Die Anzahl dieser Schriften ist von Drucker zu Drucker unterschiedlich; aus diesem Grund steht Ihnen bei jedem Druckertyp auch eine unterschiedlich lange Liste an Druckerschriften zur Verfügung. Vor allem im Bereich der Verarbeitung von Dokumenten, die eine Vielzahl an Text beinhalten, kann es also sehr förderlich sein, wenn ein Drucker viele solcher Druckerschriften sozusagen »von Hause aus« beherrscht.

Mit der Verwendung der TrueType-Technologie in Windows hat sich allerdings auch dieser Vorteil etwas relativiert. TrueType-Schriften sind Zeichensätze, die neben den normalen Buchstaben auch andere Zeichen in einer gleichen Schriftart beinhalten. Auf dem Bildschirm sehen sie genauso aus wie im späteren Ausdruck und werden daher gerne verwendet, zumal sie in großer Zahl bei Windows XP und Programmen wie etwa CorelDRAW zum Lieferumfang gehören. TrueType-Schriften werden, wenn sie nicht zum Grundbestand des Druckers gehören, vom System bei jedem Druckauftrag an den Drucker gesendet. Dementsprechend groß wird die Menge an Daten, die der PC an den Drucker schicken muss.

Gerade bei Dokumenten also, bei denen es im Ausdruck nicht so sehr auf die Gestaltung ankommt, sollten Sie möglichst wenig TrueType-, sondern eher Druckerschriftarten verwenden.

Eine Besonderheit stellen in diesem Bereich die schon oben angesprochenen PostScript-Drucker dar. Neben der Tatsache, dass alle Informationen hier in mathematische Formeln übersetzt werden, die der Drucker wiederum aufbereitet und als druckbare Daten interpretiert, sind in jedem PostScript-Drucker zumindest die Standard-Schriften implementiert, die zum *Adobe PostScript-Level I* gehören. Werden in einem Dokument weitere PostScript-Schriften verwendet, müssen diese über einen *DownLoad* an den Drucker geschickt werden. Dieser Vorgang entspricht dem Laden von Schriften, die der TrueType-Kategorie angehören. Probleme ergeben sich in diesem Falle beispielsweise dann, wenn neben den Standard-PostScript-Schriften weitere Schriften verwendet werden und dieses Dokument dann auf einem System ausgedruckt wird, dem die zusätzlichen Schriften nicht zur Verfügung stehen, um sie an den angeschlossenen Drucker weiterzuleiten.

8.3 Installation und Anpassung eines Druckers

Normalerweise wird ein Drucker schon bei der Installation von Windows XP in das Gesamtsystem integriert, d. h., in Ihrem System ist wahrscheinlich schon ein Ausgabegerät vorhanden. Wenn dies nicht der Fall sein sollte, können Sie jederzeit einen Drucker dem System hinzufügen. Unter Umständen stehen Ihnen ja auch zwei Drucker zur Verfügung: ein Nadeldrucker für den schnellen Etikettendruck und ein Laserdrucker für die Ausgabe von Dokumenten und Grafiken in bester Qualität. Auch wenn Sie innerhalb eines Netzwerkes arbeiten und die Ressourcen eines Netzwerkdruckers nutzen wollen, müssen Sie dies Ihrem System durch eine Umkonfiguration mitteilen.

An die Schaltstelle zur Installation eines Druckers gelangen Sie über mehrere Möglichkeiten: *Start / Einstellungen / Drucker und Faxgeräte* ist wohl die schnellste.

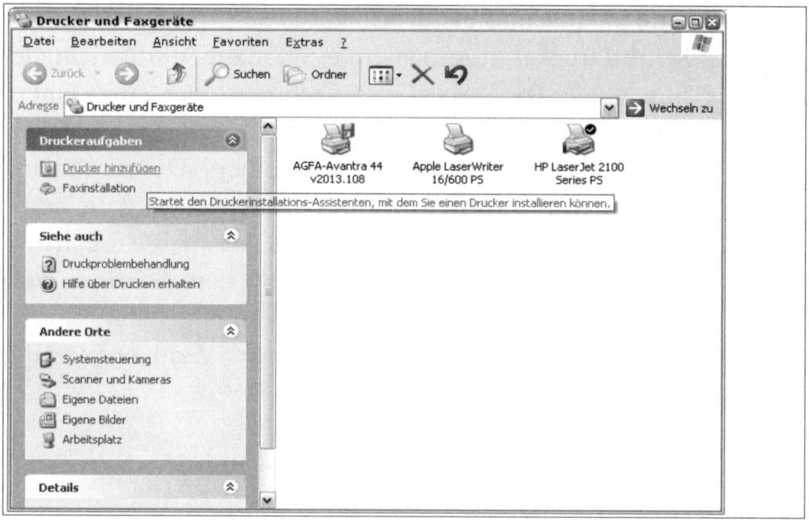

Abb. 8.9: Das Fenster für die Konfiguration von bestehenden und für die Installation von neuen Druckern

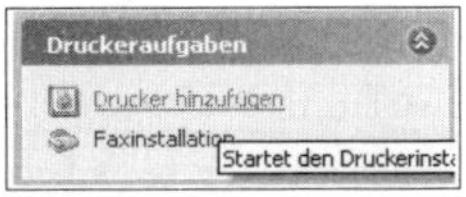

Sie werden in jedem Fall ein Symbol mit der Bezeichnung *Drucker hinzufügen* finden.

Drucker installieren

Bei der Installation eines neuen Druckers ist Ihnen ein Assistent behilflich, der zuerst einmal von Ihnen wissen will, ob der neue Drucker lediglich Ihrem Arbeitsplatz vorbehalten sein (*lokal*) oder auch anderen Anwendern im Netz (falls vorhanden) zur Verfügung stehen soll. Weiterhin werden von Ihnen Informationen erwartet, die sich auf den Druckerhersteller und die genaue Typbezeichnung beziehen.

Abb. 8.10: Über 50 verschiedene Druckertypen finden Sie für den Hersteller Epson

Da der Assistent alle Schnittstellen im System, an die der Drucker angeschlossen werden könnte, kennt, brauchen Sie aus einer entsprechenden Liste nur noch die von Ihnen gewünschte Schnittstelle auszusuchen. Im Normalfall wird das für den ersten Drucker der parallele Port mit der Bezeichnung LPT1 und für einen zweiten angeschlossenen

Drucker LPT2 sein. Haben Sie dem Assistenten Ihre Auswahl mitgeteilt, wird eventuell die Windows-XP-CD verlangt, damit die Druckertreiberdateien, die für den neu installierten Drucker verwendet werden müssen, auf die Festplatte kopiert und in das Betriebssystem integriert werden können. Vom Hersteller mitgelieferte Druckertreiber installieren Sie über die Schaltfläche *Diskette*. Der neue Drucker wird dann im Fenster *Drucker und Faxgeräte* als Symbol dargestellt und ist jedem Anwendungsprogramm zugänglich.

Drucker anpassen

Wenn Sie mit mehreren Druckern arbeiten, werden Sie in jedem Anwendungsprogramm die Möglichkeit haben, sich einen Drucker als Ausgabegerät auszuwählen.

Drucker als Standard definieren

Wenn Sie von vornherein einen von mehreren Druckern als Ihr Standardausgabegerät festlegen wollen, können Sie dies tun, indem Sie im Fenster *Drucker und Faxgeräte* den von Ihnen gewünschten Drucker markieren und im Kontextmenü die Option *Als Standard definieren* aktivieren. Sie ersparen sich damit, jedesmal in der Liste den »richtigen« Drucker auszusuchen, wenn Sie ein Dokument an den Drucker senden wollen.

Diese Liste wird automatisch immer dann erscheinen, wenn Sie in einem Anwendungsprogramm den Befehl *Datei / Drucken* wählen.

Druckereinstellungen

Sinnvoll ist es in jedem Fall, den Drucker daraufhin zu überprüfen, ob seine Einstellungen auch tatsächlich der Realität entsprechen. Vielleicht haben Sie Ihrem Lieblingsausgabegerät ja einen automatischen Einzelblatteinzug oder eine Speichererweiterung spendiert, die, damit sie auch genutzt werden, dem System mitgeteilt werden sollten. Sie neh-

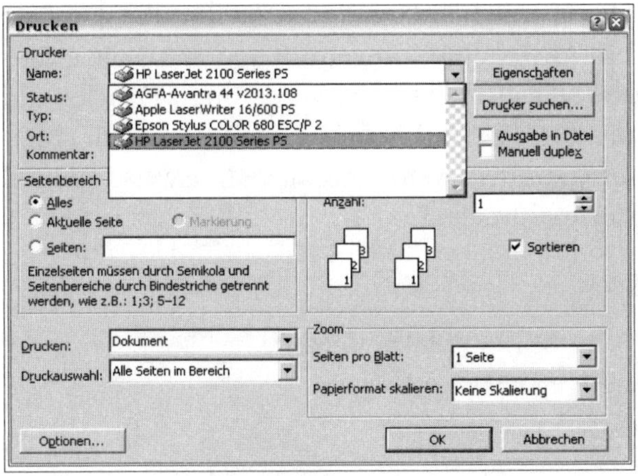

Abb. 8.11: Die Qual der Wahl

men diese Einstellungen am besten vor, indem Sie im *Drucker*-Fenster den Drucker markieren, das Kontextmenü aufrufen und dort die Option *Eigenschaften* anklicken. Generelle Werte können wir Ihnen an dieser Stelle natürlich nicht nennen, denn die Einstellungen sind abhängig von den Leistungsmerkmalen Ihres angeschlossenen Druckers.

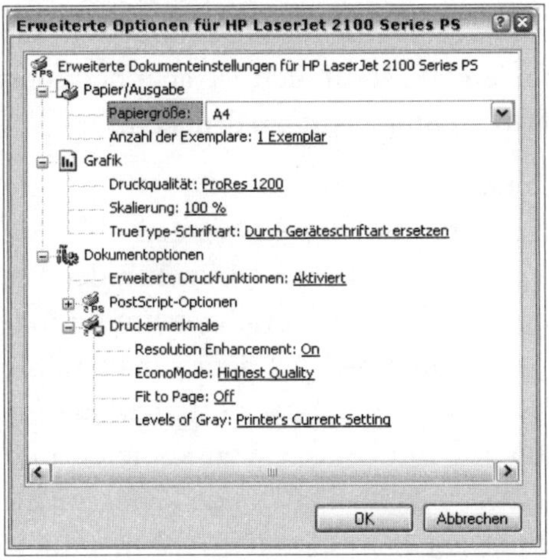

Abb. 8.12: Überprüfen Sie an dieser Stelle die Eigenschaften Ihres Druckers

Viele dieser Einstellung legen lediglich Standardwerte fest, die ignoriert werden, wenn Sie über ein Anwendungsprogramm andere als die eingestellten Vorgaben wählen. Haben Sie beispielsweise Ihren Drucker auf DIN-A4-Papier hochkant eingestellt, kommt automatisch eine Meldung des Anwendungsprogramms, wenn Sie ausnahmsweise einmal ein Dokument im Querformat drucken.

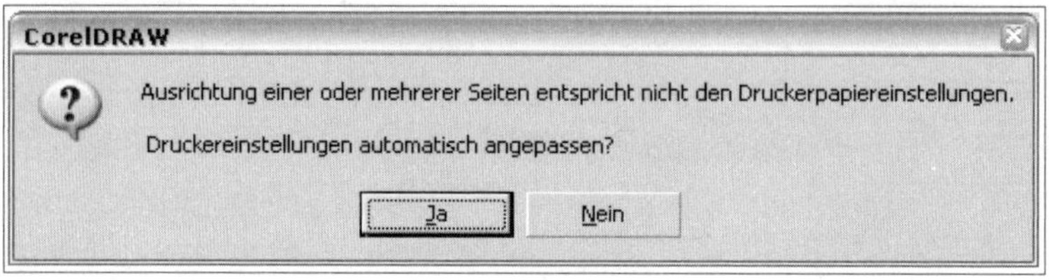

Abb. 8.13: Ihr schlauer Druckertreiber merkt automatisch, wenn die Standardeinstellung nicht mit den aktuellen Werten übereinstimmt

In eine Datei drucken

Sicherlich kennen Sie die ärgerliche Situation, wenn man ein Dokument drucken muss, aber im Moment keinen oder nur einen ungeeigneten Drucker zur Hand hat. Wenn Sie hingegen Zugang zu einem Drucker haben, der zwar nicht an Ihrem Arbeitsplatz steht, den Sie aber dennoch nutzen können, liegt die Lösung darin, *in eine Datei* zu drucken.

Stellen Sie sich vor, Sie erstellen eine Grafik mit CorelDRAW 10, die ordentlich, sauber und vor allem farbig ausgedruckt werden soll. Sie selbst haben aber nur einen unzureichenden 24-Nadel-Drucker, der aus Ihrer schönen Grafik eine unschöne Punktmatrix-Strichzeichnung machen würde. Ihr netter Nachbar von nebenan verfügt aber ganz zufällig über einen nagelneuen Farb-Tintenstrahldrucker. Nun hätten Sie natürlich die Möglichkeit, die Grafikdatei auf eine Diskette zu kopieren und Ihren Nachbarn zu bitten, sie auszudrucken. Geht aber leider nicht, weil Ihr Nachbar auf seinem Rechner gar kein CorelDRAW installiert hat und dies wegen fehlender Festplattenkapazität auch nicht tun kann.

In einem solchen Fall gehen Sie am besten folgendermaßen vor: Als Erstes installieren Sie einen neuen Druckertreiber. Wie das funktioniert, haben Sie bereits weiter oben kennen gelernt. Sie müssen lediglich darauf achten, dass der ausgewählte Drucker genau dem Typ entspricht, der nebenan bei Ihrem Nachbarn steht. Wenn Sie nun ein Dokument erstellen, das auf diesem Drucker ausgedruckt werden soll, wählen Sie wie gehabt *Datei / Drucken*, aktivieren aber das Optionsfeld *Ausdruck in Datei umleiten* oder *In Datei drucken*, das Sie im gleichen Dialogfeld finden. Für diese Druckdatei müssen Sie noch einen Namen vergeben. Standardmäßig vorgegeben ist die Endung *.prn*, was soviel wie *Printer-File* bedeutet.

Abb. 8.14: Die Daten werden in die Datei *Grafik1.prn* umgeleitet

In dieser Datei werden dann nicht nur Ihr Dokument, sondern auch alle zugehörigen Informationen wie Randeinstellungen, Papierformat, Schriften, Farbe etc. mit eingebunden. Die Werte werden aus dem gerade installierten Druckertreiber entnommen. Das Ergebnis ist eine Datei mit der Endung *.prn*, die Sie auf Diskette oder CD-ROM abspeichern und auf dem Drucker Ihres Nachbarn ausgeben können, indem Sie an der MS-DOS-Eingabeaufforderungen den Befehl

```
COPY DRUCKDAT.PRN LPT1   [Enter]
```

eingeben, wobei *druckdat.prn* der Name des Dokuments ist und LPT1 die Schnittstelle, an der der Drucker angeschlossen ist.

Denken Sie daran, das Optionsfeld wieder zu deaktivieren, wenn der Druck in die Datei abgeschlossen ist.

Die Möglichkeit, derartige Druckdateien zu erstellen, bietet sich immer dann an, wenn Sie unabhängig vom Betriebssystem oder einer Anwendung Daten für ein Ausgabegerät zur Verfügung stellen wollen, das nicht an Ihren Rechner angeschlossen ist. Auf diese Weise können Sie Ihre Grafik nämlich nicht nur zu Ihrem Nachbarn bringen, sondern auch in ein Satzstudio, wo sie professionell ausbelichtet werden kann.

8.4 Zusammenfassung, Fragen und Übungen

Zusammenfassung

- Scanner sind Eingabegeräte, die eine Vorlage digitalisieren. Gute Scanergebnisse lassen sich nur mit Flachbettscannern erreichen.
- Für die Leistungsfähigkeit von Scannern sind die beiden Merkmale Auflösung und Farbtiefe wichtig.
- Die Druckaufbereitung in Windows XP wird zentral über das Betriebssystem und nicht separat von jedem Anwendungsprogramm gesteuert.
- Scanner werden normalerweise über eine SCSI-, eine parallele oder eine USB-Schnittstelle angesteuert.
- Für die Übertragung zwischen PC und Drucker wird die parallele Schnittstelle genutzt.
- Für die verschiedenen Anwendungsgebiete sollte ein adäquater Drucker benutzt werden, wobei die Kriterien Druckqualität, Druckgeschwindigkeit und Kosten/Seite in Erwägung zu ziehen sind.

Zusammenfassung

- Die bekanntesten Druckertypen sind Nadel-, Tintenstrahl- und Laserdrucker.
- Für jeden angeschlossenen Drucker werden die Einstellungen und Spezifika in einem Druckertreiber zusammengefasst. Bei jedem Druckvorgang wird auf die Informationen dieses Treibers zugegriffen.
- Beim Drucken werden nicht nur die Daten des aktuellen Dokuments, sondern zusätzliche Steuer- und Kontrolldaten übertragen.
- Damit während des Druckvorgangs andere Anwendungen nicht blockiert werden, läuft der Druck im Hintergrund ab.
- Mehrere Druckaufträge werden in einer Warteschlange gesammelt und nacheinander abgearbeitet.
- Je nach Druckerart und -typ verfügen Drucker über eine unterschiedliche Anzahl von fest eingebauten Zeichensätzen (Fonts).
- In Windows XP können jederzeit bestehende Drucker gelöscht bzw. neue Drucker in das System integriert und ihre Einstellungen angepasst werden.
- Es ist möglich, Daten nicht direkt an einen Drucker zu senden, sondern in eine Datei umzulenken.

Fragen und Übungen

1. Wodurch unterscheidet sich die *parallele* von der *seriellen* Datenübertragung?
2. Welches Modul ist in Windows XP für die Abarbeitung von Druckaufträgen zuständig?
3. Wie können Sie feststellen, wie viele Druckaufträge sich in der Drucker-Warteschlange befinden?
4. Was versteht man unter einem Druckertreiber?
5. Wie wird die Installation eines neuen Druckers gestartet?
6. Warum kann es nützlich sein, Daten nicht auf dem angeschlossenen Drucker auszugeben, sondern in eine Datei umzulenken?
7. Was versteht man unter *Druckerschriften*?
8. Nennen Sie zwei Verfahren, nach denen Tintenstrahldrucker arbeiten!
9. Warum werden Laserdrucker auch als *Seitendrucker* bezeichnet?
10. Wie nennt man die Detailgenauigkeit, mit der ein Drucksystem einen Punkt auf dem Druckträger produziert?

9 Nie mehr allein sein – Kommunikation und Datenfernübertragung

Bis jetzt haben wir uns lediglich damit beschäftigt, was mit den Daten *innerhalb* eines einzigen PCs passiert. Wie aber kann man den PC auch als Kommunikationsmittel zu andern PCs nutzen? Wie hat man Zugriff auf Daten, die nicht auf der eigenen Festplatte gespeichert sind? Und wo liegt der Nutzen der Übertragung von Daten auf andere Rechner?

Eine Methode, Daten zu transportieren, kennen Sie bereits. Per Diskette oder anderer Speichermedien lassen sich Daten aus dem eigenen Rechner auslagern, und diese stehen dann zum Transport bereit. Die Übertragungswege dabei sind lang und unter dem Aspekt der Datensicherheit – sowohl was Datenverlust als auch Datenintegrität angeht – gesehen alles andere als vorteilhaft. In Kapitel 13 werden wir uns ebenfalls mit der Kommunikation zwischen mehreren Systemen befassen; hier geht es um Netzwerke, bei denen aber in erster Linie die *permanente* Kommunikation im Vordergrund steht. Entsprechend hoch sind die Investitionskosten für die Einrichtung eines solchen Netzes.

In diesem Kapitel wird es vorrangig darum gehen, sich in bereits existierende Netze einzuklinken. Ob diese Netze von kommerziellen Dienstleistern, die anstatt mit Bananen mit Informationen handeln, oder von nicht kommerziellen Anbietern, die einfach nur kommunizieren wollen, betrieben werden, spielt dabei lediglich eine untergeordnete Rolle. Es ist eine Binsenweisheit, dass das Internet einen erheblichen und nicht mehr wegzudenkenden Anteil an der digitalen Welt hat. Eine kurze Einführung in das größte Computernetz wird Sie also ebenfalls erwarten. Vorteilhaft ist in jedem Fall, dass Windows XP die Tools bereitstellt, um schnell und effektiv neue Kommunikationswege zu nutzen.

9.1 Hardwarevoraussetzungen

Keine Ankopplung an die weite Welt ohne die entsprechenden Hardwarevoraussetzungen. Einige Komponenten, die zur Datenfernübertragung (DFÜ) nötig sind, gehören zum Standardumfang von PCs, andere müssen Sie sich selbst anschaffen, können aber relativ einfach installiert und eingerichtet werden, während Sie z. B. bei den Verbindungswegen wie ISDN auf fremde Dienstleister und Anbieter angewiesen sind.

Serielle Schnittstelle

Die serielle Schnittstelle ist uns schon einmal bei der Maus über den Weg gelaufen, und weil es in der Tat mehrere Ein- und Ausgabegeräte gibt, die an der seriellen Schnittstelle angeschlossen werden können, ist ein PC standardmäßig gleich mit zweien ausgerüstet.

Im Grunde steht es jedem Anwender frei, seine Peripheriegeräte an jeden beliebigen (passenden) Port anzuschließen; in der Praxis hat sich allerdings durchgesetzt, dass zum einen die erste serielle Schnittstelle namens COM1 (für *COMmunication Port*) für die Maus reserviert sein sollte und zum anderen – selbst wenn insgesamt vier COMs zur Verfügung stehen – das zweite serielle Gerät an COM2 angeschlossen werden sollte. Diese Regelung hat etwas mit den Interrupts zu tun, die Ihnen vielleicht aus Kapitel 1 noch in vager Erinnerung sind: Jedem Ein- und Ausgabegerät ist ein solcher Interrupt zugewiesen, damit die CPU weiß, wann sie Informationen von solchen Geräten zu bearbeiten hat. Dummerweise sind nun aber COM1 und COM3 sowie COM2 und COM4 mit denselben IRQs vorbelegt, was zu einem Konflikt führen kann, wenn z. B. an COM1 die Maus und an COM3 ein Modem hängt.

Als Standardabkürzung für die serielle Schnittstelle finden Sie auch häufig die Bezeichnung V.24/V.28, was sich auf die deutsche Norm bezieht, wohingegen sich die Bezeichnung RS232 an den amerikanischen Standard anlehnt.

Während sich die parallele Datenübertragung byteweise fortbewegt, ist die serielle Übertragung tatsächlich so zu verstehen, dass hier »in Serie«, also ein Bit nach dem andern, durch die Leitungen geschleust wird.

Damit sich ein Sender und ein Empfänger seriell miteinander verständigen können, gibt es einige wenige Merkmale, die eine Synchronisation erst ermöglichen – schließlich ist ein serieller Übertragungsweg bidirektional, d. h., dass er in zwei Richtungen stattfinden kann.

Übertragungsrate

Sie wird in bps (*Bits per Second*) gemessen. Die Einheit *Bd* für Baud liefert zwar im Endeffekt einen ähnlichen Wert, bezieht sich aber auf die Signalwechsel pro Sekunde. Bei einer Übertragung müssen sich Sender und Empfänger logischerweise immer auf eine Übertragungsgeschwindigkeit einigen (falls dies nicht automatisch geschieht); die Peripherie wird sich immer auf dem kleinsten gemeinsamen Nenner einpendeln.

Startbit, Stoppbit, Datenbits

Um eine Synchronisation zu ermöglichen, können die eigentlichen Informationen (Datenbits) in jeweils ein Start- und ein Stoppbit »eingepackt« werden.

Paritätsbit

Bei diesem Bit handelt es sich um eine Möglichkeit der Fehlerkorrektur. Sie wissen, dass ein Bit immer nur den Zustand 0 oder 1 annehmen kann; dementsprechend wird entweder gar kein (*No*), ein gerades (*Even*) (=1) oder ein ungerades (*Odd*) Bit (=0) gesendet. Das Paritätsbit ermittelt sich aufgrund der Quersumme der übertragenen Daten. Falls an Ihrem PC ein Modem installiert sein sollte, können Sie sich in der Systemsteuerung die Voreinstellungen ansehen, indem Sie die Eigenschaften des Modems aufrufen.

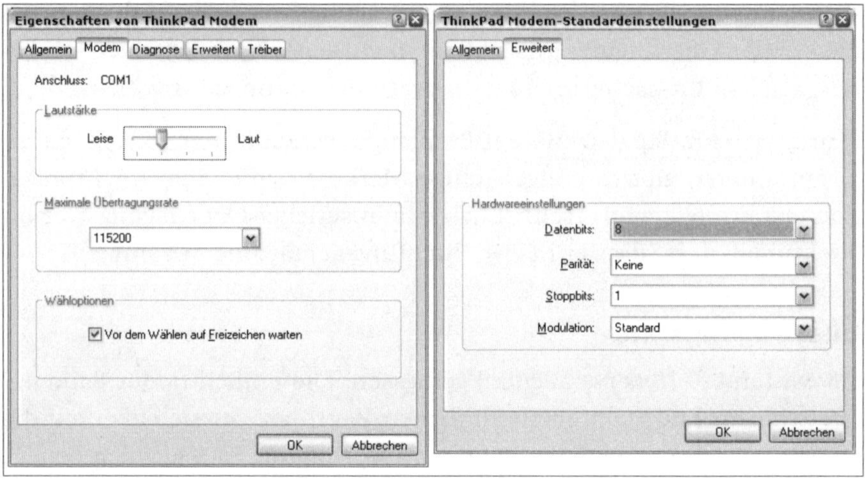

Abb. 9.1: Voreinstellungen für die serielle Datenübertragung

Modem

Das Wort »Modem« ist ein Kunstwort und zusammengesetzt aus den Begriffen »Modulator« und »Demodulator«. Die Arbeitsweise eines solchen Gerätes besteht also in erster Linie darin, Signale zu *wandeln*. Weil die Übertragungswege (mit Ausnahme von ISDN-Leitungen) aber analog sind, der PC aber nun einmal nur »digital« versteht, verbirgt sich in einem Modem natürlich ein Analog/Digital- bzw. Digital/Analog-Wandler, wie Sie ihn im nächsten Kapitel noch genauer bei der Soundkarte kennen lernen werden.

Transfer- und Befehlsmodus

Ein Modem im Betrieb kann immer nur zwei Aufgaben erledigen. Entweder befindet es sich im Transfermodus, in dem es Daten sendet oder empfängt, oder es arbeitet im Befehlsmodus, denn schließlich muss das Modem ja angewiesen werden, eine Verbindung aufzubauen, den Emp-

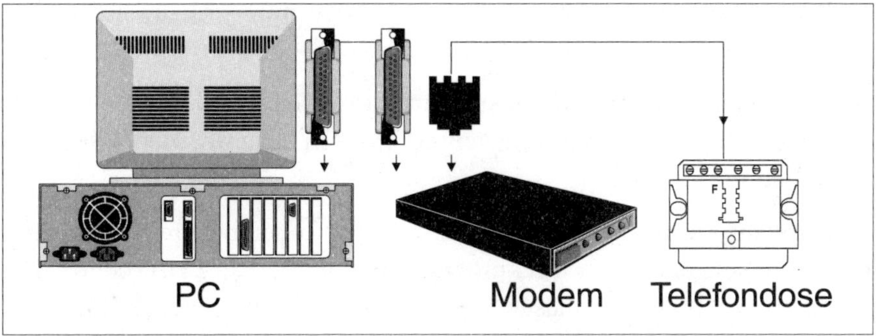

Abb. 9.2: Modell der Datenübertragung mit einem Modem und Telefonleitung

fänger anzuklingeln, die Leitung eventuell zu unterbrechen und schließlich die Übertragung zu beenden.

Für den Befehlsmodus hat sich der so genannte *Hayes*-Befehlssatz als Standard durchgesetzt. Ähnlich wie die Kommandos, die einen PC zu einer Aufgabe bewegen, »versteht« auch ein Modem eine Befehlsfolge, deren Befehlssatz mit einem einleitenden AT beginnt. Diese Kommandos brauchen Sie allerdings nur zu kennen, wenn Sie sehr direkt mit dem Modem kommunizieren. Moderne DFÜ-Software setzt die entsprechenden Befehle menügesteuert um.

Fehlerkorrektur und Datenkompression

Sicherlich können Sie sich vorstellen, dass ein Datentransport über weite Strecken und eventuell schlechte Verbindungen ein sehr störanfälliges Unternehmen sein kann. Schließlich kann ja auch bei einem normalen Telefongespräch schon einmal ein Rauschen, Knacksen oder Brummen die Kommunikation ganz erheblich beeinflussen.

Als Fehlerkorrekturverfahren haben sich im Modem-Bereich die so genannten MNP-Normen durchgesetzt (*Microcom Networking Protocol*). Diese Normen arbeiten alle mit unterschiedlichen Verfahren, beruhen aber zum Teil darauf, dass zum Beispiel Start- oder Stoppbits entfallen und nach bestimmten Bitblöcken eine Prüfsumme mitgeschickt wird (*CRC, Cyclic Redundancy Check*).

Daneben spielen auch Kompressionsverfahren eine Rolle – die Möglichkeit also, Daten je nach Häufigkeit zu Blöcken zusammenzufassen und zu codieren.

Weil solche Kompressionsverfahren auch in anderen Bereichen auftreten (den so genannten Packprogrammen wie ARJ, LHA oder ZIP), möchten wir Ihnen an dieser Stelle ein kleines und vereinfachtes Beispiel präsentieren, wie Daten komprimiert werden können.

Stellen Sie sich vor, dass eine zu übertragende Datei aus 12 Byte besteht, die im Folgenden durch die Buchstabenfolge

```
B B B B L L L L A A A A
```

repräsentiert wird. Wir setzen hier einen Buchstaben ganz so, wie es der PC tut, mit einem Byte (das wiederum aus acht Bits besteht) gleich. Und nun sehen Sie sich einmal folgende Zeichenfolge an:

```
1 4 B 5 4 L 9 4 A
```

Umgangssprachlich: An der 1. Position kommt 4mal das Zeichen B vor, an der 5. Stelle 4mal das Zeichen L und an der 9. Stelle 4mal das Zeichen A. Zählen wir die Bytes ab, die unser Code benutzt, kommen wir nur noch auf neun Byte. Aber wir können das Original wegen seiner Struktur sogar noch mehr komprimieren:

```
4 B 4 L 4 A
```

wonach es nur noch 6 Byte lang ist, was gegenüber dem Original eine Verringerung der Datenmenge um 50 % bedeutet.

Auf diese Art und Weise können die zu übertragenden Daten vor dem tatsächlichen Versenden auf ein überschaubares Maß reduziert werden; und schließlich ist die Störanfälligkeit umso geringer, je kürzer die Datenübertragung dauert. Von den Telefonkosten ganz zu schweigen.

Übertragungsgeschwindigkeit und Protokoll

Natürlich spielt dabei die Datenübertragung eine große Rolle. Hochgeschwindigkeits-Modems übertragen heute bereits 57.600 Bit/sek. Neben den eigentlichen Übertragungsparametern ist für die Verständigung zwischen Sender und Empfänger aber nicht nur wichtig, dass sich beide Parteien auf eine gleiche Geschwindigkeit einigen, sondern auch auf ein gemeinsames Protokoll, das bestimmt, was z. B. in einem Fall zu tun ist, wenn die Kommunikation zeitweise zusammenbricht, ein Prüfsummenfehler auftritt etc. Neben vielen anderen Standards ist hier das Protokoll mit dem Namen *Z-Modem* das verbreitetste.

ISDN und DSL

Dass das analoge Telefonnetz einer schnellen und störunanfälligen Datenübertragung nicht gerade förderlich ist, liegt klar auf der Hand. Erst auf den vielgepriesenen *Information Highways* ist es möglich, große Datenmengen in akzeptabler Geschwindigkeit zu bewegen. Grundlage dafür ist ein Übertragungskanal, der es ermöglicht, Daten digital zu transportieren, und das sind in erster Linie Kupfer- und Glasfaserkabel. Das Gesamtsystem nennt man ISDN. ISDN steht für den Begriff *Integrated Services Digital Network* und bedeutet nichts anderes, als dass auf ein und derselben Leitung verschiedene Arten von Informationen digital transportiert werden können. Das wirkt sich auf das normale Telefon in Form einer besseren Übertragungsqualität aus, wird aber vor allem dann interessant, wenn die Leitung auch für andere Dienste genutzt werden kann: Fax, Daten, Bilder etc.

Das inzwischen mit den europäischen Nachbarn kompatible Euro-ISDN stellt die Möglichkeit bereit, Daten mit einer Geschwindigkeit von 64.000 bps zu transportieren. Da zu einem ISDN-Anschluss immer zwei Kanäle (die von der Funktion etwa den früheren Amtsleitungen entsprechen) gehören, die auf einen Kanal zusammengelegt werden können, können also Daten mit einer maximalen Geschwindigkeit von 128.000 bps über das Netz rauschen.

Die einfachste Voraussetzung für die Kopplung zwischen PC und ISDN ist eine ISDN-Erweiterungskarte, die im PC installiert wird und zu der Terminal-Programme und die entsprechenden Treiber gehören oder ein externer ISDN-Adapter, der es erlaubt, auch alte analoge Geräte am ISDN-Netz zu betreiben.

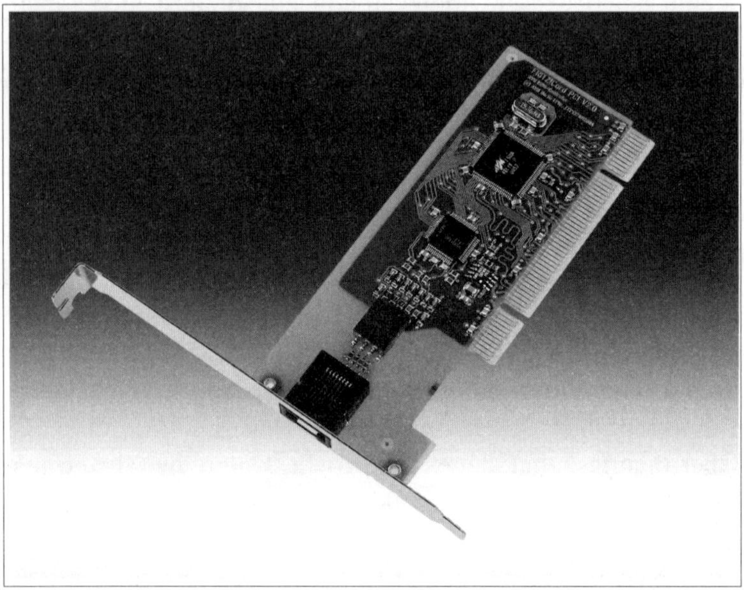

Abb. 9.3: Ein ISDN-Adapter (Fritz-Card) für den Anschluss von ISDN-Endgeräten (Quelle: AVM)

DSL (*Digital Subscriber Line*) ist ein Highspeed-Zugang ins Internet; als T-DSL wird er von der Telekom angeboten. T-DSL arbeitet bezüglich des Datentransfers asynchron: Ein Upstream (der Anwender sendet Daten) erfolgt nur mit einer Geschwindigkeit von maximal 128 Kbit/sec, wohingegen der Downstream (der Anwender zieht Daten aus dem Netz) mit einer maximalen Geschwindigkeit von 768 Kbit/sec geschieht. Die Richtung, die man als normaler Internet-Surfer am häufigsten braucht, ist also deutlich schneller, sogar über 10-mal schneller als ISDN.

Die T-DSL-Technik belegt keinen S0-Bus bei ISDN-Anschlüssen bzw. keine Amtsleitung bei analogen Anschlüssen, d. h. bei ISDN kann man surfen und zwei Telefonate gleichzeitig führen, bei anlogen Anschlüssen surfen und »nur« ein Telefonat gleichzeitig führen. Voraussetzung für T-DSL ist, dass ein T-DSL-Anschluss bei der Telekom freigeschaltet worden und die benötigte Hardware installiert ist (Modem/ISDN-bzw. Netzwerkkarte).

9.2 Online-Dienste

Alle Welt redet von *Datenautobahnen*, *Online*-Netzen, *Surfen* im Datenrausch, und die Zeiten, in denen man als PC-Anwender als ein wenig abgedreht galt, weil man sich per PC in den USA die neueste Software *downloadete*, sind wirklich lange vorbei. Es ist natürlich als positiv zu bewerten, wenn durch die Datenfernübertragung via PC Grenzen aufgehoben werden oder wenn man als Datenreisender neue Dimensionen erfahren kann, die einem vorher verwehrt waren. Dennoch erscheint bei der aktuellen Entwicklung ein kritischer Blick ratsam, denn die steigende Kommerzialisierung vieler Netze und Online-Dienste verursacht auch einen wesentlich größeren Anteil an »Datenmüll«. Stellvertretend sollen hier die beiden Anbieter T-Online und AOL genannt werden.

T-Online

T-Online hieß vor T-Online Datex-J. Und Datex-J hieß vor Datex-J BTX. Diese Begriffsverwirrung zeigt schon, dass die Deutsche Telekom spätestens seit dem Börsengang bereit ist, auf den boomenden Online-Dienstleistungsmarkt aufzuspringen. T-Online gehört zu den Systemen der Dienstleister im Informationsmarkt, die ähnlich wie eine kommerzielle Mailbox fremde und/oder eigene Dienstleistungen anbieten.

Die Geschichte von T-Online ist relativ schnell erzählt. BTX als Abkürzung für Bildschirmtext begann Anfang der 1980er-Jahre. Die Zielvorgabe war, private Haushalte für interaktive Dienstleistungen zu begeistern. Ähnlich dem Teletext-System im TV sollten Informations- aber auch Kommunikationsangebote bereitgestellt werden; wegen der damaligen geringen Verbreitung von PCs wurde dementsprechend das Medium Fernsehen genutzt. Im Gegensatz zu anderen europäischen Ländern, besonders Frankreich mit ihrem Minitel-System, war die Akzeptanz gegenüber dem neuen Medium in Deutschland aber alles andere als befriedigend. Das lag zum einen an den hohen Kosten für die Installation der Infrastruktur (Decoder) und zum anderen wohl auch daran, dass man im Deutschland der 1980er-Jahre nicht ohne Weiteres bereit war, Dienstleistungen wie Electronic Banking oder Homeshopping einer Maschine zu überlassen.

Abb. 9.4: Die Bahn kommt ... auch in T-Online (hier in der Version 4.0)

Erst mit der weiten Verbreitung von Personal Computern und den entsprechenden Geräten zur DFÜ (Modems) wurde BTX, das inzwischen in Datex-J (»J« für Jedermann) umgetauft worden war, auch für Dienstleister wie Banken, Kaufhäuser und andere Anbieter interessanter. Die Bedienung des Systems hinkte jedoch hinter den technischen Gegebenheiten hinterher.

Erst mit der neuerlichen Umbenennung des Dienstes in T-Online, die 1995 beschlossen wurde, änderte sich auch die Struktur, die Bedienung und vor allem die Oberfläche des Dienstes. Seit der Zugangssoftware T-Online 3.0 gewährleistet die Umstellung des alten CEPT- auf den grafisch orientierte KIT-Standard (*Kernsoftware für Intelligente Terminals* – was für ein Name!) eine wesentlich übersichtlichere Bedienung des Systems auch unter Windows.

America Online (AOL)

Einer der boomendsten Online-Dienste ist AOL. Gegründet 1985, zählte AOL Mitte 2002 nach eigenen Angaben 34 Millionen Mitglieder weltweit, davon ca. 2,4 Millionen in Deutschland (T-Online: ca. 10 Millionen Mitglieder in Deutschland). 1997 übernahm AOL den Online-Dienst CompuServe und fusionierte 2001 mit Time Warner zu einem der weltweit größten Medienkonzerne.

Andere Internet-Provider

Daneben gibt es eine Unzahl von anderen Providern – von regionalen Anbietern, die lediglich den Zugang zum Web bereitstellen bis hin zu Content Providern, die als Portal vor allem ins World Wide Web dienen. Sie alle unterscheiden sich in ihrem Angebot, ihrer Kostenstruktur und leider auch manchmal in ihrer Lang- bzw. Kurzlebigkeit. Eine generelle Aussage für oder gegen einen Provider oder Online-Dienst kann an dieser Stelle nicht gemacht werden.

Abb. 9.5: Die AOL-Übersicht in der Version 7.0

Dienstleistungen von Online-Diensten

Informationsangebote

Alle Online-Dienste bieten ein breites Informationsangebot, das in den meisten Fällen speziell aufbereitet ist. Es kann sich um allgemeine Nachrichten handeln, um neueste Meldungen, die letzten Börsenkurse oder aber um Fachinformationen für spezielle Themengebiete. Natürlich gehören auch Abfragen in Datenbanken zum Angebot – ob Sie eine Telefonnummer suchen, sich Kino-Angebote einer Großstadt ansehen oder die letzten Last-Minute-Angebote nach Kuba ermitteln wollen.

E-Mail

Eine E-Mail ist eine Nachricht in Form von Text- oder Bilddaten. Wenn Sie Mitglied eines Online-Dienstes sind, erhalten Sie automatisch eine E-Mail-Adresse mit einem eigenen Postfach, in dem Nachrichten für Sie abgelegt werden können, oder Sie können Nachrichten an einen oder mehrere Empfänger abschicken. Natürlich können E-Mails auch an Empfänger außerhalb des Online-Dienstes verschickt werden. Rein theoretisch können Sie jedes beliebige E-Mail-Programm benutzen, unabhängig, mit welchem Browser oder Provider Sie arbeiten; lediglich AOL hat ein eigenes E-Mail-System.

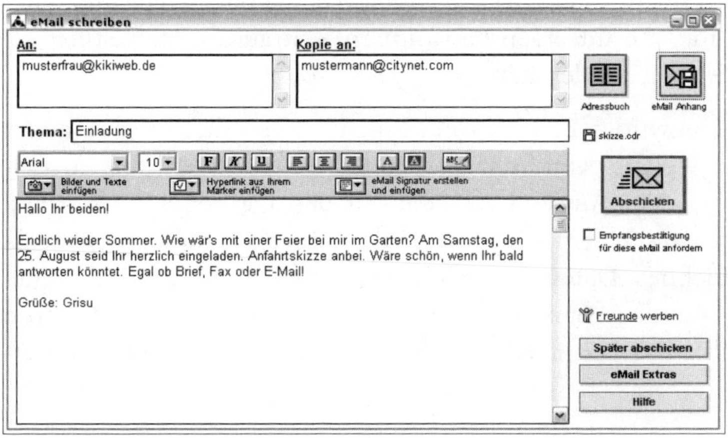

Abb. 9.6: Eine E-Mail aus AOL vor dem Absenden

Chat und Messaging

E-Mails können immer mit einer Zeitverzögerung gelesen werden. Außerdem kann in den meisten Fällen davon ausgegangen werden, dass sich Sender und Empfänger kennen – obwohl Ihnen mit Bekanntwerden Ihrer E-Mail-Adresse rein theoretisch jeder E-Mail-Versender Ihr Postfach mit Datenmüll zustopfen kann. Wenn Sie sich »direkt«, also online, unterhalten wollen, können Sie mit Hilfe der Tastatur und des Bildschirms direkt Nachrichten und Messages abschicken. Diese *Chat*-Funktion (engl.: Plauderei, Schwatz) ist ein wesentlicher Bestandteil aller Online-Dienste, weil es zu jedem Thema garantiert irgendetwas zu bekakeln gibt und weil es sich anonym viel besser über heikle Themen reden lässt. Eine etwas »intimere« Form des Chats ist das Messaging, das von allen großen Online-Diensten angeboten wird.

Upload/Download

Eine wichtige Funktion von Online-Diensten ist das Bereitstellen von Kapazitäten, mit denen Dateien vom Netz zum eigenen Rechner transportiert werden können. Insofern übernehmen Online-Dienste eine nicht unerhebliche Rolle als Multiplikator für Software, die ohne Lizenzgebühren für private Zwecke genutzt werden darf (*Freeware*), oder für Programme, die für einen bestimmten Zeitraum unentgeltlich genutzt bzw. getestet werden können (*Shareware*).

Diese Funktion wird z. B. auch von Firmen benutzt, um Programmverbesserungen, Updates von Treiberversionen etc. zur Verfügung zu stellen. Wenn sich ein Anwender Daten auf den eigenen PC überträgt, spricht man von einem *Download*; der umgekehrte Weg wird als *Upload* bezeichnet. Datenübertragungen aus dem Internet funktionieren über ein Protokoll names *FTP* (*File Transfer Protocol*), das sich vom Protokoll, über das beispielsweise Webseiten angezeigt werden, unterscheidet.

Abb. 9.7: Download von Daten aus dem Internet

Eigene Homepage

Wem es nicht ausreicht, nur seine E-Mail-Adresse auf der Visitenkarte abzudrucken, dem stellen die meisten Online-Dienste Rechnerkapazität (wenn auch nur in begrenztem Umfang) zur Verfügung, um sich, seine Anliegen, sein Unternehmen oder was auch immer auf einer eigenen Website im Internet zu präsentieren. Auch wenn die Speicherressourcen auf ca. 2 MByte begrenzt sind, ist so doch jedes Mitglied in der Lage, seine eigene Homepage einer großen Gemeinde zu präsentieren.

Electronic Banking

Immer mehr Bankkunden erledigen angesichts der kundenunfreundlichen Öffnungszeiten und vieler anderer Gründe ihre Bankgeschäfte nicht mehr in einer Filiale, sondern zu Hause am PC. Das Schlagwort in diesem Zusammenhang heißt *Electronic Banking* oder *Homebanking*. Für die Banken selbst ist Homebanking eine Möglichkeit, personalintensive Kosten zu sparen, denn gerade Aktionen wie Kontoauszüge drucken, Überweisungen annehmen, Schecks einreichen etc. sind für Banken ziemlich unproduktive Angelegenheiten.

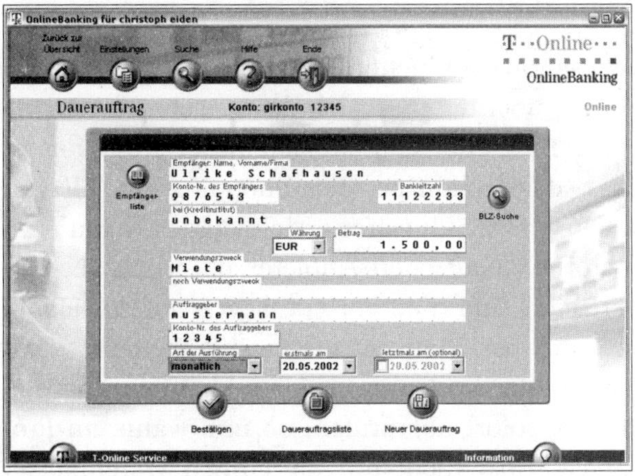

Abb. 9.8: Eröffnung eines Dauerauftrags mit dem T-Online-Homebanking-Modul

Die Software für derartige Aktionen ist von Bank zu Bank unterschiedlich; auch das Leistungsspektrum ist variabel. Voraussetzungen für ein erweitertes Electronic Banking wie z. B. Kontobewegungen, sind die Vergabe von Codenummern bzw. -wörtern, die unter dem Begriff PIN und TAN zusammengefasst werden können. Mit Hilfe der *Persönlichen Identifikationsnummer* (PIN) ist der Zugriff auf Kontendaten wie Kontostand und Umsatz gewährleistet. Für sämtliche weitergehenden Kontoverfügungen werden für den Bankkunden *Transaktionsnummern* (TAN) vergeben.

Auch hier ist der Kampf der Online-Dienste im Gange. Während die meisten deutschen Banken, die ihren Kunden ein Homebanking-Angebot präsentieren, dies gleichzeitig über T-Online abwickeln, gibt es auch Banken, die die Schnittstelle zum Kunden über andere Online-Dienste suchen.

Neben der bankspezifischen Software kann aber auch weit leistungsfähigere Finanzsoftware benutzt werden, die über eine Schnittstelle zum Homebanking verfügt.

Homeshopping

Die großen Kauf- und Versandhäuser gehörten schon bei BTX zu den ersten Anbietern von Seiten, über die man sich das Angebot der Firma ansehen konnte. Mit den Online-Diensten hat sich dieser Trend fortgesetzt. Wenn man bedenkt, dass schon per Tele-Shopping am TV von den Kaufhäusern milliardenschwere Umsätze erzielt werden, kann man sich erklären, dass die größten deutschen Anbieter natürlich auch in den Online-Diensten vertreten sind. Die Vorteile liegen auf der Hand: Nicht nur das Angebot kann per Monitor ausgewählt werden; wenn über einen Online-Dienst direkt ein Connect zur versandhauseigenen EDV besteht, lässt sich z. B. sofort überprüfen, ob und wann ein Produkt überhaupt lieferbar ist. Aber nicht nur die großen Warenhäuser sind vertreten; Sie finden hier genauso Anbieter aus anderen Branchen.

Verbindung ins Internet

Für viele Mitglieder ist die Tatsache, dass Online-Dienste einen Zugang ins Internet bereitstellen, **das** ausschlaggebende Kriterium, denn inzwischen ist das Surfen im Netz zum beliebten Volkssport geworden.

9.3 Internet

Ende der 1960er-Jahre als nicht kommerzielles Netz gegründet, war der Urheber des Internets das amerikanische Verteidigungsministerium, das ein Netzwerk plante, das zum einen der Forschung dienen, zum anderen aber auch im Kriegsfall funktionieren sollte. Die Struktur des Netzes ist anarchisch, denn das Netzwerk selbst besteht aus einer Kopplung von zahlreichen kleineren Netzen; es gibt keinen Knoten, bei dessen Ausfall das ganze Netz lahm gelegt wäre. Eine zentrale Verwaltung fehlt; jedes Teilnetz ist organisatorisch und technisch autonom. Da bis zu einem gewissen Zeitpunkt lediglich Universitäten und Forschungseinrichtungen über die entsprechenden Rechnerkapazitäten verfügten, fand das Internet besonders im Wissenschaftsbereich Anhänger. Das hat sich vor allem durch die großen Online-Dienste geändert, die es praktisch jedem PC-Besitzer mit minimaler technischer Ausstattung ermöglichen, Zugriff auf die Teilbereiche des Internets zu erhalten. Dementsprechend groß und unübersichtlich ist das Angebot. Dass für eine derart unüberschaubare Datenflut spezielle Navigationshilfen notwendig sind, erklärt sich von selbst. Das Internet selbst lässt sich in verschiedene Teilbereiche aufteilen. Sie können Nachrichten (E-Mails) versenden, Dateien finden bzw. von einem FTP-Server Dateien abrufen, Recherchen in Datenbanken durchführen oder andere Ressourcen nutzen.

Ein wesentlicher Bestandteil des Internets ist das *World Wide Web*, über das weltweit auf Dateien und Dokumente zugegriffen werden kann. Grundlage dafür ist ein Hypermedia-System, das auf der Basis der Beschreibungssprache HTML (*Hypertext Markup Language*) beruht. HTML ermöglicht, ein Dokument nicht linear durchzulesen, sondern über Verknüpfungen und Querverweise im Dokument selbst und zu anderen Dokumenten zu springen. Das Betrachten der einzelnen Dokumente wird über so genannte *Browser* realisiert. Neben dem *Netscape Navigator* ist der bekannteste Browser der *Internet Explorer*; er ist in der Version 6.0 gleich ins Betriebssystem Windows XP integriert.

9.4 Bedienung des Internet Explorers

Dass das Internet innerhalb des Betriebssystems Windows XP für Microsoft eine strategisch zentrale Rolle innehat, zeigt sich schon daran, dass das zuständige Programmmodul, der Internet Explorer, nahtlos in das Betriebssystem integriert wurde. Das Internet wird nicht mehr als separate digitale Welt gesehen, sondern als Datenressource, der sich jeder Anwender genauso einfach bedienen kann wie der Informationen, die auf der im Rechner installierten Festplatte liegen. Für den Anwender ist es schließlich egal, ob er Informationen aus einer lokalen Datei oder aus einem wie auch immer gearteten Netzwerk bezieht.

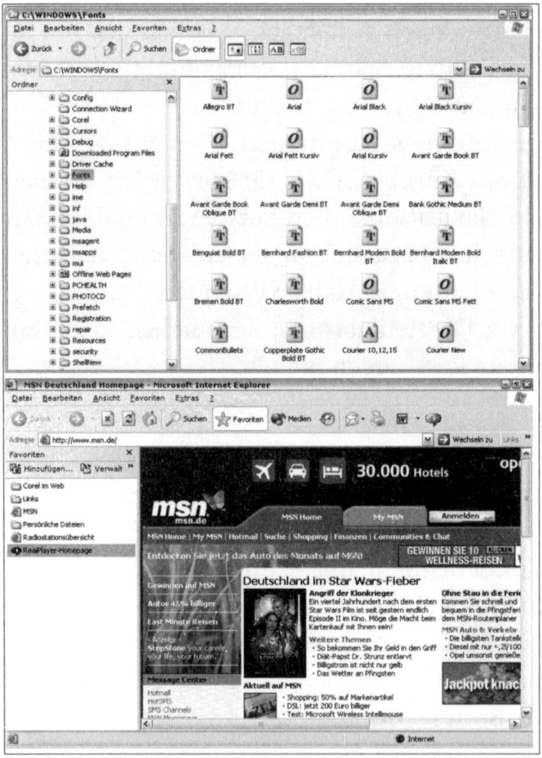

Abb. 9.9: Oben der »normale«, unten der Internet Explorer

Offensichtlich wird dies schon durch die identische Oberflächengestaltung der beiden für Windows XP zentralen Steuer- und Navigationsprogramme, des »normalen« Explorers und des Internet Explorers.

Einrichten eines Internetzugangs

Bereits bei der Installation von Windows XP und damit des Internet Explorers haben Sie die Möglichkeit, zwischen verschiedenen Online-Diensten, die alle einen Zugang ins Internet ermöglichen, zu wählen: dem »hauseigenen« Dienst MSN, America Online und T-Online.

Wenn Sie dies bei der Installation verpasst haben sollten, müssen Sie die Anmeldung nachträglich erledigen, denn bevor Sie den Internet Explorer als Browser nutzen können, müssen Sie logischerweise erst einmal die grundlegende Konfiguration installieren.

Wenn der entsprechende Assistent nicht automatisch starten sollte, rufen Sie ihn über *Start / Programme / Zubehör / Kommunikation / Assistent für neue Verbindungen* auf und folgen seinen Schritten. Sie sollten in jedem Fall die Informationen Ihres Providers bezüglich Einwahlnummer und anderer Optionen zur Hand haben.

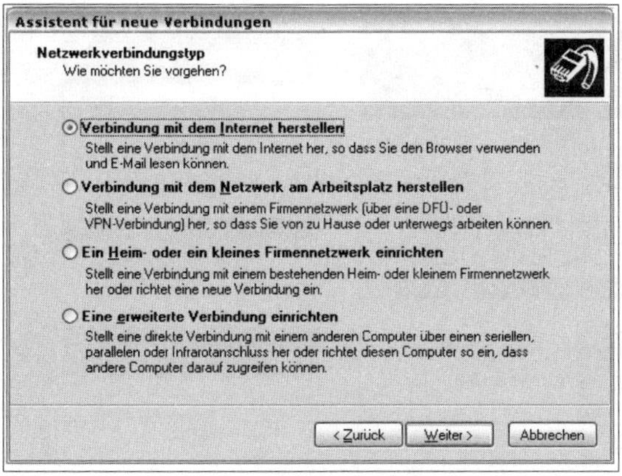

Abb. 9.10: Der Assistent für den Internetzugang bei der Arbeit

Die Oberfläche des Internet Explorers

Um der Informationsvielfalt des Internets gerecht zu werden, muss das Hilfsmittel, um schnell und gezielt auf die Ressourcen im Netz zugreifen zu können, mindestens genauso mächtig sein. Mit dem Internet Explorer haben Sie ein derartiges Tool zur Verfügung.

Alle Optionen an dieser Stelle zu beschreiben, würde sicherlich zu weit führen – dennoch ist es beruhigend zu wissen, dass der Internet Explorer auch Mittel bereitstellt, mit denen Sie den Zugriff auf bestimmte Webseiten ganz gezielt beschränken können – angesichts der teilweise durchaus zweifelhaften Inhalte im Netz gerade für Kinder ein nicht zu vernachlässigender Gesichtspunkt.

Wir beschränken uns hier auf die wesentlichen Elemente der Oberfläche, die Ihnen aber schnell den Weg ins weltweite Netz weisen.

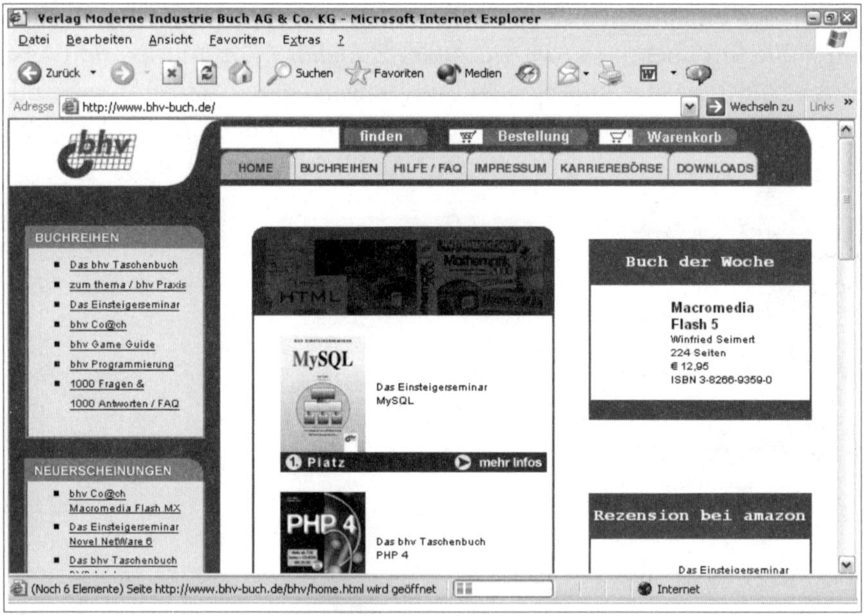

Abb. 9.11: Auf dieser Webseite finden Sie Computerbücher!

Da Sie durch die Arbeit mit anderen Anwendungsprogrammen inzwischen sicherlich vom Sinn und Nutzen der Symbolleiste überzeugt sind, wollen wir im Folgenden etwas genauer auf die einzelnen Symbole eingehen. Natürlich können Sie wie gehabt alle Funktionen des Programms auch über die Menüs aus der Menüleiste aufrufen.

Vorab noch ein Wort zur Statusleiste: Dort sehen Sie, wie weit der Ladevorgang der Seite vorangeschritten ist, wie viele Objekte noch für den kompletten Seitenaufbau fehlen, ob die Seite, die Sie angewählt haben, überhaupt existiert etc.

Mit der *Zurück*-Schaltfläche blättern Sie zu dem zuletzt aufgerufenen Web-Dokument. Sinnvollerweise erscheint neben dem Symbol ein kleiner nach unten weisender Pfeil, der sich bei einem Klick als Listenfeld entpuppt und alle zuletzt besuchten Seiten zeigt.

Haben Sie bereits mehrere Dokumente geladen, blättern Sie wie mit der *Zurück*-Schaltfläche zum nächsten Dokument. Auch hier steht Ihnen wieder eine Liste zur Verfügung.

Mit der *Abbrechen*-Schaltfläche können Sie den Ladevorgang einer Seite unterbrechen. Diese Schaltfläche ist besonders dann nützlich, wenn die Seite aus einer Unzahl von Bildern oder Objekten besteht, an denen Sie im Grunde gar nicht interessiert sind, weil Sie die wichtigen Informationen auf der Seite bereits gelesen haben, oder wenn Sie aus Versehen eine falsche Internet-Adresse angegeben haben.

Mit dieser Schaltfläche können Sie einen Refresh der Seite durchführen: Die aktuell geladene Seite wird aktualisiert; fehlende Objekte werden nachgeladen.

Mit einem Klick auf dieses Symbol wird die Seite geladen, die Sie als Startseite eingestellt haben – oder die vom Internet Explorer als Startseite vorgegeben wurde. Über das Menü *Extras / Internetoptionen* können Sie auf der Registerkarte *Allgemein* die Startseite definieren.

Abb. 9.12: Definieren der Internet-Adresse, mit der der Internet Explorer startet

Ein Klick auf diese Schaltfläche gehört wohl zu den am häufigsten durchgeführten Aktionen während einer Internet-Sitzung. Sie rufen damit einige der aktuellsten Suchmaschinen im Internet auf, ohne deren Hilfe Sie in der Informationsflut des Netzes zweifelsfrei ertrinken würden. Gerade wenn Sie das World Wide Web als Quelle für weltweite Recherchen nutzen wollen, kommen Sie ohne Suchmaschine nicht aus. Bekannte Suchmaschinen wie *Lycos* oder *Yahoo* bieten natürlich die Möglichkeit, die Suche nach bestimmten Kriterien durchzuführen. Dazu können zum einen thematische Einschränkungen dienen (Computer, Kunst, Gesellschaft etc.), zum anderen kann die Suche auf regionale Webseiten beschränkt werden, damit, wenn Sie beispielsweise Dokumente über die französische Literatur des 16. Jahrhunderts suchen, keine überflüssigen Dokumente in finnischer oder dänischer Sprache das wahrscheinlich sowieso schon übersprudelnde Suchergebnis belasten. Logischerweise geraten Sie umso schneller an das Ergebnis einer Suche, desto genauer Sie die Suchkriterien spezifizieren. Andererseits kann das »Internet-Surfen« aber gerade dann Spaß machen, wenn Sie die Suche eben nicht besonders einschränken und sich vom Ergebnis überraschen lassen.

Über einen Klick auf die *Favoriten*-Schaltfläche können Sie die aktuell geladene Webseite in einem eigenen Ordner als separate Datei speichern. Auf diese Weise ist es Ihnen möglich, Ihre bevorzugten Webseiten beliebig weiterzuverarbeiten.

Die *Verlauf*-Schaltfläche öffnet eine Spalte, in der detailliert festgehalten wird, welche Dokumente Sie in letzter Zeit aufgerufen haben. Auf diese Weise können Sie z. B. schnell wieder auf Dokumente zugreifen, deren Adresse Sie sich nicht gemerkt haben, oder überprüfen, wer in Ihrer Abwesenheit welche Internet-Adressen aufgerufen hat.

Die Optionen, welche Seiten wie lange im *Verlauf* angezeigt werden sollen, können Sie wieder über das Menü *Extras / Internetoptionen* auf der Registerkarte *Allgemein* beeinflussen. Hier können Sie auch bestimmen, dass alle Einträge im *Verlauf* gelöscht werden sollen.

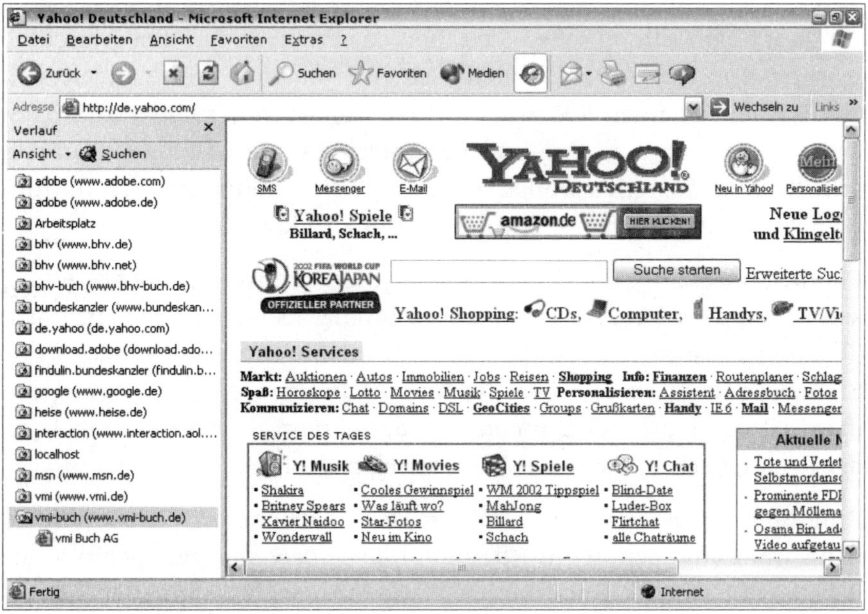

Abb. 9.13: Die Liste der am aktuellen Tag besuchten Internet-Seiten

Ein Klick auf die *E-Mail*-Schaltfläche öffnet ein Menü für Optionen, mit denen das Verfassen, Senden und Empfangen von E-Mails definiert werden kann.

Internet-Adressen aufrufen

Jeder Rechner im Internet muss eindeutig erkennbar und ansprechbar sein. Ohne diese eindeutige Indentifikation wäre es schließlich nicht möglich, gezielt auf Informationen, die auf einem bestimmten Server liegen, zuzugreifen. Für die Lokalisierung eines Rechners im Internet ist die so genannte IP-Adresse zuständig. Eine solche Adresse besteht aus vier jeweils ein Byte langen Feldern, wobei die einzelnen Felder durch einen Punkt getrennt werden. Eine gültige IP-Adresse wäre beispielsweise *129.206.100.126*.

An dieser Darstellung sehen Sie schon das Problem: Für eine Maschine ist eine derartige Adresse einfach zu interpretieren. (Es handelt sich zweifelsfrei um einen Rechner im Rechenzentrum der Universität Heidelberg.) Wenn Sie als Anwender hingegen auf ein Dokument auf diesem Rechner zugreifen wollen, werden Sie sich wahrscheinlich nur unter Schwierigkeiten an die IP-Adresse erinnern können.

Für die Umsetzung von IP-Adressen in »menschenverständliche« Adressen ist das *Domain Name System* zuständig. Es wandelt die einzelnen Teile der IP-Adresse in so genannte Domains um, die beispielsweise Standort oder Netzwerk eines Rechners definieren. Mit am wichtigsten dabei ist die Top-Level-Domain, aus der hervorgeht, in welchem Land der Rechner steht bzw. wie er thematisch zugeordnet werden kann.

Aufgrund dieses Systems wird aus der unschönen *129.206.100.126* dann immerhin schon ein *ftp.urz.uni-heidelberg.de*. Die nachfolgende Tabelle gibt einen kleinen Einblick in die Aufschlüsselung der Top-Level-Domains. Zumindest wissen Sie dann, dass sich der Rechner mit der Adresse *http://www.cl.cam.ac.uk* in Großbritannien befindet.

Domain	Bedeutung	Domain	Bedeutung
com	kommerzielle Organisation	mil	Militäreinrichtung
edu	Bildungseinrichtung	net	administrative Organisation
gov	Regierungsinstititution	org	alle übrigen Organisationen
aq	Antarktis	is	Island
ar	Argentinien	it	Italien
at	Österreich	jp	Japan
au	Australien	lu	Luxemburg
ba	Bosnien	mt	Malta
be	Belgien	mx	Mexiko
br	Brasilien	my	Malaysia
ca	Kanada	nl	Niederlande
ch	Schweiz	no	Norwegen
cn	China	np	Nepal
de	Deutschland	nz	Neuseeland
dk	Dänemark	pl	Polen
ee	Estland	pt	Portugal
eg	Ägypten	ru	Russland
es	Spanien	se	Schweden
fi	Finnland	sg	Singapur
fr	Frankreich	tw	Taiwan
gr	Griechenland	tr	Türkei
hk	Hongkong	uk	Großbritannien
ie	Irland	us	USA
il	Israel	va	Vatikan
in	Indien	za	Südafrika

Außer der Herkunft des Rechners lässt sich aber aus der Internet-Adresse noch mehr ableiten.

Das Kürzel *http* steht für *Hypertext Transfer Protocol*. Es handelt sich um das Standardprotokoll für die Übertragung von Hypertextdokumenten.

9.5 Die eigene Homepage

In Zeiten, in denen die E-Mail- genauso wie die »normale« Adresse auf die Visitenkarte gehört, ist es nicht verwunderlich, wenn sich jeder Anwender auch seine eigene Homepage programmieren kann, um eine Anlaufstelle im Internet zu haben. Über den Sinn und Unsinn eines solchen Unterfangens lässt sich trefflich streiten – ohne Zweifel ist eine eigene Website für kommerzielle Unternehmen, die einen Teil ihres Geschäftes über das Internet abwickeln (*E-Commerce*, *E-Business*) ein absolutes Muss.

Seiten für das Internet lassen sich auf mehrere Arten erzeugen; die bekanntesten Sprachen hierfür sind HTML (*Hypertext Markup Language*) und Java bzw. JavaScript.

Dennoch sollten Sie bei dem Begriff »programmieren« nicht gleich an komplexe und höchst aufwendige und undurchdringliche Programmbefehle denken. Gerade für das Erzeugen von Internet-Seiten gibt es inzwischen eine Menge Hilfsmittel und Programme, die visuell arbeiten – Sie ziehen Objekte per Drag & Drop auf eine Oberfläche, und das entsprechende Programm setzt Ihre Seite dann in HTML-Code um.

Im Übrigen können Sie mit Hilfe des Internet Explorers hinter die Kulissen jeder Internet-Seite blicken. Über das Menü *Ansicht / Quelltext anzeigen* lässt sich der Quelltext einer Webseite darstellen.

Auf diese Weise können Sie z. B. den Quelltext einer Seite, die Ihnen gefällt, als HTML-Datei speichern und mit rudimentären Kenntnissen von HTML bearbeiten und modifizieren.

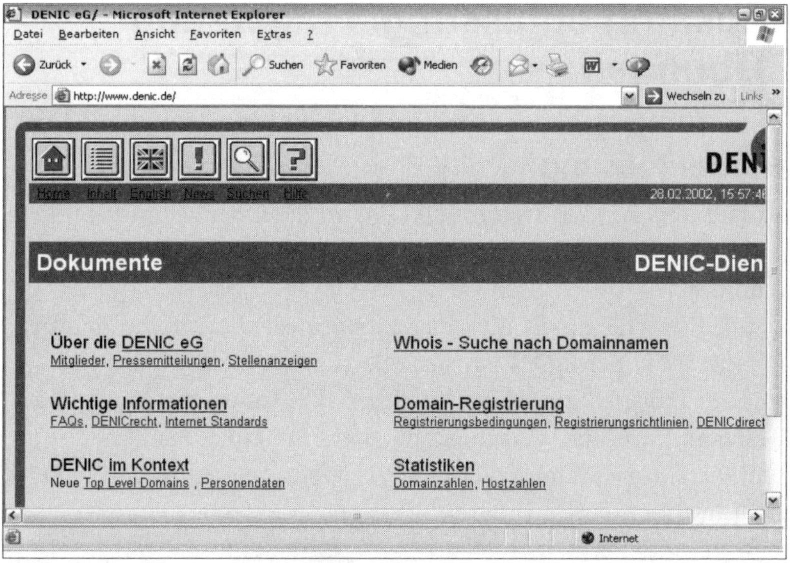

Abb. 9.14: Die Webseite des DE-NIC in der Browser-Ansicht ...

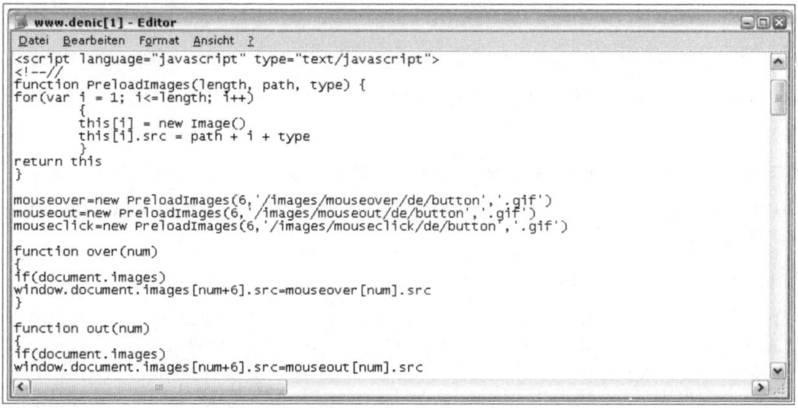

Abb. 9.15: ... und (teilweise) als HTML-Quelltext mit einem Verweis auf ein Java-Script

Egal, ob mit *FrontPage*, *FrontPage Express* oder einem anderen HTML-Editor; inzwischen ist es gar nicht mehr so schwer, seine eigene Webseite zu gestalten. Probieren Sie es einfach aus!

9.6 Zusammenfassung, Fragen und Übungen

Zusammenfassung

- Unter *Datenfernübertragung* (DFÜ) wird die Übertragung von Daten über weite Strecken mit Hilfe eines Modems oder per ISDN verstanden.
- Die Schnittstelle im PC für ein Modem ist die serielle Schnittstelle; für DFÜ per ISDN ist spezielle Hardware notwendig.
- Um eine störungsfreie Übermittlung der Informationen zu gewährleisten, werden verschiedene Sicherheitsmechanismen und Fehlerkorrekturverfahren während der Übertragung mitgesendet.
- Sender und Empfänger müssen über eine identische *Datenübertragungsrate* und das gleiche *Übertragungsprotokoll* verfügen.
- Um die Dauer der Datenübertragung zu verkürzen, können und sollten die Informationen *komprimiert* (*gepackt*) werden.
- ISDN (*Integrated Services Digital Network*) gewährleistet eine digitale DFÜ, wobei der Typ der Informationen (Daten, Bilder, Sprache etc.) keine Rolle spielt. Per ISDN können Daten schnell und sicher transportiert werden.
- Der Sinn und Zweck der DFÜ liegt darin, Daten an andere PCs zu senden bzw. Daten von anderen PCs zu empfangen. Um dieses Ziel zu realisieren, gibt es zentrale Verwaltungsstellen, die kommerziell oder nicht kommerziell bei dieser Umsetzung mitwirken.
- Kommerzielle Anbieter und Vermittler von Informationen werden auch *Online-Dienste* genannt. Sie stellen gegen Gebühr die technischen Ressourcen bereit, um Informationen weltweit verbreiten zu können.
- Die bekanntesten Online-Dienste sind *T-Online* und *AOL*, die neben eigenen, redaktionell aufbereiteteten Inhalten auch einen Zugang zum Internet bereitstellen.

Fragen und Übungen

1. Mit welchen technischen Hilfsmitteln kann eine Datenfernübertragung realisiert werden?
2. Welche Schnittstelle sollte zwischen Modem und PC verwendet werden?
3. Welche Kriterien sind bei einer Datenübertragung vom Sender und vom Empfänger zu berücksichtigen?
4. Welche Verfahren zur Fehlerkorrektur kennen Sie?
5. Was versteht man unter dem Begriff *Datenkompression*?
6. Wo liegen die Vorteile einer Übertragung per ISDN gegenüber einer Übermittlung von Daten per Modem?
7. Was versteht man unter dem Begriff *DSL*?
8. Welche Möglichkeiten bietet Ihnen ein Online-Dienst?
9. Charakterisieren Sie die Struktur des Internets!
10. Was versteht man unter dem Begriff *Electronic Banking*?

10 Sounds, Klicks & Videos – Multimedia

Zitat von Bill Gates, Chef von Microsoft, über die Möglichkeiten des Daten-Highway: »Wenn die Technik preiswerter wird, werden Unterhaltungssimulatoren selbstverständlich sein wie heute die Kinos. Und in nicht allzu ferner Zukunft werden Sie in Ihrem eigenen Wohnzimmer eine Simulation von hoher Qualität erleben können.«

Schöne neue Welt, mag da manch einer sagen, aber wir wollen es Ihnen in diesem Buch selbst überlassen einzuschätzen, inwieweit Techniken als nutzbringend oder überflüssig einzustufen sind. An der Tatsache, dass Computer in den letzten zehn, zwanzig Jahren unser Leben verändert haben und diese Entwicklung in den nächsten Jahren noch rapider vonstatten gehen wird, gibt es keinen Zweifel. Gerade aber an dem Bereich, um den es in diesem Kapitel geht, scheiden sich die Geister, zumal jeder unter dem Begriff Multimedia etwas anderes versteht.

Ob es sinnvoll wäre, wenn Sie dieses Buch nicht auf Papier lesen, sondern es sich lediglich auf Ihrem Bildschirm betrachten könnten? Einerseits nein, denn die Lesbarkeit an einem Monitor ist sicherlich schlechter als Gedrucktes schwarz auf weiß zu lesen. Andererseits: Sie könnten die beschriebenen Befehlsfolgen und Beispiele sofort nachvollziehen, könnten noch einmal »blättern«, falls Sie etwas vergessen hätten, könnten über eine Stichwortsuche gezielt auf Begriffe zugreifen etc.

Sie sehen, dass auch Multimedia seine zwei Seiten hat, und deswegen wollen wir versuchen, bei diesem Thema möglichst wertfrei zu bleiben.

Ein großer Teil dessen, was man mit dem Begriff Multimedia verbindet, spielt sich heute im Online-Bereich im Internet und hier v. a. im World Wide Web (WWW) ab. Da wir uns diesem Aspekt aber bereits im letzten Kapitel genähert haben, beschränken wir uns in diesem Kapitel auf den Offline-Bereich.

10.1 Hardwarevoraussetzungen

Schaut man sich die Werbespots oder Anzeigen verschiedener Hardware-Hersteller an, stellt man fest, dass fast jeder Produzent seine Maschine als »Multimedia-Gerät« anpreist. In der Tat sind es nicht nur die beiden nachfolgend beschriebenen Komponenten, die einen PC zum »Multimedium« machen, denn generell kann behauptet werden, dass Anwendungen, die viele Aufgaben gleichzeitig erledigen müssen (Bild- und Tonausgabe beispielsweise) immer nach einem schnellen Rechner verlangen. Angesagt in diesem Segment ist also ein PC mit mindestens 486er Prozessor ab 100 MHz Taktfrequenz. Eine Festplatte großer Kapazität (ab 1 GByte) sollte ebenfalls zur Grundausstattung gehören, weil digitalisierte Bilder und Klänge immer mit einem großen Speicherbedarf einhergehen.

Betrachtet man die ersten Spezifikationen aus dem Jahr 1990, die einen PC zum *MPC* (*Multimedia-PC*) machen sollten, wird man heute nur noch lächeln können – Grundlage sollte ein 286er PC mit mindestens 2 MByte RAM und einer Festplatte mit mindestens 30 MByte Kapazität sein. An dieser ersten Spezifikation sieht man aber auch, dass die Vorahnungen, die das *Multimedia Marketing Council*, das den MPC-Standard beschloss, hatte zumindest ansatzweise zukunftsweisend waren: Voraussetzungen waren nämlich ebenfalls eine Soundkarte und ein CD-ROM-Laufwerk.

Soundkarte

Aufgabe einer Soundkarte im PC ist es, Klänge zu produzieren und zu reproduzieren, wobei hier der Unterschied zwischen *analog* und *digital* besonders deutlich wird.

Unter Klängen versteht man Schallwellen, die nichts anderes sind als eine Folge von analogen Signalen, die ein PC – genauer: die Soundkarte – in digitale Signale umsetzen muss. Sicherlich haben Sie schon einmal die Darstellung einer Sinuskurve gesehen, deren Verlauf sich aus den beiden Faktoren *Amplitude* und *Zeit* ergibt.

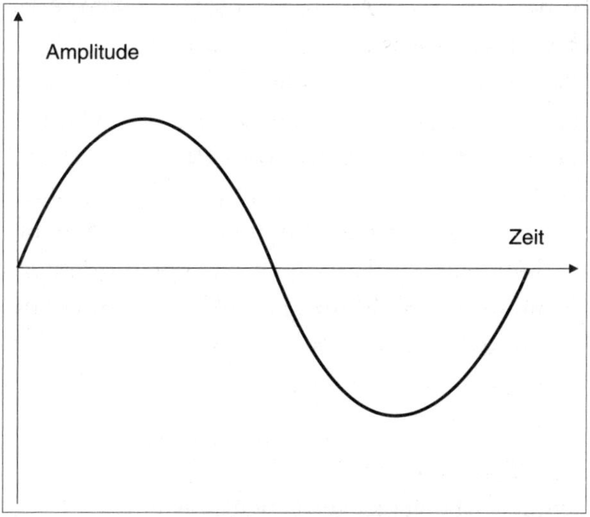

Abb. 10.1: Ein analoges Klangereignis: eine Sinuskurve

Betrachtet man diese Kurve unter digitalen Gesichtspunkten, wird dieses Signal an einem bzw. mehreren festgelegten Zeitpunkten »abgegriffen«. Die derart ermittelten Messwerte lassen sich dann in »computerfreundliche« Werte umsetzen.

Sie werden dementsprechend unschwer nachvollziehen können, dass das wichtigste Funktionselement einer Soundkarte ein so genannter Analog/Digital-Wandler (*ADC, Analog/Digital-Converter*) ist.

Samplingrate

Kommen wir noch einmal auf unsere Sinuskurve zurück. Wenn Sie sich die Umsetzung in digitale Werte vorstellen (und dabei die wohl geformte Kurve im Hinterkopf behalten), wird klar, dass die Kurve (und damit der Klang) umso besser »nachgebildet« werden kann, je näher die Zeitabstände nebeneinander liegen, in der die Kurve gemessen wird.

Diese Abtastrate oder auch *Samplingrate* bestimmt also, wie genau eine analoge Klangstruktur digital nachgebildet werden kann.

Das gleiche Prinzip wird bei einem Gebrauchsgegenstand angewendet, der wahrscheinlich auch in Ihrem Wohnzimmer steht, denn auch die bekannten Audio-CDs beruhen auf der gleichen Funktionsweise. Hier ist allerdings noch entscheidend, ob die Klänge bereits digital aufgezeichnet oder erst später von einem analogen Datenträger *gesampelt* und auf CD gebrannt wurden. Die Samplingrate einer solchen Audio-CD liegt bei 44,1 Kilohertz; pro Sekunde finden also 44.100 Abtastungen statt, und diese hohe Rate bedingt dann auch den entsprechenden Hörgenuss. Wenn Ihre Soundkarte also Klänge produzieren soll, die der Qualität einer Audio-CD-Ausgabe in nichts nachstehen, sollte diese Rate erfüllt werden.

Samplingtiefe

Die Rate ist aber bei digitalen Klangerzeugern nicht das einzige Kriterium. Für die Beschreibung der gesampelten Messwerte muss auch Kapazität zur Verfügung gestellt werden, und auch hier gilt das Prinzip, dass diese Beschreibung umso genauer erfolgen kann, desto mehr Kapazität gegeben ist. Auch hier können Sie die Audio-CD als Messlatte zur Klangerzeugung einer Soundkarte anlegen. Audio-CDs arbeiten mit einer Samplingtiefe von 16 Bit. Dieser Wert sollte auch von Ihrer Soundkarte zur Verfügung gestellt werden, wenn Sie Ihren PC als Abspielgerät für digitale Daten in CD-Qualität nutzen wollen.

Anwendungen

Soundkarten erfüllen aber auch noch andere Aufgaben, als lediglich als Abspielgerät für Audiodaten zu fungieren. Wahrscheinlich finden Sie auf der Ihnen nur schwer zugänglichen Rückseite des PCs einen Anschluss auf Ihrer Soundkarte für ein Mikrofon. Mit dessen Hilfe können Sie digitale Klänge produzieren, die dann als digitale Datei auf Ihrer Festplatte gespeichert werden können. Auf diese Weise können Sie z. B.

Ihren Terminkalender um sprachliche Erinnerungsfunktionen bereichern. In einen Text oder eine Tabelle eingebunden, könnten Sie beispielsweise ein solches »Sprachobjekt« benutzen, um an einer bestimmten Stelle eine kurze Notiz einzublenden. Sie sollten sich aber immer vor Augen halten, dass digitalisierte Daten in CD-Qualität viel Kapazität benötigen. Die sphärischen Klänge, die Sie hören, wenn Sie Windows XP starten (Ordner *Media\Windows XP-Startvorgang.wav* im Windows-Ordner), verbrauchen beispielsweise schon 415 KByte. Dabei sind sie nur 4,81 Sekunden lang und von relativ schlechter Qualität: Samplingrate 22 KHz, Samplingtiefe (immerhin!) 16 Bit und Stereo. Im nächsten Abschnitt werden Sie darum feststellen, dass die CD-ROM mit einer Kapazität von maximal 682 MByte zu *dem* Medium der digitalen Klangaufzeichnung geworden ist.

Abb. 10.2: Die Details des Sounds beim Windows-Startvorgang mit der dazugehörigen (nachgebildeten) analogen Kurve des Klangs im Audiorecorder von Windows XP

Da Soundkarten aber nicht nur zur Reproduktion, sondern auch zur Erzeugung von Klängen vorgesehen sind, sind sie mit einem Baustein ausgerüstet, den Sie in modifizierter Form auch in Musikinstrumenten finden, die gemeinhin als *Synthesizer* bezeichnet werden. In diesen Geräten (wie in gut ausgestatteten Soundkarten) sind beispielsweise Klänge von Instrumenten bereits digitalisiert und in einem ROM untergebracht. Diese auch als *Wavetable*-Sammlungen bezeichneten Klänge lassen in Zusammenarbeit mit geeigneter Software aus Ihrer Soundkarte ein funktionsfähiges Musikinstrument werden.

Genau in diese Richtung zielt auch ein weiteres Anwendungsgebiet von Soundkarten. »Keine Karte ohne geeignete Schnittstelle« – dieses Prinzip haben Sie ja bereits bei allen Ein-/Ausgabegeräten kennen gelernt. Bei Soundkarten ist es die so genannte *MIDI-(Musical Instrument Digital Interface)* Schnittstelle, die es ermöglicht, dass angeschlossene Musikinstrumente mit einer ebensolchen Schnittstelle Daten austauschen und diese MIDI-Daten mittels eines *Sequenzers* über den internen Klangerzeuger der Soundkarte abgespielt, aufgezeichnet und modifiziert werden können. Dass auf diese Weise Ihre Soundkarte nicht nur zur Klangerzeugung, sondern auch zu weit kreativeren Funktionen wie dem Komponieren oder Zusammenstellen von verschiedenen Klängen genutzt werden kann, erklärt sich damit von selbst. Mit der weiten Verbreitung von Soundkarten hat in diesem Bereich der PC mit Maschinen aus anderen Rechnerwelten durchaus gleichgezogen.

Wie bei anderen Hardwarekomponenten auch hat eine Firma den Standard gesetzt, nach dem sich andere Hersteller zu richten haben. Bei den Soundkarten ist dies die Firma Creative Labs, die mit ihren *Soundblaster*-Karten den Ton bzw. den Klang angibt.

CD-ROM-Laufwerk, DVDs und CD-ROM-Brenner

Wir haben bereits weiter oben erwähnt, dass die Ihnen bekannten Audio-CDs nichts weiter sind als Medien, die digitale Daten speichern können. Ob es sich dabei um Audio- oder »direkt« vom PC lesbare Daten handelt, spielt lediglich eine untergeordnete Rolle – für die Wiedergabe von Audiodaten muss dann allerdings eine entsprechende Schnittstelle vorhanden sein; für den PC ist dies die Soundkarte.

CD-ROMs haben gegenüber anderen Datenträgern unschlagbare Vorteile:

- Im Vergleich zur Festplatte ist eine CD ein transportables Medium.
- Auf eine CD-ROM passen so viel Daten wie auf eine ausgewachsene Festplatte – zwischen 650 und 700 MByte. Und das zu einem

Preis, der im Vergleich zu einer Festplatte ein wesentlich besseres Preis-Leistungs-Verhältnis aufweist.

- Eine CD ist bei richtiger Behandlung praktisch verschleißfrei und damit auch ein sicheres Medium.

Bei der CD-ROM handelt es sich – wie der Name ja bereits sagt – um ein Medium, von dem nur gelesen werden kann (*Read Only Memory*). Wenn Sie nicht über ein Gerät verfügen, mit dem Daten auf CDs geschrieben werden können (so genannte *CD-Brenner* oder *CD-Writer*), können Sie die CD lediglich nutzen, um bereits verfügbare Informationen zu benutzen. Aber auch diese Barriere ist für den Consumerbereich überwunden. Zu durchaus akzeptablen Preisen kann man bereits Brenner erwerben, die mit Hilfe von CD-RW-Medien (CD Read-Write) das mehrfache Beschreiben (zur Zeit ca. 1000 x) von CDs erlauben. Die CD wird so zum Wechseldatenträger wie seinerzeit Cartridges und Wechselfestplatten – nur mit einem ungleich besseren Preis-Leistungs-Verhältnis. Und auch was die Kapazitätsgrenze von 682 MByte angeht, ist ein neuer Standard bereits vorhanden: die DVD *(Digital Versatile Disc)* mit einer Speicherkapazität von 2,6 bis 17 GByte.

Funktionsweise

CD-ROMs und die dazugehörigen Laufwerke arbeiten mit anderen als den Ihnen von Disketten und Festplatten bekannten Verfahren. Sie nutzen optische statt elektromagnetische Aufzeichnungs- und Lesemechanismen. Die Scheibe wird dabei von einem Laserstrahl abgetastet, der die unterschiedlichen Reflexionen registriert, die die so genannten *Pits*, kleine Vertiefungen in der CD-Oberfläche, zurückwerfen. Auf einer Seite der Scheibe ist darum eine Licht reflektierende Aluminiumschicht aufgebracht, die mit einem Schutzlack überzogen ist. Die Pits selbst haben eine Breite von lediglich 0,6 Mikrometer; der Spurabstand liegt bei 1,6 Mikrometer.

Das Laufwerk, mit dem die CD-ROM gelesen wird, weist Leistungsmerkmale auf, die je nach Art des CD-ROM-Laufwerks differieren können. Für die Lesegeschwindigkeit sind darüber hinaus noch andere Features ausschlaggebend, die mit dem Laufwerk direkt relativ wenig zu tun haben: die Schnittstelle (ATAPI/SCSI) und damit der entsprechende Controller, die verwendeten Software-Treiber, der Zustand der CD (Kratzer, Beschädigungen, Fett) und natürlich auch das Datenmaterial auf der CD (große zusammenhängende Datenblöcke oder viele einzelne Dateien, die eine hohe Lesekopfaktivität bedingen).

Abb. 10.3: Oben: externer DVD-Brenner, unten: interner CD-Brenner (Quelle Hewlett Packard)

Eines der wichtigsten Kriterien ist die Fähigkeit des CD-ROM-Laufwerks, seine Motordrehzahl den zu liefernden Daten anzupassen, je nachdem, ob sich der Kopf am inneren oder äußeren Rand des Mediums befindet. Ohne eine entsprechende Datentransferrate mit der dazugehörigen Zugriffszeit nutzen Ihnen die in bester Qualität gesampelten Sounds oder Bewegtbilder nur wenig: Asynchrone Klangerzeugung oder Ruckelbilder sind die Folge.

In der nachfolgenden Tabelle finden Sie die Leistungsdaten der bekanntesten Standards.

Modell	Datentransfer	Zugriffszeit (ca.)
SingleSpeed	150 KByte/sek.	470 ms
DoubleSpeed	300 KByte/sek.	325 ms
QuadSpeed	600 KByte/sek.	230 ms
6fachSpeed	800 KByte/sek.	160 ms
12fachSpeed	1.800 KByte/sek.	140 ms
24fachSpeed	3.600 KByte/sek.	90 ms
32fachSpeed	4.800 KByte/sek.	85 ms
48fachSpeed	7.200 KByte/sek.	75 ms

Etwas unüberschaubarer ist da schon die Vielzahl an Standards, die festlegen, in welchem Format Daten auf eine CD aufgezeichnet werden können. Festgehalten sind diese Standards in so genannten *Books*, aus denen sich die verschiedenen Spezifikationen ergeben. Auch hier soll eine Tabelle einen kleinen Überblick geben.

Bezeichnung	Jahr	Spezifikation für
Red Book	1980	Audio-CD, CD-DA
Yellow Book	1984–1989	Format für CD-ROM nach ISO-Norm, CD-XA
Green Book	1987	CD-I (*Compact Disc Interactive*)
Orange Book	1990	Photo-CD, CD-R (wiederbeschreibbare CDs)
White Book	1993	Video-CD
Blue Book	1996	CD-Plus, CD-Extra

Im Zuge der immer speicherfressenderen Programme und Datensammlungen hat sich die CD-ROM inzwischen als transportabler Standard-Datenträger durchgesetzt. Die meisten Software-Hersteller liefern ihre Programme nur noch gegen besondere Nachfrage und Aufpreis auf Disketten aus, wobei Programme auf CD-ROM natürlich ein wesentliches Hilfsmittel zum Verkauf und zur Distribution sind – Informationen auf CD-ROM lassen sich schließlich nur sehr schlecht als Raubkopie weiterverwenden!

10.2 Anwendungsgebiete

Nachdem Sie nun erfahren haben, welche Hardware für den multimedialen PC notwendig ist, möchten wir uns nun, bevor wir uns den Einsatzmöglichkeiten von Multimedia widmen, damit beschäftigen, was denn unter dem Begriff Multimedia eigentlich zu verstehen ist.

Begriffsdefinition

Betrachtet man die beiden Bestandteile des Wortes, könnte man als kleinsten Nenner feststellen, dass Multimedia immer etwas mit der gleichzeitigen Benutzung von zwei oder mehreren verschiedenen Ereignissen zu tun hat, die auf unser Reizempfinden wirken. So banal das auch klingen mag, findet Multimedia ständig in unserem täglichen Leben statt, denn schließlich nehmen wir ja optische, akustische, geschmackliche und andere Reize sensitiv wahr und reagieren darauf. Überträgt man nun die Reize der Umwelt auf Signale technischer Geräte, fallen uns spontan Hilfsmittel ein, die unsere Umwelt multimedial ausnutzen. Das bekannteste dieser Medien ist sicherlich das Fernsehen, das Bewegtbilder mit akustischen Signalen koppelt. Gerade am TV wird deutlich, dass die gleichzeitige Sinnesreizung von mehreren Medienereignissen eben stärker auf den Zuschauer wirkt als eine eindimensionale Darstellung. Nicht umsonst wurde in Zeiten des Stummfilms die Darstellung auf der Leinwand durch den Einsatz eines Klavierspielers mit Musik hinterlegt – Spannungsmomente beispielsweise lassen sich auf diese Weise dramaturgisch besser herausstellen. Ebenso wirkt z. B. ein Farbfilm mehr auf das Reizempfinden des Zuschauers als ein Schwarzweißfilm. Erst in Zeiten der Reizüberflutung mit vielen bunten Bildern kann eine schwarzweiße Darstellung durch ihre gröbere Auflösung für künstlerische Zwecke »verfremdet« werden.

Kehren wir zurück zur eigentlichen Grundlage des multimedialen Einsatzes. Im Bereich technischer Geräte bewirkt die gleichzeitige Reizung von verschiedenen Sinnesorganen eine Verstärkung des eigentlichen Signals. Betrachten wir die Darstellung einer Ampel vor einem Zebrastreifen, wird diese Verstärkung deutlich: Eine Ampelanlage, die die Umschaltung zwischen Rot- und Grünphase nicht nur durch Lichtsignale ausdrückt, sondern zudem durch ein akustisches Signal, wirkt eindringlicher – nicht nur für Blinde, die auf ein wesentliches Element der multimedialen Welt verzichten müssen.

Übertragen wir diese Sichtweise auf den PC, wird recht schnell deutlich, warum der Begriff Multimedia im Bereich des Computers das Schlagwort der letzten Jahre ist. Auch wenn es recht einfach erscheint, mehrere Signale aus verschiedenen Bereichen miteinander zu koppeln, ist dafür doch ein Aufwand an Technik notwendig, dem Computertypen früherer Jahrgänge einfach nicht genügen konnten – eigentlich verwunderlich, wo doch der Computer als Ausmaß technischer Vervollkommnung gilt.

Akustische Signale

Erst mit Tricks und Umwegen ist es möglich, dass der PC mehr als eine Aufgabe zur gleichen Zeit durchführt. Betrachten wir diesen hardwaretechnischen Aspekt, kommen wir schnell zu den ersten Ansätzen einer multimedialen Umsetzung. Es hat ziemlich lange gedauert, bis die PC-Hersteller darauf kamen, dass ein kleines unscheinbares Zusatzgerät, ein Lautsprecher für zwei Mark fünfzig, zu mehr benutzt werden kann als lediglich zur akustischen Symbolisierung fehlerhafter Zustände im technischen Unterbau des Computers.

Es ist beispielsweise hilfreich, wenn man nicht ständig in seinem E-Mail-Postfach nachschauen muss, ob Post eingegangen ist, sondern vielmehr von einer netten Stimme im Hintergrund darüber informiert wird.

Digitalisierte akustische Daten werden unter Windows häufig im Wave-Format gespeichert. So genannte *Klangdateien* haben meist die Endung *.wav* und können über den Audiorecorder von Windows XP oder der Software, die Ihrer Soundkarte beim Kauf beilag, abgespielt werden.

Abb. 10.4: Akustische Dateien im Wave-Format

Sicherlich stellt dies die unterste Stufe von Multimedia dar, aber immerhin weist es in die Richtung, denn die oben beschriebene Aktion macht deutlich, auf was es bei Multimedia ankommt:

- Mehrere Sinnesreize wirken gleichzeitig auf den Anwender. In den meisten Fällen ist dies der parallele Einsatz von optischen und akustischen Reizen.
- Zur Realisierung dieser Gleichzeitigkeit muss der PC »ausgetrickst« werden, da er im Normalfall immer nur eine Aufgabe zu einer Zeit erledigen kann.
- Der Anwender hat nicht nur die Möglichkeit, gezielt in das Geschehen einzugreifen, vielmehr wird er geradezu aufgefordert, dies zu tun: Man spricht in diesem Falle von Interaktion.

Die ersten multimedialen Ansätze im PC-Bereich fanden dementsprechend dort statt, wo es nicht nur um Arbeitserledigung ging: bei Computerspielen.

Abb. 10.5: In der Abbildung ohne Sound, beim Spielen laut: Fußball und Flugsimulator per PC (Quelle Microsoft)

Bewegtbilder

Mit der Verfeinerung der akustischen Aufbereitung in Form von Soundkarten ging auch eine Entwicklung in der Darstellung von Bewegtbildern einher. Bedingt durch die Steigerung der Rechenleistung war es möglich, in vernünftiger Qualität Bewegtbilder auch am PC zu reproduzieren. Da bewegte Bilder durch ihre hohe Wiederholungsrate aber nicht nur schnelle Rechner benötigen, sondern auch die Datenmenge in die Höhe treiben, müssen logischerweise Speichermedien wie Festplatten mit hoher Kapazität und einer schnellen Zugriffszeit bzw. CD-ROM-Laufwerke mit High-Speed-Qualität als Grundlage für das ruckelfreie Abspielen von Bewegtbildern zum Einsatz kommen. Den Wave-Dateien für die Klangdateien entsprechen in diesem Bereich die *.avi*- und *.wmv*-Dateien. Erstmals in Windows 3.11 eingesetzt, wird das Abspielen von Bewegtbildern aber selbst auf PCs mit hoher Performance nur durch eine Einbuße in der Bildqualität erreicht; Komprimierung heißt hier das Stichwort. Bei der Darstellung der Videos werden für das Bild nicht relevante Daten einfach weggelassen, wobei sich zwei Methoden durchgesetzt haben: MPEG (*Moving Pictures Experts Group*) für den Bereich von Bewegtbildern und JPEG (*Joint Photographics Experts Group*) im Bereich digitaler Standbilder. In Abbildung 10.6 sehen Sie vor allem in der Vergrößerung, dass Qualitätseinbußen durch die Komprimierung bzw. das Ausfiltern von Daten zu erwarten sind. Da in diesem Buch die Abbildungen nur in Graustufen erscheinen, würden Sie überrascht sein, wenn Sie die Originalbilder in Farbe sehen könnten – bei JPEG gehen nämlich als Erstes Farbinformationen verloren.

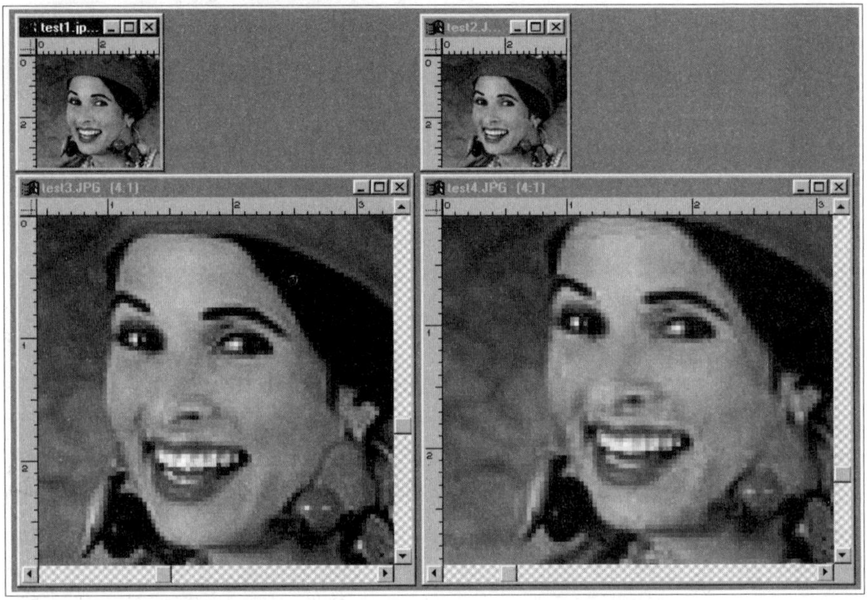

Abb. 10.6: Qualitätseinbußen (rechts) gegenüber dem Original (links)

Die Komprimierung kann hardwaremäßig in einem Chip auf der Grafikkarte stattfinden, wobei die Tendenz deutlich wird, entsprechende Komprimierungs- und Dekomprimierungsroutinen softwarebasierend durchzuführen – was aber immer ein gut ausgestattetes System voraussetzt.

CBT – Computer Based Training und Edutainment

Computergestütztes Lernen ist ein multimediales Betätigungsfeld, das immer häufiger für didaktische Gesichtspunkte in Betracht kommt. Grundvoraussetzung dafür ist natürlich, dass der Computer als didaktisches Hilfsmittel vom Lernenden akzeptiert wird. Gerade bei Kindern und Jugendlichen ist dies oft der Fall; dementsprechend groß ist das Angebot an pädagogischen Programmen, das in vielen Fällen allerdings nicht unbedingt kritischen Ansprüchen genügt, da oftmals oberflächliche Effekthascherei hinter didaktischen Konzeptionen zurücksteht.

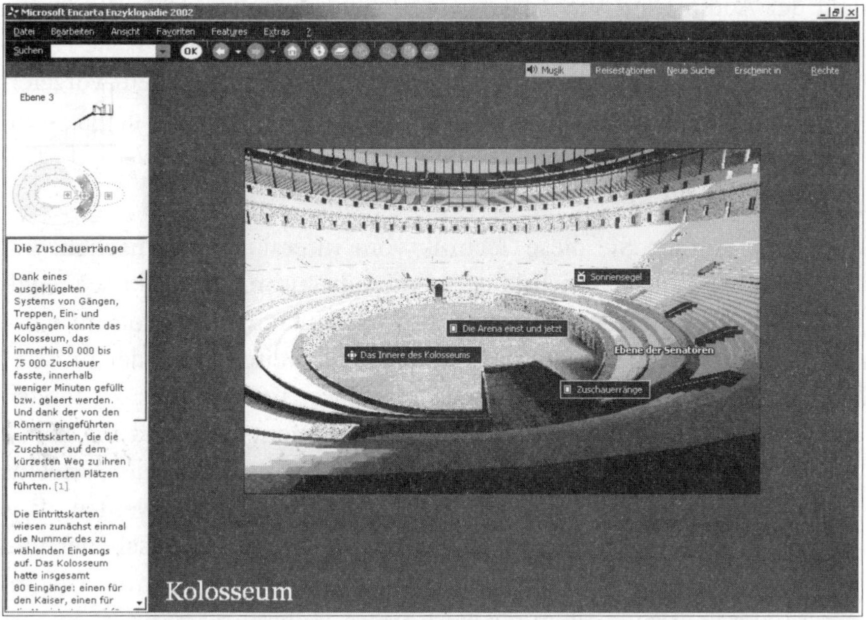

Abb. 10.7: Ein hervorragendes Beispiel für CBT: Encarta (Quelle Microsoft)

Wesentlich aufwändiger ist das Training mit Hilfe eines Computers, wenn es um lebensnahe Simulationen geht. Derartige Trainingsprogramme können im Vorfeld einer Berufsausbildung erhebliche Ressourcen sparen.

Interaktives Handeln

Bild und Ton alleine aber sind auf Dauer doch etwas langweilig; von intelligenten Multimedia-Anwendungen wird heute inzwischen mehr erwartet. »Guten« Multimedia-Produkten mangelt es nicht an dem Moment der *Interaktion*, also dem Eingreifen des Anwenders in die Handlung. Zahlreiche Spiele sind inzwischen auf dieses Moment abgestimmt.

Schaut man sich beispielsweise die Multimedia-CD-ROMs des Rockmusikers Peter Gabriel an, kann man als Anwender sehr tief in den Ablauf der Audio- und Videodaten eingreifen. Digitalisierte Audio-Daten lassen sich nach Instrumenten trennen und neu abmischen; die Handlung und Plots der Video-Clips können manipuliert werden; vorgefertigte Video-Sequenzen, die auf Abruf und nach Geschmack des Anwenders zur Verfügung stehen, lassen keinen sequentiellen Verlauf zu – man springt von Video zu Video.

Vielleicht kennen Sie diese Technik vom interaktiven Fernsehen: Ein Spielfilm beispielsweise wird bis zu einem bestimmten Punkt sequenziell aufgebaut. Durch entsprechenden Zuschauerzuspruch kommt dann die alles entscheidende Frage: Darf der Held weiterleben oder muss er sterben? Dem Zuschauergeschmack angepasst sind die entsprechenden Plots und Filme vorproduziert und gehen dementsprechend ins Kabel. Im PC-Bereich kann diese Art und Weise des interaktiven Handelns nur mit einer Verbindung zur Außenwelt durchgesetzt werden. Was beim TV der TED per Telefon bewirkt, um zwischen Zuschauer und Fernsehsender eine Verbindung herzustellen, wird im PC mit Hilfe eines Modems erledigt. Benutzt wird dieses Hilfsmittel z. B. oft im Bereich des Homeshopping, wo der Anwender Produkte eines Herstellers nicht nur in Bewegtbildern und mit einer akustischen Beschreibung ansehen, sondern durch einen Klick auf die entsprechende Schaltfläche den Artikel auch sofort bestellen kann: Die Bestellung landet via Modem im Zentralcomputer des Herstellers, der den Auftrag dann bearbeiten kann.

Eine weitere Möglichkeit, verschiedene Kanäle multimedial miteinander zu verbinden, ist die Verwendung von Bildtelefonen oder die Kommunikation – auch über Ländergrenzen hinweg und via Satellit – in Form von Videokonferenzen. Auf diese Weise ist es möglich, z. B. ein Projekt, das in Form von Dateien oder Dokumenten bearbeitet wird, ohne lange Transportwege mit verschiedenen Mitarbeitern zu diskutieren und zu entscheiden.

Abb. 10.8: Videokonferenzsystem (Quelle: Intel)

Virtuelle Welten

Auch wenn in zahlreichen Kinofilmen bereits ansatzweise umgesetzt, steckt die Verwendung von Multimedia doch noch in den Kinderschuhen oder erschöpft sich im Einsatz oberflächlicher Effekte. Gemeint ist z. B. die Entwicklung virtueller Welten – Welten also, die in der Realität gar nicht existieren, sondern durch eine Unmenge von digitalisierten Daten aufgebaut werden. Während die virtuelle Welt lediglich den Hintergrund bildet, integriert sich der Anwender in diese Welt mit Hilfe von Übertragungsmitteln wie Datenhandschuh oder Datenmaske, die die Bewegungen auffangen, umsetzen und in eine virtuelle Person umsetzen. Weit weniger aufwendig dagegen sind Techniken, »tote« Objekte in eine virtuelle Welt zu setzen – Autocrashs oder architektonische Landschaften lassen sich auf diese Weise simulieren. Auch wenn diese schöne neue Welt im Ansatz sehr aufregend erscheinen mag: Nur mit Hochleistungs-PCs lässt sich die Datenflut einigermaßen vernünftig bewältigen.

10.3 Programme für multimediale Anwendungen

Für die grundlegenden multimedialen Anwendungen wie Audio und Video liefert Windows XP gleich die entsprechende Applikationen mit: den *Windows Media Player*, der plattformübergreifende Formate – egal ob Audio oder Video – auf den Bildschirm bringt.

Meist sind zusätzliche Programme im Lieferumfang der entsprechenden Hardware vorhanden. Einer Soundkarte liegt z. B. meist eine ganze Sammlung verschiedener Anwendungen für den Audio-Bereich bei, die über die Leistungsfähigkeit der Windows-XP-Anwendungen hinausgehen. Um die entsprechenden Windows-XP-Applikationen zu starten, müssen Sie *Start / Programme / Zubehör / Unterhaltungsmedien* wählen.

Es versteht sich, dass die Multimedia-Anwendungen natürlich nur Sinn machen, wenn Ihr Rechner mit der entsprechenden Hardware ausgestattet ist. Eine Software für das Abspielen von Audio-CDs beispielsweise macht keinen Sinn, wenn Ihr Rechner nicht über eine Soundkarte verfügt. Auf welche Geräte zugegriffen werden kann sowie Informatio-

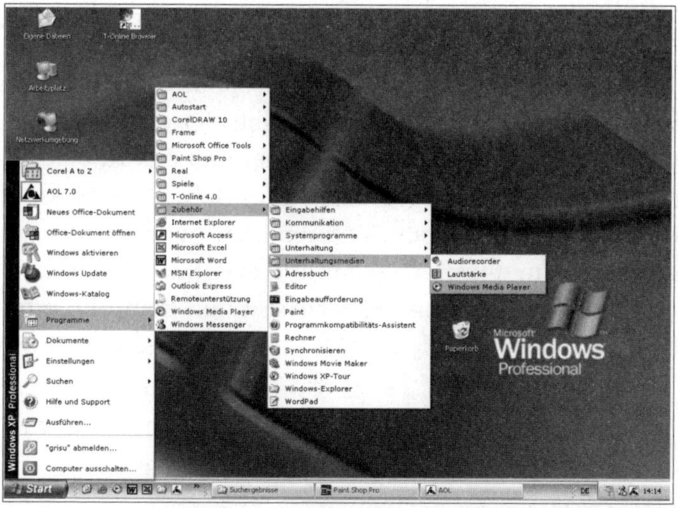

Abb. 10.9: Der Ordner *Unterhaltungsmedien* mit den Standardanwendungen

nen über die aktuellen Einstellungen dieser Geräte erfahren Sie, wenn Sie über *Start / Einstellungen* die *Systemsteuerung* öffnen und dort auf das Symbol *Sounds und Audiogeräte* doppelklicken.

Abb. 10.10: Alle verfügbaren Audio-Hardwarekomponenten auf einen Blick

Audio-Anwendungen

Für den Audio-Bereich, die Aufnahme und das Abspielen von Klangsequenzen und digitalisierter Musik und Sprache gibt es drei Anwendungen: den Windows Media Player, den Audiorecorder und die Lautstärkeregelung. Ersterer ist nicht nur für Audiodaten reserviert, sondern kann auch andere Mediendaten wiedergeben. Während der Audiorecorder lediglich Daten im WAV-Format umsetzen kann, »versteht« der Windows Media Player beispielsweise auch das MP3-Format, ein komprimiertes Format für Audiodateien, das vor allem für Audiodaten im Internet benutzt wird.

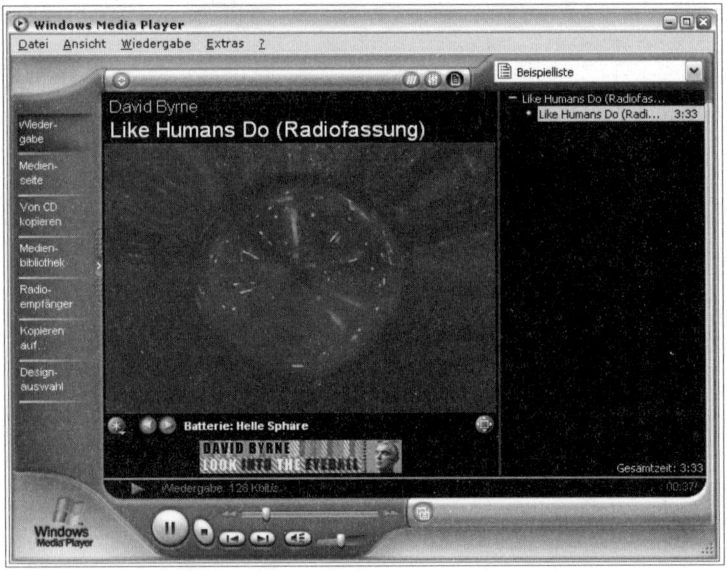

Abb. 10.11: David Byrne im Media Player

CD-Wiedergabe

Um eine Audio-CD auf Ihrem PC-CD-Laufwerk wiederzugeben, brauchen Sie im Grunde nur die CD ins Laufwerk zu schieben. Der Media Player erkennt automatisch, dass Sie nun Musik hören wollen, startet das Programm und beginnt mit der Wiedergabe des ersten Titels. Nur noch die Schaltflächen erinnern an einen »normalen« CD-Player; die Oberfläche folgt dem allgemeinen Trend. Falls Ihnen die mitgelieferten *Skins* nicht gefallen, können Sie über das Internet eine Vielzahl reichlich abgedrehter Alternativen finden.

Lautstärkeregelung

Damit Sie die Klänge nicht vom Hocker hauen, können Sie die Lautstärke und die Klangcharakteristik jedes einzelnen Audio-Moduls einstellen – die Darstellung des Mixers ist abhängig von der installierten Soundkarte. Sie starten die Lautstärkeregelung am schnellsten mit einem Doppelklick auf das kleine Lautsprechersymbol ganz rechts in der Taskleiste.

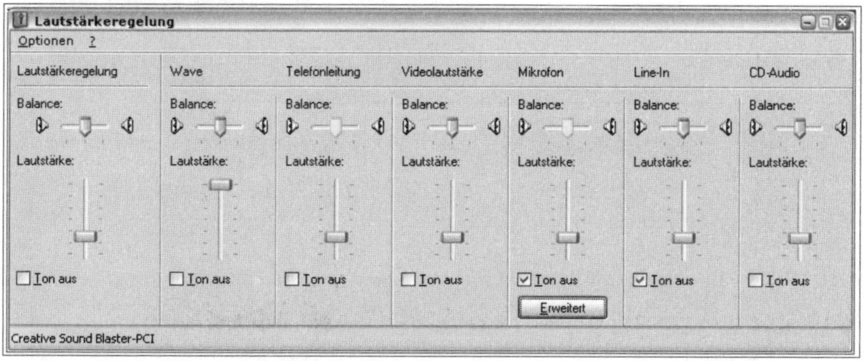

Abb. 10.12: Jedes Element kann separat modifiziert werden

Audiorecorder

Der Audiorecorder ist die Anwendung, mit der Sie digitalisierte Klangdateien aufnehmen, abspielen oder modifizieren können. Berücksichtigt werden dabei vom Audiorecorder die schon oben angesprochenen Wave-Dateien. In Abbildung 10.13 sehen Sie zum Vergleich die Datei *Sie haben email erhalten (m).wav* aus dem Ordner *Windows\Media* einmal im *Audiorecorder* von Windows XP (kleines Bild rechts oben), im

Windows Media Player (kleines Bild Mitte) und im *Creative Wave Studio*, dem zum Audiorecorder analogen Programm der Soundblaster-Karte (großes Bild im Hintergrund).

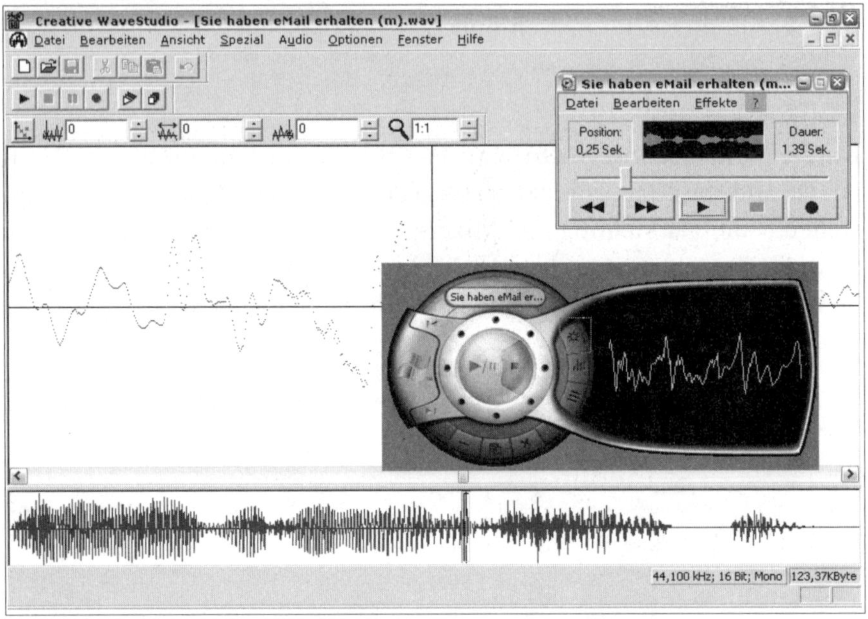

Abb. 10.13: Der Microsoft Sound in drei verschiedenen Audioanwendungen

Video-Anwendungen

Sozusagen übergreifend für alle Multimedia-Formate existiert in Windows XP die Anwendung *Windows Media Player*. Hier können Sie die schon oben aufgeführten Klangdateien anhören, zusätzlich aber auch Bewegtbilderdateien und MIDI-Sequenzen betrachten und abspielen: ActiveMovie-Daten (MPEG), Bewegtbilder im Video-for-Windows-Format (AVI, WMV), Klangdateien (WAV, MP3), Midi-Sequenzen (MID, RMI) sowie Audio-CDs.

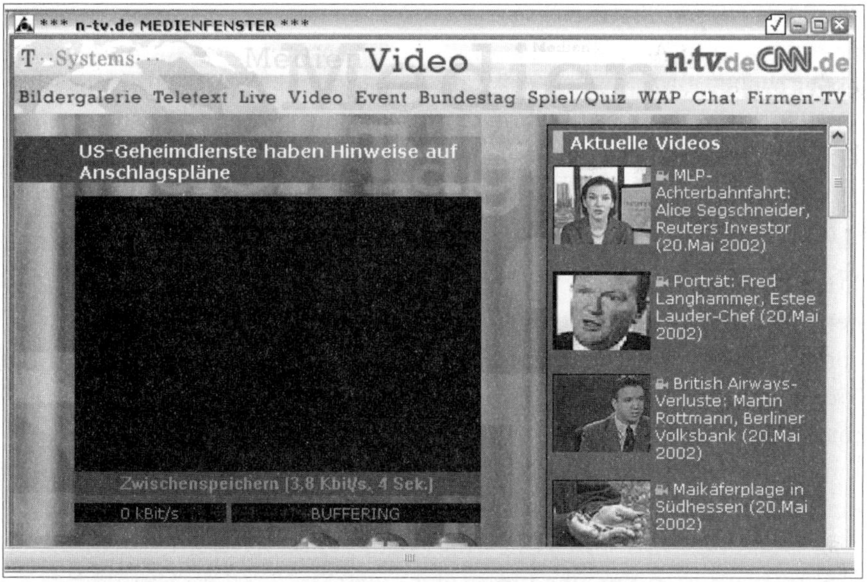

Abb. 10.14: Die neusten News kurz vor der Anzeige im Real Player

Daneben hat sich als Standard für Bewegtbilder – vor allem im Internet – der Real Player duchgesetzt, der in einer »abgespeckten« Version auch in Windows XP integriert ist. Sie finden ihn unter *Start / Programme / Zubehör / Unterhaltung*. Für Online-Videos bedient sich der Real Player der Streaming-Technik.

Dabei wird der Beginn der Datei (z. B. eines Videos) heruntergeladen und in einem Puffer auf dem Rechner des Benutzers gespeichert. Anschließend wird dort die Wiedergabe des Videos gestartet. Nun werden weitere Videoinformationen per Streaming an den Benutzerrechner übertragen und vor- bzw. zwischengepuffert. Der Vorteil ist, dass man (akzeptable Datenübertragungsgeschwindigkeiten vorausgesetzt) nicht mehr warten muss, bis die komplette Datei heruntergeladen ist. Stattdessen wird immer genau der Teil abgespielt, der gerade in den Puffer geladen wurde.

Autorensysteme

Bisher haben Sie lediglich Anwendungen kennen gelernt, die zum Abspielen bereits fertiger Multimedia-Dateien ausgelegt sind. Zwar lassen sich mit einigen der Windows-XP-Applikationen die Daten modifizieren; keine Anwendung aber kann komplexe Arbeitsaufgaben durchführen wie z. B. Objekte animieren, Sound und Bilder mischen etc.

Dazu bedarf es spezieller Programme, die *Autorensysteme* genannt werden. Autorensysteme werden nicht wie herkömmliche Programmiersprachen (Visual Basic, Delphi etc.) angewendet, da bei ihnen nicht ein Programmcode in eine lauffähige Anwendung »übersetzt« wird. In Autorensystemen stehen vielmehr Funktionen zur Verfügung, die Objekten eine bestimmte Eigenschaft zuweisen. Im Hintergrund steht dabei ein Drehbuch, das den Objekten einen genauen Zeitabschnitt zuordnet. Das Drehbuch wird mit Hilfe einer dem Autorensystem zugeordneten objektorientierten Sprache umgesetzt.

Bekannte Produkte für den PC sind hier vor allem Programme wie *Flash* und *Director* (Macromedia). Der für das Abspielen von Sequenzen benötigte *Flash Player* ist in den aktuellen Versionen der meisten Web-Browser bereits integriert. Alternativ zu Flash-Sequenzen hat sich auch das *Quicktime*-Format, das ursprünglich von Apple eingesetzt wurde, durchgesetzt.

10.4 Zusammenfassung, Fragen und Übungen

Zusammenfassung

- Multimedia ist ein Begriff, der die Integration aus verschiedenen Medien wie Text, Sprache, Musik und Bewegtbildern beinhaltet.
- Für Multimedia-Anwendungen sind entsprechende Hardware-Komponenten erforderlich. Die wichtigsten Elemente sind die Soundkarte und das CD-ROM-Laufwerk.
- Eine Soundkarte setzt analoge Signale in digitale Werte um.
- Für die Qualität der digitalisierten Klangsequenzen sind die Samplingrate und die Samplingtiefe ausschlaggebend.
- Mit Hilfe der Soundkarte kann der PC mit Musikinstrumenten zusammenarbeiten, die ebenfalls digitale Daten liefern.
- Da multimediale Anwendungen und Daten meist von großer Kapazität sind, ist die CD-ROM als Datenträger prädestiniert.
- Multimedia-Anwendungen lassen sich in verschiedenen Bereichen einsetzen, z. B. bei Spielen, Präsentationen, computergestütztem Lernen oder Simulationen.
- Windows XP ist mit den grundlegenden Applikationen zur Arbeit mit multimedialen Daten ausgerüstet. Es lassen sich sowohl Audio- als auch Videodaten bearbeiten.
- Zur Programmierung existieren Autorensysteme, die mit Hilfe einer Programmiersprache Multimedia-Anwendungen realisieren.

Fragen und Übungen

1. Warum ist die CD-ROM ein geeigneter Datenträger für Multimedia-Anwendungen?
2. Welche beiden Faktoren sind für die Qualität von digitalisierten Klängen wichtig?
3. Was versteht man unter einer *MIDI-Schnittstelle*?
4. Was bedeutet die Bezeichnung *DoubleSpeed* im Zusammenhang mit CD-ROM-Laufwerken?
5. Wie groß ist die Kapazität einer CD-ROM?
6. Was sind die beiden wichtigsten Unterscheidungsmerkmale zwischen einer CD-ROM und einer Festplatte als Datenträger?
7. Warum ist unter Umständen die Qualität eines Videos, das über den PC abgespielt wird, schlechter, als wenn es über einen normalen Videorecorder abgespielt wird?
8. Welche Applikationen finden Sie standardmäßig in Windows XP, die zum Bereich Multimedia gehören?
9. Mit welcher Anwendung können Sie sowohl Audio- als auch Videodateien verarbeiten?
10. Wie nennt man Programme, mit denen sich Multimedia-Anwendungen programmieren lassen?

11 Tanz auf mehreren Hochzeiten – Multitasking

Kaum ein Arbeitsplatz, der mit einem PC ausgestattet ist, wird heute noch genutzt, um damit lediglich *eine* Aufgabe zu erledigen. Zum einen wären damit unsere modernen Rechenmaschinen in vielen Fällen unterfordert, zum anderen hat sich der PC als Arbeitsgerät ja auch gerade deswegen durchgesetzt, weil er nicht nur auf eine Aufgabe wie Schreiben, Rechnen oder Spielen festgelegt ist, sondern flexibel ist und für mehrere Arbeitsgebiete eingesetzt werden kann.

Auch auf der Festplatte Ihres Rechners werden wahrscheinlich mehrere Anwendungsprogramme installiert sein, und schließlich gehört ja bereits zum Lieferumfang von Windows XP eine erkleckliche Anzahl an Programmen, die die verschiedenen Aufgabenbereiche abdecken, die ein moderner Mensch am PC erledigt.

Das Abarbeiten mehrerer Aufgaben alleine kann aber noch nicht als *Multitasking* bezeichnet werden, denn ausschlaggebend ist hier die Parallelität bzw. Zeitgleichheit, mit der die verschiedenen Aufgaben, auch *Tasks* genannt, ausgeführt werden.

Wenn Sie sich noch an die Anfangskapitel dieses Buches erinnern, werden Sie sich gemerkt haben, dass das zentrale Element für die Abarbeitung von Aufgaben in einem PC der Zentralprozessor ist. Um mehrere Tasks also zeitgleich erledigen zu können, wäre es rein theoretisch ja am sinnvollsten, den PC nicht mit einem, sondern gleich mit mehreren CPUs auszustatten. Ein solches System nennt man ein *Multiprozessorsystem*, wobei symmetrische Multiprozessorsysteme mit gleichartigen und asymmetrische mit verschiedenartigen Prozessoren ausgerüstet sind. Für einen PC kommen derartige Systeme aber meistens aus Kostengründen nicht in Frage; im Bereich der mittleren Datentechnik und vor allem bei Großrechnern werden Sie diese Systeme aber sehr häufig finden. Dennoch hat sich in Windows XP ein Feature der Vorversion von Windows NT bzw. 2000 etabliert, denn die XP-Version unterstützt den so genannten Dual-Processor-Betrieb, d. h. Maschinen, die mit zwei CPUs ausgestattet sind. Die Versionen 98 bzw. Me waren dazu nicht in der Lage.

11.1 Multitasking-Konzepte

Wenn ein Betriebssystem wie Windows XP als Multitasking-Betriebssystem bezeichnet wird, obwohl im Normalfall nur eine CPU im Einsatz ist, kann die Lösung des Problems nur darin liegen, dass die Arbeitsleistung der CPU quasi in »Häppchen« zerlegt wird, wobei jedem Task ein solches Häppchen zugeteilt wird. Ein derartiges Verfahren wird *Zeitscheibenverfahren* (*Time-Sharing* oder auch *Time-Slicing*) genannt.

Das Betriebssystem weist in diesem Verfahren Task Nr. 1 einen bestimmten Anteil an Prozessorzeit bzw. Prozessortakten zu. Während dieser Zeit wird Task Nr. 1 abgearbeitet bzw. der Status Quo am Ende der zugewiesenen Prozessorzeit gespeichert. Die nächste Zeitscheibe steht für Task Nr. 2 zur Verfügung etc. Weil diese Zeitabstände aber lediglich Millisekunden dauern, hat der Anwender das Gefühl der Gleichzeitigkeit, denn für ihn laufen alle Tasks gleichsam »nebeneinander« und nicht zeitlich versetzt ab.

Sie können sich bei dieser Verfahrensweise vorstellen, dass ein derartiges System nur Sinn macht, wenn ein leistungsfähiger Prozessor zur Verfügung steht. Bei einem System, das bereits mit einem Task überlastet ist, drückt sich Multitasking in erster Linie durch lange Wartezeiten für den Anwender aus; ein Pentium-Prozessor ist hier auf jeden Fall angebracht.

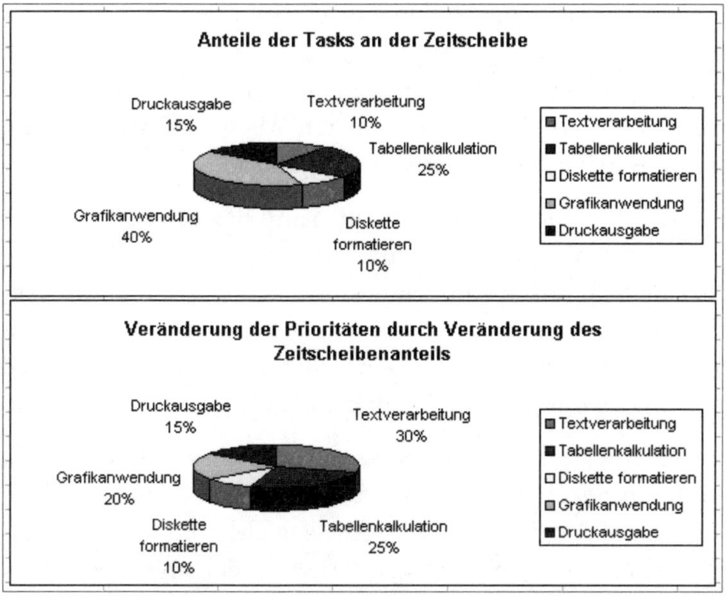

Abb. 11.1: In unserem Modell haben fünf verschiedene Tasks verschiedene Prioritäten

Kooperatives Multitasking

Das Prinzip, mehrere Anwendungen auf einem PC abzuarbeiten, kennen Sie vielleicht bereits von Windows 3.1 bzw. 3.11. Auch hier war es möglich, in mehreren Fenstern sozusagen gleichzeitig verschiedene *Tasks*, also Anwendungsprogramme oder Betriebssystemaufgaben, durchzuführen. Wenn Sie allerdings jemals versucht haben sollten, über den *Datei-Manager* eine Diskette zu formatieren und gleichzeitig an einer Tabelle in Excel zu arbeiten, werden Sie gemerkt haben, dass mit dem Windows-3.x-Multitasking-Konzept etwas nicht ganz stimmig war – während des Formatierens war die Arbeit an den anderen Anwendungen wenn nicht blockiert so doch wesentlich beeinträchtigt. Wenn Sie sich vorstellen, dass Sie als ungeübter Schlagzeuger mit der linken Hand einen anderen Takt als mit dem rechten Fuß trommeln sollen, haben Sie die Unstimmigkeiten bei dieser Art des Multitasking in etwa in ein passendes Bild gebracht. Problematisch bei diesem Konzept, das sich *kooperatives Multitasking* nennt, ist, dass die Kontrolle über die Verteilung der Rechenzeit nicht komplett vom Betriebssystem übernommen wird. Vielmehr hat jeder Task ein Mitspracherecht daran, wann es dem System wieder die Kontrolle zurückgibt.

Solange dies tatsächlich *kooperativ* abläuft, kann das Modell durchaus zu zufriedenstellenden Ergebnissen führen. Leider nicht nur theoretisch, sondern auch praktisch kann eine »unsauber« programmierte Anwendung aber mit diesem Prinzip das ganze Schema über den Haufen werfen, weil es mehr Prozessorzeit in Anspruch nimmt als andere und die restlichen Tasks sogar gänzlich blockieren kann.

Noch dramatischer wird die Situation, wenn ein solches Programm »abstürzt«, also aufgrund eines Programmfehlers in einer Endlosschleife hängenbleibt. Vom Prinzip her würde es ausreichen, dieses »abgesoffene« Programm aus dem Speicher zu entfernen; leider sind davon dann aber auch die übrigen Tasks betroffen, so dass ein *Reset* nicht nur für das abgestürzte Programm, sondern auch für alle anderen Tasks das definitive Ende bedeutet.

Preemptives Multitasking

Windows XP geht nach einem anderen Konzept vor. In Anlehnung an andere Betriebssysteme liegt hier die Kontrolle über die Zeitscheibe definitiv beim Betriebssystem. Dieses Verfahren des *preemptiven Multitasking* beinhaltet also auch, dass der Anwender über das Betriebssystem jeden laufenden Task abbrechen kann, ohne die anderen Tasks in Mitleidenschaft zu ziehen.

Auch bei einem Programmfehler einer Anwendung erübrigt sich ein kompletter Neustart des Systems in den meisten Fällen. Ist eine Anwendung tatsächlich abgestürzt, wird dem Anwender dies mitgeteilt. Aus dem verlorenen Programm kann er zwar keine Daten mehr retten, der Datenbestand anderer Anwendungen wird aber nicht beeinträchtigt.

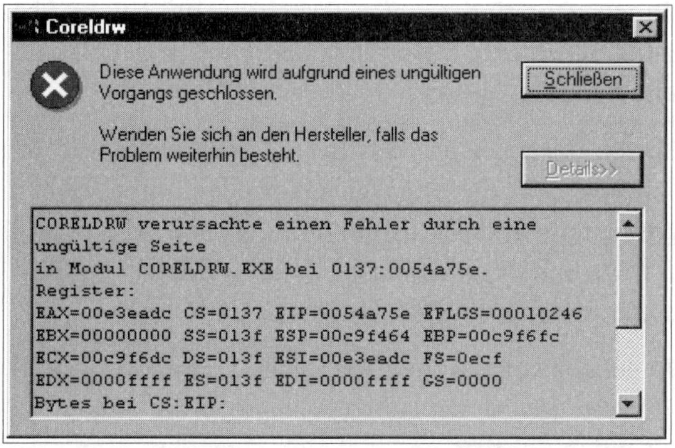

Abb. 11.2: Ein abgestürztes CorelDRAW verursacht außer dem Schließen des Tasks keinen weiteren Schaden

11.2 Multitasking bei Windows XP

Wie dieses Prinzip bei Windows XP realisiert ist, wird sofort offensichtlich, wenn Sie einen Blick auf die unterste Zeile des Bildschirms werfen: In der so genannten *Task-Leiste* werden nämlich alle momentan laufenden Tasks – also alle geöffneten Anwendungen – angezeigt.

Abb. 11.3: Im Moment der einzige Task: das *Start*-Menü

Die Task-Leiste

In der Tat stellt auch das Startmenü einen Task dar, denn schließlich ist dieses Menü der Ausdruck dafür, dass im Moment das Betriebssystem arbeitet, und dieses ist ja schließlich auch eine Anwendung. In seiner Funktion ist das *Start*-Menü am ehesten mit dem *Programm-Manager* aus Windows 3.x zu vergleichen. Wenn Sie sich erinnern, wissen Sie ja auch noch, dass es Ihnen vergönnt ist, alle Tasks mit drei Klicks über das Startmenü zu beenden – *Start / Computer ausschalten / Ausschalten* lautet die magische Befehlsfolge.

Tipp: Zwar lässt sich die Task-Leiste verschieben, indem Sie auf den Rahmen der Leiste klicken und diesen nach oben oder unten ziehen; dort nimmt sie aber meistens anderen Applikationen, die im Vollbild-Modus laufen, Platz weg. Belassen Sie sie also ruhig da, wo sie standardmäßig zu finden ist: am unteren Bildschirmrand.

Für unsere weitere Vorgehensweise wollen wir einige Anwendungen öffnen, damit Sie das Prinzip des Multitasking realistisch vor Augen haben. Wenn Sie die folgenden Schritte nachvollziehen wollen, öffnen Sie folgende Anwendungen:

- Explorer (Kontextmenü des Startmenüs)
- WordPad (*Start / Programme / Zubehör / WordPad*)
- Paint (*Start / Programme / Zubehör / Paint*)
- Systemmonitor (*Start / Einstellungen / Systemsteuerung / Verwaltung / Leistung*)

Abb. 11.4: So sollte Ihre Task-Leiste jetzt aussehen

Um den Überblick nicht zu verlieren, ordnen Sie die vier laufenden Anwendungen bitte *nicht* auf dem Bildschirm an, sondern legen sie als Symbol in der Task-Leiste ab. Am einfachsten geht das mit einem Klick mit der rechten Maustaste auf eine freie Stelle der Task-Leiste und weiter mit *Desktop anzeigen*.

In der Task-Leiste sehen Sie also immer, welche Anwendungen gerade Ihren Prozessor belasten und momentan gestartet sind.

Ein Klick mit der rechten Maustaste auf einen Task in der Task-Leiste bewirkt, dass Sie die Anwendung wieder aktiv werden lassen oder über das Kontextmenü beenden können.

Der Task-Manager

Es gibt noch eine weitere Möglichkeit, einen Überblick über die gestarteten Tasks zu erhalten. Vielleicht erinnern Sie sich daran, dass Sie bei Windows 3.x mit einem Klick auf das Systemmenü einer Anwendung die Option *Wechseln zu* aufrufen konnten. Bei einer Bestätigung wurde der *Task-Manager* gestartet, der, ähnlich wie die Task-Leiste, eine Liste der momentan gestarteten Anwendungen anzeigte. Alternativ dazu konnten Sie den Task-Manager mit der Tastenkombination [Strg]+[Esc] aufrufen. Mit Hilfe dieser Liste war es Ihnen möglich, zwischen den Tasks zu wechseln oder sie zu beenden.

Wenn Sie sich an die Arbeit mit dem Task-Manager gewöhnt haben, brauchen Sie in Windows XP nicht darauf zu verzichten; Sie müssen den Manager aber explizit aufrufen, denn mit [Strg]+[Esc] wird lediglich das Startmenü geöffnet.

Damit Sie sehen, dass sich bewährte Teile auch in Windows XP hinübergerettet haben, führen Sie einen Rechtsklick auf der Task-Leiste aus und wählen Sie die Option *Task-Manager*.

Abb. 11.5: Der Task-Manager listet alle aktiven Anwendungen auf

Mit Hilfe des Task-Managers können Sie die gleichen Aufgaben erledigen wie mit den Optionen des Kontextmenüs der einzelnen Tasks auf der Task-Leiste.

Wechseln zwischen Tasks

Multitasking wäre uninteressant, wenn es nicht möglich wäre, schnell zwischen den einzelnen Anwendungen zu wechseln. Zwei Möglichkeiten haben Sie schon kennen gelernt – mit Hilfe der Task-Leiste und des Task-Managers können Sie sich von Fenster zu Fenster klicken.

Dieses Verfahren kann aber auch umständlich sein. Je nach Anwendungssituation und individueller Vorliebe des Anwenders können einige Aktionen mit der Tastatur unter Umständen schneller ausgeführt werden als mit der Maus. Mit der Tastenkombination [Alt]+[⇆] können Sie schnell zwischen den Tasks *switchen*. Am sinnvollsten drücken Sie mit dem linken Daumen die [Alt]-Taste, halten diese gedrückt und drücken dann mit dem Mittel- oder Ringfinger auf die [⇆]-Taste. Sie werden sofort bemerken, dass auf dem Monitor ein Fenster geöffnet wird, in dem die nächste Applikation beschrieben und hervorgehoben wird. Ein weiterer Druck auf [⇆] verschiebt das hervorgehobene Icon nach rechts zur nächsten Applikation usw. Wenn Sie beide Tasten loslassen, wird der Task zum aktiven Fenster, der gerade angezeigt wurde. Mit [⇧]+[Alt]+[⇆] funktioniert dieses Spielchen im Übrigen auch linksherum.

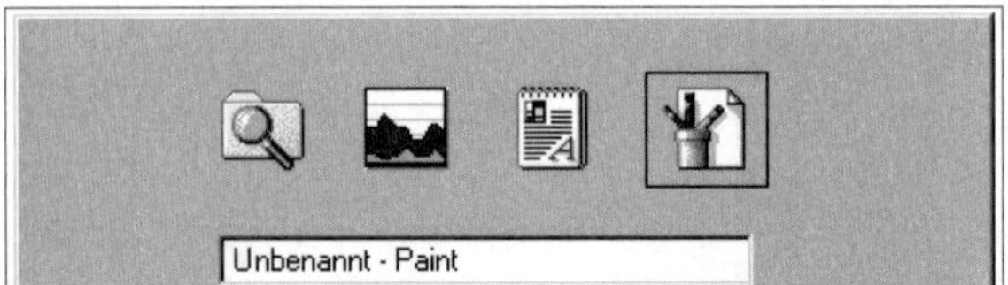

Abb. 11.6: Von WordPad zu Paint mit zwei Tasten

Diese Vorgehensweise bietet aber nicht nur eine schnelle Möglichkeit, zwischen zahlreichen Anwendungen weiter-, sondern vor allem zwischen zwei Anwendungen hin- und herzuschalten:

- [Alt]+[⇄] drücken und loslassen – Sie wechseln von Task Nr. 1 zu Task Nr. 2.
- Ein erneutes [Alt]+[⇄] bringt Sie wieder zu Task Nr. 1 zurück.

Vorteile des Multitasking

Wenn Sie bis jetzt Multitasking für eine reine Spielerei gehalten haben, wollen wir im Folgenden schon einmal ein wenig auf das nächste Kapitel vorgreifen, in dem es um den Austausch von Daten zwischen verschiedenen Applikationen geht. Mit Hilfe des Multitasking-Prinzips können nämlich sehr schnell Daten zwischen Anwendungen ausgetauscht werden. Ob es sich dabei um Windows-Applikationen oder Anwendungen handelt, die in einem DOS-Fenster ablaufen, spielt keine Rolle.

Sie werden weiterhin sehen, dass mit Hilfe von Multitasking viele Arbeiten des Rechners im Hintergrund erledigt werden können, ohne dass diese Einfluss auf die restliche Arbeit nehmen. Stellen Sie sich vor, Sie schicken einen 100 Seiten langen Text zum Drucker. Gäbe es kein Multitasking, wäre Ihr Rechner mit dem Datentransport zum Ausgabegerät minutenlang beschäftigt und Ihr PC für andere Arbeiten blockiert. Mit Hilfe des Multitasking-Prinzips aber ist der Druckauftrag nur ein Task wie alle anderen auch und kann im Hintergrund ablaufen, ohne die weitere Arbeit zu beeinträchtigen. Das Gleiche gilt für andere rechenintensive Aufgaben wie z. B. das Packen oder Komprimieren von Dateien in ein Archiv. Wenn mehrere Tasks beispielsweise auf den Drucker zugreifen, werden die Aufträge der Reihe nach in eine Warteschlange gestellt.

Um diese Gegebenheiten auszuprobieren, sind aber bei unseren geöffneten Applikationen noch einige Voraussetzungen nötig.

- Legen Sie bitte eine Diskette in das Laufwerk A: Ihres PCs. Diese Diskette soll unformatiert oder leer sein oder Daten enthalten, die gelöscht werden können. Klicken Sie im *Arbeitsplatz* einmal auf das Laufwerk *3,5"-Diskette (A:)*, um es zu markieren.
- Im Leistungs-Monitor wählen Sie die Ansicht *Histogramm anzeigen* oder wählen alternativ die Tastenkombination [Strg]+[B].
- In WordPad schreiben Sie bitte einige Zeilen Text.
- In Paint dürfen Sie sich kreativ betätigen und ein kleines Bildchen malen. Am besten bunt und nicht zu groß.
- Um den Überblick über alle vier Tasks zu behalten, öffnen Sie mit der rechten Maustaste das Kontextmenü der Task-Leiste und wählen *Nebeneinander* oder ordnen die Fenster manuell nebeneinander an, so dass sie sich nicht überlappen. Alles in allem sollte Ihr Bildschirm jetzt etwa wie in Abbildung 11.7 aussehen.

Als Erstes fällt auf, dass der Systemmonitor eine rege Betätigung des Systems anzeigt. Um welche Einzelheiten es hier geht, ist für uns im Moment irrelevant – wichtig ist, dass die Aktivität über den Task *Systemmonitor* ständig weiterläuft, obwohl Sie doch gerade in einer anderen Anwendung arbeiten, also Ihre Zeichnung anfertigen oder den Text eingeben.

Im nächsten Schritt wollen wir eine Diskette formatieren. Im *Arbeitsplatz*-Fenster klicken Sie darum mit der rechten Maustaste auf das markierte *3,5"-Laufwerk (A:)* und wählen den Befehl *Formatieren*.

Während des Formatierens markieren Sie jetzt Ihre Zeichnung, die Sie in Paint erstellt haben, mit der Tastenkombination [Strg]+[A] und kopieren sie mit [Strg]+[C] in die Zwischenablage.

Wechseln Sie nun zu WordPad und fügen Sie die Zeichnung mit [Strg]+[V] an einem freien Absatz in Ihren Text ein.

Sie sehen: Die ganze Aktion hat nur wenig Zeit in Anspruch genommen und keine Anwendung wurde durch eine andere in ihrer Arbeit beeinträchtigt. Im Gegenteil: Dadurch, dass mehrere Applikationen ne-

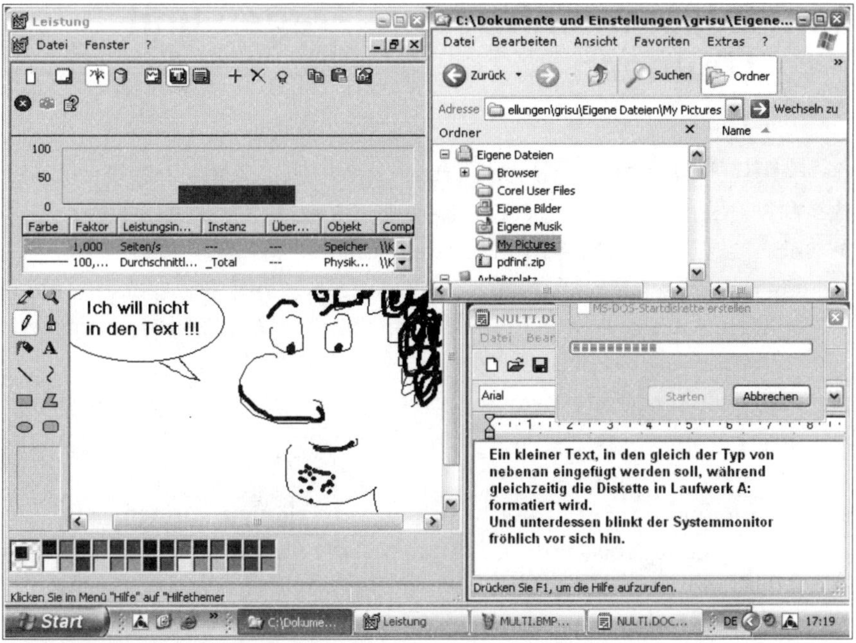

Abb. 11.7: Die vier aktiven Tasks nebeneinander

beneinander liefen, war es sogar möglich, schnell Daten von einer Anwendung (*Paint*) zur nächsten (*WordPad*) zu transportieren.

Auf diesen Datenaustausch zwischen Anwendungen werden wir im nächsten Kapitel noch einmal zu sprechen kommen. Fürs Erste können Sie die vier Anwendungen beenden und Ihr erstes Multitasking-Experiment abschließen.

11.3 Zusammenfassung, Fragen und Übungen

Zusammenfassung

- Mit einem PC lassen sich innerhalb einer Arbeitssitzung zur gleichen Zeit mehrere Aufgaben erledigen.
- Das gleichzeitige Abarbeiten von Aufgaben mit Rechnersystemen mit einer CPU nennt man *Multitasking*. Die einzelnen Aufgaben werden als *Tasks* bezeichnet.
- Ein Task kann ein Anwendungsprogramm, aber auch eine Routine des Betriebssystems oder eine Anwendung sein, die in einem DOS-Fenster läuft.
- Damit mehrere Anwendungen parallel ablaufen können, wird jedem Task eine bestimmte Zeiteinheit der CPU-Rechenleistung zugeordnet. Dieses Verfahren wird *Zeitscheibenverfahren* genannt (*Time-Sharing*).
- Beim *kooperativen* Multitasking liegt die Kontrolle über die CPU nicht ausschließlich beim Betriebssystem, sondern auch beim jeweiligen Task.
- Windows XP benutzt das *preemptive* Multitasking, bei dem jeder Task ausschließlich vom Betriebssystem verwaltet und kontrolliert wird.
- Zwischen den geöffneten Tasks kann über die Task-Leiste oder den Task-Manager hin- und hergeschaltet werden. Alternativ dazu kann die Tastenkombination [Alt]+[⇄] verwendet werden.
- Durch das Multitasking ist es möglich, rechenintensive Tasks im Hintergrund ablaufen zu lassen, ohne dass dadurch andere Tasks beeinträchtigt werden.
- Erst mit Hilfe des Multitasking ist ein schneller Datenaustausch zwischen einzelnen Anwendungen durchführbar.

Fragen und Übungen

1. Welche beiden Möglichkeiten gibt es, um mit einem Rechensystem mehrere Aufgaben zu erledigen?
2. Welche Multitasking-Konzepte werden bei welchen Windows-Versionen verwendet und wie unterscheiden sie sich?
3. Welche Möglichkeiten kennen Sie, um zwischen geöffneten Tasks hin- und herzuschalten?
4. Wo liegen die Vorteile des Multitasking?
5. Geben Sie ein Beispiel für einen Task, der im Hintergrund ablaufen kann!
6. Welche Voraussetzung benötigt ein Multitasking-System?
7. Warum ist Multitasking die Voraussetzung für einen schnellen Austausch zwischen Daten?
8. Was geschieht mit einer abgestürzten Anwendung, wenn Windows XP im Multitasking-Betrieb arbeitet?
9. Was passiert, wenn mehrere Tasks auf ein- und dasselbe Ein- oder Ausgabegerät zugreifen?
10. Starten Sie mehrere Anwendungen und beenden Sie einen Task mit der Tastenkombination [Strg]+[Alt]+[Entf]. Wie reagiert Windows XP?

12 Objekte olé – Datenaustausch

Wenn Sie sich die letzte Werbesendung, die in Ihrem Briefkasten lag, die Einladung zur 10-jährigen Jubiläums-Abiturfeier oder die Speisekarte der Stehpizzeria um die Ecke anschauen, werden Sie feststellen, dass alle diese Dokumente wahrscheinlich irgendwann einmal als Dokument auf einem Computer erstellt wurden. Bei einer genaueren Betrachtung werden Sie zum einen registrieren, dass weniger manchmal mehr gewesen wäre, zum anderen können Sie aber auch feststellen, dass diese Dokumente meist aus einer Zusammenstellung von Objekten bestehen, die nicht eindeutig einem bestimmten Anwendungsprogramm zugeordnet werden können: Der Text ist im wahrsten Sinne des Wortes untermalt mit mehr oder weniger geschmackvollen kleinen Grafiken; in dem Geschäftsbericht Ihrer Bank werden Sie wahrscheinlich neben dem Text und den Abbildungen auch noch andere Objekte wie Diagramme oder Tabellen finden.

All das legt die Vermutung nahe, dass die einzelnen Teile derartiger Dokumente nicht mit einem, sondern mit mehreren Anwendungsprogrammen erstellt wurden. Zwar ist die Leistungsfähigkeit moderner Applikationen inzwischen so groß, dass es Ihnen schwer fallen wird, ein Textverarbeitungsprogramm zu finden, das Ihre Festplatte nicht auch gleich mit einer wahren Flut von Cliparts und Fonts zupackt; im Normalfall jedoch sollten Sie bei gehobeneren Ansprüchen durchaus in Erwägung ziehen, eine komplexe Tabelle mit einem Tabellenkalkulationsprogramm zu erfassen und zu formatieren, Abbildungen mit einem Grafikprogramm zu erstellen und zu gestalten und alle Objekte dann in Ihren zu schreibenden Text zu integrieren.

Mit Windows XP haben Sie gleich drei Möglichkeiten, einen solchen »Objekt-Mix« herzustellen. Wo bei diesen Möglichkeiten die Vorteile und Unterschiede liegen, werden Sie in diesem Kapitel feststellen.

12.1 Objekte zwischenlagern und weitertransportieren

Eine sehr einfache Strategie, Objekte »transportabel« zu machen, kennen Sie wahrscheinlich noch aus der Zeit, als es noch gar keinen Computer gab; Sie haben sie sicherlich schon angewendet, als Sie z. B. Ihre Fotos vom letzten Urlaub in einem Album zusammengestellt haben: Einzelne Teile wie die Bildunterschriften oder Erklärungen haben Sie vielleicht von Hand oder mit einer Schreibmaschine geschrieben, mit einer Schere ausgeschnitten und dann mit Klebstoff unter das Foto geklebt.

Eventuell haben Sie in diesem Zusammenhang auch gleich den Nachteil dieser Methode kennen gelernt. Foto und Bildunterschrift waren durch den Kleber sozusagen auf eine Position festgelegt; wenn sich im Nachhinein etwas an der Anordnung ändern soll, haben Sie das Problem, die einmal festgeklebten Unterschriften wieder abkratzen oder überkleben zu müssen.

Nun arbeitet ein PC in den seltensten Fällen mit Kleber, aber die eben beschriebene Methode lässt sich auch bei Windows XP und seinen Anwendungsprogrammen finden: Es handelt sich um die *Zwischenablage*. Das Prinzip wollen wir an einem kleinen Beispiel verdeutlichen, indem wir einen kurzen Text mit einer Tabelle erläutern. Wir benutzen dazu das Textverarbeitungsprogramm Word 2002, die Tabellenkalkulation Excel 2002 und das Malprogramm Paint, das zu Windows XP gehört; Sie können das Beispiel aber auch mit anderen entsprechenden Programmen nachvollziehen.

Vorab wollen wir Ihnen zeigen, wie das Ergebnis unserer Zusammenstellung aussehen soll, um Ihnen danach zu erklären, wie's geht.

Abb. 12.1: Die Rohdaten werden in drei verschiedenen Anwendungen erstellt

Die Zwischenablage

Das Prinzip, mit dem Windows XP arbeitet, ist ganz einfach. Egal, um welchen Objekttyp es sich handelt – ob Text, Tabelle, Grafik, Diagramm, Sound-Datei etc. –, alle Objekte können entweder als Datei abgespeichert oder aber temporär »zwischengelagert« werden. Dieses Lager heißt unter Windows *Zwischenablage* (engl. *Clipboard*). In dieses Lager können alle von Ihnen erstellten Daten transportiert werden, um sie dann wieder in andere Anwendungen zu integrieren.

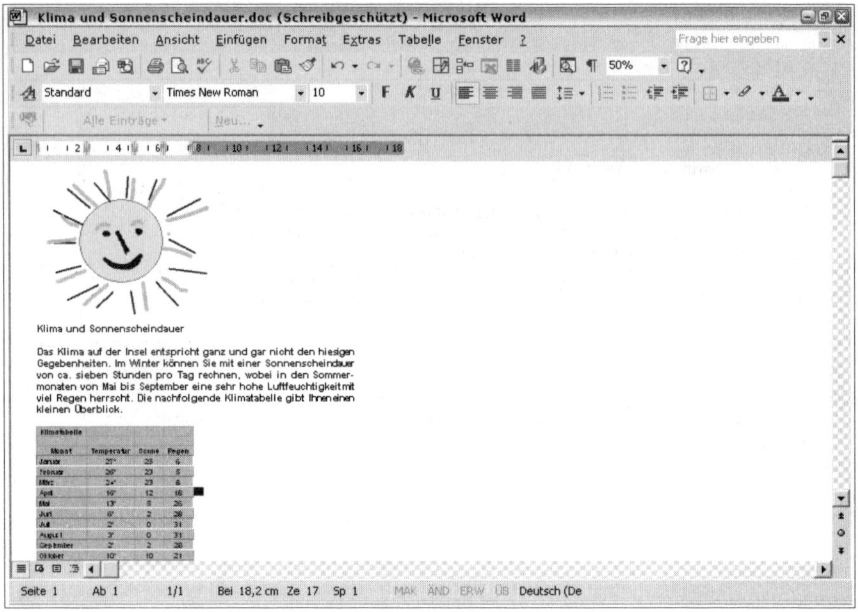

Abb. 12.2: Das fertig formatierte Dokument

Im Prinzip ist die Zwischenablage also nichts anderes als der Tisch oder die Ablage, auf der Sie die ausgeschnittenen Schnipsel, mit denen Sie Ihre Fotos untertiteln wollen, ablegen, um sie zu einem späteren Zeitpunkt verfügbar zu haben.

Kommen wir zurück zu unserem Beispiel, um die Vorgehensweise zu demonstrieren. Sie müssen dazu natürlich wissen, mit welchen Befehlen Sie Objekte in die Zwischenablage hineinwerfen und später wieder herauszaubern. Sie finden sie im Menü *Bearbeiten* jeder Windows-XP-Anwendung: *Kopieren* bzw. *Ausschneiden* und *Einfügen*. In den meisten Anwendungen können Sie die Befehle auch als Icons in der Symbolleiste direkt anklicken oder über Tastenkombinationen aktivieren. Die Tabelle auf der nächsten Seite fasst die drei Aktionen zusammen.

Wenn Sie einmal das Prinzip durchschaut haben, ist die Vorgehensweise sehr einfach. Die Sonne z. B. wurde in Paint gemalt und dann mit

Aktion	Icon	Tasten-kombination	Erklärung
Bearbeiten / Ausschneiden		Strg + X	Schneidet das markierte Objekt aus der Originalanwendung aus und befördert es in die Zwischenablage
Bearbeiten / Kopieren		Strg + C	Kopiert das markierte Objekt als Duplikat in die Zwischenablage
Bearbeiten / Einfügen		Strg + V	Fügt das in der Zwischenablage befindliche Objekt an der aktuellen Maus-/Cursorposition ein

Strg + A für *Bearbeiten / Alles markieren* komplett markiert (natürlich hätte man auch nur einen Teil des Objektes markieren können). Mit Strg + C wurde sie in die Zwischenablage übertragen, dann wurde über die Task-Leiste zu Word für Windows gewechselt, der Cursor ganz am Anfang des Textes positioniert und mit Strg + V in den Text eingefügt. Die gleiche Technik wurde übrigens auch bei der Tabelle benutzt, die allerdings vorher in Excel mit *Format / AutoFormat / 3D-Effekt 2* ein wenig gestaltet wurde.

Das Ergebnis der Hin- und Herschieberei haben Sie ja bereits in Abbildung 12.2 sehen können.

Natürlich können Sie die Zwischenablage nicht nur nutzen, um zwischen mehreren Anwendungen Daten auszutauschen, sondern auch, um Daten innerhalb einer Anwendung zwischenzulagern, seien es Textteile, Einzelteile einer komplexen Grafik, Spalten von Tabellen etc. – die Vorgehensweise ist immer die gleiche.

Im Normalfall sehen Sie nicht, was Sie als Letztes in die Zwischenablage hineingesteckt haben, weil das dafür zuständige Programm im Hintergrund arbeitet. Sie können es starten, indem Sie *Start / Ausführen* wählen und dann `Clipbrd` eingeben. Wenn das Fenster im Vordergrund steht, werden Sie bemerken, dass der Inhalt des Fensters sofort aktualisiert wird, wenn Sie mit *Bearbeiten / Ausschneiden* bzw. *Kopieren* ein neues Objekt zwischenlagern wollen. Die Programme der Office-XP-Serie beispielsweise sind da »schlauer«: Die Programme merken sich die letzten zwölf Inhalte der Zwischenablage.

Abb. 12.3: Noch scheint die Sonne in der Zwischenablage

Einige Besonderheiten bei der Arbeit mit der Zwischenablage müssen wir allerdings noch erwähnen.

- Die Zwischenablage ist ein temporärer Speicher. Wenn Ihnen ihr Inhalt so wichtig erscheint, dass Sie ihn dauerhaft gesichert haben wollen, müssen Sie die Zwischenablage starten und den aktuellen Inhalt mit *Datei / Speichern unter* permanent speichern. Tun Sie dies nicht, geht der Inhalt spätestens beim Beenden von Windows XP verloren. Es gibt nur wenige Programme, die beim Schließen so schlau sind, nachzufragen, ob der aktuelle Inhalt der Zwischenablage gesichert werden soll (siehe Abbildung 12.4).

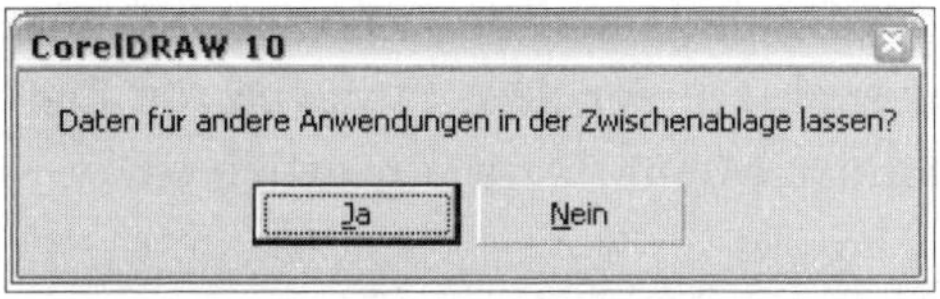

Abb. 12.4: Der Inhalt der Zwischenablage ginge normalerweise verloren

- Die Zwischenablage kann standardmäßig immer nur ein Objekt bzw. Objektteil aufnehmen. Ihr Inhalt wird in dem Moment und ohne Nachfrage aktualisiert, in dem Sie etwas Neues in der Zwischenablage ablegen. Bestimmte Anwendungsprogramme wie beispielsweise Word 2002 verfügen über eine erweiterte Zwischenablage.
- Ist der Inhalt der Zwischenablage erst einmal wieder eingefügt, besteht keine Verbindung mehr zwischen der Anwendung, in der das Objekt erstellt wurde und der Anwendung, in die das Objekt eingefügt wurde. Das heißt zwar nicht, dass die einzelnen Objekte wie die Sonne oder die Tabelle nicht mehr in Word weiterbearbeitet werden könnten; in unserem Beispieltext aber ist die eingefügte Klimatabelle weder für das Programm noch für Sie als Anwender als Excel-Tabelle erkennbar.
- Die Zwischenablage ist aufnahmebereit für alle Objekttypen, die in Windows-Applikationen vorkommen. Im Normalfall bleibt der Typ des Objekts (Bitmap, Vektorgrafik, Tabelle etc.) auch nach dem Einfügen erhalten, wird aber eventuell in ein Format konvertiert, das die Zielanwendung besser »versteht« bzw. integrieren kann. Wenn Sie sich noch einmal die Abbildung 12.2 anschauen, werden Sie schnell feststellen, dass die Tabelle zwar von den Formatierungen mit der Original-Excel-Tabelle identisch ist, dass aber die Tabelle selbst in eine Word für Windows-Tabelle umgewandelt wurde, geradeso als hätten Sie mit dem Menübefehl *Tabelle / Text in Tabelle umwandeln* gearbeitet.

Wenn Sie auf die Art und Weise der Datendarstellung Einfluss nehmen wollen, müssen Sie in der Zwischenablage vor dem Einfügen die Darstellungsweise definieren, was über das Menü *Anzeige* möglich ist.

Abb. 12.5: Die ersten vier Reihen der Excel-Tabelle in der Zwischenablage als Bitmap, Text und OEM-Text (v. l. n. r.)

12.2 Dynamischer Datenaustausch

Der Vorteil bei der Arbeit mit der Zwischenablage ist der schnelle Transport und die effektive Vorgehensweise, wenn Sie mehrere Objekte in einem Dokument zusammenfassen wollen. Wahrscheinlich werden Sie nach einiger Zeit mit Windows XP die Zwischenablage mit den Funktionen *Cut & Paste*, wie sie auf englisch heißen, nicht mehr vermissen wollen.

Unvorteilhaft allerdings wird diese Technik, wenn ein einzufügendes Objekt bei einer geringfügigen Änderungen immer aufs Neue integriert werden soll. Stellen Sie sich vor, dass sich in unserem obigen Beispiel die Werte der Klimatabelle verändern würden. Natürlich könnten Sie die Werte in Excel aktualisieren und die Tabelle ein zweites Mal über die Zwischenablage in den Text einfügen. Spätestens aber, wenn sich das Ursprungsobjekt häufig ändert, wird die Zwischenablage-Methode doch recht lästig; besser wäre es, wenn Ursprungs- und Zielobjekt in einem Abhängigkeitsverhältnis stehen würden. Denken Sie z. B. daran, dass man unsere Tabelle auch als Diagramm darstellen kann, das bei einem Temperatursturz (im Word-Text) automatisch aktualisiert wird.

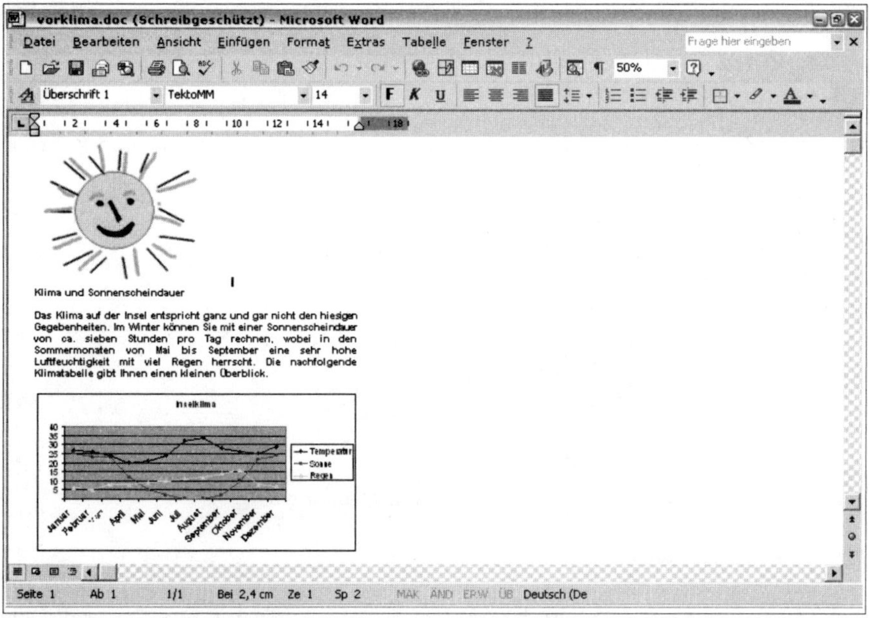

Abb. 12.6: Vor der Klimakatastrophe ...

Eine derartige Verbindung heißt *dynamischer Datenaustausch* (*Dynamic Data Exchange* oder kurz *DDE*). Dynamisch deswegen, weil sich die Inhalte der entsprechenden Objekte immer gegenseitig abgleichen. Grundlage für eine derartige Verbindung ist die Verknüpfung zwischen Original- und Zielanwendung – zumindest was das verknüpfte Objekt anbetrifft. In unserm Fall »weiß« Word also jederzeit, dass das eingefügte Diagramm mit Excel erstellt wurde. Weil intern die Verknüpfung mit genauem Dateinamen und Ordner gespeichert ist, kann eine Änderung des Diagramms folglich immer auch im Word-Text aktualisiert werden.

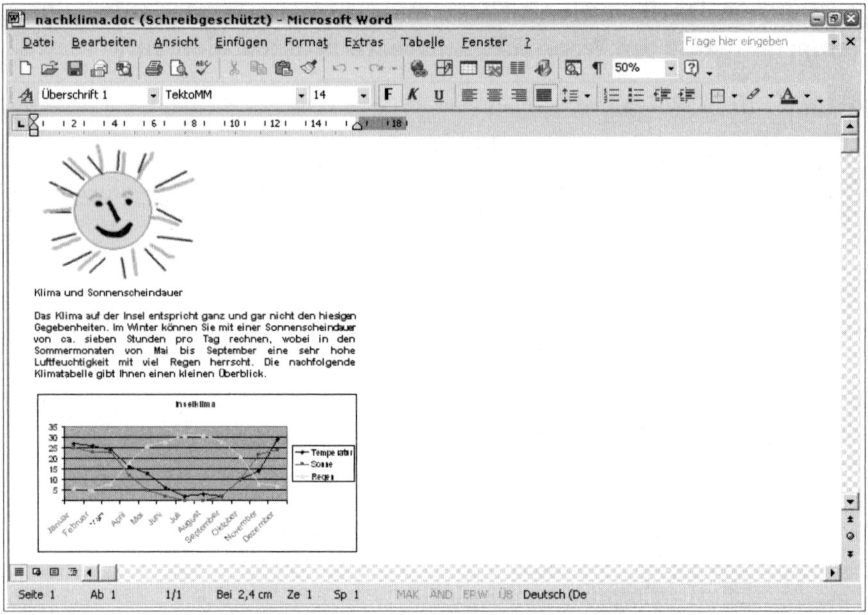

Abb. 12.7: ... und danach

Soll das eingefügte Objekt bearbeitet werden, genügt ein Doppelklick darauf. Die Anwendung, mit der das Objekt erstellt wurde, wird geöffnet, und das Objekt selbst kann bearbeitet werden.

Wenn Sie Daten über DDE verknüpft haben, sollten Sie kontrollieren, ob vor einem Ausdruck die verknüpften Objekte tatsächlich auf dem aktuellen Stand sind. In Word können Sie dies z. B. über *Extras / Optionen / Drucken / Verknüpfungen aktualisieren* automatisieren.

12.3 Verknüpfung und Einbettung von Objekten

In Windows XP spielt der dynamische Datenaustausch nur noch eine untergeordnete Rolle, da er von der Weiterentwicklung OLE (Version

2.0) abgelöst wurde. OLE steht für *Object Linking and Embedding*, was soviel bedeutet wie das Verknüpfen und Einbetten von Objekten.

Ein Beispiel dafür haben Sie schon gesehen, ohne dass es Ihnen vielleicht bewusst wurde. Unsere Arbeit mit der Zwischenablage in Kapitel 12.1 war bereits ein Beispiel für OLE.

Das Einbetten von Objekten hat eindeutige Vorteile:

- Das einzubettende Objekt muss nicht unbedingt als Datei abgespeichert sein; beim DDE ist dies aber eine klare Voraussetzung.
- Ein eingebettetes Objekt ist immer ein Original und keine Kopie.
- Im Gegensatz zu OLE 1.0 wie es schon in Windows 3.11 existierte, stellt ein Doppelklick auf das eingebettete Objekt die ganze Funktionalität zur Verfügung, die auch die Anwendung besitzt, in der das Objekt erstellt wurde. Die Ursprungsanwendung selbst wird aber nicht mehr geöffnet.

Letzteres *In Place Editing* wollen wir uns an einem Beispiel anschauen. Wir benutzen dazu Corel DRAW 10 als Zielanwendung und wollen kein bereits existierendes Objekt einfügen, sondern ein neues erstellen. Damit Sie sehen, dass die ganze Sache aber nicht nur mit Paint oder WordPad funktioniert, wählen wir als Ursprungsanwendung Excel 2002.

- Platzieren Sie den Cursor in dem Corel-Dokument an der Stelle, an der das neue Objekt eingefügt werden soll.
- Wählen Sie *Bearbeiten / Neues Objekt einfügen.*
- In der nun erscheinenden Liste wählen Sie die Anwendung aus, mit der das Objekt erstellt werden soll, in unserem Beispiel *Microsoft Excel-Arbeitsblatt.*

Wie von Zauberhand verschwinden nun die Symbolleisten von CorelDRAW und werden gegen die Symbol- und Werkzeugleisten von Excel 2002 ausgetauscht. Nur die Titelzeile kündet noch davon, dass Sie sich tatsächlich in CorelDRAW befinden.

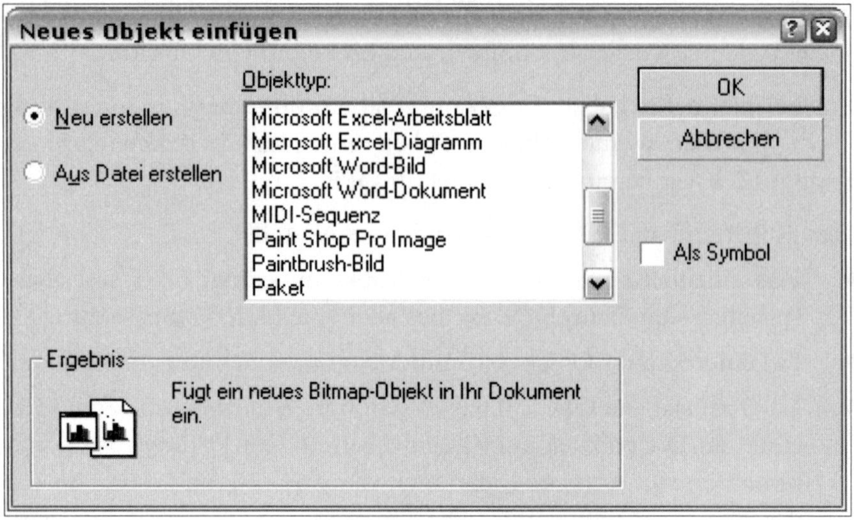

Abb. 12.8: Ein Ausschnitt aus der Liste der möglichen OLE-Anwendungen

Zugegeben: Diese Vorgehensweise macht bei zwei so komplexen Applikationen wie Excel und Corel nur dann Sinn, wenn die Rechnerkapazität entsprechend ausgestattet ist; ansonsten arbeitet man immer noch schneller, wenn man das Objekt direkt in Excel erstellt.

Die Liste, die Sie auf Ihrem Monitor im Dialogfeld *Bearbeiten / Neues Objekt einfügen* sehen, muss nicht Ihren installierten Programmen entsprechen. Das liegt daran, dass nicht alle Anwendungen »von Haus« aus OLE-fähig sind. Programme werden in dieser Beziehung in drei Kategorien aufgeteilt:

- *OLE-Server*: Anwendungen, aus denen Objekte in andere Dokumente eingebettet werden (in unserem Beispiel Excel 2002).
- *OLE-Clients*: Anwendungen, die Objekte einbetten können (in unserem Beispiel CorelDRAW 10).
- Programme, die sowohl als OLE-Server als auch als OLE-Client fungieren können (auch dies gilt sowohl für CorelDRAW 10 als auch für Excel 2002).

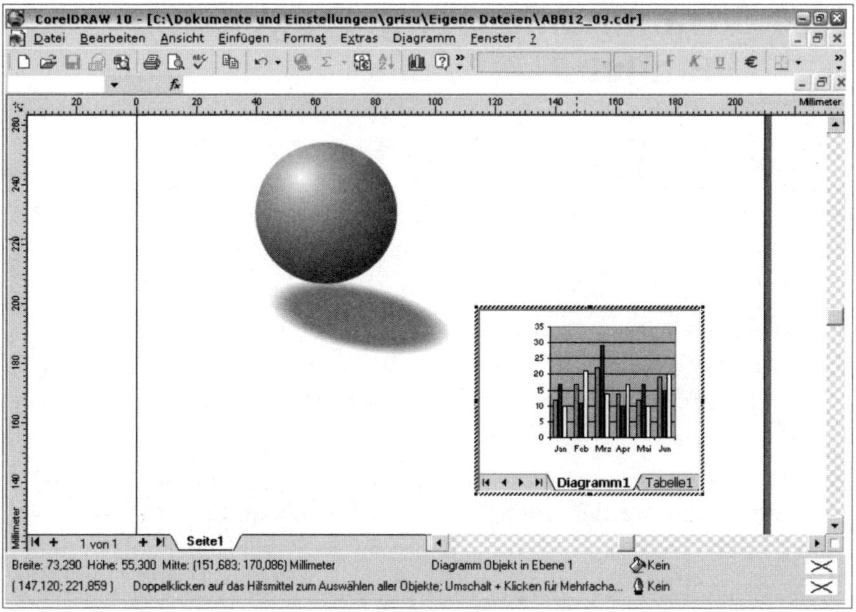

Abb. 12.9: CorelDRAW oder Excel – das ist hier die Frage!

In der Tat gibt es Anwendungen, die OLE sozusagen nur als Einbahnstraße nutzen können.

12.4 Zusammenfassung, Fragen und Übungen

Zusammenfassung

- Alle Programme, die unter Windows XP arbeiten, können gegenseitig Daten austauschen. Es spielt keine Rolle, um welche Art von Daten es sich handelt.
- Die einfachste Möglichkeit ist der Datenaustausch über die Zwischenablage. Sie wird mit den Menübefehlen *Bearbeiten / Ausschneiden*, *Bearbeiten / Kopieren* und *Bearbeiten / Einfügen* bedient.
- Die Zwischenablage ist nur ein temporärer Speicher. In ihr enthaltene Daten werden nicht gespeichert oder aufbewahrt, sondern vielmehr bei einer erneuten Benutzung der Zwischenablage überschrieben.
- Der *dynamische Datenaustausch* (DDE) ist in Windows XP von der Verknüpfung und Einbettung von Objekten (OLE) abgelöst worden.
- Sowohl bei DDE als auch bei OLE wird eine Verbindung zwischen Ursprungs- und Zielanwendung hergestellt.
- Mit OLE können in einem *OLE-Client* Objekte aufgenommen werden, die von einem *OLE-Server*-Programm erstellt wurden.
- Werden über OLE eingebettete Objekte bearbeitet, braucht das Ursprungsprogramm nicht extra geöffnet zu werden; vielmehr wird dem OLE-Client die ganze Funktionalität des Servers in Form von Menübefehlen, Symbolleisten und Werkzeugleisten zur Verfügung gestellt.

Fragen und Übungen

1. Nennen Sie die relevanten Befehlsfolgen für die Arbeit mit der Zwischenablage.
2. Was geschieht mit den Daten in der Zwischenablage, wenn Sie Windows XP beenden?
3. Worin liegt der Unterschied, wenn Daten *ausgeschnitten* und wenn sie *kopiert* werden?
4. Welche Vorteile hat die Verknüpfung von Daten beim dynamischen Datenaustausch?
5. Welche Vorteile bietet OLE gegenüber DDE?
6. Was versteht man unter einem *OLE-Server* und was unter einem *OLE-Client*?
7. Mit welcher Befehlsfolge werden OLE-Objekte generiert?
8. Starten Sie den Taschenrechner, führen Sie eine Berechnung durch und fügen Sie das Ergebnis über die Zwischenablage in eine Zelle eines Tabellenkalkulationsprogramms ein!
9. Erstellen Sie mit Paint als OLE-Client und mit WordPad als OLE-Server ein neues eingebettetes Objekt!
10. Bearbeiten Sie die gleiche Aufgabe wie in 9., wählen Sie diesmal aber kein neues Objekt, sondern ein bereits existierendes (z. B. ein beliebiges Bitmap-Bild im *Windows*-Ordner)!

13 Mehr als eins ist eine Gruppe – Networking

Viele Vorzüge von Windows haben Sie bereits kennen gelernt. In diesem Kapitel wollen wir uns mit einer speziellen Eigenschaft von Windows XP beschäftigen, die Sie aber nicht von vornherein nutzen können: Windows XP ist nicht nur ein Betriebssystem für Einzelplatzrechner, sondern kann auch als Netzwerk-Betriebssystem fungieren.

Von vornherein ist diese Fähigkeit deswegen nicht nutzbar, weil Ihr PC nur in den seltensten Fällen mit der entsprechenden Hardware in Form einer Netzwerkkarte ausgerüstet sein wird.

Vielleicht ist für Sie privat diese Eigenschaft ja auf den ersten Blick uninteressant; spätestens aber beim Zweitcomputer im Arbeitszimmer eine Etage höher ist die Überlegung dann doch sinnvoll, ob man zwecks Datentransport wirklich immer noch Disketten wählen will, ob jedes Programm doppelt und dreifach gekauft und installiert werden soll und ob man denn nun für den zweiten Rechner auch gleich ein zweites Modem, einen zweiten Drucker etc. anschaffen muss. Und genau hier liegen auch die Vorteile des Networking: *Hardware-* und *Software-Sharing*.

Vor allem aber im kommerziellen Bereich greifen die Vorteile des *Workgroup Computing*. Kleine, überschaubare Arbeitsgruppen können auf einen gemeinsamen Datenbestand zugreifen, schnelle Rechner können auch für schnelle Aufgaben eingesetzt werden, während der langsame Matrixdrucker am langsamen Pentium-II-PC für den Draft-Ausdruck von langen Listen immer noch gut genug ist.

Windows XP ist als Netzwerk-Betriebssystem für den globalen Datenaustausch fast genau so gut geeignet wie spezielle Netzwerk-Betriebssysteme. Da Windows XP auch ein *Intranet* (lokales Netz innerhalb eines größeren Netzes) steuern kann, haben Sie die Möglichkeit, sich an globale Netze anzukoppeln.

13.1 Hardwarevoraussetzungen

Einen PC netzwerkfähig zu machen, ist, was die Hardwareseite angeht, relativ einfach. Auch bei der Erkennung der Netzwerkkomponenten macht Windows XP recht wenig Schwierigkeiten. Sie sollten allerdings, was generell für jede Zusatzkomponente gilt, beachten, dass Ihnen beim Kauf eine entsprechende Dokumentation mitgeliefert wird und dass Sie jede Konfigurationsänderung der Hardware schriftlich notieren.

Netzwerkkarte

Egal wie das Netzwerk aussieht, an das Sie Ihren PC anschließen wollen: Sie brauchen eine Netzwerkkarte, die häufig auch als Netzwerk-Adapter bezeichnet wird.

Abb. 13.1: Eine Netzwerkkarte für einen PCI-Bus (Quelle: 3Com)

Auch wenn Sie Ihren PC bei einem Fachhändler gekauft haben, wird eine solche Karte wahrscheinlich nicht zum Standardlieferumfang gehören; eine Entwicklung wie bei den Soundkarten, die ja auch jahrelang nur als Extra zu erwerben waren, deutet sich in diesem Bereich nicht an.

Einer solchen Netzwerkkarte kommt eine zentrale Bedeutung zu, denn sie ist nicht nur die Schnittstelle zwischen PC und Kabelsystem des Netzes, sondern steuert die Datenübertragung vom PC zu anderen Stationen sowie vom Netz zu den Komponenten des Mainboards Ihrer Arbeitsstation. Ausgerüstet ist sie darum mit einem eigenen Prozessor und einem eigenen Speicher.

Weil im Netzwerkbereich eine Firma namens *Novell* die Standards setzt, sollten Sie darauf achten, dass Ihre Karte wenn nicht eine Original-, so doch eine Novell-kompatible Karte ist.

Obwohl bereits Nachfolgetypen eingesetzt werden, sollte sie mindestens NE2000-kompatibel sein, wobei das Kürzel *NE* für *Novell Ethernet* steht. Mit diesem Standard und dem Zugriffsverfahren *Ethernet* definiert sich auch die Übertragungsgeschwindigkeit, mit der solche Karten im Netz arbeiten. Bei einer NE2000-Karte liegt sie theoretisch bei 10 MBit/sek, praktisch werden 5 bis 7 MBit/sek. erreicht, Fast Ethernet-Karten können dagegen einen Datentransfer bis zu 100 MBit/sek. erreichen.

Wenn Ihre Karte vor der Installation von Windows XP eingebaut war, wird das Betriebssystem diese automatisch erkennen; ansonsten muss sie nachträglich im System angemeldet werden.

Wie bei jeder anderen Karte auch, sind für Netzwerkkarten drei Parameter zur ordnungsgemäßen Funktionsweise nötig: Interrupt, DMA-Kanal und Basisadresse. Gerade bei der Netzwerkkarte kann es, da sie ja nicht zum Standardumfang gehört, Probleme bei Überschneidungen dieser Parameter mit anderen Karten geben. Seien Sie hier also besonders vorsichtig!

Abb. 13.2: Korrekt erkannt während der Installation: eine PCI-Netzwerkkarte

Interrupt

Bei den meisten Netzwerkkarten ist standardmäßig der IRQ5 eingestellt, der aber im Grunde für die zweite serielle Schnittstelle COM2 reserviert ist. Ist COM2 unbelegt, sollte die Netzwerkkarte mit diesem IRQ funktionieren; in den meisten Fällen läuft aber neben der ersten seriellen Schnittstelle COM1, die mit der Maus belegt ist, noch ein Modem an COM2. In diesem Falle sollten Sie eher die Netzwerkkarte umkonfigurieren als Ihr Modem. Wählen Sie einen freien Interrupt; falls sich Ihre Karte darauf einstellen lässt, probieren Sie es mit IRQ10 bis IRQ13.

DMA-Kanal

Schön für Sie und die Übertragungsgeschwindigkeit im Netz ist, wenn Sie eine Karte zur Verfügung haben, die als Bus-Master fungieren kann. Die Karte muss in diesem Fall aber auch auf einen DMA-Kanal eingestellt sein, der nicht schon von CD-ROM oder Soundkarte belegt ist.

Damit der DMA-Controller auf dem Mainboard die Transfers aus dem und in das Netz an der CPU vorbeilenken kann, sollten Sie es mit dem DMA-Kanal 1 oder 3 probieren, die meist noch unbelegt sind.

Basisadresse

Auch hier gilt, dass Sie in den meisten Fällen die Standardeinstellung der Karte übernehmen können. Die Adresse beginnt meist bei 300h. Achten Sie aber darauf, dass die Bereichslänge von 16-Bit-Ethernet-Karten bei 40 liegt (im Gegensatz zu 20 bei 8-Bit-Karten). Belassen Sie also die Einstellung auf 300h, liegt die Basisadresse bei 300h–340h. Hier überschneidet sie sich allerdings häufig mit Streamer-Laufwerken oder mit der Soundkarte; in diesem Fall müssen Sie überprüfen, welche freien Adressen noch zur Verfügung stehen.

Verkabelung

An der Rückseite der Karte finden Sie im Normalfall zwei Anschlussmöglichkeiten. Es handelt sich einmal um eine *BNC*-Buchse für so genanntes *Cheapernet-* bzw. *Thin Ethernet*-Kabel und um eine 15polige Buchse für *Thick Ethernet*-Kabel. Eventuell gewährleistet die Karte über eine *RJ-45*-Anschlussbuchse auch noch den Gebrauch von achtadrigem *Twisted Pair*-Kabel.

Das Kabel ist neben der Karte das A&O Ihres Netzwerks! Es nutzt wenig, Hochleistungskarten in Ihre Rechner einzubauen und dann bei der Verkabelung zu sparen. Wenn Sie die Kabel nicht selbst herstellen, können Sie im Fachhandel fertig konfektioniertes Kabel in jeder Länge erstehen.

Wir wollen hier nur auf das Kabel eingehen, das Sie für Ihr Windows XP-Netzwerk verwenden sollten, denn eine Investition in Glasfaserkabel werden Sie wohl kaum in Erwägung ziehen. Das richtige Kabel für Ihr Netz heißt *Ethernet 10Base2* und wird auch *Cheapernet* oder *Thin Ethernet* genannt. Als Übertragungsmedium dient ein einfaches Kupfer-Koaxialkabel (RG58-A/U), das über BNC-Buchsen und Stecker gekoppelt wird.

10Base2 ist eine Bezeichnung, die erst verständlich wird, wenn Sie wissen, was sich dahinter verbirgt: Die *10* bedeutet, dass Sie mit diesem Kabel Übertragungsgeschwindigkeiten bis zu *10* MBit/sek. erreichen können; das *Base* steht für Basisband, d. h., dass auf dem Kabel lediglich ein Signal zu einer Zeit übertragen werden kann. Die *2* bezeichnet die maximale Länge des Kabels bis zum nächsten Anschlusspunkt: 185 m sind mit diesem Kabel machbar, und das sollte für normale Zwecke auch reichen. Abbildung 13.3 zeigt schematisch eine Verbindung von drei Rechnern mit diesem Kabel.

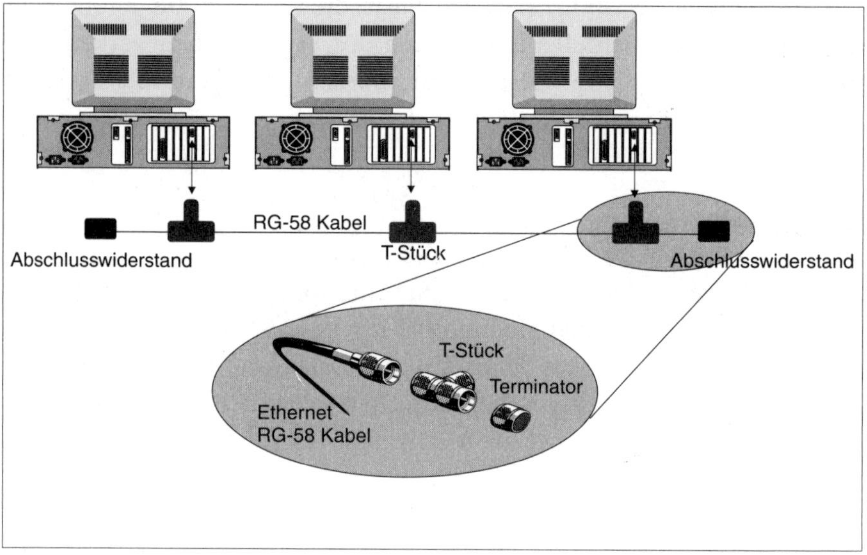

Abb. 13.3: Drei Rechner im Netz mit RG58-Kabel

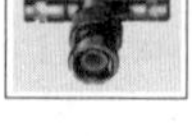

Der Anschluss und die Weiterführung des Kabels wird über so genannte T-Stücke erledigt; an jedem Ende des Kabelstranges muss ein Abschlusswiderstand (*Terminator*) liegen, der entsprechend des RG58-Kabels mit 50 Ohm terminiert ist.

Von der Hardwareseite war es das schon – wenn Kabel und Karte korrekt angeschlossen sind, ist Ihr Rechner netzwerktauglich und kann mit anderen Rechnern im Netz loslegen.

Abb. 13.4: Die netzwerkspezifischen Features für die Konfiguration

Bevor wir uns nun aber mit den Netzwerkeigenschaften von Windows XP beschäftigen, wollen wir uns einen groben Überblick verschaffen, was es außerhalb von Windows XP für Möglichkeiten gibt, innerhalb von Netzen zu arbeiten.

13.2 Client/Server-Netzwerke

Schon der Begriff *Personal Computer* beinhaltet, dass ein PC in erster Linie als Maschine entwickelt wurde, die als so genannter *Stand-Alone-Computer* funktionierte. Unabhängig von der restlichen Informationswelt gilt der PC als Musterbeispiel für eine »Dateninsel«, deren Informationen nur für den jeweiligen Benutzer und Anwender verfügbar sind. Je mehr Informationen aber verwaltet werden, desto sinnvoller kann es sein, dass nicht nur ein Anwender darauf zugreifen kann. Als ein typisches Beispiel für ein Informationsnetz könnte das Telefonnetz eines Netzbetreibers dienen. Auch hier können ja viele Anwender Informationen austauschen, die über Schaltzentralen gebündelt und weitergeleitet werden. Als Hardware dienen hier in erster Linie Telefon und Kabel. Dass eine derartige Informationsübermittlung nicht nur auf analoge, sondern auch digitale Verfahren zurückgreift, haben Sie am Beispiel von ISDN ja bereits in Kapitel 9 kennen gelernt. Kommen wir zurück zum Computer. Denken Sie nur einmal an ein Unternehmen, das sich in die Bereiche Kundenbetreuung, Vertrieb und Marketing gliedert. Wenn jeder Mitarbeiter des Unternehmens seine eigene Datenbank an Kunden pflegen würde, wäre eine Vielzahl an Speichermedien nötig. Und nicht nur das: Innerhalb von wenigen Stunden würde jeder Mitarbeiter aufgrund der Änderung der Daten auch auf einen höchst unterschiedlichen Kundenstamm zurückgreifen; eine Koordinierung der verschiedenen Unternehmensbereiche wäre mithin kaum durchführbar.

Zunehmend hat man damit begonnen, auch PCs innerhalb von Netzwerken einzubinden. Ausschlaggebend dafür war in erster Linie der Kostenfaktor – vor der Zeit der Personal Computer war der Zugriff auf Informationen im Grunde nur über ein Netzwerk möglich; der Computer fungierte dabei als »unintelligentes« *Terminal*, das auf den Datenbestand eines wesentlich größeren Rechners zugreifen konnte, was bedeutete, dass man sich sozusagen in die Rechenzeit des Großrechners einklinken musste – und das war teuer.

Bei oben beschriebenem Beispiel der Unternehmensverwaltung fallen aber nun wieder nicht so viele Daten an, dass man dabei auf einen Großrechner zurückgreifen müsste. In anderen Branchen ist dies auch heute noch anders; trotz der Leistungssteigerung von PCs werden zum Beispiel in Großbanken immer noch so viele Informationen verwaltet, dass sie lediglich mit Hilfe von PCs nicht in einer auch nur einigermaßen vernünftigen Zeit be- oder verarbeitet werden können. Man bedient sich hier auch heute noch Systemen, die der *Mittleren Datentechnik* zugerechnet werden.

Doch zurück zu unserem Beispiel. Die Struktur der Datenverarbeitung geht hier davon aus, dass viele gleichartige Informationen vielen unterschiedlichen Anwendern verfügbar gemacht werden sollen. Mit einigem gesunden Menschenverstand wären Sie wahrscheinlich von selbst darauf gekommen, dass es innerhalb einer solchen Anforderungssituation sinnvoll ist, eine leistungsfähige »Zentrale« in den Mittelpunkt zu stellen, von dem aus die Daten zu den einzelnen »Stationen« hin- und zurücktransportiert werden können.

Findet der Informationsaustausch zwischen Rechnern in dieser Weise statt, spricht man von einem *Client/Server*-Netzwerk. Die einzelnen Arbeitsstationen, auch mit dem englischen Begriff *Workstations* bezeichnet, entsprechen dabei den so genannten *Clients* – Kunden also, die sich bei einem leistungsfähigen Großhändler, dem *Server*, bedienen. Diese Tatsache legt schon nahe, dass die Hardware entsprechend ausgelegt sein muss: Ein Server muss aufgrund seiner Verteilungsfunktion sehr leistungsfähig sein und über eine große Kapazität an Speicher verfügen, denn sonst wird die Informationsübermittlung entsprechend langsam.

Aber noch eines dürfte klar sein: Die Informationsübermittlung zwischen verschiedenen Computern unterliegt ganz anderen Kriterien als die Informationsübermittlung innerhalb eines einzelnen Computers. Um diesen Anforderungen gerecht zu werden, ist ein eigenes Betriebssystem vonnöten, das diesen Aufgaben gerecht wird. Mit dem Begriff

NetWare wird dieses Betriebssystem umschrieben, und ähnlich wie Microsoft bei den Anwendungsprogrammen hat hier die Firma *Novell* eine solche Monopolstellung, dass der Name Novell fast schon ein Synonym für Netzwerkbetriebssysteme geworden ist. Die beiden größten Konkurrenten von Novell, Banyan Vines und IBMs LAN-Manager, haben nie den Einfluss von Novell im Netzwerkbereich gefährden können.

Vom LAN zum GAN

Es gibt mehrere Möglichkeiten, wie man Netzwerke kategorisieren kann. Eine der gebräuchlichsten Kategorien ist der Faktor der räumlichen Ausdehnung eines Netzwerkes, d. h., wie weit der Server von den einzelnen Arbeitsstationen und wie weit die einzelnen Workstations voneinander entfernt sind. Wenn Sie sich mit diesem Gebiet beschäftigen, werden Sie zwangsläufig immer auf englische Begriffe stoßen. Als Überblick soll Ihnen die Abbildung 13.5 dienen.

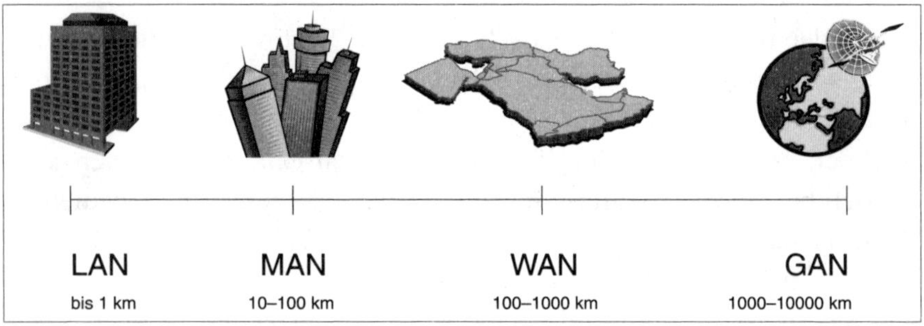

Abb. 13.5: Bis zu welcher Distanz arbeiten welche Netzwerke?

LAN (Local Area Network)

Diese Form des Netzwerkes wird Ihnen wohl am häufigsten begegnen. Für den Begriff LAN hat sich auch die deutsche Bezeichnung »Lokales Netzwerk« eingebürgert. Der Name beschreibt schon, um was es sich handelt: ein Netzwerk, das etwa bis zu einer Entfernung von 1.000 Metern arbeitet und darum lokal auf einen überschaubaren Raum begrenzt ist. Typische Formen dieses Netzes gibt es in abgeschlossenen Gebäuden. Diese Form des Netzes hat gleich mehrere Vorteile: Der Rahmen und damit die Verwaltung des Netzes bleibt überschaubar. Für die Verkabelung reichen im Normalfall preiswerte Koaxialkabel, die über bereits installierte Kanäle leicht auch nachträglich verlegt werden können. Die relativ kurze Distanz zwischen Server und Clients erlaubt den Verzicht auf Zwischenverstärker oder andere teure Hardware, die weite Wege des Signals verstärken müssten. Als Zugriffsverfahren für solche LANs, das regelt, wie die Informationen im Netz verschickt und transportiert werden, sollten Sie sich die Begriffe *Ethernet* und eventuell auch *Token Ring* merken; sie sind typisch für derartige Netzwerke.

MAN (Metropolitan Area Network)

Der Begriff MAN steht für *Metropolitan Area Network*. Die deutsche Übersetzung des Begriffs *metropolitan* sagt, worum es geht. Das Netz umspannt ein Areal von Städten oder Ballungszentren. Denken Sie an Ihr örtliches Einwohnermeldeamt, haben Sie ein gutes Beispiel für ein MAN. Das abgedeckte Areal umfasst einen Bereich bis ca. 100 km. Um bei diesen Entfernungen noch akzeptable Übertragungsgeschwindigkeiten zu erzielen, wird als Medium in erster Linie Glasfaserkabel eingesetzt. Die Zentrale eines MANs gibt die Informationen häufig an viele kleinere LANs weiter; wenn Sie in Ihrem Einwohnermeldeamt eine Passverlängerung beantragen, ist es ja – von bürokratischen Barrieren einmal abgesehen – egal, ob Sie sich am Schalter A–L oder am Schalter M–Z anstellen; die Informationen bei beiden sind die gleichen, denn das LAN des Einwohnermeldeamtes greift auf die Daten zurück, die ihm vom MAN geliefert werden.

WAN (Wide Area Network)

Unter diesem Begriff subsumiert man Netze, die in nationaler, manchmal auch kontinentaler Ausdehnung Daten austauschen. Dabei dreht es sich um Distanzen von ca. 1000 km. Bei einem WAN handelt es sich meist um ein sehr heterogenes Netzwerk, d. h., dass mehrere Rechnertypen miteinander gekoppelt werden müssen. Dementsprechend hoch ist der Verteilungsaufwand. Ein Beispiel für ein typisches WAN ist das Datex-P-Netz der Telekom, in dem die Daten häppchenweise in einer Größe von 128 Byte verschickt werden. Wenn Sie einmal in eine Rasterfahndung des Bundeskriminalamtes kommen sollten, verdanken Sie dies ebenfalls dem Informationsaustausch innerhalb eines WANs.

GAN (Global Area Network)

Was würde man mit Rasterfahndungen anfangen, wenn sie national begrenzt wären? Interpol wäre immer noch darauf angewiesen, Fingerabdrücke per Fax auszuwerten. *Global Area Networks* sind weltumspannend; dementsprechend beträgt die Entfernung zwischen den Stationen meist 10.000 km und mehr. Diese Distanzen lassen sich natürlich nicht mehr mit Kabeln bewerkstelligen. Die Informationen werden hier fast immer über Satellit von einem Zentrum zum anderen übermittelt. Dienstleister auf dem Datenhighway nutzen diese globalen Netze; ebenfalls Unternehmen, die die Arbeit verschiedener Filialen weltweit miteinander koordinieren.

Netzwerkarchitekturen

Wenn Sie bis jetzt davon ausgegangen sind, dass innerhalb eines Netzwerks nur die gleichen Rechnertypen, z. B. PCs, miteinander arbeiten, müssen wir Sie enttäuschen. PCs werden meist nur am Ende des Netzes innerhalb eines LANs eingesetzt. Zum einen hat dies den Grund, dass selbst leistungsfähige Pentium-Rechner das Datenaufkommen eines größeren Netzwerks nicht adäquat bewältigen können; zum anderen bleibt auf diese Weise aber auch immer noch die vorteilhafte Möglichkeit, dass sich der PC aus dem Netz abkoppeln und dennoch als autonome und leistungsfähige Arbeitsstation dienen kann. Von so genannten *Terminals* lässt sich dies nicht behaupten.

Im Normalfall ist ein größeres Netz aber heterogen – vom *Mainframe* bis zum PC ist unter Umständen alles vertreten. Abbildung 13.6 soll dies verdeutlichen.

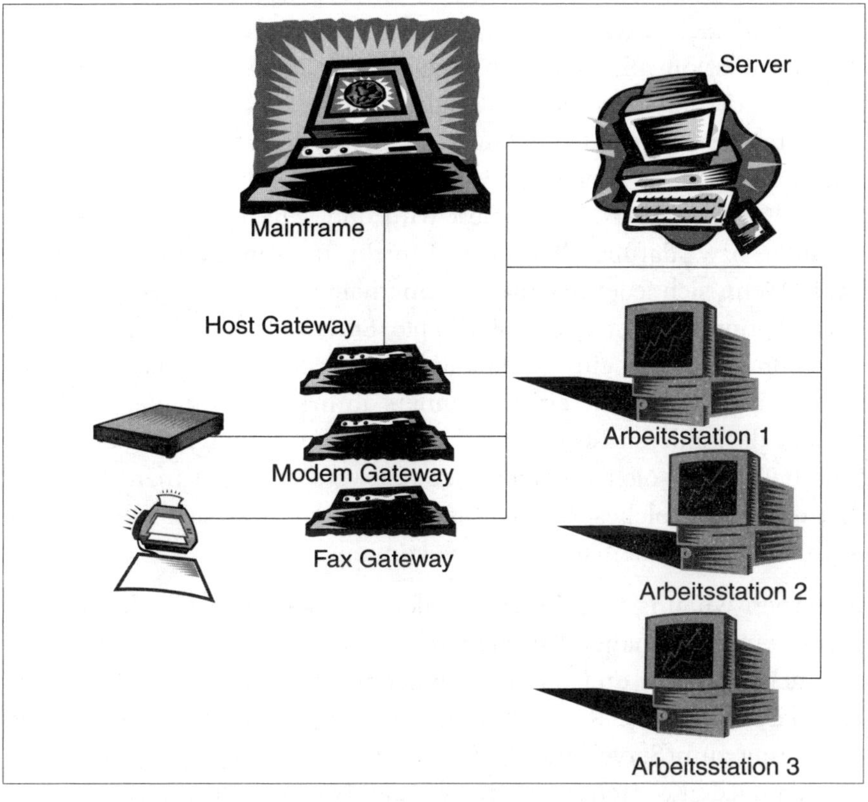

Abb. 13.6: Vernetzung verschiedener Rechnertypen

Sie sehen in Abbildung 13.6, dass innerhalb eines Netzes auch noch andere Bestandteile wie z. B. *Gateways* eingebunden sind, die die Verknüpfung zwischen Arbeitsstation und Server(n) regeln und Kommunikationsfunktionen erledigen.

Die entscheidende Frage dabei ist, wie alle diese Rechnertypen miteinander kommunizieren können. Wie auch in anderen Bereichen hat man sich 1983 mit dem zunehmenden Aufkommen der internationalen Verflechtung und des damit verbundenen globalen Datenaustausches auf einen Standard geeinigt, der als OSI (*Reference Model for Open System Interconnection*) bezeichnet wird. Man bezeichnet diesen Standard auch oft als Schichtenmodell, was daraus resultiert, dass innerhalb der Kommunikation alle Aufgaben wie Datentransport, Informationsvermittlung, die physikalische Datenübertragung etc. in Teilbereiche oder Schichten zerlegt werden. Umgesetzt in die Realität des Netzwerkes funktioniert dieses Modell deswegen, weil nur auf gleicher Schichten-Ebene miteinander kommuniziert wird und weil jede Schicht mit der darunter bzw. darüber liegenden Schicht in Kommunikation treten kann. Wenn sich jeder Rechnertyp innerhalb eines Netzwerkes an diese Spezifikation hält, ist es egal, ob Apple, Sun, VAX oder PC in das Netz eingebunden sind – ein »Aneinandervorbeireden« ist de facto unmöglich, weil jede Schicht eines Rechners immer nur mit der analogen Schicht des anderen Rechnertyps in Verbindung steht. Die Regeln, die innerhalb einer solchen Schicht benutzt werden, nennt man *Protokoll*. Erst durch ein solches Protokoll ist es möglich, dass sich verschiedene Rechner miteinander »unterhalten« können.

Entfernen wir uns von diesem Modell und kommen wir der Realität wieder ein Stück näher. Es reicht schließlich nicht, einige Rechner zusammenzuwürfeln und sie miteinander zu verbinden; je nach Anforderung lassen sich die Rechner in verschiedener Art und Weise in ihrer Beziehung zum Server anordnen, wobei wir im Folgenden sehen werden, dass jede Konstellation ihre Vor- und Nachteile hat.

Stern-Topologie

Bei dieser Konstellation läuft ohne den Server gar nichts. Steht er auch geografisch im Mittelpunkt, hält sich der Verkabelungsaufwand zu den einzelnen Stationen in Grenzen; Datenkollisionen sind sozusagen ausgeschlossen. Zudem bestehen in diesem Falle hohe Chancen auf eine extrem hohe Übertragungsgeschwindigkeit zwischen Server und Client.

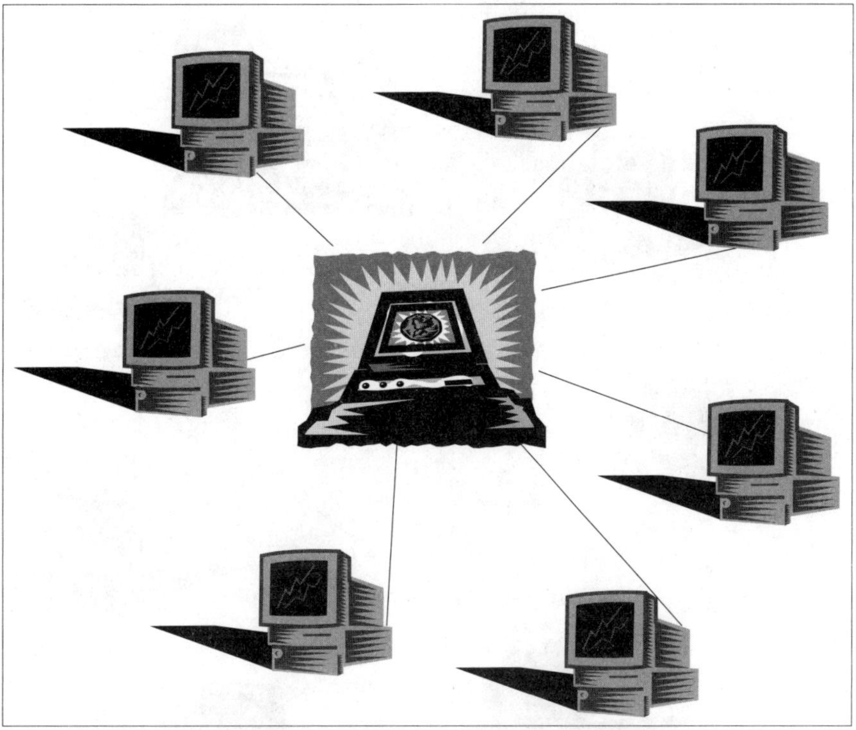

Abb. 13.7: Der Server als leuchtender Stern im Mittelpunkt

Die Übertragung zwischen den einzelnen Stationen ist dagegen wesentlich niedriger, weil alles über die Zentrale läuft; fällt sie aus, ist nicht nur das Netzwerk betroffen, sondern auch die Kommunikation zwischen den Stationen lahm gelegt. Noch deutlicher wird dies, wenn der Server nicht leistungsfähig genug ist, um alle Stationen gleichmäßig auszulasten. Die Performance des Gesamtsystems lässt dann deutlich nach.

Ring-Topologie

Die Daten werden – egal ob vom Server oder von der Arbeitsstation – auf die Reise geschickt. Die Zieladresse pickt sich dann die für sie ge-

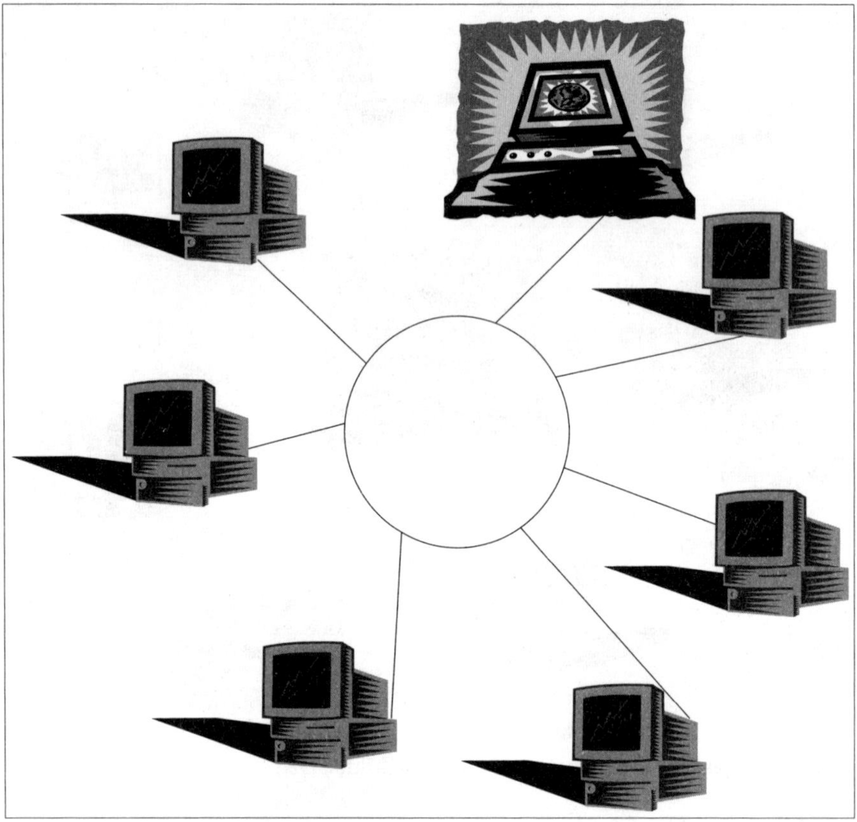

Abb. 13.8: Informationen drehen sich im Kreis

dachte Information heraus. Da gleich mehrere Pakete im Ring wandern, ist ein höchst effektiver Datenfluss gewährleistet.

Darüber hinaus ist auch die Einrichtung einer neuen Station kein Problem, da diese ohne großen Verkabelungsaufwand lediglich an den Ring angeschlossen werden muss. Wenn allerdings eine Station ausfällt, ist gleich das gesamte Netz in Mitleidenschaft gezogen. Das gleiche Schicksal droht bei einem Leitungsfehler. Während benachbarte Stationen schnell miteinander kommunizieren können, wird die Dauer dieses Transports bei zahlreichen Zwischenstationen erhöht.

Bus-Topologie

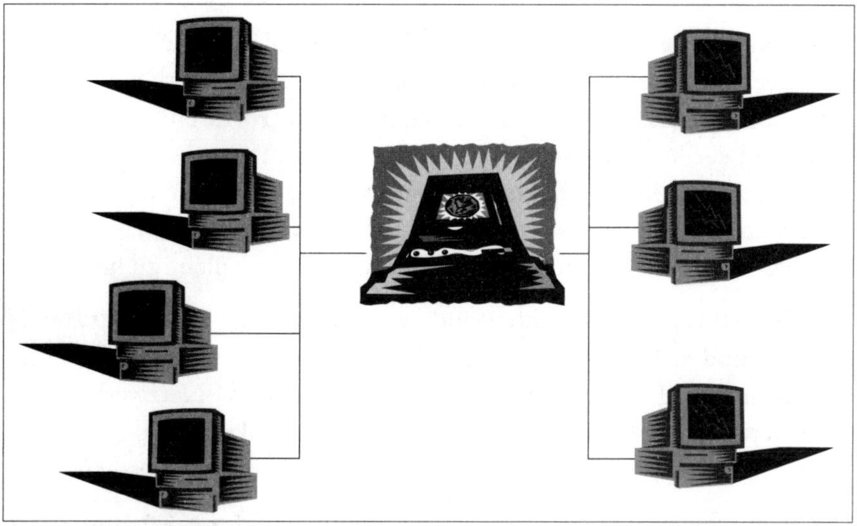

Abb. 13.9: Mit dem Bus von Station zu Station

Mit dieser Topologie kommen wir, was im nächsten Abschnitt deutlich wird, wieder zu Windows XP zurück. Hier hängen Server und Stationen alle an einem gemeinsamen Kabel, das von allen Beteiligten permanent abgehört wird. Damit die Nachrichten nicht reflektiert werden, wird das Ende des Busses von einem Abschlusswiderstand begrenzt.

Der Kabelaufwand bei dieser Methode ist minimal, neue Arbeitsstationen können ohne Unterbrechung installiert oder abgebaut werden. Fällt eine Station aus, ist das Gesamtsystem nicht betroffen. Da der Server nicht im Mittelpunkt des Geschehens steht, lassen sich Nachrichten schnell von einer Station zu einer beliebig anderen versenden. Da aber immer nur ein Signal auf dem Kabel sein darf, ist ein hoher Steuerungsaufwand notwendig. Noch problematischer gestaltet sich diese Topologie bei einem Leitungsfehler; ihn zu lokalisieren, ist sehr schwierig. Wenn nicht zusätzliche Zwischenverstärker eingesetzt werden, können nur Entfernungen bis ca. 500 m bewältigt werden.

13.3 Windows XP als Peer-to-peer-Netz

Wenn Sie das vorige Kapitel aufmerksam verfolgt haben, werden Sie sich zwei wichtige Dinge gemerkt haben: Für ein Netzwerk sind immer zwei Komponenten zuständig: die Hardware in Form einer Netzwerkkarte und der Verkabelung sowie die Software in Form des Netzwerkbetriebssystems. Um die Hardware kommen Sie auch bei Windows XP nicht herum; die Netzwerksoftware wird Ihnen aber mitgeliefert – Windows XP ist nämlich durchaus in der Lage, auch als solche zu fungieren.

Mit der XP-Version hat sich Windows von früheren Standards verabschiedet und sich, was den Netzwerkbereich angeht, für ein Kommunikationsprotokoll entschieden, dass auch in »echten« Netzwerken und im Internet angewendet wird: dem TCP/IP-Protokoll. Doch auch für kleinere *Peer-to-peer*-Netzwerke ist Windows XP durchaus geeignet.

Der englische Begriff *peer-to-peer* beschreibt schon die Art und Weise dieses Netzes. Übersetzt bedeutet es so viel wie *Gleicher unter Gleichen*, und genau so fungieren die einzelnen Arbeitsstationen innerhalb eines solchen Netzes: Sie versuchen, freie Ressourcen der anderen Rechner im Netzwerk zu ergattern, um auf diese Weise mit Informationen und Peripheriegeräten arbeiten zu können, die ihnen eigentlich gar nicht »gehören«.

In einem Peer-to-peer-Netzwerk gibt es also in dem oben genannten Sinn keinen eigentlichen Server, der für alle Stationen Kapazitäten bereitstellt; ein Peer-to-peer-Netz kann ohne Probleme aus lediglich zwei Rechnern bestehen, die von ihren Leistungsmerkmalen relativ identisch sind.

Ein solches Netzwerk macht besonders dann Sinn, wenn es sich um kleine LANs handelt, eine kleine überschaubare Umgebung also, in der häufig Informationen ausgetauscht werden, oder wenn es sich um eine Arbeitssituation handelt, in der die Einrichtung eines komplexen Client/Server-Netzes zu kostenintensiv wäre.

Geprägt wurde der Begriff *Peer-to-peer-Netz* durch die Vorgängerversionen von Windows XP. Die erste derartige Version nannte sich *Windows for Workgroups*, was beinhaltet, dass derartige Netzwerkstrukturen besonders dann effektiv einzusetzen sind, wenn es sich bei den im Netz angeschlossenen Rechnern um einen kleineren Arbeitsverbund oder überschaubare Arbeitsgruppen handelt. In diesem Zusammenhang hat sich auch der Begriff des *Workgroup Computing* gebildet.

Netzwerkstruktur

Ein Peer-to-peer-Netz mit Windows XP wird hardwaremäßig genauso verkabelt wie ein »echtes« Netzwerk. Mit einer Netzwerkkarte in jedem PC und einem RG58-Kabel mit Abschlusswiderständen können Sie schon zwei Rechner miteinander koppeln. Abbildung 13.10 verdeutlicht dieses Prinzip.

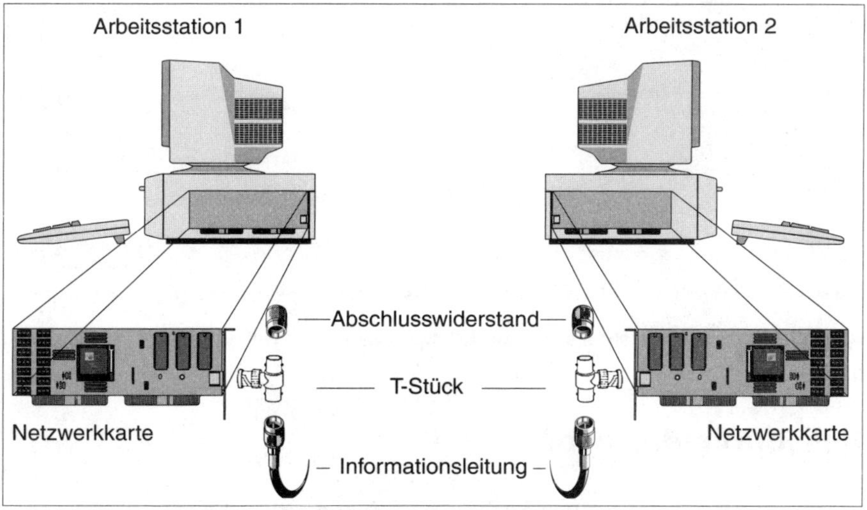

Abb. 13.10: Ein Peer-to-peer-Netz mit zwei Arbeitsstationen

Natürlich spricht nichts dagegen, auch in einem Peer-to-peer-Netz eine Arbeitsstation als »Pseudo-Server« besonders gut auszurüsten; Voraussetzung ist dies jedoch nicht.

Wenn Sie bei der Installation von Windows XP bereits eine Netzwerkkarte in Ihrem PC installiert hatten, wird das Betriebssystem automatisch versuchen, den PC für eine spätere Netzwerkanbindung identifizierbar zu machen.

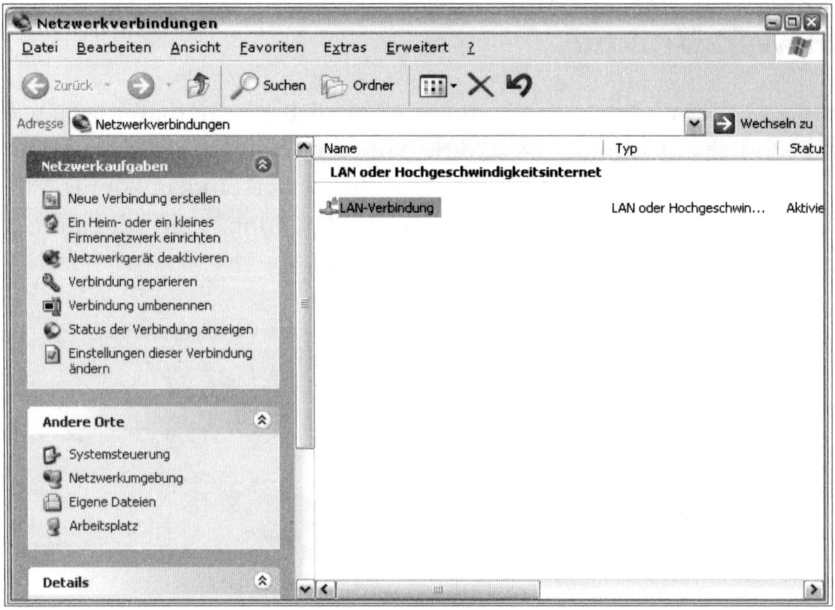

Abb. 13.11: Ein Assistent hilft bei der Konfiguration eines Netzwerks

Ressourcenfreigabe

Der Sinn und Zweck eines Peer-to-peer-Netzwerkes liegt in erster Linie darin, Kapazitäten zur Verfügung zu stellen, die der eigene Arbeitsplatz nicht bieten kann. Derartige Kapazitäten beziehen sich vor allem auf zwei Bereiche: Software- und Hardware-Ressourcen.

Unter Software-Ressourcen wird dabei verstanden, dass man die Daten des eigenen Rechners im Netz für andere Benutzer freigeben oder selbst auf Daten der anderen Rechner zugreifen kann. Bezüglich der Hardware-Ressourcen gelten die gleichen Prinzipien wie bei einem Client/Server-Netzwerk: Nicht unbedingt jede Arbeitsstation muss mit einem hervorragenden Laserdrucker ausgestattet sein, wenn man den Printer, der an einer Station hängt, auch von den anderen Stationen aus nutzen kann. Insofern ist es sinnvoll, die eigenen Ressourcen freizugeben.

Nun wäre es allerdings reichlich unvorteilhaft, wenn Sie mit einer Freigabe gleich allen Anwendern im Netz Tür und Tor öffnen würden. Natürlich ist es möglich, die Freigabe genauer zu definieren bzw. einzuschränken, damit Ihnen auch im Netz ein letzter Rest an Privatsphäre erhalten bleibt. Es ist beispielsweise möglich, lediglich bestimmte Laufwerke oder Ordner freizugeben, in denen Ihre Kollegen und Kolleginnen herumwühlen können. Aber selbst hier können Sie differenzieren, indem Sie nur bestimmten Computern Zugriffsberechtigungen auf Ihre Daten erteilen.

Die Freigabe für Peripheriegeräte wie beispielsweise einen Drucker nehmen Sie über das Kontextmenü des freizugebenden Druckers in *Start / Einstellungen / Drucker und Faxgeräte* über den Eintrag *Freigabe* vor.

Abb. 13.12: Der freigegebene Netzwerkdrucker

13.4 Zusammenfassung, Fragen und Übungen

Zusammenfassung

- In einem Netzwerk ist die gemeinsame Nutzung von Systemkomponenten, Software und Ressourcen möglich.
- Um ein Netzwerk hardwaretechnisch zu realisieren, ist für jeden Rechner im Netz eine *Netzwerkkarte* erforderlich.
- Für die Steuerung eines Netzwerkes muss das Betriebssystem die erforderlichen Leistungsmerkmale erbringen.
- Das »klassische« Netzwerk ist ein *Client/Server-Netz,* bei dem ein in allen Funktionen bestens ausgestatteter Rechner die einzelnen Arbeitsstationen mit Ressourcen versorgt.
- Netzwerke lassen sich aufgrund ihrer räumlichen Ausdehnung kategorisieren. Ein *LAN* (*Local Area Network*) verbindet dabei Computer, die innerhalb eines überschaubaren Raumes (meist eines Gebäudes) angeordnet sind.
- Unter der *Netzwerktopologie* wird die Konstellation der einzelnen Netzwerkrechner verstanden.
- Windows XP ist ein Betriebssystem für *Peer-to-peer-Netze,* bei dem sich mehrere leistungsmäßig gleichartig ausgestattete Rechner Daten und Ressourcen teilen.
- Da die Anzahl der Teilnehmer in einem Netz meist in einem überschaubaren Rahmen bleibt, spricht man auch von *Workgroup-Computing.*

Fragen und Übungen

1. Nennen Sie einige Kriterien, die für, und einige, die gegen die Einrichtung eines Netzwerkes sprechen!
2. Welche Kategorien kennen Sie, die ein Netzwerk über seine räumliche Ausdehnung definieren?
3. Welche drei Faktoren müssen bei der Konfiguration einer Netzwerkkarte beachtet werden?
4. Was versteht man unter einem *Client/Server-Netzwerk*?
5. Warum ist im Netzwerkbereich ein Standard wie das *Reference Model for Open System Interconnection* (*OSI*) von Wichtigkeit?
6. Nennen Sie drei verschiedene Netzwerktopologien!
7. Wie heißt der größte Anbieter von Netzwerksoftware, der auch den Standard für Netzwerk-Adapter setzt?
8. Nennen Sie drei Peripheriegeräte, die sich in einem Netzwerk am sinnvollsten gemeinsam nutzen lassen.
9. Was versteht man unter dem Begriff *Peer-to-peer-Netzwerk*?
10. Wie identifiziert sich ein Peripheriegerät im Netzwerk?

Glossar

Acrobat

Das Programm Acrobat von Adobe ermöglicht das Schreiben und Lesen von Dateien im PostScript-basierenden PDF-Format. Der Acrobat Reader als PDF-Betrachter ist Freeware, nicht hingegen der Acrobat Distiller, der das Generieren von PDF-Daten ermöglicht.

Administrator

Person, die für den Betrieb und die Wartung eines Netzwerks verantwortlich ist.

Adresse

Bezeichnung für einen Speicherplatz oder eine Speichereinheit. Wird meist im hexadezimalen Zahlenformat dargestellt.

AGP

Accelerated Graphics Port. 1997 von Intel entwickelte Schnittstelle für Grafikkarten auf dem Mainboard.

analog

Im Gegensatz zu *digital* die Beschreibung von Bereichen oder Werten, die sich kontinuierlich und stufenlos verändern und Zwischenwerte annehmen können.

ANSI

American National Standard Institute. Amerikanische Normungsbehörde, die u. a. einen Zeichensatz-Code (ähnlich ASCII) entwickelt hat, der von Windows benutzt wird.

Apple

Hard- und Software-Hersteller. Gegründet wurde die Firma 1976 von Steve Jobs und Steven Wozniak. Die Firma entwickelte innovative Geräte und schließlich den legendären Macintosh. Durch die starke Konkurrenz der IBM-kompatiblen PCs verloren Apple-Computer stark an Bedeutung; erst mit der Entwicklung des iMacs konnte die Firma wieder aufholen.

Applikation

Ein anderer Name für Anwendungsprogramm.

ASCII

American Standard Code for Information Interchange. Code zur Darstellung von Buchstaben, Ziffern und Sonderzeichen, der zur Informationsübertragung zwischen PCs und Peripheriegeräten Gültigkeit hat.

Auflösung

Anzahl von Punkten auf einer definierten Fläche; beim Monitor die Anzahl der Pixel (Bildpunkte) in der Horizontalen und Vertikalen; beim Drucker die Anzahl der Punkte, die auf einer definierten Fläche gedruckt werden können.

Backup

Vorgang einer Datensicherung sowie die gesicherten Daten.

Baudrate

Geschwindigkeit, mit der Daten über eine serielle Schnittstelle (z. B. beim Modem) übertragen werden können.

Beta-Version

Lauffähige, aber noch nicht endgültige Fassung eines Programms. Beta-Versionen werden von einem ausgesuchten Personenkreis (mehr oder weniger intensiv) getestet, bevor schließlich eine Freigabe erfolgt.

Betriebssystem

(engl. *Disk Operating System, DOS*). Programmsammlung zur Steuerung eines prozessorgesteuerten Computersystems.

Bit & Byte

Kleinste Informationseinheiten einer digitalen Rechenanlage. Ein Bit entspricht einem von zwei möglichen Zuständen (*0/1, An/Aus*). Acht Bits ergeben ein Byte. Bits und Bytes sind Größeneinheiten für die Kapazität von Speichereinheiten eines Computers.

Bitmap

Bitmaps (auch Rasterbilder oder Pixelgrafiken) sind Grafiken, die sich aus einzelnen Bildpunkten (Pixeln) zusammensetzen. Jedes Pixel hat eine bestimmte Farbe, und aus der Anordnung der einzelnen Pixel – abhängig von der Farbtiefe – ergibt sich ein Muster, das schließlich das Gesamtbild ausmacht. Bitmaps speichern jeden Bildpunkt eines Bilds. Bei einer Vergrößerung oder einer Verkleinerung verlieren Bitmaps an Qualität.

Bookmark

Lesezeichen, die auf Internet-Adressen verweisen und diese innerhalb eines Browsers dauerhaft speichern.

Booten

Startvorgang beim Anschalten des Rechners.

Browser

Programme, die Hypertextdokumente verarbeiten und darstellen können.

Caching

Verfahren, bei dem Daten in einem Zwischenspeicher abgelegt werden, in dem die Zugriffsgeschwindigkeit wesentlich niedriger ist als in dem Speicher, in dem diese Daten normalerweise stehen.

CAD

Computer Aided Design. Programme, die beim technischen Zeichnen, für Konstruktionszeichnungen und in der Architektur eingesetzt werden.

Cliparts

Meist kleinere Bilder oder Illustrationen, die in Form von Bibliotheken ausgeliefert werden oder separat zu erwerben sind.

CMYK

Abkürzung für *Cyan, Magenta, Yellow, Key Color*. CMYK ist ein subtraktives Farbmodell für den Vierfarbdruck, bei dem die einzelnen Farben durch Angabe der prozentualen Anteile von Cyanblau, Magentarot, Gelb und Schwarz definiert werden.

Cursor

Marke, die die aktuelle Bildschirmposition anzeigt. Bei textorientierten Systemen ein blinkender Unterstrich oder ein blinkendes Rechteck, in grafikorientierten Systemen der Mauszeiger.

Device

Englische Bezeichnung für Gerät; hier: sowohl interne als auch externe Peripheriegeräte.

Diagramm

Grafische Darstellung von Werten.

digital

Im Gegensatz zu *analog* die Bezeichnung für einen Wertebereich, der nur bestimmte Werte, aber keine stufenlos veränderbaren Zwischenwerte annehmen kann.

DNS

Domain Name System. Online-System zum Umsetzen von Rechnernamen wie z. B. *netnews.msn.com* in die entsprechende *IP-Adresse* (z. B. *123.456.789.123*).

Domain

Subnetze für die Verwaltung von größeren Netzwerken, z. B. des Internets; im World Wide Web im Besonderen die Länderkennungen am Ende von WWW-Adressen.

Draft-Modus

Betriebsmodus bei Nadeldruckern, in dem nicht alle Nadeln verwendet werden. Dadurch wird der Ausdruck schneller, aber auch qualitativ schlechter.

Drag & Drop

Technik, bei der ein Objekt mit der Maus angeklickt, an einer anderen Stelle positioniert und dann abgelegt wird.

E-Mail

Elektronische Nachricht innerhalb eines Netzwerks.

Editor

Programm zum Erzeugen und Bearbeiten von Daten. Im engeren Sinne Texteditoren, die einen Text ohne Steuerzeichen im ASCII-Format abspeichern.

Emoticons

Symbole, die z. B. in E-Mails oder in Chatrooms verwendet werden, um auf symbolische Art und Weise bestimmte Emotionen und Zustände auszudrücken. Auch bekannt unter der Bezeichnung *Smileys*.

Emulation

Simulation oder Nachbildung von Eigenschaften eines anderen Gerätes oder Systems.

FAQ

Frequently Asked Questions. Eine Liste von Fragen und Antworten zu bestimmten Fachgebieten. Zahlreiche Internetseiten zu einem Thema bieten einen Link zu FAQs.

FIFO

First In First Out. Methode, bei der z. B. in einer Warteschlange das Element als Erstes bearbeitet wird, das auch als Erstes in die Warteschlange gestellt wurde.

Font

Gesamtheit aller Buchstaben, Ziffern und Sonderzeichen eines Zeichensatzes.

Freeware

Software, die kostenlos und ohne Entrichtung von Lizenzgebühren genutzt und an Dritte weitergegeben werden kann.

FTP

File Transfer Protocol. Protokoll, das innerhalb des Internets regelt, wie Dateien von einem Rechner auf einen anderen übertragen werden.

GUI

Graphical User Interface. Allgemeine Bezeichnung für grafische Benutzeroberflächen, wie sie z. B. von Windows XP oder MacOS verwendet werden. Die Programmfunktionen werden nicht durch Befehle, sondern über Symbole und grafische Objekte gesteuert.

Hardware

Alle physikalisch fassbaren Bestandteile eines Computers und seiner Peripheriegeräte.

Headcrash

Kollision des Schreib-/Lesekopfes einer Festplatte mit der Plattenoberfläche.

Homepage

Hypertextdokumente von privaten oder kommerziellen Anwendern, die als Einstiegsseite ins World Wide Web fungieren.

HTML

Hypertext Markup Language. Programmiersprache, mit der Hypertextdokumente erzeugt werden.

Hub

Ein Gerät bzw. Knotenpunkt von Leitungen in einem Netzwerk, das mehrere Elemente miteinander verbindet. Auch USB-Geräte werden in der Regel über einen oder mehrere Hubs konfiguriert.

Hypertextdokumente

Dokumente, die Verweise bzw. *Links* auf andere Dokumente enthalten.

INI-Datei

Initialisierungsdatei; Dateien, die Konfigurationen speichern. Beim Starten eines Programms werden die Einstellungen automatisch aus den INI-Dateien aufgerufen.

Intranet

Lokales Netzwerk, das an ein größeres Netz angebunden ist und mit den gleichen Übertragungsmechanismen arbeitet.

IP-Adresse

Für Rechner innerhalb eines Netzwerks (z. B. des Internets) einmalig vergebene Nummer, um den Rechner zu identifizieren, z. B. 123.456.789.123.

Java

Objektorientierte Programmiersprache, mit der plattformunabhängige Anwendungen erstellt werden können. Verbreitet vor allem bei der Erzeugung von so genannten Applets im Internet, die innerhalb eines Browsers aufgerufen werden können.

JPG

1989 entwickeltes Verfahren zur verlustbehafteten Komprimierung von unbewegten Bildern und gleichzeitig Abkürzung für die Gruppe, die den Standard verabschiedet hat (*Joint Picture Expert Group*). Neben GIF das im

World Wide Web am häufigsten verwendete Format für Bitmaps.

Jumper

Steckbrücken auf Platinen oder Erweiterungskarten, die zur hardwaremäßigen Konfiguration benutzt werden.

Kaltstart

Vollständige Trennung aller Rechnereinheiten vom Stromnetz. Ein Kaltstart wird durch Ein-/Ausschalten des Rechners bzw. durch einen Reset hervorgerufen.

Kompatibilität

Eigenschaft von Hard- oder Software, miteinander zu harmonieren oder zusammenzuarbeiten.

Konsole

Im Allgemeinen: Einheit aus Tastatur und Bildschirm; im Computerbereich verwendete Bezeichnung für Spielkonsolen (PlayStation, X-Box etc.).

Link

Verweis in einem Hypertextdokument auf ein anderes Dokument.

Mailbox

Briefkasten für elektronische Nachrichten.

Mainframe

Andere Bezeichnung für Großrechner.

Makro

Kleines Programm, das verschiedene Befehlsfolgen in einem Befehl zusammenfasst. Auf diese Weise lassen sich oft benutzte Anweisungen, Menüfolgen etc. abkürzen.

Mauspad

Unterlage aus Kunststoff für die Maus.

Menü

Sammlung und Zusammenstellung von Programmfunktionen, die durch Mausklick, aber auch mithilfe der Tastatur ausgewählt werden können. Menüs sind immer Bestandteil von grafischen Benutzeroberflächen.

MIME

Multipurpose Internet Mail Extensions. Bei E-Mails häufig benutztes Format zum Verpacken von Nachrichten und E-Mail-Anhängen.

MP3

Dateiformat für Sounds, Töne, Klänge und Musik mit besonders starker Komprimierung, aber dennoch extrem geringen Qualitätseinbußen, das sich seit 1998 im Internet als Standard durchgesetzt hat.

Multisession

Aufzeichnungsverfahren für CDs, bei dem die Daten nicht in einem Durchgang auf die CD geschrieben werden müssen.

Multitasking

Fähigkeit eines PCs, (scheinbar) mehrere Aufgaben parallel und gleichzeitig zu erledigen.

NIC

Network Information Center. Gremium, das weltweit die Vergabe von IP-Adressen und Domain-Namen koordiniert. Für Deutschland ist das DE-NIC zuständig.

OCR

Optical Character Recognition. Software, die eine eingescannte Vorlage, in der die Zeichen lediglich grafische Objekte sind, in einen Text umsetzt, der auch als solcher weiterbearbeitet werden kann.

OEM

Original Equipment Manufacturer. Bei Hardware: Hersteller von Hardware-Komponenten, die in Rechnersystemen anderer Hersteller eingebaut werden. Bei Software: Version eines Programms oder Softwarepakets, das gemeinsam und meistens vorinstalliert zusammen mit der Hardware verkauft wird.

OOP

Object Oriented Programming. Moderne Programmiermethode, bei der Daten sowie Verfahren zur Manipulation dieser Daten in Objekten zusammengefasst werden.

PCMCIA-Karten

Personal Computer Memory Card International Association. Zusammenschluss verschiedener Firmen, die Standards, Normen und Bauform für Speichererweiterungen und Peripheriegeräte festlegen. Vor allem im Notebook-Bereich werden PCMCIA-Karten wegen ihrer scheckkartengroßen Bauform eingesetzt.

Peripheriegeräte

Alle Bauteile und Geräte eines Computersystems, die nicht auf der Hauptplatine installiert sind, beispielsweise Erweiterungskarten, Laufwerke, externe Geräte.

PGP

Pretty Good Privacy. Verschlüsselungsprogramm für E-Mails und Dateien aller Art. PGP bietet außerdem die Möglichkeit elektronischer Unterschriften (digitale Signaturen).

Pixel

Einzelner Bildpunkt, z. B. auf einem Monitor.

PostScript

Sprache für die Übermittlung von Text und Grafik zwischen Software, PC und Drucker.

Programm

Eine Folge von Anweisungen, die ein Computer durchführen soll, um eine spezifische Aufgabe abzuarbeiten.

Protokoll

Vereinbarung zwischen zwei oder mehreren Systemen bei einem Datentransfer, wie die zu übermittelnden Informationen übertragen werden.

Provider

Unternehmen oder Organisation, die einen oder mehrere Einwählknoten ins Internet unterhalten und als Dienstleistung privaten oder kommerziellen Anwendern den Zugriff auf diesen Knoten bereitstellen.

Punkt

Typografische Maßeinheit.

QuickTime

Von Apple entwickeltes Programm zur Verarbeitung von digitalen Medienformaten (Videos, Sound, Animation, Grafik, Text, Musik). Der QuickTime-Player, mit dem QuickTime-Dateien abgespielt werden können, ist Freeware.

Reset

Schalter am Computergehäuse, durch den ein Kaltstart ausgelöst werden kann.

RISC-Prozessor

Reduced Instruction Set Computer. Prozessor, dessen Befehlssatz sich auf Anweisungen beschränkt, die zur Ausführung wesentlich weniger Taktzyklen benötigen als herkömmliche CISC (*Complex Instruction Set Computer*)-Prozessoren.

Routine

Befehlsfolge, die Teil eines Programms ist.

Scanner

Gerät zum Abtasten einer Vorlage, die als digitales Bitmuster mit einem Computer weiterverarbeitet werden kann.

Schnittstelle

(engl. *Interface*). Bindeglied zwischen zwei Elementen, die miteinander in einer interaktiven Beziehung stehen. Man unterscheidet zwischen Maschine-Maschine-Schnittstelle (z. B. seriellem Port) und Mensch-Maschine-Schnittstelle (Benutzerschnittstelle).

Screenshot

Digitales Bild der aktuellen Bildschirmanzeige der Monitoroberfläche.

SCSI

Small Computer System Interface. Intelligentes Subsystem, das sich an den Systembus eines Computers anschließen lässt.

Serienbrief

Mit einem DTP- oder Textverarbeitungsprogramm erstellter Text, der an verschiedene Adressaten geschickt werden soll. Dabei ist der Inhalt bei jedem Text gleich, während die Variabeln wie Anschrift, Name etc. von Text zu Text variieren. Beim Drucken findet dann eine Verknüpfung zwischen Text und den einzelnen Variabeln, die in Form einer Datenbank gespeichert sind, statt.

Shareware

Software, die kostenlos kopiert und weitergegeben werden darf, die aber bei dauerhafter Nutzung beim Autor der Software lizenziert und bezahlt werden muss.

Software

Immaterielle Komponenten eines Computersystems. Dazu gehören Betriebssystem, Programmiersprachen, Anwendungsprogramme etc.

Task

Jede laufende Anwendung innerhalb eines multitaskfähigen Betriebssystems.

Treiber

Software, die den Zugriff auf Erweiterungskarten und Peripheriegeräte steuert und als Bindeglied zwischen Hardware und Betriebssystem fungiert.

TWAIN

Tool without any Interesting Name. Software-Schnittstelle, die Hardware-Komponenten wie Scanner und digitale Kameras steuert.

Update, Upgrade

Neue Version eines Softwareprogramms.

URL

Uniform Resource Locator. Genaue Adresse eines Servers mit einer zusätzlichen Angabe z. B. eines Hypertextdokuments nach folgender Syntax: *http://serveradresse/pfad/html-datei*.

USB

Universal Serial Bus. Spezifikation für Hardwarekomponenten, die es ermöglicht, dass Peripheriegeräte während des laufenden

Betriebes vom Betriebssystem installiert und erkannt werden.

Utilities

Dienstprogramme, die zur Unterstützung existierender Software als Hilfsprogramme eingesetzt werden können.

Version

Nummer, die vom Hersteller für ein Softwareprogramm vergeben wird, um den Stand der Entwicklung zu kennzeichnen.

Warmstart

Neustart eines Computers über die Tastatur, ohne den Rechner durch Betätigen des Netz- oder des Reset-Schalters komplett vom Stromnetz zu trennen (Tastenkombination Strg+Alt+Entf).

WYSIWYG

What you see is what you get. Strategie, nach der jede Darstellung auf dem Computerbildschirm einem späteren Ausdruck genau entspricht.

Zugriffszeit

Zeitdifferenz zwischen der Anforderung von Daten und dem Eintreffen der Daten an der adressierten Komponente.

Lösungen

Zu Kapitel 1

1. Für die Datenverarbeitung sind in erster Linie der *Hauptprozessor* (*CPU, Central Processing Unit*) und der *Arbeitsspeicher* (*RAM*) wichtig. In der CPU werden Daten be- und verarbeitet; im RAM werden Daten temporär zwischengelagert und für einen Zugriff der CPU bereitgehalten. Sowohl die CPU als auch der Arbeitsspeicher sind auf der *Hauptplatine* (*Motherboard*) integriert.
2. Die Arbeit der CPU wird zum einen von der Frequenz beeinflusst (in MHz gemessen), in der der Taktrhythmus für die Arbeitsgeschwindigkeit vorgegeben wird, und zum andern durch die Anzahl der Bits, die ein Prozessor in einem Taktzyklus bearbeiten kann.
3. Man nennt eine Information *digital*, wenn sich der Informationsgehalt auf zwei Werte (0/1, An/Aus) reduzieren und codieren lässt. Der Begriff für die Einheit einer digitalen Information ist ein *Bit*.
4. Bei jedem Signal, das ein Ein- oder Ausgabegerät liefert, wird ein *Interrupt Request* (*IRQ*) an die CPU gesendet. Diese unterbricht ihre aktuelle Aufgabe, um das Signal abzuarbeiten oder an die entsprechende Komponente weiterzuleiten.
5. Informationen, die über den Systembus transportiert werden, werden über *Schnittstellenkarten* zu- oder weitergeleitet. Diese Karten sitzen in Erweiterungssteckplätzen auf der Hauptplatine, die direkten Kontakt zu dem Bussystem haben.
6. Ein *RAM* (*Random Access Memory*) ist ein Speicher, in den Informationen geschrieben oder aus dem Daten gelesen werden können. Das RAM ist ein flüchtiger Speicher; bei Stromunterbrechung wird der Inhalt der Speicherzellen gelöscht. Das *ROM* (*Read Only Memory*) ist dagegen ein dauerhafter Speicher, aus dem aber Daten

nur gelesen werden können. Eine Veränderung oder ein Schreiben in den Speicher sind nicht möglich.

7. Cache-Speicher besteht im Gegensatz zum normalen RAM aus statischen Speicherbausteinen mit einer extrem niedrigen Zugriffszeit. Beim *Caching* werden Daten »vorratsweise« in diesen Speicher geschrieben, damit der Zugriff für die CPU schneller vonstatten gehen kann.
8. Unter einem virtuellen Speicher versteht man den Speicherbereich einer Festplatte, die mit dem Arbeitsspeicher ständig Daten austauscht und so eine größere Kapazität des RAM simuliert.
9. Der Arbeitsspeicher ist ein flüchtiger Speicher, in dem Daten nur temporär gelagert werden können. Für einen nicht temporären Zugriff sind dauerhafte Speichermedien notwendig.
10. Festplatten unterscheiden sich von Disketten vor allem durch die Anzahl und das Material der Scheiben (Platten), durch eine schnellere Rotation und durch die Schreib-/Lesekopf-Mechanik. Darum haben Festplatten eine wesentlich niedrigere Zugriffszeit sowie eine weit höhere Datentransferrate.

Zu Kapitel 2

1. Eine Datei ist die Sammlung von Daten, die unter einem Dateinamen auf einem Datenträger abgelegt werden kann.
2. Das Betriebssystem arbeitet weiter im Hintergrund und übernimmt die Steuerung von betriebssystemspezifischen Aufgaben wie der Speicherverwaltung, dem Speichern der gerade bearbeiteten Datei etc.
3. MS-DOS ist ein zeichenorientiertes Betriebssystem, das mit Befehlen und Kommandos arbeitet, während Windows XP seine Funktionen über eine grafische Benutzeroberfläche steuert.
4. Über *Start / Programme / Zubehör / Eingabeaufforderung* wird eine DOS-Box geöffnet, die einen normalen MS-DOS-Bildschirm simuliert. Die DOS-Box kann nach Beendigung des Programms mit dem Befehl *exit* wieder geschlossen werden.
5. Unter Windows XP dürfen Dateinamen eine maximale Länge von 255 Zeichen haben. Auch die Länge der Extension ist nicht mehr auf drei Zeichen begrenzt. Die unter MS-DOS und Windows 3.11 gültige 8+3-Regelung ist aber weiterhin möglich.
6. Die Extension eines Dateinamens kann auf den Datentyp der Datei hinweisen bzw. verdeutlichen, mit welchem Anwendungsprogramm die Datei erstellt wurde.
7. Dateien und Ordner werden nicht sofort vom Datenträger entfernt, sondern im *Papierkorb* »zwischengelagert«. Erst mit Leeren des Papierkorbs werden die darin enthaltenen Daten endgültig gelöscht.
8. Alle Systemverwaltungsprogramme befinden sich in dem Ordner *Systemprogramme* des *Zubehörs*. Dort finden Sie z. B. *Datenträgerbereinigung, Defragmentierung, Systemwiederherstellung* etc.
9. Handelt es sich um *Plug & Play*-Komponenten, werden diese automatisch von Windows XP erkannt und in das System eingebunden.

Bei einer manuellen Installation ist ein *Hardware-Assistent* bei der Installation und Konfiguration behilflich.

10. In der »Schaltzentrale« *Systemsteuerung* sind die Programme zusammengefasst, mit denen Komponenten wie Bildschirm, Tastatur oder Maus bezüglich der individuellen Bedürfnisse des Anwenders konfiguriert werden können.

Zu Kapitel 3

1. Im *Grafikmodus* kann jedes einzelne Pixel des Monitors angesteuert werden, während im *Textmodus* Pixel zu einem Matrixblock zusammengefasst werden, der immer nur als Einheit einen Buchstaben oder ein definiertes Zeichen darstellen kann.
2. Die Anzahl der darstellbaren Farben sowie die Auflösung hängen in erster Linie von der Speicherkapazität ab, die auf der Videokarte installiert ist.
3. Die Maus ist für grafische Benutzeroberflächen das zentrale Steuerungselement.
4. Sie können mit der Maus klicken, zweimal klicken oder doppelklicken und dadurch verschiedene Aktionen ausführen. Außerdem lassen sich mit der Maus Objekte positionieren, markieren, kopieren und verschieben (*Drag & Drop*). Mit einem Klick mit der rechten Maustaste öffnen Sie das *Kontextmenü* eines Objekts.
5. Auf dem *Desktop* kann ein oder können mehrere *Anwendungsfenster* platziert sein, in denen Programme oder Anwendungen ablaufen. In *Dokumentfenstern* werden Dokumente dargestellt, die Sie mit einer Anwendung bearbeiten. *Dialogfenster* dienen der Kommunikation zwischen Ihnen und dem Betriebssystem oder der gerade aktiven Anwendung.
6. Die Größe eines Fensters kann über die Schaltflächen *Minimieren* und *Vollbild/Wiederherstellen* mit einem Klick geändert werden. Über die Tastatur haben Sie die Möglichkeit, die Fenstergröße zu verändern, wenn Sie vorher mit einem Klick das *Systemmenüfeld* geöffnet haben. Manuell lassen sich Fenster in ihrer Größe verändern, wenn Sie sie mit der Maus am Fensterrahmen oder einer Fensterecke anpacken und dann stauchen, dehnen oder proportional verändern.
7. Sie können ein Fenster über die Schaltfläche *Minimieren* oder mit der Option *Minimieren* aus dem Menüsystemfeld in der Task-

Leiste ablegen. Damit ist aber lediglich das Fenster geschlossen; es kann jederzeit aus der Task-Leiste wieder aufgerufen werden. Ein Fenster schließen (im Sinne von Beenden) können Sie durch die Tastenkombination [Alt]+[F4], einen Doppelklick auf das Systemmenüfeld oder über die Kreuz-Schaltfläche in der Titelzeile.

8. In der Titelzeile wird der Name der Anwendung und evtl. auch der Name des bearbeiteten Dokuments angezeigt. Über die Schaltflächen der Titelleiste können Sie die Größe des Fensters manipulieren oder das Fenster schließen. Außerdem können Sie ein Fenster mit Hilfe der Maus auf dem Desktop positionieren. Ein Doppelklick auf die Titelzeile wechselt zwischen der *Vollbild*- und der *Wiederherstellen*-Darstellung des Fensters.
9. Wenn eine Menüoption ein kleines Dreieck beinhaltet, verbirgt sich dahinter ein Untermenü, das automatisch aufklappt, wenn Sie mit der Maus auf die Menüoption zeigen. Bei einem Klick auf eine Menüoption, die mit drei Punkten abschließt, wird ein Dialogfenster geöffnet, das von Ihnen weitere Eingaben erwartet.
10. Achten Sie vor allem auf die Gemeinsamkeiten in der Menüleiste, die in beiden Versionen weitestgehend die gleiche Funktionalität verrät. Unterschiede sind in erster Linie in der Umsetzung des Textes zu beachten (Schriftart, Schriftstil und Auszeichnung), die in der textorientierten Variante nicht umgesetzt wird.

Zu Kapitel 4

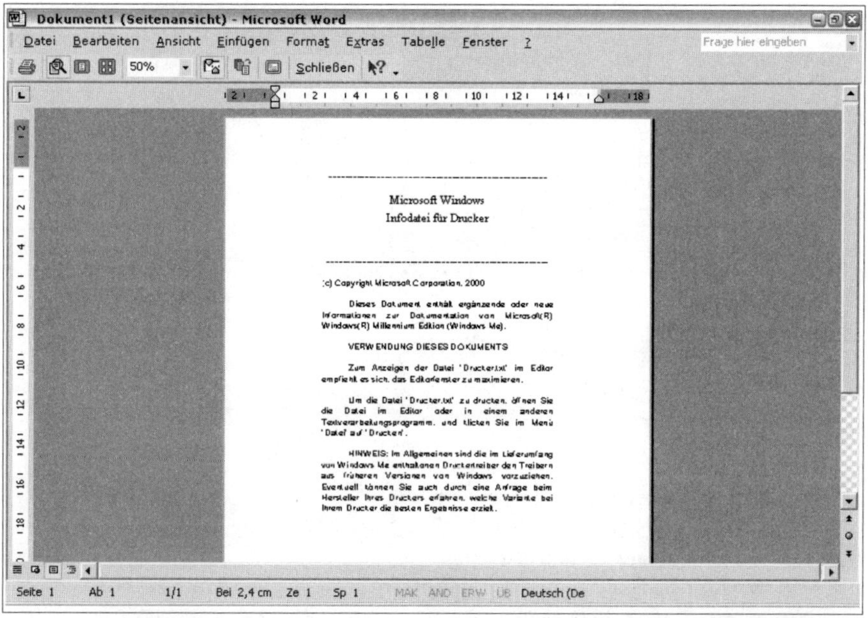

Abb. L.1: Der Text nach Ausführung der vorgegebenen Formatierungen (Seitenansicht)

Zu Kapitel 5

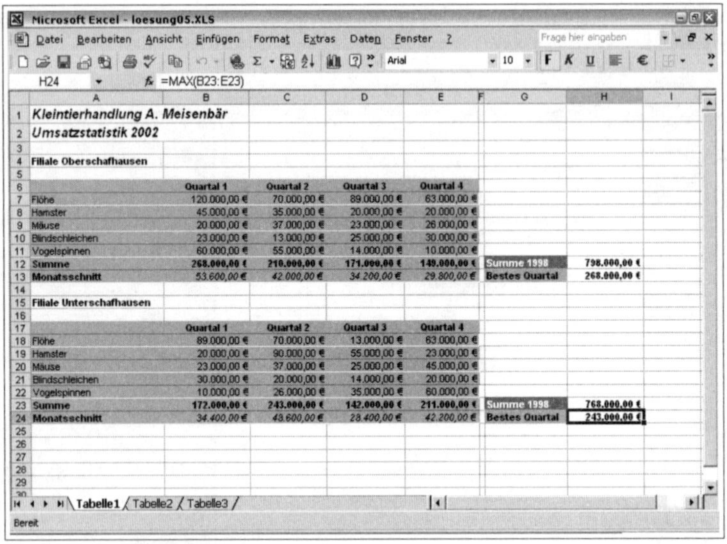

Abb. L.2: So könnte Ihre Tabelle aussehen

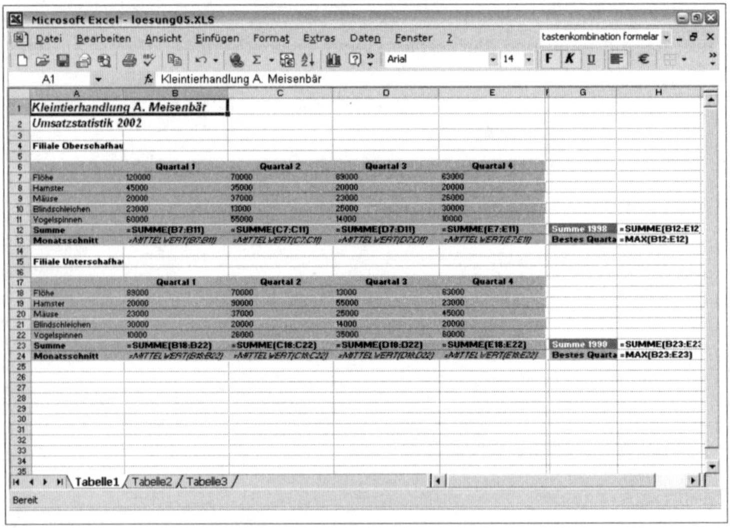

Abb. L.3: Die gleiche Tabelle in der Formelansicht

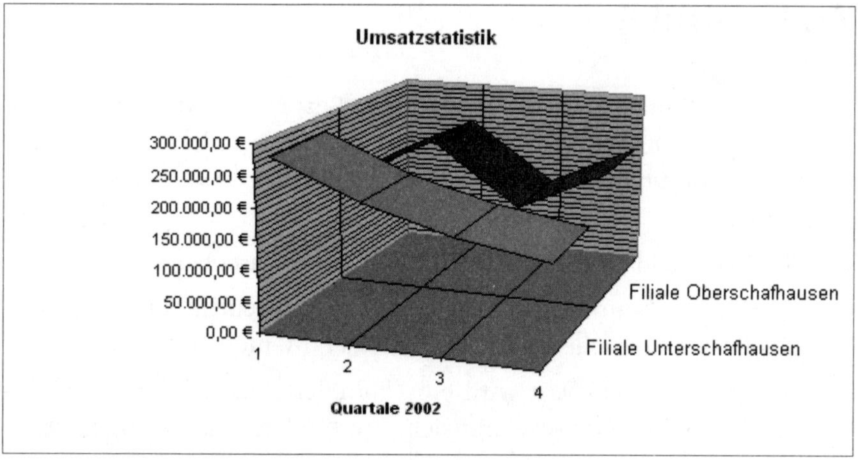

Abb. L.4: Das Diagramm zu den Umsätzen der beiden Filialen

Zu Kapitel 6

1. Eine relationale Datenbank stellt eine Beziehung zwischen den einzelnen Elementen des Datenbestandes dar. Grundlage dafür ist die Strukturierung der Datenbank in Datenfelder, Datensätze und Tabellen.
2. Ein Datenfeld ist die kleinste Einheit einer Datenbank.
3. Textfelder, Numerische Felder, Währungsfelder, Datumsfelder, Zählfelder, Logische Felder, Objektfelder, Memofelder.
4. In der Tabellenansicht wird eine komplette Tabelle mit allen Datensätzen, in der Formularansicht nur ein Datensatz dargestellt.
5. Über einen Index wird eine Tabelle nach dem indizierten Datenfeld sortiert.
6. Der Primärschlüssel ist ein Datenfeld, das einen Datensatz als eindeutig kennzeichnet. Über den Primärschlüssel wird die Relation zu anderen Tabellen geknüpft.
7. Ein Formular dient der übersichtlichen Erfassung und Gestaltung eines Datensatzes.
8. Mit Hilfe von Abfragen kann eine Datenbank nach bestimmten Kriterien und Bedingungen untersucht und gefiltert werden.
9. Eine Abfrage kann verschiedene Tabellen integrieren. Selektierte Datenfelder können als Kriterium für die Aufnahme in die Abfrage dienen, wobei jedem Datenfeld Bedingungen zugeordnet werden können.
10. Da Inhalt, Ergebnisse und Analysen, die aufgrund der Datenbank ermittelt werden, nicht nur am Bildschirm, sondern auch auf dem Drucker ausgegeben werden sollen, dienen Berichte der Aufbereitung von Daten oder Datengruppen.

Zu Kapitel 7

1. *Desktop Publishing* bezeichnet das Anfertigen von druckfertigen Publikationen mit Hilfe eines PCs und Programmen, mit denen sich verschiedene Elemente eines Dokumentes wie Text und Grafik gestalten und layouten lassen. Mit Hilfe von entsprechenden Anwendungsprogrammen ist es auf diese Weise möglich, Publikationen »vom Schreibtisch aus« zu erzeugen, die ohne weitere Arbeitsschritte auf professionelle Weise z. B. in einer Druckerei weiterverarbeitet werden können.
2. Während sich Pixelgrafiken über einzelne Bildpunkte definieren, besteht eine Vektorgrafik aus einzelnen Objekten, die sich über mathematische Formeln definieren.
3. Zu den bekanntesten Hilfsmitteln gehören Werkzeuge zur Linien- und Kurvenbearbeitung, Zoomfunktionen, Werkzeuge zum Erstellen von geometrischen Figuren und Hilfsmittel zur Gestaltung von Umriss und Farbe.
4. *Andock*-Fenster
5. Zum Transformieren von Objekten zählt das proportionale Skalieren (Vergrößern, Verkleinern), Drehen, Neigen, Spiegeln, Stauchen und Dehnen von Objekten.
6. Beim Klonen wird ein Objekt beliebig oft dupliziert. Jede nachträgliche Veränderung am Ursprungsobjekt wirkt sich auch auf die Kopien aus.
7. Wenn auf dem PC zahlreiche Schriftarten zur Verfügung stehen, verliert man schnell den Überblick, welche Schrift für welchen Zweck eingesetzt werden kann. Font-Manager zeigen darüber hinaus die Schrift in einem Vorschaufenster an.
8. Überblenden ist die Transformation eines Objekts in ein anderes. Eine Extrusion wird verwendet, um ein Objekt dreidimensional zu gestalten und ihm eine perspektivische Hülle zu verleihen.

9. Farbverläufe bezeichnen die Füllung eines Objekts, bei dem Farbverlaufsstreifen von einer Farbe in eine andere übergehen. Die Verlaufsart kann entweder linear, radial, konisch oder eckig sein.
10. Informationen zu jedem Objekt bezüglich seines Typs, seiner Lage, seiner Farbe und seines Umrisses finden Sie in der Statusleiste.

Zu Kapitel 8

1. Bei der seriellen Datenübertragung wird ein Bit nach dem anderen, beim parallelen Datentransfer werden mehrere Bits parallel, also gleichzeitig, von einem Gerät zum anderen übertragen.
2. Der Druck-Manager, der seine Arbeit im Hintergrund verrichtet, ist für die Steuerung und Kontrolle der Druckaufträge zuständig.
3. Über *Start / Einstellungen / Drucker* wird das Druckerfenster geöffnet. Dort führen Sie auf dem gewünschten Drucker-Symbol einen Doppelklick aus, der das Öffnen des Druck-Managers zur Folge hat.
4. Ein Druckertreiber ist ein Programm, das zur Ansteuerung und Kontrolle eines Druckers alle relevanten Informationen über den entsprechenden Drucker beinhaltet.
5. Ein neuer Drucker wird über einen Doppelklick auf das Symbol *Neuer Drucker* im *Drucker*-Fenster gestartet. Bei der Installation ist ein Assistent behilflich.
6. Wenn Sie ein Dokument oder eine Datei auf einem anderen Drucker als dem an Ihrem System angeschlossenen drucken wollen, weil Sie evtl. eine bessere Druckqualität oder einen Farbausdruck wünschen, wird der Druck in eine Datei umgeleitet. Diese Druckdatei kann dann auf jedem System ausgedruckt werden, an das der gewünschte Druckertyp angeschlossen ist.
7. Druckerschriften sind Zeichensätze, die in einem Drucker fest gespeichert sind und nicht erst in den Druckerspeicher geladen werden müssen. PostScript-Drucker z. B. verfügen über einen Vorrat an skalierbaren Fonts, die in einem ROM untergebracht sind.
8. Tintenstrahldrucker arbeiten mit dem *piezo-elektrischen* oder dem *Bubblejet*-Verfahren.

9. Bevor ein Laserdrucker eine Seite ausdruckt, wird diese quasi auf die Bildtrommel projiziert und als Gesamtheit gedruckt. Matrixdrucker dagegen arbeiten nicht seiten-, sondern zeilenorientiert.
10. Die Präzision, mit der Punkte auf einem Druckträger platziert werden können, nennt man *Auflösung* (engl. *Resolution*). Gemessen wird sie bei Drucksystemen in der Einheit dpi (*Dots per Inch*, Punkte pro Zoll).

Zu Kapitel 9

1. Wenn Sie mit Hilfe Ihres PCs Datenfernübertragungen realisieren wollen, brauchen Sie als zusätzliche Hardware ein Modem und einen Telefonanschluss oder eine ISDN-Erweiterungskarte und einen ISDN-Anschluss.
2. Ein Modem wird an der seriellen Schnittstelle Ihres PCs angeschlossen. Da der COM1-Port im Allgemeinen schon mit der Maus belegt ist, sollte für das Modem die zweite serielle Schnittstelle COM2 gewählt werden.
3. Sender und Empfänger müssen mit der gleichen Datenübertragungsrate und mit dem gleichen Übertragungsprotokoll arbeiten.
4. Das bekannteste Verfahren zur Fehlerkorrektur ist das CRC-Verfahren (*Cyclic Redundancy Check*), bei dem nach der Übertragung von einer definierten Anzahl von Daten (Datenblock) mittels eines Prüfsummenverfahrens überprüft wird, ob die Informationen korrekt empfangen wurden.
5. Da die Störanfälligkeit und die Kosten einer Übertragung proportional mit der zu übertragenden Datenmenge steigen, werden Daten vor einer Übertragung komprimiert oder gepackt. Dabei werden Informationen auf redundante Daten überprüft und neu codiert.
6. Die Übertragung per ISDN ist schneller und sicherer, weil digitale Übertragungswege benutzt werden. Ein Modem übermittelt Daten mit Hilfe des analogen Telefonnetzes.
7. DSL (*Digital Subscriber Line*) ist ein asynchroner Highspeed-Zugang ins Internet. Ein Upstream erfolgt mit einer geringeren Datentransferrate als ein Downstream.
8. Über Online-Dienste können Sie *E-Mails* verschicken, mit anderen Netzteilnehmern *chatten*, Datenbankrecherchen durchführen, digitale Informationen down-/ bzw. uploaden, auf das Internet zugreifen sowie die Angebote der gesamten Dienstleistungen nutzen.

9. Das Internet ist ein weltweites Netz, das aus einer Vielzahl kleinerer Netzwerke besteht. Diese Struktur ohne zentrale Verwaltung und gebündelte Rechnerressourcen macht es möglich, dass eine zentrale Steuer-, Verwaltungs- und Kontrollstelle entfällt.
10. *Electronic Banking* ermöglicht Ihnen, mit Hilfe des PCs und eines Modems oder via ISDN Zugang zu einem und Zugriff auf einen Computer Ihrer Bank zu haben. Reine Abfragen zum Kontostand werden über eine *PIN* (Persönliche Identifikationsnummer) gewährleistet, während Kontobewegungen mittels einer *TAN* (Transaktionsnummer) durchgeführt werden können.

Zu Kapitel 10

1. Da Multimedia-Anwendungen meist mit einem hohen Datenaufkommen verbunden sind, sind Datenträger mit entsprechender Kapazität vonnöten.
2. *Samplingrate* und *Samplingtiefe.*
3. Mit MIDI (*Musical Instrument Digital Interface*) ist es möglich, Ihren PC mit einem Musikinstrument, das digitale Daten liefert und verarbeitet, zu koppeln. Im Normalfall fungiert die Soundkarte als MIDI-Schnittstelle.
4. Damit ein CD-ROM-Laufwerk die Daten in geeigneter Geschwindigkeit weitertransportieren kann, muss sich die Motordrehzahl diesem Kriterium anpassen. *DoubleSpeed*-Laufwerke können dadurch einen höheren Datentransfer realisieren als *SingleSpeed*-Laufwerke.
5. Auf eine CD-ROM passen maximal 682 MByte.
6. Von einer CD-ROM können Informationen nur gelesen werden (*Read Only Memory*). Außerdem haben CD-ROM-Laufwerke eine höhere Zugriffsgeschwindigkeit als Festplatten, arbeiten also bezüglich des Datentransfers langsamer.
7. Um die Kapazität von Bewegtbild-Dateien zu beschränken, werden Videos, die am PC verarbeitet werden, komprimiert, wobei Bildinformationen verloren gehen.
8. Im Ordner *Zubehör / Unterhaltungsmedien* finden Sie die vier Anwendungen *Lautstärkeregelung, Audiorecorder* und *Windows Media Player.*
9. Die Anwendung *Windows Media Player* ist zum Abspielen sowohl von Klängen als auch von Bewegtbildern zu nutzen.
10. Programme, mit denen man Multimedia-Anwendungen programmieren kann, werden *Autorensysteme* genannt.

Zu Kapitel 11

1. In *Multiprozessorsystemen* existieren mehrere Prozessoren, wobei jeder Aufgabe ein Prozessor zugewiesen wird. Bei Computern mit lediglich einem Zentralprozessor wird die Rechenleistung dieser CPU mit Hilfe des Zeitscheibenverfahrens auf die einzelnen Aufgaben aufgesplittet. Man spricht dabei von *Multitasking*.
2. Windows 3.x verwendet das *kooperative* Multitasking, bei dem die einzelnen Tasks ein Mitspracherecht über die Kontrolle der CPU haben. Beim *preemptiven* Multitasking, wie es von Windows XP verwendet wird, liegt die Kontrolle über die Tasks einzig beim Betriebssystem.
3. Sie können die Tasks über die *Task-Leiste* aktivieren, den *Task-Manager* starten und hier Ihre Anwendungen auswählen oder mit der *Tastenkombination* [Alt]+[⇆] von einem Task zum nächsten bzw. mit [⇧]+[Alt]+[⇆] zum vorigen schalten.
4. Mit Hilfe von Multitasking ist es möglich, mehrere Aufgaben parallel zu bearbeiten, ohne dass sich die einzelnen Tasks dabei beeinträchtigen.
5. Ein Druckauftrag kann beispielsweise im Hintergrund ablaufen, ohne die übrigen Tasks zu belasten. Weitere Beispiele wären Betriebssystemroutinen wie das Formatieren von Disketten oder Dateiverwaltungsaufgaben wie das Kopieren oder Verschieben von Dateien. Ebenfalls ist es möglich, z. B. Daten eines Modems zu senden oder zu empfangen, während gerade andere Arbeiten verrichtet werden.
6. Zum einen muss die Hardware (vor allem die CPU und der Arbeitsspeicher) leistungsfähig genug sein, um den einzelnen Tasks genügend Rechenzeit zuzubilligen, ohne dass die Leistung des Gesamtsystems darunter leidet, zum anderen ist ein Betriebssystem notwendig, das die Multitasking-Prozesse steuern kann.

7. Dadurch, dass beim Multitasking in einer Arbeitssitzung mehrere Anwendungen geöffnet sein können, ist es unnötig, Daten von einer Anwendung erst zwischenzulagern, dann diese Anwendung zu schließen, die nächste Anwendung zu öffnen und dann die zwischengelagerten Daten in die neu gestartete Anwendung einzufügen.
8. Die abgestürzte Anwendung kann beendet werden, ohne die anderen Tasks in Mitleidenschaft zu ziehen.
9. Wenn mehrere Tasks auf den Drucker zugreifen, gilt die Devise *»Wer zuerst kommt, mahlt (druckt) zuerst«*. Alle Druckaufträge werden in einer Warteschlange gesammelt und nacheinander abgearbeitet. Natürlich im Hintergrund.
10. Die Ihnen wahrscheinlich bekannte Tastenkombination zu einem Neustart des Systems bewirkt lediglich eine Abfrage, ob der momentan aktive Task unterbrochen bzw. beendet werden soll.

Abb. L.5: Abbruch mit Strg + Alt + Entf

Zu Kapitel 12

1. Die Befehle für die Arbeit mit der Zwischenablage befinden sich im Menü *Bearbeiten*.
2. Informationen und Objekte in der Zwischenablage gehen beim Beenden von Windows XP unwiderruflich verloren, da es sich nur um einen temporären Speicher handelt. Erst über *Datei / Speichern unter* im Programm *Zwischenablage* können die Daten dauerhaft gespeichert werden.
3. Beim Ausschneiden gehen die Daten in der Ursprungsanwendung verloren, während sie beim Kopieren erhalten bleiben und das Duplikat in der Zwischenablage abgelegt wird.
4. Werden verknüpfte Objekte in der Ursprungsanwendung geändert, wirkt sich dies auf das verknüpfte Objekt in der Zielanwendung aus. Solange die Verknüpfung nicht beendet wird, sind beide Objekte immer auf dem gleichen Stand.
5. Das Ursprungsprogramm, mit dem das eingebettete Objekt erstellt wurde, muss bei einer Bearbeitung des Objekts nicht erst geöffnet werden. Die Zielanwendung übernimmt die komplette Funktionalität des Ursprungsprogramms.
6. Ein OLE-Server ist ein Programm, mit dem man OLE-fähige Objekte und Verbindungen erstellen kann, ein OLE-Client ein Programm, das derartige Objekte integrieren kann.
7. OLE-fähige Objekte werden über die Befehlsfolge *Einfügen / Objekt* (Office-Produkte) oder die Befehlsfolge *Bearbeiten / Neues Objekt einfügen* (z. B. CorelDRAW 10) eingeladen.
8. *Start / Programme / Zubehör / Rechner*, Berechnung durchführen, mit *Bearbeiten / Kopieren* Ergebnis in die Zwischenablage und mit *Bearbeiten / Einfügen* in der Zielanwendung einfügen.
9. Siehe Beispiel im Text Seite 322 ff.
10. Siehe Beispiel im Text Seite 322 ff.

Zu Kapitel 13

1. Innerhalb eines Netzes kann die Leistungsfähigkeit von Einzelplatz-PCs besser ausgenutzt werden, wenn z. B. verschiedene Aufgaben erledigt werden müssen, zu deren Umsetzung auf die gleiche Hardware oder den gleichen Datenbestand zurückgegriffen werden muss. Die Datenkommunikation ist wesentlich effektiver, birgt aber auch die Gefahr, dass durch eine nachlässige Verwaltung und ungeordnete Zugriffsrechte Informationen an Netzwerkteilnehmer gelangen können, die keinen Zugang zu bestimmten Daten haben sollten. Darüber hinaus ist die Installation eines Netzwerkes auch kostenintensiv.
2. Die kleinste Einheit stellt ein *LAN* (*Local Area Network*) dar, das sich auf ein räumlich überschaubares Gebiet, meist ein Gebäude, bezieht. Ein *MAN* (*Metropolitan Area Network*) deckt das Areal größerer Stadtgebiete oder ein Ballungszentrum ab. Beim weltumspannenden *GAN* (*Global Area Network*) findet die Datenkommunikation nicht mehr per Kabel, sondern über Satellit statt.
3. Der *Interrupt-Request*, der *DMA-Kanal* und die *Basisadresse* müssen bei einer Netzwerkkarte eingestellt werden und sollten konfigurierbar sein, damit sich die Werte nicht mit anderen Karten im PC überschneiden.
4. Bei einem *Client/Server-Netzwerk* steht ein bestens ausgestatteter Rechner (*Server*) im Mittelpunkt des Netzes, der den einzelnen Arbeitsstationen (*Clients*) Ressourcen zur Verfügung stellt.
5. Innerhalb eines Netzwerkes können auch verschiedenartige Computer eingesetzt werden, die sich nicht ohne weiteres »verstehen«. Um die Kommunikation auch in solchen heterogenen Netzen zu ermöglichen, muss ein gemeinsames Protokoll gefunden werden, damit die einzelnen Netzwerkteilnehmer nicht aneinander »vorbeireden«.

6. Die bekanntesten Topologien sind die *Stern-*, die *Netz-* und die *Bustopologie*.
7. *Novell.*
8. Drucker, Scanner und CD-ROM-Laufwerk.
9. Ein *Peer-to-peer-Netzwerk* ist ein einfaches lokales Netzwerk, das die gemeinsame Nutzung von Ordnern, Dateien und Peripheriegeräten ermöglicht. Im Netz sind alle Arbeitsstationen gleichberechtigt.
10. Peripheriegeräte innerhalb eines Netzwerkes werden durch ihren Namen und eventuell ein Pass- oder Kennwort identifiziert.

Index

!

A

B

C

D

E

F

G

H

I

M

N

O

P

Q

R

S

T

U

V

W

Z